Nando Boers

DER PLAN

Nando Boers

DER PLAN

Wie Jumbo-Visma das beste Radsportteam der Welt wurde

Aus dem Niederländischen von Olaf Bentkämper

covadonga

Die Originalausgabe dieses Buches erschien unter dem Titel
»Het Plan. Hoe Team Jumbo-Visma de beste wielerploeg ter wereld werd«
bei Ambo|Anthos, Amsterdam.

Nando Boers:
Der Plan – Wie Jumbo-Visma das beste Radsportteam der Welt wurde

Aus dem Niederländischen von Olaf Bentkämper

Covadonga Verlag, Inh. Rainer Sprehe,
Spindelstr. 58, D-33604 Bielefeld, E-Mail: info@covadonga.de
ISBN (Print): 978-3-95726-087-1
ISBN (E-Book): 978-3-95726-091-8

Umschlagfotos: © Gruber Images (Titel) /
© Roth & Roth (Rückseite)

Druck und Bindung: Westermann Druck Zwickau GmbH – 3. Auflage, 2025

MIX
Papier | Fördert gute Waldnutzung
FSC® C110508

Bibliografische Information der Deutschen Nationalbibliothek:
Die Deutsche Nationalbibliothek verzeichnet diese Publikation
in der Deutschen Nationalbibliografie; detaillierte bibliografische
Daten sind im Internet über http://dnb.dnb.de abrufbar.

Inhalt

Prolog

»Männer!«

Merijn Zeeman wandte sich mit lauter, auf verraucht gemachter Stimme an die versammelte Mannschaft. Er tat sein Bestes, um das Klischee des in die Jahre gekommenen, Zigarre qualmenden Teamchefs zu bedienen, der seinen jungen Fahrern am Vorabend des Rennens erklärte, wie die Sache am nächsten Tag ablaufen würde. Im hell erleuchteten Speisesaal eines Hotels an der katalanischen Küste klopfte der 43-jährige Sportdirektor von Jumbo-Visma mit dem Finger auf das weiße Tischtuch, als wolle er auf einem Streckenplan der Etappe zeigen, wo »die Schlacht« sich abspielen würde.

»Männer! Das ist die Stelle, an der sich morgen alles entscheiden wird!« Zeeman blickte zu seinen Zuhörern auf, legte seine Rolle ab und sagte mit seiner normalen, helleren Stimme: »Und alle anderen Sportlichen Leiter erzählen ihren Fahrern genau das Gleiche! Jeder einzelne! Sie weisen auf den ihrer Meinung nach kritischen Punkt auf der Strecke hin, und genau da passiert es dann am nächsten Tag. Dort fällt die Entscheidung. Und hinterher sagen sie alle: ›Hab ich's nicht gesagt?‹ Wenn nämlich alle sagen, dass sich das Rennen an eben dieser einen Stelle entscheiden wird, dann wird es auch so kommen.«

Wir saßen nach dem Essen in erlesener Runde zusammen, unter anderem mit Geschäftsführer Richard Plugge und dem Sportlichen Leiter Grischa Niermann. So wie sie arbeitete Zeeman seit Jahren im Herzen des Radsports. Ein paar Monate zuvor hatte er erkannt, dass sie auf taktischer Ebene noch zulegen konnten. Um ihre stärksten Gegner zu überraschen, wollte Zeeman, dass Jumbo-Visma die eigene Rennstrategie noch kritischer unter die Lupe nahm.

Als Zeeman wenig später vom Tisch aufstand und sich auf sein Zimmer zurückzog, wurde mir klar, dass dies der springende Punkt war und dass es im Jahr 2022 genau darum gehen würde: um die Taktik. Es fühlte sich wie der vorläufig letzte Schritt des Plans an, an dem sie seit der Gründung des Teams im Jahr 2013 gearbeitet hatten. Ich nahm mir vor, in einem ruhigen Moment noch einmal auf das Thema zurückzukommen.

Die Episode trug sich im Dezember 2021 zu, als die Fahrer und das Support-Team von Jumbo-Visma im Hotel Barcarola im Küstenort Sant Feliu de Guíxols untergebracht waren. Es war der Vorabend der dritten und letzten Saison, in der ich das WorldTour-Team begleiten würde, mit dem Ziel ein Buch über dessen Hintergründe und Entwicklung zu schreiben. Als ich mich vom Tisch erhob, fragte ich mich, wie die Fahrer auf die – bislang noch nicht näher definierte – neue taktische Herangehensweise reagieren würden.

Die meisten Fahrer saßen in der kleinen Lobby zusammen und spielten am einzigen Tisch im Raum Poker. Einige Coachs und Betreuer standen an der Bar, tranken ein Glas Bier und sahen den Fahrern dabei zu, wie sie versuchten, sich gegenseitig über den Tisch zu ziehen.

Was würde Steven Kruijswijk von den neuen taktischen Erkenntnissen halten? Ich vermutete, dass er sie begrüßen würde. Kruijswijk, der noch nie für ein anderes Team gefahren war, war vor ein paar Jahren der erste Fahrer gewesen, der den neuen Weg, den das Team unter der Leitung von Richard Plugge und Merijn Zeeman eingeschlagen hatte, mitgegangen war. Kruijswijk, der bei der Tour de France 2019 den dritten Platz belegt hatte, war mittlerweile nicht mehr das Aushängeschild der Mannschaft. Nach zwei enttäuschenden Jahren sei er durchgereicht worden, stellte er fest. Neben einem Etappensieg bei der Tour hegte er einen großen Wunsch: mit seinem Team die Tour zu gewinnen. Bei der Tour 2022 würde er eine wichtige Rolle für die Leader Primož Roglič und Jonas Vingegaard spielen können.

Der junge Däne Vingegaard hielt sich nach dem Winter in seiner Heimat Glyngøre für etwas träge, aber er hatte nun mal eine Schwäche für Hamburger. Dennoch war Vingegaard in Sant Feliu de Guíxols bester Laune. Zwar hatte der Slowene Tadej Pogačar in den beiden Vorjahren die Tour gewonnen, aber im Sommer 2021 hatte Vingegaard ihn einmal im langen Anstieg hinauf zum Mont Ventoux abgehängt. Seine Testergebnisse hier im Trainingslager in Spanien waren für ihn die Bestätigung dessen, was er ohnehin vermutet hatte: Wenn er mit seinem jetzigen Gewicht zu solchen Leistungen in der Lage war, dann könnte er im Juli, wenn er leichter war und gezielter trainierte, auch Pogačar schlagen und die Tour gewinnen.

Und die neue taktische Ausrichtung, die noch nicht feststand? Ich konnte mir nicht vorstellen, dass Vingegaard etwas dagegen haben würde. Der Däne war jung, wissbegierig und formbar, und er hatte bereits im letzten Jahr bei einem Etappenrennen im Baskenland gesehen, dass man mit der richtigen Taktik weit kommen konnte. Vingegaard würde sicher bald von dem neuen Kurs überzeugt sein. Das Gleiche galt für den ehrgeizigen Wout van Aert, auch er einer der Leader des Teams, der nicht dafür bekannt war, neuen Herausforderungen aus dem Weg zu gehen.

Wie offen Tom Dumoulin für die anstehenden Veränderungen war, blieb allerdings abzuwarten. Der Mann aus Maastricht haderte seit einer Weile mit sich selbst und war nur noch ein Schatten des Fahrers, der 2018 mit Sunweb Zweiter der Tour geworden war. Seit seinem Wechsel zu Jumbo-Visma bereitete er seinen Coachs Kopfzerbrechen. Damals hatte man gedacht, mit dem Giro-Sieger von 2017 in den kommenden Jahren große Erfolge erzielen zu können. Doch Dumoulin tat sich schwer, sich an die Methoden von Jumbo-Visma anzupassen. Überhaupt schien er sich mit dem Radsport insgesamt schwerzutun.

Ebenfalls im Trainingslager dabei: Helfer wie Jos van Emden und Nathan Van Hooydonck, Talente wie Tobias Foss und die Neuzugänge Christophe Laporte, Tiesj Benoot und der Mountainbiker Milan Vader, für den sich vor allem die Frage stellte, wie er mit der Umstellung und der Kultur im Team zurechtkommen würde. Er teilte sich das Zimmer mit Roglič, was er sehr spannend fand. Roglič, der nach einem schweren Unfall als Skispringer ebenfalls erst spät mit dem Radsport begonnen hatte, hatte ihn beruhigt. »Wie alt bist du?«, hatte er ihn gefragt. »25? Na, lass es ruhig angehen, du hast noch viel Zeit. Entspann dich.« Vader war für diese Worte sehr dankbar gewesen.

Bei den neuen Fahrern ging ich davon aus, dass sie sich gut an die neuen Vorgaben anpassen könnten. Jeder im Radsport wusste, dass Jumbo-Visma in vielerlei Hinsicht fortschrittlich war, und wenn man den Luxus hatte, für dieses Team fahren zu dürfen, wusste man, dass Innovation ein Teil der Strategie war.

Und Primož Roglič? Wie würde er das sehen? Roglič war ein Fahrer, der einen eigenen Kopf hatte und es liebte, zu attackieren. Er war der Fahrer, der das Team in den letzten Jahren groß gemacht hatte, der es seit seiner Ankunft im Dezember 2015 dazu gebracht hatte, immer besser zu werden. Roglič besaß eine ausgeprägte Siegermentalität und verlangte sich und dem Team viel ab. Er hatte in der Zwischenzeit bereits wieder intensiv allein für sich in Monaco trainiert, so hart, dass die Coachs, die die hochgeladenen Trainingsdateien sahen, ein wenig die Stirn runzelten. Ich konnte mir nicht vorstellen, dass Roglič vor fortschrittlichen Ideen im Radsport zurückschrecken würde.

Robert Gesink fehlte im Trainingslager. Der Mann aus Achterhoek hatte sich mit Corona infiziert und war zu Hause in Andorra geblieben. Für die Stimmung war das vielleicht ganz gut so, denn Gesink, der seit 2007 bei der Mannschaft, die damals noch Rabobank hieß, unter Vertrag stand und sie auch in den schwierigen Zeiten zusammen mit Kruijswijk jahrelang getragen hatte, war ziemlich sauer gewesen, als er von Zeeman erfahren hatte, dass er es nicht in die Vorauswahl für die Tour geschafft hatte. Gesink war von Natur aus nicht unbedingt ein progressiver Fahrer, hatte sich aber als einer der ersten ganz und gar dem Höhentraining verschrieben und sich unter Zeemans Anleitung auf Mentaltraining eingelassen. Die Chance, dass Gesink die Tour 2022 fahren würde, war trotzdem gering.

Dies war ein wichtiges Trainingslager, das erste, bei dem die Fahrer seit den italienischen Herbstrennen zusammenkamen. Damals war Zeeman zu dem Schluss gekommen, dass die taktische Marschrichtung von Jumbo-Visma einer Überarbeitung bedurfte. In diesem Trainingslager würden sie in den nächsten Wochen so arbeiten, wie sie es in den vergangenen Jahren sukzessive perfektioniert hatten. Die Trainer und Sportlichen Leiter würden mit den Fahrern etliche Gespräche zum Thema Persönlichkeitsentwicklung führen. Es waren Zeitfahr-Testeinheiten geplant, bei denen ausgeklügelte Geräte eingesetzt wurden, um eine bessere Abstimmung zwischen Mensch und Maschine zu erreichen. Und am Anstieg nach Sant Grau sollte den Fahrern nach intensiven Anstrengungen Blut abgenommen werden, um den Laktatspiegel zu messen, als erster physischer Indikator für die Form der Athleten. Auf der Grundlage dieser Daten erstellten die Coachs und Trainer dann sorgfältig individuell abgestimmte Trainings- und Ernährungspläne, damit die Fahrer in den für sie entscheidenden Rennen so gut vorbereitet wie möglich an den Start gehen könnten.

Wie in den letzten beiden Jahren war auch 2022 der Gewinn der Tour de France das große Ziel von Jumbo-Visma. Seit dem Sieg von Joop Zoetemelk mit TI-Raleigh im Jahr 1980 war es keiner niederländischen Mannschaft mehr gelungen, den Sieger zu stellen. In den Jahren 2020 und 2021, als Roglič und Vingegaard nacheinander den zweiten Platz belegten, war Jumbo-Visma näher dran gewesen als je zuvor. Dennoch war nach der Rückkehr aus Paris ein bitterer Nachgeschmack geblieben. 2020 hatte Roglič das Gelbe Trikot am vorletzten Tag beim Zeitfahren hinauf zur Planche des Belles Filles auf spektakuläre Weise verloren, und 2021 war er in der hektischen ersten Tour-Woche so schwer gestürzt, dass er einige Tage später aufgeben musste. Die Verletzungen hatten ihn körperlich zermürbt. Positive Aspekte der Tour 2021 waren Vingegaards Aufstieg und die Art und Weise, wie sich Wout van Aert als Leader etabliert hatte und dem Team mit seinem offensiven Rennstil neue Impulse gab. Das waren Dinge, auf denen das Team aufbauen konnte.

Nach der abgelaufenen Saison hatten sich die Trainer und Sportlichen Leiter auf sich selbst besonnen und sich gefragt, wo sie ansetzen mussten und was sie verbessern konnten, um dem Team 2022 den entscheidenden Vorteil zu verschaffen. Nachdem sie im Oktober 2021 in drei Evaluierungs-Meetings im neuen Mannschaftsquartier in Brabant unter der Leitung eines externen »Performance-Coachs« alles auf den Prüfstand gestellt hatten, hatten sie sich in die wissenschaftliche Literatur vertieft, sich an ihre Kontakte bei den Spezialeinheiten der niederländischen Armee gewandt und die Fußballclubs AZ Alkmaar und Ajax Amsterdam besucht. Sie würden neue Pläne schmieden. Zeeman hatte inzwischen eine Idee, wo er ansetzen müsste.

Zwei Tage nach seiner markigen Ansprache im Hotel ging ich mit Zeeman an den Strand. Er räumte ein, dass man bei Jumbo-Visma bis dahin im Großen und Ganzen so gearbeitet hatte, wie es alle anderen Teams auch taten.

Diese Zeiten seien demnach offenbar vorbei, merkte ich an.

»Ich hoffe es«, sagte er. »Das ist es, was ich durchbrechen will, denn sonst habe ich kein Vertrauen, dass wir gewinnen werden.«

Wir setzten uns auf eine Steinmauer an der hölzernen Strandpromenade. Das blaue Wasser des Mittelmeers plätscherte uns entgegen. Zeeman erklärte, dass man im Spitzensport auf höchstem Niveau manchmal Risiken eingehen, Dinge durcheinanderwirbeln und die anderen Coachs ins Grübeln bringen müsse. »Wir müssen uns eine List einfallen lassen«, sagte er. Er sah die Rennen vor sich, und wenn sie wie üblich mit ihren größten Konkurrenten ins Finale gehen würden, mit Tadej Pogačar bei der Tour und mit Mathieu van der Poel bei den Klassikern, würden sie nicht gewinnen. »Wir müssen eine Bombe werfen«, sagte Zeeman.

Es war diese Grundeinstellung, die mich schon immer an Sportmannschaften fasziniert hatte, die Suche nach neuen Möglichkeiten. Dieses Team hatte seit 2013 seine Methoden verfeinert, seinen Plan Jahr für Jahr verbessert und nach jeder Saison überlegt: Was ist nun das Wichtigste, das wir verbessern können? Was sollten wir als Erstes anpassen? Jetzt war die Zeit gekommen, sich angreifbar zu machen. Es war an der Zeit, ihre Denk- und Arbeitsweise in Sachen Taktik auf den Prüfstand zu stellen.

Zeeman verwies auf die siebte Etappe der zurückliegenden Tour. Damals hatte Van Aert so eine Bombe platzen lassen. Er und Mathieu van der Poel hatten die Kontrolle übernommen und sich wie junge Hunde in Szene gesetzt, indem sie früh attackierten, wie Junioren fuhren und so die anderen Teams in Unruhe versetzten. Aber Jumbo-Visma fehlte ein Folgeplan. »Wir haben einfach wieder das Gleiche wie immer gemacht«, sagte Zeeman. »Aber was wäre passiert, wenn wir es geschafft hätten, am nächsten Tag wieder Chaos zu stiften? Bei Pogačars Team hatte schon am Vortag Panik geherrscht.« Es war eine verpasste Chance gewesen, und solche Chancen bekommt man nicht oft, wie Zeeman nach all den Jahren wusste. Sie mussten sich noch besser auf mögliche Szenarien vorbereiten. Sie mussten eine Strategie entwickeln, aus der sich jede ihrer Aktionen im Rennen herleiten ließe. Aber wie diese Strategie aussehen sollte, das wusste er noch nicht.

Der Radsport hatte sich in den letzten Jahren rasant verändert. Bei der Tour wurde nicht mehr bis zum letzten Anstieg des Tages abgewartet. Die großen Fahrer griffen früher an. Diese Jungs waren jünger, wilder und schienen jede Gelegenheit zum Angriff zu nutzen, die sich ihnen bot. Es gab keine schwachen Schafe mehr, es gab für ein starkes Kollektiv, wie es das Team Sky in der Vergangenheit gewesen war, keine einfachen Opfer mehr, die man zur Schlachtbank führen konnte. »Die Rennen sind offener geworden«, sagte Zeeman. »Und deshalb gibt es Raum für taktische Schachzüge.«

Ein Mehr an solchen Aktionen bedeutete, dass auch mehr Wissen über die Konsequenzen einer mutigen Fahrweise nötig wäre. Zeeman: »Noch sagt jeder: ›Was bildet der Kerl sich ein?‹ Die Kultur im Radsport war lange Zeit so, dass man als töricht galt, wenn man Risiken einging. Aber ich glaube, dass die heutigen Fahrer viel schlauer sind als die Coachs, die hinter ihnen im Auto sitzen. Die sind oft Angsthasen, die ihre Angst auf die Fahrer projizieren. Aber drehen wir es mal um. Reden wir nicht immer nur über Angst und Kontrolle, überlegen wir uns andere Szenarien. Sagen wir zum Beispiel, Primož greift hundert Kilometer vor dem Ziel an. Was passiert dann? Können wir fünf Schritte weiter denken? Können wir herausfinden, warum das eine kluge Idee wäre? Das ist die Richtung, in die ich gehen möchte.«

Der springende Punkt sei, dass man alles im Auge behalten und sich immer fragen müsse, was das Risiko sei. Das war die nackte Wahrheit: Der Kern der Innovation begann auch damit, dass man es zuließ, sich angreifbar zu machen. Sich etwas zu trauen, zuzugeben, dass man etwas nicht weiß. Also: Was genau wird im Rennen passieren, wenn man eine bestimmte Sache tut? Wo ist dann Pogačar? Wo sind die anderen? Wie reagiert UAE? Wie reagiert die Teamleitung von Ineos, wie das Team Sky inzwischen hieß?

»Es fängt damit an«, so Zeeman, »dass wir die Kernfrage definieren: Wie gewinnt man ein Radrennen? Wie werden Radrennen entschieden? Und wie können wir das beeinflussen? Im Wesentlichen möchte ich, dass wir besser verstehen, was Radsport ist.«

Es blieb nur ein Problem, wie er einräumte: »Darin sind wir noch nicht gut.«

Nando Boers
Amsterdam, Mai 2023

Einleitung

Am Samstag, dem 6. Juli 2019, gewann der Jumbo-Visma-Fahrer Mike Teunissen die Auftaktetappe der 106. Tour de France in Brüssel. Anschließend wurde er auf dem Podium in der belgischen Hauptstadt auch als erster Führender der Gesamtwertung geehrt. Die Radsportlegende Eddy Merckx überreichte Teunissen das Gelbe Trikot.

Mit diesem Sieg beendeten Mike Teunissen und Jumbo-Visma eine 30-jährige Leidenszeit, in der kein niederländischer Fahrer bei der Tour auch nur einen Tag lang das Gelbe Trikot getragen hatte. Die Übernahme des *Maillot jaune* krönte die Arbeit der Teamleitung um Richard Plugge, Merijn Zeeman und Mathieu Heijboer. 24 Stunden später gewann Jumbo-Visma in den Straßen von Brüssel auch das Mannschaftszeitfahren, den Inbegriff von Teamwork. Dass Mike Teunissen auf der dritten Etappe seine Führung in der Gesamtwertung verlor, war zwar bedauerlich, aber nicht weiter schlimm.

Drei Wochen später bestieg Kapitän Steven Kruijswijk in Paris als Dritter der Gesamtwertung das Podium. Sein Rückstand auf den Gesamtsieger betrug nach mehr als 3.000 Rennkilometern nur 1:31 Minute. Kruijswijk war der erste Fahrer im Team, der den neuen Trainings- und Ernährungsansatz von Jumbo-Visma kompromisslos mittrug. Auf den Champs-Élysées stand er neben dem Gewinner des Gelben Trikots, Egan Bernal von Ineos.

Rund einen Monat später gewann Primož Roglič die Spanien-Rundfahrt, der erste Grand-Tour-Sieg für Jumbo-Visma, eine Leistung, die der Slowene 2020 und 2021 wiederholen konnte. Der frühere Skispringer war Ende 2015 in letzter Minute verpflichtet worden, um den Kader aufzufüllen. Er erwies sich als erstaunlich leistungsstark, und nach intensivem Coaching schaffte es Roglič in den folgenden Jahren in die Weltspitze. 2020 und 2021 war er die Nummer eins auf der Rangliste des internationalen Radsportverbands UCI.

Nach der Tour 2019 fragte mich Richard Plugge, der Direktor von Jumbo-Visma, ob ich Interesse hätte, ein Buch über das Team zu schreiben. Plugge war für mich kein Unbekannter. Von 2007 bis 2012 war er Chefredakteur des Sportmagazins *Sportweek/NUsport*, wo ich als Reporter gearbeitet hatte. 2013 wurde Plugge Direktor des Radsportteams Blanco Pro Cycling, dem Nachfolger der aufgelösten Rabobank-Mannschaft und Vorläufer des heutigen Teams Jumbo-Visma.

Wir vereinbarten, dass ich das Team drei Jahre lang begleiten würde, um Informationen für ein Buch über das Team und die zehn Jahre zu sammeln, die es bis Ende 2022 im Peloton verbracht haben würde. Ich würde eine Reportage machen, unabhängig vom Team, selbstfinanziert und von meiner eigenen Neugier geleitet. Über welche Themen ich schrieb, blieb mir überlassen.

Jumbo-Visma hatte in letzter Zeit viel gewonnen – 2019 immerhin 49 Rennen –, aber sie wollten noch höher hinaus: Sie wollten die wichtigsten Etappenrennen gewinnen, allen voran die Tour de France.

Ein Spitzenteam so hautnah zu begleiten, war an sich schon etwas Besonderes, aber auch die Jagd auf ein großes Ziel aus dieser Perspektive erleben zu können, war einzigartig. Ende 2019 verpflichtete das Team dann auch noch den besten niederländischen Rundfahrer der letzten 40 Jahre: Tom Dumoulin.

Ich stimmte Plugges Vorschlag zu, weil ich mich für ihre Vergangenheit interessierte. Ich hatte bereits mehrere lange Geschichten über das Team geschrieben – über ihren damaligen Kapitän Robert Gesink und ihre erste Tour im Jahr 2013 –, aber da war noch mehr. Wie hatte sich die Mannschaft vom hässlichen Entlein im Jahr 2015, in dem es als Team LottoNL-Jumbo gerade einmal sechs Siege einfuhr, zu einem der besten Teams der Welt entwickelt? Wie verlief der Weg vom Abgehängten zum Innovator? Welche Ideen steckten dahinter? Aber auch: Wie traten sie auf im Radsportmilieu, wo es gewiss noch Raum für Professionalisierung gab? Teamchef Richard Plugge hatte dazu die nötigen Gedanken und Ideen.

Welche Schritte mussten sie gehen, um zu überleben, und welche, um sich sportlich und wirtschaftlich zu verbessern? Welche Rolle spielte die Armee bei dieser Entwicklung? Welche Regeln legten sie gemeinsam mit allen Mitarbeitern fest, um zu gewährleisten, dass die Organisation weiter wachsen konnte, und warum war dieser Kompass, den sie »Der Blanco-Kurs« nannten, so wichtig?

Darüber hinaus wollte ich erfahren und erleben, wie das Team im Hier und Jetzt funktionierte. Wie versuchten die Teamleitung, die Coachs, Trainer und

Fahrer, sich zu verbessern? Welche Eigenschaften hielten sie für ausschlaggebend, damit sich ein talentierter Fahrer zu einem Weltklassesportler entwickeln konnte? In welchen Bereichen schlummerte für Spitzenfahrer das Potenzial, noch ein paar Prozent herauszuholen? Wie war es ihnen gelungen, sich selbst immer weiter zu verbessern? Welche (wissenschaftlichen) Wege haben sie beschritten, um Informationen zu sammeln? Was haben sie getan, um mentale und körperliche Probleme anzugehen und Lösungen zu finden? Für die Fahrer, aber auch für sich selbst? Und was haben sie sich dabei gedacht, als sie versuchten, anderen Teams im Rennen taktisch ihren Willen aufzuzwingen?

In diesem Buch erfahren Sie, welche Pläne Teamchef Richard Plugge und Sportdirektor Merijn Zeeman Ende 2015 schmiedeten, um an die Spitze zu gelangen. Es gab keinen statischen Plan, der ausgearbeitet und dann umgesetzt wurde. Es war vielmehr ein organischer Plan, der allmählich gedieh, immer robuster wurde und in jeder Saison um neue Elemente ergänzt wurde, um auf aktuelle Ereignisse und neue Erkenntnisse zu reagieren. Schritt für Schritt lernten sie hinzu, Schritt für Schritt wurde das Team immer besser.

In den vergangenen drei Jahren war ich bei Rennen und Trainingslagern dabei, ich sah mir Windkanaltests und die Saisonevaluierungen im Hauptquartier an und ich lauschte häufig den Online-Meetings, in denen die Coachs ihre taktischen Pläne schmiedeten, miteinander über ihren Sport philosophierten und versuchten, sich gegenseitig zu verbessern. Es ging um die Bedeutung von Gruppendynamik, das Streben nach einer Optimierung der Ausrüstung und die neu gestaltete Ernährungsstrategie. Es ging um die Art und Weise, wie die Coachs ihre Fahrer ermutigten, anspornten und korrigierten und wie sie die Athleten auf ihr großes Ziel einschworen, das beste Team der Welt zu werden – und es zu bleiben. Sie erzählten mir auch von ihren neuen taktischen Plänen für 2022 und gewährten mir Einblick in ihre Strategiepapiere für ihre bis dahin erfolgreichste Saison.

Ich sah, wie Neuzugang Tom Dumoulin zur Mannschaft stieß, und erlebte aus nächster Nähe, wie er sich nach einer schwierigen Partnerschaft schließlich vorzeitig verabschiedete und seine Karriere im Frühjahr 2022 desillusioniert und des Radsports überdrüssig beendete. Unterdessen machte ein dänisches Talent eine rasante Entwicklung durch. Als Dumoulin für die Tour 2021 ausfiel, war klar, wer seinen Platz einnehmen würde: Jonas Vingegaard.

Ich habe außerdem gesehen, wie sich Jumbo-Visma wieder berappelte, nachdem ihnen am letzten Wochenende der Tour de France im Herbst 2020, im Zeitfahren zur Planche des Belles Filles, das Gelbe Trikot von einem wie entfesselt fahrenden Tadej Pogačar entrissen wurde. Ich beobachtete, wie sich das Team neu ausrichtete, die Philosophie anpasste, den Schlachtplan schärfte und begann, sich eher auf den »Prozess« als auf das »Ergebnis« zu konzentrieren. Dahinter stand die Überzeugung, dass man in der Lage sein musste, Rückschläge in Aktionen umzusetzen, sie in etwas Produktives zu verwandeln, um noch mehr zu erreichen.

Im Juli 2022 fuhr ich mit Jumbo-Visma zum *Grand Départ* der Tour de France nach Kopenhagen und reiste dann mit dem Team fast vier Wochen lang durch Frankreich. Ich konnte hautnah miterleben, wie all das, was sie sich in den vergangenen Jahren erarbeitet hatten, in die Tat umgesetzt wurde.

Es wurde ein unvergesslicher Monat, in dem das Team aufblühte. Mit Jonas Vingegaard an der Spitze gewann Jumbo-Visma nicht nur das wichtigste Radrennen der Welt, sondern auch sechs Etappen sowie mit Wout van Aert und Vingegaard die Punkte- und die Bergwertung. Und was vielleicht noch wichtiger ist: Das Team fuhr so offensiv, dass man mit Ehrfurcht darüber sprach. Die Art und Weise, wie Jumbo-Visma 2022 fuhr, das war Radsport, wie er einmal gedacht war, das war Radsport auf höchstem Niveau.

Jumbo-Visma hatte in zehn Jahren einen weiten Weg zurückgelegt. Und nun waren sie das beste Radsportteam der Welt.

Kapitel 1

Blanco und die All Blacks

Auf der Fensterbank im Arbeitszimmer von Richard Plugge standen mehrere gerahmte Bilder. Ein Hochzeitsfoto, Bilder seiner damals noch kleinen Kinder, ein Selfie mit Primož Roglič und ein Bild des jubelnden Wout van Aert. Ganz außen ein Foto seines kürzlich verstorbenen Vaters, der vor einem Fahrrad hockt, an dem er gerade herumschraubt.

An der Wand hinter Plugges Schreibtisch hingen drei gerahmte Trikots. Zwei Rote Trikots von der Vuelta mit der Unterschrift von Roglič und rechts daneben ein Gelbes Trikot von der Tour, signiert von Mike Teunissen. Das waren jedoch nicht seine wichtigsten Souvenirs. Denn an einer anderen Wand hing noch ein weiteres Trikot: ein blau-schwarz-weißes Jersey mit dem Schriftzug »Blanco« quer über der Brust. »Damit fing alles an«, sagte Plugge Ende 2021 hinter seinem Schreibtisch. »Ohne das kein Rotes und kein Gelbes Trikot.«

Blanco war das Frühstadium von Jumbo-Visma, der Neuanfang nach dem unvermeidlichen Ende des Rabobank-Teams. Plugge war erst seit einem Jahr bei Rabobank dabei, als der Hauptsponsor im Oktober 2012 beschloss, sein Engagement im Radsport zu beenden. 2007, nachdem der dänische Kapitän der Mannschaft, Michael Rasmussen, bei der Tour de France nur wenige Tage vor der Ankunft in Paris als Träger des Gelben Trikots aus dem Rennen genommen wurde, weil er während der Rundfahrt als Betrüger entlarvt worden war, hatte die Bank sich noch zum Weitermachen durchgerungen. Der Tropfen, der das Fass dann zum Überlaufen brachte, war die Veröffentlichung des brisanten USADA-Berichts über die Machenschaften von Lance Armstrong und seiner US-Postal-Mannschaft, in dem festgestellt wurde, dass auch der Rabobank-Fahrer Levi Leipheimer alle möglichen verbotenen leistungssteigernden Substanzen genommen hatte. Auf den Trümmern der Rabobank-Ruine entstand im Winter 2012/2013 eine neue Formation: das Blanco Pro Cycling Team.

Zu diesem Zeitpunkt war Plugge seit weniger als einem Jahr als Kommunikationsmanager des Teams tätig. Sein Chef Harold Knebel, der seit fünf Jahren das Rabobank-Team leitete, spielte schon seit einer Weile mit dem Gedanken, ins Bankgeschäft zurückzukehren.

Plugge hatte zuvor in der Medienbranche gearbeitet. Im Herbst 2006 wurde er von der Geschäftsführung von Sanoma Uitgevers zum neuen Chefredakteur von *Sportweek* ernannt. Die Redaktion bekam in ihm einen eigenwilligen und manchmal sturen Vorgesetzten. Es hieß über ihn, er sei ein Mann, der, metaphorisch gesprochen, keine dunklen Wolken sieht. »Und wenn es anfängt zu regnen«, sagte er, »sehe ich sie trotzdem nicht.« Er sah das als eine Stärke an.

Bei *Sportweek* wurde Plugge nicht glücklich, aber seine Zeit dort war ein »wichtiger Baustein«. Er habe Einsicht in die Welt des Sports erhalten und bei *Sportweek* die Lektion gelernt, dass man seinen Vorgänger nach dessen Demission nicht mehr auf seinem Terrain dulden durfte und Querulanten sofort aussortieren und wegschicken musste. »Ich habe es mir selbst schwer gemacht, weil ich diese schwierige Botschaft nicht früh genug übermittelt habe«, sagte er. »Das war eine wichtige Lektion.«

Harold Knebel hatte nach der Entscheidung des Hauptsponsors im Oktober 2012 zwei Tage Zeit, das Team zusammenzuhalten und zu prüfen, ob ein Neuanfang möglich wäre. Das gelang schließlich, weil fast alle Fahrer blieben und Rabobank noch ein weiteres Jahr zahlte. Einen Tag, nachdem die Bank ihre Entscheidung auf einer gut besuchten Pressekonferenz in ihrer Zentrale bekanntgegeben hatte, rief Knebel bei Plugge an. »Was sind deine Ambitionen, wenn ich aufhöre?«

Knebel hatte in Plugge immer seinen Nachfolger gesehen. Er war Amateurradsportler gewesen und kannte sich im Mediengeschäft aus.

Von den vier Männern, die anfangs gemeinsam für Blanco verantwortlich waren – Plugge, Zeeman, Teammanager Nico Verhoeven und der Sportphysiologe und Trainer Louis Delahaije –, war Plugge letztlich derjenige, der die Anteile des Teams von Rabobank kaufte und damit, wie er selbst es formulierte, auch derjenige, der es wagte, »seinen Hals in die Schlinge zu legen«. Er fand die Sache unheimlich spannend, fragte sich aber, ob er es schaffen würde, ein Team zu führen. Schließlich hatte er »null Erfahrung« und »von Tuten und Blasen keine Ahnung«. Für welche Summe er die Anteile gekauft hatte, wollte er nicht verraten.

Obwohl seitens der Wirtschaft anfangs noch ein gewisses Interesse bestand, »Blanco« zu sponsern, geht aus den Protokollen des Aufsichtsrats des Rabobank Cycling Teams hervor, dass Unternehmen wie Pon, Halfords, ein ungenannter »deutscher Akteur« und eine »australische Versicherung« umso zurückhaltender wurden, je näher die Saison rückte. Die potenziellen Geldgeber wurden angesichts einer wahren Flut von Doping-Geständnissen von bekannten und weniger bekannten Fahrern aus dem internationalen Peloton misstrauisch und bekamen kalte Füße. Keiner wollte sich mit dem Radsport die Finger verbrennen.

In den ersten Monaten des Jahres 2013 fragte sich Plugge, wie er »das Runde ins Eckige befördern« sollte. In jenen Tagen hatte er das Gefühl, dass er nichts zu verlieren hatte. Er hatte ohnehin nichts mehr und wenn es ihm nicht gelingen würde, bis Ende des Jahres einen Sponsor zu finden, »hätte er es zumindest versucht«.

Der internationale Radsport hatte mit einem riesigen Imageproblem zu kämpfen. Niemand im Peloton vertraute mehr dem anderen, und die Außenwelt wandte sich vom globalen Radsport ab. Die Frage war also, wie man diese Stimmung – angefangen in den Niederlanden mit ihren drei WorldTour-Teams – so umkehren konnte, dass Unternehmen (weiterhin) einen Profirennstall sponsern wollten, um ihren Bekanntheitsgrad zu steigern. Wer war noch bereit, seinen Namen auf ein Radsporttrikot zu setzen?

Knebel, der offiziell nicht mehr mit im Boot war, die neue Formation aber mit einem weiteren Jahr Sponsorengeld von Rabobank über Wasser hielt, hatte Ideen, wie man die Sache angehen könnte. Ihm schwebte eine Art Versöhnungsausschuss vor, wie er in Südafrika nach dem Ende der Apartheid eingerichtet worden war. Wenn die drei niederländischen Profiteams offen darüber reden würden, was passiert war, ohne dass ihnen Sanktionen drohten, könnte man Vertrauen wiederherstellen und der niederländische Radsport könnte zumindest einen Neuanfang machen. Das war die Idee. Die Aufarbeitung der Vergangenheit und das Bestreben, aus Fehlern zu lernen, waren wichtiger als die Bestrafung der begangenen Vergehen. Wegen Unstimmigkeiten zwischen den drei besagten Teams kam die Initiative jedoch letztlich nicht zustande.

Knebels Ansatz, mit totaler Transparenz Vertrauen zurückzugewinnen, fand bei Blanco großen Anklang. Allen Fahrern und sonstigen Mitarbeitern des Blanco-Teams wurden vier Fragen gestellt. *Haben Sie Dopingmittel genommen? Kennen Sie jemanden, der Dopingmittel genommen hat? Kennen Sie jemanden, der damit gehandelt hat? Haben Sie sonstige relevante Informationen?* Die Aussagen wurden im Beisein von Plugge und Eelco Wisman gemacht, einem NLP-Trainer, den Plugge bei einem Kurs über Neurolinguistisches Programmieren kennengelernt hatte und der in der Vergangenheit als Ausbilder der niederländischen Armee tätig gewesen war. Die Antworten der Fahrer auf die vier Fragen zum Thema Doping wurden schriftlich festgehalten und in ihrem Beisein unterzeichnet. Als Ergebnis dieser Befragung, so Plugge, hätten sich schließlich »ungefähr vier« Mitarbeiter mit Informationen an die niederländische Dopingbehörde gewandt und er habe erkannt, dass zwei Beschäftigte ihn nach Strich und Faden belogen hätten. Einer von ihnen, Jeroen Blijlevens, wurde später überführt und im Sommer ebenfalls entlassen.

Auf einer Autofahrt im Juli 2020 zum Jumbo-Visma-Trainingslager in Tignes fragte ich Plugge, woran er erkannt habe, dass sie gelogen hatten. Er antwortete, dass er im Rahmen des NLP-Seminars gelernt habe, auf »Augenmuster« zu achten. Anhand spezifischer Augenbewegungen könne man erkennen, ob jemand eine Geschichte erfindet oder nicht. Plugge: »Das ist ein Indiz.«

Eelco Wisman hatte ihn mit Neurolinguistischem Programmieren bekanntgemacht, und 2014 belegte Plugge seinen ersten NLP-Kurs. Er wollte »Werkzeuge in der Hand haben«, um andere besser zu machen, und kam nicht umhin, sich selbst zu hinterfragen. »Aristoteles hat es gesagt: Sich selbst zu kennen, ist der Anfang aller Weisheit. Das ist ein Klischee, ich weiß, aber es hat seine Berechtigung.«

Es sollte schließlich bis Ende Juni 2013 dauern, ehe Plugge einen Hauptsponsor für sein Radsportteam verkünden konnte. Der US-Konzern Belkin, der Zubehör für Mobiltelefone und Laptops herstellt, war als Geldgeber gewonnen worden. Belkin hatte erkannt, dass Plugge sehr erpicht auf eine Zusammenarbeit war (»vielleicht etwas zu erpicht«), und zeichnete sich in der Folge durch eine überaus geschäftsmäßige und »knallharte« Form der Zusammenarbeit aus. Plugge fand, dass sie gut zahlten, aber er erkannte bei den Amerikanern wenig Liebe zum Radsport. Man hatte sich für zweieinhalb Jahre aneinander gebunden. Aber: »Der Belkin-Boss liebte Basketball, die Los Angeles Clippers. Mit dem Radsport hatte er nicht das Geringste am Hut.«

* * *

Plugge hatte sein ganzes Leben damit verbracht, Informationen zu sammeln, die ihn zu einem besseren Menschen und Manager machen würden. Als besonders prägend erwies sich eine Reise, die er 1999 nach Neuseeland unternahm, ein Land, dessen Rugby-Nationalmannschaft ihn sehr beeindruckte. Er besuchte ein Spiel der »All Blacks« in Auckland und erlebte acht Jahre später, wie sie nach einigen mageren Jahren bei der WM in Schottland die Gastgeber mit 40:0 entzauberten. Plugge fragte sich, wie es zu diesem Wandel gekommen war, dessen Auswirkungen und Zusammenhänge er 2013 in dem Buch *Legacy – Das Geheimnis der All Blacks* von James Kerr nachlesen konnte, das die Wiederauferstehung der Mannschaft von innen heraus beschrieb. »Sie hatten sich aus einem tiefen Tal befreit, indem sie sich getraut hatten, zu hinterfragen, wer die All Blacks nun waren. Sie hatten sich von ihrer Kultur und ihrem Erbe entfernt«, so Plugge. »Die All Blacks hatten eine Entwicklung durchgemacht, die wir später auch durchmachen mussten.« Nach der Lektüre von *Legacy* stellte auch er sich die Fragen: Wer sind wir eigentlich? Wofür stehen unser Radsportteam und die Menschen, die für es arbeiteten? Was ist unsere Identität?

Als er das Buch kurz nach dessen Erscheinen im November 2013 las, erkannte Plugge sein eigenes Team darin. Die All Blacks hatten eine Identitätskrise erlebt, bei der das gemeinsame Ziel verloren gegangen war. Die neuseeländischen Rugbyspieler kehrten schließlich zu ihren Wurzeln zurück, um den Problemen auf den Grund zu gehen und zu sehen, ob es eine Lösung gab. Sie legten den Fokus auf die Verknüpfung von Sport und der Geschichte ihrer Ureinwohner, der Maori, die für diese Verbundenheit standen. Verbundenheit untereinander, mit dem eigenen Erbe, mit der eigenen Geschichte.

Legacy (»Wenn du eine bessere Leistung willst, beginne mit einem höheren Ziel«) befasste sich mit der Kultur als »Motor für das gewünschte Verhalten«. »Kultureller Zusammenhalt«, so die Argumentation, führe zu »Innovation, größerer Selbsterkenntnis und besserem Charakter«. Für die All Blacks sei »Bescheidenheit der Kern von allem« geworden. Es gehe nicht darum, »im Moment selbst zu reagieren«, sondern Herr der Veränderungen zu bleiben. »Indem man seine Aufmerksamkeit kontrolliert, kontrolliert man die Leistung und damit auch das Spiel.«

Plugge: »Auch wir mussten sicherstellen, dass wir als Team füreinander durchs Feuer gehen. Wir mussten sicherstellen, dass niemand das Gefühl hatte, größer als das Team zu sein. Es ist auch eine Weise, sich als Mensch zu bereichern. Deshalb ist dieses Buch so wichtig für uns. *Legacy* vermittelt Werte, die auch wir versuchen zu propagieren und weiterzugeben. Es geht nicht nur darum, schnell Rad zu fahren, sondern auch darum, wie man es macht, miteinander, als Menschen, nach unseren Werten. Man muss nicht unbedingt miteinander befreundet sein, aber man muss gut zusammenarbeiten können. Die Kultur des Teams, unseres Unternehmens, muss so sein, dass man sich gegenseitig Dinge sagen kann, die man nicht jedem sagen würde, und zwar deshalb, weil die Beziehung untereinander sich so gestaltet, dass man Dinge voneinander annimmt. Ich möchte in einer Atmosphäre arbeiten, in der man sich gegenseitig alles sagen kann.«

Plugge hatte eine Vorgeschichte beim Militär. 1992 war er Feldwebel der niederländischen Armee und führte »zehn Jungs, die alle keine Lust hatten«. Er leitete die Gruppe, die Bunker und Schuppen zu bewachen hatte, in denen »Waffen, Funkgeräte, Decken und Dosenbohnen« gelagert wurden. In der Armee habe er den Schritt »vom Rebellen zum strukturiert denkenden Menschen« gemacht. »Das war sehr prägend«, sagte er. »Zu wissen, wann es besser war, nicht gegen etwas zu sein. Dass man auch mal was schlucken muss.«

Plugge ließ sich in den frühen Jahren des Teams außerdem von Eckhart Tolle und Tony Robbins inspirieren und wurde ein Bewunderer von Napoleon Hill und seinem Buch *Denke nach und werde reich*, in dem es darum geht, wie man das eigene Denken beeinflussen kann.

»Ich bin selbst jemand, der lieber nach vorne schaut«, so Plugge. »Ich will mich nicht lange mit gescheiterten Dingen aufhalten, ich habe nicht die Muße, Dinge zu bedauern, die nicht geklappt haben. Stattdessen: jeden Tag dazulernen. Und ich habe kein Problem damit, anderen Menschen Verantwortung zu übertragen, denn man kann nicht alles alleine schaffen. Man muss Rückschläge überwinden und Menschen zusammenbringen, ihnen Verantwortung geben, ihnen eine Richtung weisen. Das ist es, was ich in Hills Buch gelernt haben. Sei positiv, sei kritisch und arbeite hart.«

Noch wichtiger für Plugges Entwicklung war die Begegnung mit einer Frau, mit der er in der Zeit nach seinem Militärdienst ins Gespräch kam. Sie lernten sich im Jugendzentrum De Boerderij in seiner damaligen Heimatstadt Zoetermeer kennen. Die Frau litt an MS, aber es ging ihr gut. Ihr Geheimnis: die Kraft der Gedanken. »Das hat etwas in mir ausgelöst«, sagte Plugge. »Seit dieser Begegnung glaube ich an eine machbare Welt und die Kraft der Gedanken. Sie ist so stark, dass man mit ihr alles erreichen kann. Ich weiß, dass diese Vorstellung häufig belächelt wird, aber ich glaube daran. Seitdem denke ich oft: Wenn ich etwas will, ist es machbar, aber man muss es auch tun.«

Plugge weiter: »Beim NLP wird oft die Frage gestellt: Wie lange noch willst du etwas wollen? Wann wirst du es tun? Was muss ich heute tun, um es später zu erreichen? Wen brauche ich, um das Ziel zu erreichen, wer kann mir helfen? Wann wirst du dir Zeit dafür nehmen? Willst du es wirklich? Wenn ja, setze dir eine Frist, dann wird es Träumen mit einer Deadline. Dann wird es tatsächlich geschehen. Und eine rudimentäre Form davon habe ich bereits mit 18 Jahren gesehen, als ich diese Frau kennenlernte.«

Er sagte, man müsse ein Projekt mit »dem Ende im Kopf« beginnen. Genau das bedeute »Träumen mit einer Deadline«, eine Lektion, die er vom Autor Steve Covey gelernt hatte, der seinen Anhängern predigte: Beginne mit dem Ziel vor Augen. Bringe das in den Fokus, lass es in dein Bewusstsein dringen: Willst du es wirklich und welche Auswirkungen hat dieses Ziel? Plugge: »Es geht darum, einen Schritt zurückzutreten und sich zu fragen: Wenn ich später dort stehen will, was werde ich sehen? Was werde ich riechen? Was wird mir fehlen? Wenn du zum Beispiel nach Santiago de Compostela laufen willst, dann musst du Schuhe und eine Regenjacke kaufen und du musst trainieren.«

Als sie sich in den ersten Jahren sagten, dass sie eines Tages die Tour gewinnen wollten, fragten sie sich: Ist das mit dieser Mannschaft in ihrer jetzigen Zusammensetzung möglich? Die Antwort war nein. Plugge: »Aber wenn wir gewinnen wollen, müssen wir uns die Frage stellen: Wie soll das aussehen? Was brauchen wir dafür? Das beginnt mit einer guten Struktur, einer guten Organisation, mit Vertrauen ineinander. Mit Sponsoren, guten Fahrern und Top-Personal. Wenn man sich mit all dem auseinandersetzt, wird sehr viel klarer, was man tun muss und was nicht, um das zu kriegen, was man im Moment nicht hat.«

Es gab nur ein kleines Problem, das es zuerst zu lösen galt: Er musste Sponsoren auftreiben. Ohne Sponsoren kein Plan, ohne Sponsoren kein Profiteam.

* * *

Unterdessen gab es noch ein anderes Problem, das sie sofort angehen konnten. Plugge hatte festgestellt, dass es bei Rabobank zwar gute Fahrer gab, die auch Rennen gewannen, dass es aber seiner Meinung nach nie ein strukturiertes und gut durchdachtes Training gegeben hatte. Er zitierte Erik Breukink, den 2012 entlassenen Sportdirektor. »Breukink sagte über das Training seiner Fahrer: ›Die Jungs wissen schon selber, was sie zu tun haben.‹ Es gab keine Vision bei Rabobank, keine Idee.«

Darüber hatte ich bereits im April 2013 während der Katalonien-Rundfahrt mit Robert Gesink gesprochen. Ich war nach Girona gereist, um eine Reportage über Gesink und seinen neuen Coach Merijn Zeeman zu machen. Die Mannschaft fuhr in blau-weiß-schwarzen Trikots mit der Aufschrift »Blanco«.

Als ich Gesink in der Lobby eines Hotels fragte, wie sich das Training unter dem neuen Coach gestaltete, sagte er, dass sie »eine andere Richtung eingeschlagen« hätten und ganz anders zu Werke gingen als in den Rabobank-Jahren. Analog zu dem, was Plugge über das Training gesagt hatte, äußerte sich Gesink über die Renntaktik: »Bei Rabo hieß es nur: Ihr seid alle Profis und wisst sicher, was zu tun ist. Lasst also am Start nicht zu viele Jungs wegfahren, kontrolliert das Rennen, und dann fahren wir für diesen oder jenen.« Gesink war der Meinung, dass die neue, aktive Art des Radfahrens, die sie nun verfolgten, »besser« sei. Es machte einfach mehr Spaß, die Dinge selbst in die Hand zu nehmen, statt auf das zu reagieren, was andere Teams taten.

Die große Nachwuchshoffnung Gesink war seit 2009 mit stets hohen Erwartungen als Kapitän von Rabobank bei der Tour de France an den Start gegangen, aber man hatte nie den Eindruck, dass es ihm sonderlich viel Spaß machte. Er fühlte sich von den Journalisten verfolgt, von denen viele in ihm einen zukünftigen Tour-Sieger sahen. Gesink flüchtete schließlich nach Girona, wo er die Anonymität fand, die er suchte. Über seine Rabobank-Jahre sagte Gesink später, dass er sich damals »mehr Gedanken über die Gefahren als über die Chancen« gemacht habe, die ihm im Rennen bevorstanden.

In der Lobby des katalanischen Berghotels, in dem das Team 2013 wohnte, sagte Gesink, dass er manchmal immer noch unter dem Rabo-Reflex leide und im Rennen zu spät die Initiative ergreife, weil man ihm eingehämmert habe, dass er nur attackieren solle, wenn er sich wirklich gut fühle. Aber wann weiß man schon, ob man sich wirklich gut fühlt? Gesink wollte deshalb seinen Stil verändern, passend zur neuen Ausrichtung des Teams. »Mir ist endlich ein Licht aufgegangen«, sagte er damals im Hotel.

Mit dem Schriftzug »Belkin« auf Brust und Hose fuhr das Team 2013 eine gute Tour de France. Die Mannschaft brachte mit Bauke Mollema (6.) und Laurens ten Dam (13.), die beide auch schon bei Rabobank unter Vertrag gestanden hatten, zwei Mann in die Top 15 und fuhr sich so in die Herzen der niederländischen Radsportfans. Die 13. Etappe von Tours nach Saint-Amand-Montrond gab dem Selbstvertrauen des Teams einen großen Schub. Belkin ergriff an diesem

Tag die Initiative und verabschiedete sich von der defensiven Fahrweise, die Rabobank ausgezeichnet hatte.

Merijn Zeeman und Mathieu Heijboer hatten im Frühjahr 2013 das Nötige gepackt (Zeemans alten Michelin-Reiseführer, Ausdrucke von Google Maps, dazu das Roadbook der Tour de France) und waren Monate vor der Rundfahrt in die Etappenregion gefahren. Zeeman war inzwischen erfahren genug, um zu wissen, dass sich das Blatt bei der Tour an jeder Ecke wenden kann. Als ich den Tag mit ihm rekonstruierte, sagte er: »Auf den ersten Blick war die 13. Etappe ein Ruhetag für die Klassementfahrer, aber ich sah es als unsere Aufgabe an, zu wissen, wo die Gefahren lauern.«

Also gaben sie alle Ortschaften in den Routenplaner ein und verglichen die Daten mit den mitgebrachten Google-Maps-Ausdrucken. Sie erkannten, dass es auf der Strecke, günstige Windbedingungen vorausgesetzt, durchaus Möglichkeiten für das Team gab, in geschlossener Formation anzugreifen. Mit Blick auf diese Etappe wurden schließlich große, kräftige Fahrer wie Lars Boom, Sep Vanmarcke, Maarten Wynants und Bram Tankink nominiert. Kapitän Bauke Mollema hatte keine Angst und wagte es, seine gute Platzierung im Gesamtklassement aufs Spiel zu setzen.

Der Plan ging auf. Mit Hilfe von zwei anderen Teams gelang es Belkin, das Peloton im Seitenwind in Stücke zu reißen und einige Konkurrenten abzuhängen. Mollema und Ten Dam kletterten in der Gesamtwertung vorläufig auf die Plätze zwei und drei. »Bau & Lau« sorgten für Begeisterung bei den niederländischen Radsportfans, die in den zurückliegenden Jahren nicht viel Grund zur Freude gehabt hatten.

Dank gestärkter Moral ging es im folgenden Jahr mit viel Optimismus in die Tour. Das neue Selbstvertrauen im Team zeigte sich insbesondere auf der verregneten Kopfsteinpflaster-Etappe nach Arenberg, wo die Mannschaft sich angriffslustig präsentierte und mit Lars Boom den Tagessieger stellte. Ten Dam (9.) und Mollema (10.) fuhren beide im Schlussklassement in die Top Ten.

Einziger Wermutstropfen war das Zeitfahren, das Mollema aufgrund von technischen Problemen mit seiner neuen Zeitfahrmaschine gehörig in den Sand setzte. Er kam als 140. mit einem Rückstand von mehr als neun Minuten ins Ziel. »Wir hatten das Rad am Tag vorher getestet«, sagte Mathieu Heijboer, »aber aufgrund der Kräfte, die auf die Kurbel wirkten, hat sich der Rahmen verzogen. Eine ziemlich elementare Sache, ja. Wir hätten dieses Zeitfahren wirklich professioneller angehen müssen.«

Mollema fiel an diesem Nachmittag in der Gesamtwertung vom siebten auf den zehnten Platz zurück. Nach der Saison verließ er das Team und unterschrieb im Sommer bei Trek-Segafredo. Ten Dam blieb noch ein Jahr, bevor er zu Giant-Alpecin (später Sunweb) wechselte, wo er 2016 Teamkollege von Tom Dumoulin wurde und 2017 mit ihm den Giro d'Italia gewann.

Das Jahr 2015 war für das Team ein Desaster. Es fiel auf Platz 14 der UCI-Weltrangliste zurück (nach Platz elf im Jahr 2013). Die Saison gilt in der Mannschaft als »der Tiefpunkt«. Plugge führt mehrere Gründe für die Misere an: geringes Budget, schwache Leistung und schlechte Atmosphäre, negative Einstellung, schlechte Kommunikation und fehlende Transparenz. Es herrschte viel Unruhe in der Mannschaft und eine »vergiftete Atmosphäre« (Zeeman), wo vorher noch »füreinander durchs Feuer gegangen« (Heijboer) wurde.

Besorgniserregender und vor allem bedenklicher als die amateurhaften Fehler, die damals passierten, und als die schlechte Stimmung im Team war die Entscheidung des Sponsors Belkin, Ende 2014 als Geldgeber auszusteigen – und damit ein Jahr früher als geplant. Auch weil Belkin ihm die Chance zu einem Neustart gegeben hatte, bemühte sich Plugge, dennoch gute Miene zum bösen Spiel zu machen. Er sprach von einer »lehrreichen Erfahrung«, auf die er mit »Freude« zurückblicke. Letztendlich aber setzten die Amerikaner ihm im April schlichtweg das Messer an die Kehle. Sie hatten, was sie wollten: Bekanntheit durch zwei Tour-de-France-Starts innerhalb von 13 Monaten. Plugge konnte sich gegen die Ausstiegsklausel im Vertrag nicht wehren.

Plugge räumte ein, dass er sich ein bisschen »verschaukelt« fühlte. Aber »benutzt«? Nein. »Ich dachte nur: cool, dass es überhaupt geklappt hat, und cool, dass ich immer noch hier bin. Natürlich dachte ich auch: Was soll der Scheiß! Und ich hätte es anfechten können, aber dann würde ich mich bis heute damit herumschlagen und hätte mir teure Anwälte in Los Angeles nehmen müssen. Ich habe mich umgedreht, die Sache abgehakt und ihren Ausstieg umgehend verkündet, damit mir noch etwas Zeit blieb, einen neuen Sponsor zu finden.«

Dass sich im Team etwas grundlegend ändern musste, war den Verantwortlichen ohnehin klar. Die Unzufriedenheit war auf allen Ebenen spürbar, und es herrschte eine misstrauische, unsichere Atmosphäre. Die Frage war: Was war eigentlich ihr Kompass? An welchen Werten – welchen Grundprinzipien – orientierten sie sich? Wer waren sie?

Kapitel 2

Der Blanco-Kurs und die Armee

»Die ersten drei Jahre des Teams«, sagte Plugge hinter seinem Schreibtisch, »waren viel weniger strukturiert, weil mein Fokus darauf lag, so schnell wie möglich Sponsoren zu finden.«

Nachdem Plugge einen Ersatz für Belkin gefunden hatte und fortan die staatliche Lotterie LottoNL das Trikot zierte, reifte zusehends die Erkenntnis, dass ein grundlegender Plan hermusste. Und zugleich entstand auch der Raum, um damit zu beginnen, diese neuen Ideen auszuarbeiten. Die Notwendigkeit für Veränderungen wurde durch die durchwachsenen Darbietungen der Mannschaft unterstrichen. Es dauerte bis Anfang Mai, bis der erste von sechs mageren Siegen in der Saison 2015 gefeiert werden konnte.

»Wir waren die Lachnummer im Peloton«, sagte Plugge. »Wir konnten nicht mit den großen Jungs mithalten, waren nur Füllmaterial im Feld und wurden in *De Telegraaf* verrissen. Und eine Vision gab es auch nicht. Das hatten Merijn und ich Rabobank immer angelastet. Wir haben in dem Jahr nur sechs Rennen gewonnen. Wir hatten Ambitionen, die Nummer eins der Welt zu werden, aber wir hatten das zweitkleinste Budget und lange Zeit herrschte enorme Ungewissheit. Würde es uns demnächst überhaupt noch geben?«

Als die Katastrophensaison endlich vorbei war, trafen sich Zeeman und Plugge eines Nachmittags in Plugges Haus. Die beiden schlossen sich im Kinderzimmer ein und hatten die Idee, »eine Art redaktionelles Leitbild« zu entwickeln, wie Plugge es aus seiner Zeit beim Sanoma-Verlag kannte. Sie wollten die DNA des Teams sezieren und dann herausfinden, welche Elemente fehlten. Wie könnten sie etwas erschaffen, das »ihre Kultur gut widerspiegelte«, eine Kultur, wie sie ihnen vorschwebte?

Unterdessen hatte das Team neben *Legacy* eine weitere wichtige Inspirationsquelle aufgetan, und mit den damit gewonnenen Erkenntnissen konnten sie ihre Pläne noch spezifischer und gezielter entwickeln. Plugge hatte in seinem Jahr bei Rabobank die Erfahrung gemacht, dass im Team zu viel auf »Glück« und zu wenig auf »Skills«, also auf Können, gesetzt wurde. Er kannte diese Begriffe von Jac Orie, dem erfolgreichen Eisschnelllauftrainer, mit dem sich das Radsportteam ab 2015 den Sponsor Jumbo teilte und mit dem sie zu dieser Zeit begannen, enger zusammenzuarbeiten. Orie hatte dieses Wissen seinerseits aus *The Success Equation – Untangling skill and luck in business, sports and investing*, einem provokanten Buch des amerikanischen Investmentstrategen Michael J. Mauboussin. Der Fokus auf Glück und Skills war für Plugge und Zeeman der Ausgangspunkt, um ihre Ideen zu konkretisieren.

Orie war ein gefeierter Eisschnelllauftrainer und die von ihm betreuten Athleten hatten zahllose Weltmeistertitel und Goldmedaillen bei Olympischen Spielen gewonnen.

»Probleme«, so Plugge, »werden groß, wenn man verliert, und bleiben klein, wenn man gewinnt. Diese Einsicht, die Orie mir vermittelt hat, war sehr wichtig für mich. Er hat uns mit der Erzählung über Skills und Glück die Richtung gewiesen, und Merijn und ich haben uns angesehen, wie wir das im Radsport anwenden können. Ich habe eine Menge daraus gelernt.«

»Wenn man nicht verlieren und kein Pech haben will, muss man versuchen, das ›Glück‹ so weit wie möglich aus der Gleichung zu nehmen«, führte Plugge aus. »Und das tut man, indem man ›Skills‹ in seine Organisation einbringt. Je mehr Skills in deiner Organisation vorhanden sind, desto geringer die Rolle, die das Glück spielt. Was auch entscheidend ist: In einer Organisation neigt sich alles dem Mittelwert zu. Je höher also deine Untergrenze, desto höher auch die Obergrenze. Auf diese Weise steigerst du das Niveau. Wenn du wachsen willst, musst du demnach die schwächsten Fahrer ziehen lassen und sie durch bessere ersetzen.«

Diese Einsicht galt nicht nur für Coachs und Athleten, sondern für die gesamte Organisation. Plugge verstand, dass sie mehr Geld einnehmen würden, wenn sie diese Prinzipien auch auf die Marketingabteilung und auf das Team als wirtschaftliches Unternehmen anwendeten. »Mit diesem Geld kann man wiederum mehr investieren, und das Schwungrad kommt in Gang. Der ökonomische Motor ist das Sponsoring, und die Leidenschaft ist der Radsport. Die Leidenschaft wird durch das Sponsoring gestärkt, und die Talente treiben den ökonomischen Motor an, was es uns ermöglicht, noch bessere Talente an uns zu binden, und dann werden wir auch entsprechend Siege einfahren. Um diesen Kreislauf in Gang zu bringen, braucht man eine Menge Kompetenzen in seiner Organisation.«

Im Kinderzimmer von Plugges Haus setzten Plugge und Zeeman ihre Beratungen im Winter 2015/2016 fort. Sie sprachen unter anderem über die Regeln, die der Fußballclub PSV Eindhoven eingeführt hatte, als Toon Gerbrands dort sein Amt als Geschäftsführer antrat, und sie sahen sich auch das Dokument »Unsere Kultur und Werte« des schwedischen Möbelmultis IKEA an, für den Zeemans Frau damals arbeitete. Sie übernahmen das Konzept von IKEA, die Idee, dass es ein Dokument geben sollte, »in dem man alles nachlesen kann« und auf das sich jeder berufen kann: ein Dokument mit den zentralen Werten, in dem die Identität des Teams verankert ist. Es wurde zum Kompass der Organisation, und sie betonten, dass es »schön wäre, wenn sich alle Mitarbeiter darin wiederfinden könnten«.

»Merijn machte sich an die Arbeit«, so Plugge. »Ich bin der Mann für die Vision, und Merijn ist gut im Prozess. Er ist sehr stark, wenn es um die Frage geht: Wie kommen wir ans Ziel?«

Eine wichtige Quelle und Inspiration für die Ausarbeitung des Dokuments war die Armee. Gerard Rietjens, einer der wissenschaftlichen Mitarbeiter des Teams, unterhielt enge Kontakte zu den niederländischen Streitkräften, und als Plugge 2015 während einer Radtour im Rahmen der Feierlichkeiten zum 200-jährigen Bestehen des Königreichs Niederlande den Generalleutnant der niederländischen Armee kennenlernte, Mart de Kruif, sprachen sie über die Bedeutung von Vertrauen. De Kruif war gewissermaßen der »Anstoß«.

Auf Einladung von Plugge hielt De Kruif einen speziell für das Radteam vorbereiteten Vortrag mit dem Thema: Wie baut man ein Team auf und wie groß ist die Bedeutung von Vertrauen? Plugge: »Weil die Dinge für uns nicht gut liefen, fragten Merijn und ich uns: Wie stellen wir uns das Team vor und wie können wir es verändern? De Kruif sagte uns, dass es sehr wichtig sei, dass alle im Team die gleichen Normen und Werte teilten – nicht nur die Fahrer, sondern sämtliche Mitarbeiter.«

Als Merijn Zeeman sich 2016 daranmachte, die im Kinderzimmer entwickelten Ideen umzusetzen, bezog er sämtliche Mitarbeiter in den Prozess ein und stellte Fragen wie: Wie wollt ihr behandelt werden? Was ist euch wichtig? Dieser Prozess dauerte ein Jahr. Daraus entstanden schließlich zehn Regeln, die zusammen das Dokument »Der Blanco-Kurs« bildeten, das im Februar 2017 vorgestellt wurde. Mathieu Heijboer nannte es ein »inspirierendes Manifest«, und ihm zufolge bestand die übergreifende Idee darin, dass sie versuchten, sich gegenseitig jeden Tag besser zu machen.

»Dieses Dokument wird nicht von oben herab von der Geschäftsleitung erlassen«, stellte Heijboer klar. »Dieses Manifest gehört allen, jeder kann sich im Austausch mit jedem anderen darauf berufen. Es gibt Orientierung, wenn Spannungen auftreten.«

Das Dokument bestand aus zehn Regeln:

1. Wir trauen uns!
2. Vertrautheit und Freundschaft sind uns wichtig.
3. Wir sind ein kluges und fortschrittliches Team.
4. Wir holen jeden Tag das Beste aus uns selbst und aus den anderen heraus!
5. Wir sind offen nach innen und wir sind offen nach außen, aber mit geschlossenen Reihen.
6. Wir wollen eingebunden sein und wir wollen eingebunden werden.
7. Eine Abmachung ist bei uns eine Abmachung.
8. Wir sind direkt, aber nicht unhöflich!
9. Wir sind stolz auf unser Team und auf unseren niederländischen Charakter.
10. Dies gehört uns. Dies sind unsere Vereinbarungen.

Nachdem »Der Blanco-Kurs« schwarz auf weiß zu Papier gebracht war, stellte sich die nächste Frage: Was genau wollten sie erreichen? Plugge und Zeeman baten den Commercial Director des Teams, Sander Kruis, eine Präsentation zu halten, um den Fahrern und Mitarbeitern den immer konkreter werdenden Plan vorzustellen. Ein wichtiger Platz in dieser Geschichte war für ein Foto reserviert, ein mit Photoshop bearbeitetes Bild, das zum Nachdenken anregen sollte. Sie zeigten das Bild ihren damaligen Klassementfahrern: Gesink, Kruijswijk und dem jungen Wilco Kelderman. Zu sehen war das Podium der Tour de France 2016, aber den Kopf des Fahrers auf der dritten Stufe hatten sie durch das Konterfei von Steven Kruijswijk ersetzt. »Da«, sagte Plugge, »wollten wir hin.« Nach einer kurzen Pause: »Aber das war zu diesem Zeitpunkt völlig unrealistisch.«

Kapitel 3
Die Ankunft von Primož Roglič

Bevor Richard Plugge und Merijn Zeeman ihr Brainstorming im Kinderzimmer begannen, hatten sie bereits zwei Fahrer ausfindig gemacht, die das Zeug dazu zu haben schienen, den eingeschlagenen Weg in herausragende Leistungen auf der Straße zu verwandeln: Der Sprinter Dylan Groenewegen kam von Roompot, und in Slowenien hatten sie im Herbst 2015 den unbekannten Primož Roglič entdeckt.

Der Mann, auf den sie zuerst setzten, war Groenewegen. Zeeman hatte Erfahrung im Aufbau eines so genannten »Sprintzugs«. Er wusste, dass dies die schnellste Methode war, um im Radsport Rennen zu gewinnen, und er kannte die taktischen und technischen Aspekte, auf die es beim Anfahren eines Massensprints im Finale eines Rennens ankam. Er wusste aus Erfahrung, wie man den schnellsten Fahrer kurz vor dem Ziel in der günstigsten Position »absetzte«, so dass er seine Konkurrenten mit einer allerletzten High-Speed-Beschleunigung schlagen konnte. Diese Erfahrungen hatte Zeeman von 2009 bis 2012 bei Skil-Shimano mit Kenny van Hummel gesammelt und später mit John Degenkolb und Marcel Kittel perfektioniert, die inzwischen beide zu Weltklasse-Sprintern gereift waren.

Bei der Teamvorstellung im Januar 2016 erklärte Zeeman beim niederländischen Fernsehsender NOS, dass es 2016 nicht nur darum gehe, »sehr hart« zu arbeiten, um die Flaute des schwarzen Jahres 2015 hinter sich zu lassen, sondern dass es auch einen Plan gebe, den sie mit Überzeugung umsetzen mussten. Er verwies auf seine Erfahrungen mit Kittel und Degenkolb und darauf, dass er sich einen ähnlichen Verlauf wieder vorstellen könne. »Wir wissen, wo wir hinwollen: 2018 wollen wir Weltspitze sein und eine Tour-Etappe gewinnen. Um das zu erreichen, müssen wir besser, schlauer und innovativer sein als unsere Konkurrenz. Aber im Moment stehen wir noch am Anfang dieses Prozesses.«

Sechs Monate später, am Vorabend des Starts der Tour 2016, bei der Dylan Groenewegen sein Debüt in Frankreich geben würde, erklärte Zeeman, wiederum bei NOS, dass es das große Ziel gewesen sei, Groenewegen »schneller zu machen«, damit er auf den letzten 200 Metern seine »Explosion zünden« könne. Zeeman erklärte, dass sie vor allem Krafttraining und spezifisches Sprinttraining auf dem Rad gemacht hätten. Groenewegen habe außerdem, im Windschatten seines Vaters auf dem Motorroller vor ihm, häufig lange, sehr intensive Tempoeinheiten absolviert, bis er kotzen musste. Bei der Tour 2016 erreichte er auf der Etappe nach Limoges hinter den Sprintern Marcel Kittel, Bryan Coquard und Peter Sagan den vierten Platz. Zwölf Monate später gewann er den wichtigsten Sprint des Jahres, auf der Schlussetappe der Tour auf den Champs-Élysées. Mit Groenewegen hatte der niederländische Radsport wieder einen Fahrer, auf den er stolz sein konnte. Im Jahr 2018 gewann er 14 Rennen, darunter zwei Tour-de-France-Etappen. Er war Weltklasse.

Um die langfristigen Auswirkungen der Ankunft von Primož Roglič in der Mannschaft zu verstehen, ist es gut, an den Anfang zurückzukehren, als die Coachs des damaligen Teams LottoNL-Jumbo ihn im Herbst 2015 kennenlernten. Damals wurden sie vor allem auf die athletischen Fähigkeiten des Slowenen aufmerksam und konnten noch nicht ahnen, welch großen Einfluss er auf die Entwicklung der Siegermentalität ihres im Aufbau befindlichen Teams haben würde. Zunächst waren sie vor allem von seinen physischen Qualitäten beeindruckt. Das ist an sich nicht überraschend, wenn man bedenkt, wie sie ihn entdeckt hatten.

Roglič tauchte auf ihrem Radar auf, als Teammanager Frans Maassen von einem Bekannten auf einen 22-jährigen Fahrer von Adria Mobil aufmerksam gemacht wurde, der erst seit ein paar Jahren Radrennen fuhr. Er hatte 2015 die Slowenien-Rundfahrt gewonnen, war Zweiter bei der Kroatien-Rundfahrt geworden und hatte in China bei der Tour of Qinghai Lake nach 13 anspruchsvollen Etappen auf der Himalaya-Hochebene den vierten Platz belegt.

Zunächst war man bei LottoNL-Jumbo noch zurückhaltend, wurde dann aber doch aktiv, als Laurens ten Dam ankündigte, dass er zu Giant-Alpecin (später Sunweb), dem damaligen Team von Tom Dumoulin, wechseln würde. Sie brauchten plötzlich noch einen Fahrer. Aber wer war so spät im Jahr noch zu haben? Und wer wollte zu einem Team kommen, das 2015 nur sechs Rennen gewonnen hatte? »Es ist spät im Jahr«, sagte Maassen der Teamleitung. »Und wir haben wenig Geld. Also schlage ich vor, diesem Jungen eine Chance zu geben.«

Sie bekamen seine Kontaktdaten heraus und riefen ihn an. Wie sich herausstellte, lag er in Griechenland am Strand. »Ich war im Urlaub«, erzählte Roglič später.

Das Team buchte ihm einen Flug nach Schiphol, holte ihn am Flughafen ab und fuhr ihn zum Olympiaplein in Amsterdam, wo sie ihn einen Drei-Minuten-Leistungstest auf einem Ergometer absolvieren ließen. Roglič sagte zu Mathieu Heijboer, dass er seit zwei Wochen nicht mehr auf dem Rad gesessen hatte. Als der Test beendet war, sah sich Heijboer die Zahlen an. Umgerechnet 6,5 W/kg. »Für sich genommen ein außergewöhnliches Ergebnis«, sagte Heijboer, »aber in der Vergangenheit hatten schon viele Jungs bei solchen Tests gewaltige Dinge gezeigt.« Als er vom Rad stieg, hatte Roglič nur einen Wunsch: Sollten sie sich einig werden, würde er gern die Slowenien-Rundfahrt fahren.

Als Richard Plugge in einem seiner vielen Notizbücher seinen Eintrag von diesem Tag fand, stand dort zu lesen: *Primož Roglič. 6/10/2015. Star. Idol. Weiß sehr genau, was er will, will alles wissen.*

Sechs Tage später, am Montag, dem 12. Oktober 2015, gab das Team bekannt, dass es einen slowenischen Fahrer verpflichtet hatte. Am nächsten Abend entwickelte sich im niederländischen Radio ein witziges Gespräch, als der Moderator der Sportsendung *Langs de Lijn* mit Zeeman telefonierte. Der Moderator staunte über die Verpflichtung eines Fahrers mit Skisprung-Vergangenheit und sprach seinen Namen, weil er sich nicht ganz sicher war, versuchsweise *Rog-liek* aus. Zeeman antwortete, er heiße *Rog-litsch.* »Das habe ich schon gelernt«, sagte Zeeman und sprach dann über die »bemerkenswerte Entwicklung«, die sie bei Roglič in seinem erst dritten Profijahr gesehen hatten. »Er muss noch viel lernen«, sagte Zeeman. »Wir werden ihn Schritt für Schritt anleiten. Wir glauben, dass er großes Potenzial hat.«

Roglič sei überrascht gewesen, dass das Team LottoNL-Jumbo sich für ihn entschieden habe, gab er später zu. Es sei naiv von ihm gewesen, sich nach einem Sturz beim Skispringen in den Kopf zu setzen, Radprofi zu werden. Tatsächlich erwies sich die Umstellung als schwieriger als gedacht, aber er war 22, als er anfing, und er wollte zu den besten Fahrern der Welt gehören. Er hatte sich überhaupt nicht die Frage gestellt, ob so etwas in seinem Alter noch erreichbar war. Als ihm der Vertrag angeboten wurde, habe es sich angefühlt, »als ob sich die Tore öffnen würden«, so Roglič.

Zwei Monate nach der Vertragsunterzeichnung fuhr Roglič zu seinem ersten Trainingslager nach Girona, wo er bei Robert Gesink unterkam. Er fand es »superschwer« und fragte sich, ob das alles wirklich eine gute Idee gewesen war. Er hatte diese »Gladiatoren« bei den Bergetappen fahren sehen und dachte, es wäre »cool«, zu ihnen zu gehören, aber das war leichter gesagt als getan.

Gesink wusste nichts über Roglič, merkte aber bald, dass er »in sich gekehrt« war. Der wortkarge Slowene lag oft mit Kopfhörern auf den Ohren im Bett, und wenn Gesink ihn ansah, sah er unrasierte Beine – fast ein Sakrileg im Radsport – und dachte sich: Das ist ja ein komischer Kauz.

Was Gesink außerdem auffiel, war, dass Roglič ziemlich schnell Rad fahren konnte. An dem Anstieg, an dem sie ihre Laktattests durchführten, hatten Louis Delahaije und Mathieu Heijboer ihn angewiesen, es zunächst langsam anzugehen und das Tempo bei der zweiten und dritten Auffahrt leicht zu steigern. »Sie wussten auch nichts über ihn«, sagte Gesink. »Sie hatten Primož die Wattzahlen vorgegeben, die er treten sollte, und das hat er gut gemacht. Am letzten Anstieg sollten wir sechs Minuten Vollgas geben. Ich habe 500 Watt getreten, was sehr viel war, aber ich glaube, Primož war 20 Sekunden vor mir am Gipfel.«

Als Zeeman erfuhr, dass sein neuer Fahrer jeden Morgen vor Sonnenaufgang an den Strand ging, um dort Yogaübungen zu machen, wollte er das unbedingt mit eigenen Augen sehen. Da stand Roglič, in aller Seelenruhe.

Dieses morgendliche Ritual erwies sich als ein Überbleibsel aus seiner Zeit als Skispringer. Fast jeden Morgen wachte er ohne Wecker früh auf. Er zog sich an, machte Dehnübungen und ging nach draußen. Dann ging er joggen oder spazieren. Wo auch immer er gerade war. Egal, ob es stockdunkel war oder schon eine Weile hell, er machte es. Ganz allein.

Roglič erklärte, dass dieses Ritual »Bewusstsein« bringe, dass es ihn erde und es am schönsten sei, wenn dieser Moment vor Sonnenaufgang stattfinde. »Ich habe gern Raum für mich und meine Ruhe.«

Als Gesink ihn einen Monat später bei der Tour Down Under rund um die australische Stadt Adelaide in Aktion sah, verstand er schnell zwei Dinge. Dieser Junge musste noch lernen, im Peloton zu fahren, denn er verschwendete viel Energie, weil er zu oft direkt im Wind fuhr und sich schwertat, seine Position im Feld zu behaupten, aber gleichzeitig hatte er die Beine, um ganz besondere Dinge anzustellen.

In seiner ersten Saison präsentierte sich Roglič Anfang Mai beim Start zum Giro d'Italia in Apeldoorn zum ersten Mal der breiten Öffentlichkeit. Die meiste

Aufmerksamkeit in den Niederlanden galt damals aber Tom Dumoulin, der aufgrund des 9,8 Kilometer langen Prologs der große Anwärter auf das erste Rosa Trikot war. Dumoulin holte sich das begehrte *Maglia rosa* dann auch, aber keiner hatte damit gerechnet, dass es so knapp werden würde. Roglič fuhr mit 11:03 Minuten exakt die gleiche Zeit, doch hinter dem Komma stellte sich heraus, dass er einen Bruchteil einer Sekunde länger gebraucht hatte. Zehn Tage später gewann Roglič sein erstes großes Rennen, das lange Einzelzeitfahren durch das Chianti-Gebiet.

Diese Italien-Rundfahrt sollte sich später noch als von großer Bedeutung für die Entwicklung des Teams erweisen. Steven Kruijswijk absolvierte in jenen italienischen Wochen das vielleicht stärkste Etappenrennen seiner Karriere und fuhr eine Zeitlang in Rosa. (Kruijswijk: »Das hätte ich niemals erwartet, im Leben nicht.«) Der Gesamtsieg schien in greifbarer Nähe zu sein, aber leider kollidierte er am Schlusswochenende auf einer Abfahrt mit einer Schneewand, nachdem er von seinen Konkurrenten, die den isolierten Kruijswijk schon in den Tagen zuvor immer wieder mit mehreren Fahrern pro Team attackiert hatten, abgehängt worden war. Am Ende wurde er Vierter.

»Ich glaube wirklich, dass ich bei diesem Giro der Stärkste war«, sagte Kruijswijk Jahre später. »Auch in den Bergen. Aber wir waren als Team nicht darauf vorbereitet, an der Spitze zu stehen. Ich hatte nicht die Erfahrung, das Team auch nicht, und wir hatten nicht die Fahrer, die mich unterstützen konnten. Und die braucht man nach einem solchen Crash in eine Schneewand, um wieder zu den Führenden aufzuschließen.« Er nannte es eine »verpasste Chance«. Kruijswijk: »Seit diesem Giro dachte ich: Ich will wieder aufs Podium und vor allem will ich dem Rennen meinen Stempel aufdrücken und vorne mitfahren.«

Der Mannschaft waren die Augen geöffnet worden. Sie hatten nun am eigenen Leib erfahren, dass ihr Kader in der Breite zu dünn besetzt war, um große Etappenrennen kontrollieren und letztlich gewinnen zu können. Das bedeutete auch, dass die Zeiten vorbei waren, in denen man »einfach an den Start ging und ins Ziel fuhr«, wie Kruijswijk es beschrieb. In den folgenden vier Jahren verpflichteten sie neue Fahrer, die besser waren als die Fahrer, von denen man sich verabschiedete, oder die talentierter waren als diejenigen, die gehen mussten. Die Lektionen von »Glück« und »Skills« mussten in die Praxis umgesetzt werden.

Ein Jahr später sah sich Merijn Zeeman die Baskenland-Rundfahrt im Fernsehen an. Es war das erste Mal, dass Roglič dieses mörderische, einwöchige Etappenrennen durch das nordspanische Hügelland bestritt. Zahlreiche bärenstarke Kletterer waren am Start. Roglič gewann eine der schweren Bergetappen. »Ich habe so laut vor dem Fernseher geschrien«, sagte Zeeman über diesen Nachmittag, »dass meine zehn Monate alte Tochter einen Hyperventilationsanfall bekam. Sie hörte einfach auf zu atmen. Doch am nächsten Tag wollte Primož bei einer dieser typisch baskischen Etappen, bei denen es schüttet und alle Fahrer zitternd auf ihren Rädern sitzen, aussteigen. Grischa Niermann drängte ihn, weiterzufahren, und danach erkannte Primož, dass Radsport auch ein *Mind Game* ist, dass an solchen Tagen jeder auf dem Rad zittert und eine Gänsehaut an den Beinen hat.«

Zeeman erzählte von dem Notizbuch, das Roglič immer bei sich trug. Der Slowene machte sich Notizen, um immer besser zu werden. Am nächsten Tag gewann Roglič das Zeitfahren und ein Jahr später gewann er zum ersten Mal die Baskenland-Rundfahrt. Zeeman: »Echt jetzt, der Typ ist ein Phänomen.«

Auch sein Zimmergenosse der ersten Stunde war von Roglič begeistert. Robert Gesink ließ sich von der Art und Weise, wie der Slowene Rennen fuhr, bald inspirieren. Bisher war er selbst immer eher konservativ gefahren, jetzt sah Gesink, wie dieser neue Fahrer im Team die Kontrolle im Rennen übernahm, wann immer er es konnte. »Deshalb macht es so viel Spaß, mit Roglič zu fahren«, sagte Gesink. »Er hat keine Angst davor, ein Risiko einzugehen und etwas Spektakuläres zu machen.« Gesink sprach von einer »sehr schönen Art«, Radsport zu betreiben. Im gleichen Jahr gewann Gesink eine Bergetappe bei der Spanien-Rundfahrt, als er als Solist oben auf dem Gipfel des Col d'Aubisque ankam.

Kapitel 4
Das neue Essen

Anfang Oktober 2018 saß ich mit Merijn Zeeman in einem Restaurant in Bussum zusammen. Die Saison war fast vorbei. Dylan Groenewegen war unbestritten einer der besten Sprinter der Welt, und Primož Roglič war im Juli Vierter bei der Tour de France geworden, einen Platz vor Steven Kruijswijk. Bei der WM in Innsbruck waren einige Fahrer des Teams im Einsatz gewesen.

Das Gespräch dauerte mehrere Stunden, und je länger es dauerte, desto mehr bewunderte ich wieder Zeemans große Tatkraft und seine Suche nach immer neuen Entwicklungen, nach neuen Erkenntnissen, die ihn persönlich bereicherten, durch die er hoffte, ein besserer Coach zu werden, und durch die er immer wieder auf Innovationen stieß, die die Fahrer des Teams weiterbringen konnten. In dieser Hinsicht ähnelte er Louis van Gaal, einem Trainer, den er sehr bewunderte und den er für einen der besten hielt, den es im niederländischen Fußball je gegeben hatte.

Zum Zeitpunkt unseres Gesprächs bereitete sich Zeeman bereits auf die Saison 2019 vor. Er war mit der Entwicklung der Athleten und den Fortschritten des Teams zufrieden, sich aber mit den anderen Verantwortlichen auch einig, dass sie nicht weiterkommen würden, wenn alles so bliebe wie bisher. Sie müssten eine ganz neue Richtung einschlagen, wollten sie mit einer so großen und dominanten Mannschaft wie Sky mithalten. Zeeman räumte ein, dass sie eine Weile nicht wussten, was sie im Training noch verbessern könnten und auf welchen Gebieten sich noch andere Erkenntnisse finden ließen, und so sprach er das Thema Verpflegung an: das, was die Fahrer essen.

Er verwies auf die Wattzahlen, die Kruijswijk am Schlussanstieg der WM getreten hatte, und merkte an, dass er solche Leistungen im Training mit »zwei Fingern in der Nase« abrufen könne. »Was passiert«, so Zeeman, »ist, dass er nach mehr als 200 Kilometern einfach weniger Energie hat. Das ist Physiologie.«

Zeeman ging davon aus, dass man daran arbeiten könne, insbesondere im Hinblick auf die Kohlenhydratzufuhr. Das Team hatte sich dazu Rat bei Asker Jeukendrup geholt, einem renommierten Ernährungswissenschaftler, mit dem sie seit 2017 zusammenarbeiteten. Sie wussten inzwischen, dass sie mit einem effizienteren Wiederauffüllen der Energiereserven im Rennen bessere Leistungen erzielen könnten, beispielsweise indem die Fahrer 90 Gramm Kohlenhydrate pro Stunde aufnahmen, ganz unabhängig davon, ob sie hungrig waren oder nicht. Außerdem wussten sie, dass sie die Athleten nicht nur in den fünf Stunden, in denen sie trainierten, im Auge behalten mussten, sondern ihr ganzes Ernährungsverhalten rund um die Uhr »unter die Lupe« nehmen mussten.

Zeeman sagte, er kenne keine Sportart, in der dies bereits in dieser Weise gemacht werde. So wie er die Dinge sah, lag im Profiradsport das Augenmerk bisher praktisch allein auf dem Tag vor dem Rennen, dem Tag des Rennens und dem Tag danach. Er veranschaulichte dies mit Erkenntnissen, die er ein paar Wochen vorher gesammelt hatte.

In England hatte er sich kurz vor unserem Treffen auf einer Konferenz mit dem Ernährungswissenschaftler des FC Liverpool über eine Studie unterhalten, die der Verein an 25 Vertragsspielern durchgeführt hatte. Die Idee war, dass sie täglich acht Gramm Kohlenhydrate pro Kilo Körpergewicht zu sich nehmen sollten. »Und was glaubst du, was dabei herausgekommen ist?«, fragte Zeeman. »Genau null Spieler hatten sich im Zeitraum der Studie exakt an diese Vorgabe gehalten. Sie alle schöpften also ihr Potenzial bei weitem nicht aus. Die besten von ihnen kamen auf fünf bis sechs Gramm. Zusammengefasst: Die Spieler aßen viel zu wenig Kohlenhydrate, was sich direkt auf die Glykogenspeicher in den Muskeln und damit auf ihre Leistung auf dem Spielfeld auswirkte.« Mit Verwunderung in der Stimme fuhr er fort: »Und wir reden hier über einen Fußballclub mit einem Budget von 300 Millionen.« Er schlug mit der Faust auf den Tisch und sagte: »Die Übertragung der Theorie in die Praxis ist noch nicht so weit. Und genauso wenig die 24-Stunden-Überwachung, das Coaching und die Ausführung.«

Diese Erkenntnisse führten dazu, dass Zeemans Team eine App entwickeln ließ, die auf Basis von Algorithmen individuell kalkuliert und anzeigt, was und wie viel jeder Fahrer zu jedem Zeitpunkt des Tages essen sollte. Bei der Tour 2018 experimentierte Jumbo-Visma mit einer »Light-Version« dieses Verfahrens, indem die Wissenschaftler des Teams für die vier Fahrer, die zu diesem Zeitpunkt in der Gesamtwertung gut platziert waren – Gesink, Tolhoek, Kruijswijk und Roglič –, alles von Hand berechneten. Eine entscheidende Veränderung der Ernährungsstrategie bestand darin, dass die Fahrer nicht mehr dreimal am Tag aßen, sondern über den ganzen Tag verteilt, bis kurz vor dem Schlafengehen, wenn sie einen weiteren Riegel zu sich nahmen – einen »Snack«, wie es das Team nannte. Nur so erhielten sie die richtigen Mengen an Nährstoffen und konnten sich besser von ihren Anstrengungen erholen. 2019 sollte die Foodcoach-App dann einsatzbereit sein. Zeeman sprach von einer »gigantischen Revolution«.

Im Mai 2019, die App war bereits seit ein paar Monaten in Betrieb, klärte mich Merijn Zeeman während der vierten Etappe der Tour de Romandie weiter auf. Das Hungergefühl, erklärte er mir, sei nach extremer Anstrengung unzuverlässig. Es könne sein, dass man am Abend, wenn man über den Tag verteilt mehr als 5.000 Kalorien zu sich genommen hat, nicht das Gefühl hat, dass es ratsam ist, noch mehr zu essen. Das Sättigungsgefühl zu ignorieren und weiter zu essen, sei eine Kunst, die man trainieren müsse. Auch der Magen-Darm-Trakt müsse sich erst daran gewöhnen. »Wenn du das von jetzt auf gleich bei einer mehrtägigen Rundfahrt versuchst«, sagte Zeeman, während vor unseren Augen das Rennen in vollem Gange war, »wird das schwerwiegende Magen-Darm-Probleme nach sich ziehen. Es dauert mindestens sechs Monate, bis sich der Körper daran gewöhnt hat, diese Mengen an Nahrung zu verdauen. Und du musst in dieser Zeit ständig am Ball bleiben. Keine Chance, dir so etwas Stück für Stück anzueignen. Wenn du Magenkrämpfe bekommst, ist das halt Pech.«

Später am Abend, nachdem Fahrer und Personal ihr Abendessen beendet hatten, blieb Zeeman an einem der Tische sitzen. Vom Wintergarten aus hatten wir einen Blick auf den Genfer See. Er schaute auf sein Handy, auf die neue App. Er lud alle möglichen Daten hoch und las vor, was für Steven Kruijswijk an diesem Tag berechnet worden war, auf die Kalorie genau. Er konnte sehen, was Kruijswijk gerade gegessen hatte und was er zu jeder Mahlzeit an diesem Tag zu sich genommen hatte: beim Frühstück im Hotel, im Bus vor dem Start, im Rennen, nach der Zielankunft, auf dem Rückweg zum Hotel, im Zimmer (»zwei Recovery-Pfannkuchen«), beim Abendessen und schließlich vor dem Schlafengehen noch ein kleiner eiweißreicher Snack. Der Fahrer hatte außerdem Kirschsaft und einen Recovery-Shake getrunken. Diskutiert wurde nicht. Ob sie Hunger hatten oder nicht: Das alles mussten die Fahrer runterkriegen.

Zeeman erinnerte sich an eine harte Alpenetappe bei der Tour 2018, bei der Kruijswijk an einem Tag mehr als 9.000 Kalorien verbraucht hatte. Um seine

Reserven nach der Etappe halbwegs wieder aufzufüllen, habe er nachts um drei Uhr noch einen Teller Pasta essen müssen. »Steven meinte: ›Normalerweise hätte ich das nie im Leben getan.‹ Er hätte zu Abend gegessen, bis der Bauch voll war, und wäre dann schlafen gegangen. Am nächsten Tag wäre er dann völlig fertig gewesen. Aber weil er nachts noch gegessen hatte, hatte er sich am nächsten Tag einigermaßen gut erholt.«

Kruijswijk war einer der ersten Fahrer, die mit Begeisterung auf die neue Ernährungsstrategie reagiert hatten. Laut Zeeman war er daher so etwas wie der ideale Profi: »Steven hat fast nie eine Ausrede, wenn etwas schiefgeht«, so Zeeman. »Er ist derjenige, der die wenigsten Kompromisse eingeht, und daher der Fahrer mit den wenigsten einschränkenden Faktoren in seinem Umfeld.«

Dann meinte Zeeman, dass sie Kruijswijk inzwischen auch »funktionell« hydrieren könnten. Ich schaute ihn verständnislos an. Er erklärte, dass sie ihn in den Tagen vor einem Bergzeitfahren gezielt Gewicht verlieren ließen. Da zusätzliches Körpergewicht am Berg mehr Leistung erfordert, ist ein halbes Kilo weniger Gewicht relativ betrachtet gleichbedeutend mit einer gesteigerten Leistung. Und genau darum ging es, wenn man Radrennen gewinnen wollte: Watt pro Kilogramm Körpergewicht. Kurz: W/kg.

Ich fragte Zeeman, wie dieses funktionelle Hydrieren abläuft. Er erläuterte mir, dass man damit drei Tage vor einem solchen Bergzeitfahren beginnen würde. In diesen Tagen fängt der Fahrer an, »ballaststoffärmere« Nahrung zu sich zu nehmen. Denn Ballaststoffe binden Wasser. Also mehr Reis und weniger Gemüse, das Wasser einlagert. Auch kein Salz mehr. Und am Tag des Zeitfahrens fülle der Fahrer seinen Glykogenvorrat nicht mehr bis zum Rand auf, denn er muss an diesem Tag nicht 200 Kilometer fahren, sondern nur 25, eine Anstrengung von weniger als 30 Minuten. Das Gleiche gilt für das Glykogen: Je weniger davon im Körper vorhanden ist, desto weniger Flüssigkeit bindet es. »Am Tag des Zeitfahrens war er so leicht wie nie zuvor«, freute sich Zeeman. Er schätzte, dass der Unterschied ungefähr ein Kilogramm Körpergewicht ausmachte, und ging davon aus, dass so etwas bei einer normalen Bergetappe für Kruijswijk oder Roglič den Ausschlag darüber gab, ob sie ganz vorne mitfuhren oder um den Anschluss an die Gruppe der Topfahrer kämpfen mussten.

An der Spitze des internationalen Radsports bedeutete ein Kilogramm einen gewaltigen Unterschied.

Kapitel 5
Woran erkennt man Talent?

Wir saßen noch immer in der Lobby des Schweizer Hotels, wo es inzwischen ruhig geworden war. Die Fahrer waren auf ihre Zimmer gegangen, am nächsten Tag stand die letzte Etappe der Tour de Romandie auf dem Programm. Merijn Zeeman saß an der Bar und trank einen Kaffee.

Zeeman war ein Coach, der zwar Zweifel zuließ, aber nur höchst selten unter einem Mangel an Überzeugung litt. Schon 2009, bei seiner ersten Tour de France, hatte er mir im Teamwagen von Skil-Shimano während einer der Etappen gesagt, er sei überzeugt, dass er eines Tages mit einem Team die Tour gewinnen werde.

Er kam aus einer sportbegeisterten Familie. Zu viert saßen sie oft vor dem Fernseher im Wohnzimmer in Alkmaar und sahen sich alles an: Eisschnelllauf, Fußball, Radsport. Die Olympischen Spiele waren »magisch«. Die 10.000 Meter von Eisschnellläufer Falko Zandstra bei der Mehrkampf-WM waren für ihn »mehr als nur ein Rennen«. Der Sieg der Niederlande bei der Fußballeuropameisterschaft 1988 sei eine »extreme Freude« gewesen. »Im Ernst«, so Zeeman, »das EM-Finale 1988 ist immer noch der schönste Tag in meinem Leben. Damals war ich total fußballsüchtig. Im Sommer fuhren wir mit dem Auto in den Urlaub und als wir durch Deutschland reisten, zeigten wir alle vier jedem deutschen Auto, an dem wir vorbeikamen, mit den Fingern die 2:0-Geste.« Dann begann er auf Deutsch zu skandieren: »*Zwei-Null! Zwei-Null!*« Und brach in Gelächter aus.

Ich hatte Zeeman bei dieser Tour de France 2009 kennengelernt. Damals war er 30 Jahre alt. Während der Etappen hatte er mir gesagt, dass die Tour »das Größte« in seinem Leben sei. Er war nach Monaco gereist und bereitete sich jeden Tag akribisch vor. Jeden Morgen, bevor er das Hotelzimmer verließ, ging er eine Stunde lang die bevorstehende Etappe durch, damit er nicht ins

Stocken geriet, wenn die Fahrer ihn etwas fragten, und er wusste, wie der Plan aussah und wie die Mannschaft ihn seiner Meinung nach auszuführen hatte.

An einem dieser Tage im Auto sagte er, dass der Radsport ihn »intellektuell nicht besonders herausfordert«. Der Radsport war damals nicht gerade fortschrittlich. Zur Veranschaulichung zeigte Zeeman auf das von den Tour-de-France-Veranstaltern zur Verfügung gestellte Roadbook, das auf meinem Schoß lag. Er fand das ganze Druckwerk dilettantisch gemacht. Nur eines konnte man mit Sicherheit sagen: Wenn auf der Karte ein Berg verzeichnet war, würde es irgendwann bergauf gehen. Mehr gaben die Karten nicht her. »Und das fand ich schwachsinnig.«

Im Jahr 2013, als das Blanco-Team versuchte, sich irgendwie über Wasser zu halten, saß ich für eine Reportage während zwei Etappen der Katalonien-Rundfahrt neben Zeeman. Auf der Fahrt durch das Hinterland von Girona erzählte er mir, dass er seit 2007 an sich und seiner Persönlichkeit arbeite. Er nehme an Workshops von »Life Coaches« teil und habe sich stetig fortgebildet. »Ich glaube, es geht darum, nicht immer nur mehr zu wollen und nur daran zu denken, was man noch gerne hätte, sondern sich vor allem auf das zu konzentrieren, was man kann, und daran zu arbeiten.« Sein Bestreben war es, näher an die Fahrer heranzukommen. »Ich versuche, zu ihnen durchzudringen.«

Als ich sechs Jahre später in der Schweizer Bar neben ihm saß, fragte ich ihn, warum der Radsport oft so konservativ sei. Er antwortete, dass der Grund dafür die führende Rolle ehemaliger Fahrer sei, die in ihren Teams die Linie vorgeben. »Bei uns«, so Zeeman, »steht die Leistung im Vordergrund und nicht der Teamchef, der nur das macht, was er als Fahrer gemacht hat. Wenn man diese Mentalität umkehren möchte, funktioniert das nur mit Leuten von außerhalb.«

Laut Zeeman sei es natürlich sinnvoll, den Fahrern und anderen Mitarbeitern immer wieder die Bedeutung neuer Strategien vor Augen zu führen, aber man benötige vor allem ein Vorbild im Team. »Jemanden«, so Zeeman, »der gut wurde, indem er Dinge anders gemacht hat, indem er uns gefolgt ist und neue Schritte gewagt hat. Bei uns sind das Primož, Dylan und auch Steven. Das sind Fahrer, die jetzt gewissermaßen Repräsentanten unserer Kultur sind. Ich kann nicht oft genug betonen: Alles steht und fällt mit den Athleten.«

Ihm war schon seit langem klar, dass er ein Typ Mensch war, der auf eine innovative Arbeitsweise »abfuhr«, und nun, da bei Jumbo-Visma so ziemlich alle grundlegenden trainingstechnischen Dinge rundliefen, konnte er sich verstärkt den psychologischen Aspekten des Sports widmen. Wie erkennt man einen Fahrer, der für einen solchen progressiven Ansatz empfänglich ist und wie hält man ihn bei der Stange? Natürlich sprachen sie mit Menschen im Umfeld potenzieller Neuzugänge, um sich ein möglichst genaues Bild von dessen Charakter zu machen, aber Zeeman war ihnen schon einen Schritt voraus. Er erklärte, dass er selbst kurze Zeit zuvor bei »De Talentenacademie« von Joost Leenders in 's-Hertogenbosch einen halbstündigen wissenschaftlichen Persönlichkeitstest absolviert habe, gefolgt von einem einstündigen Gespräch. Demnächst würde er mit Leenders über eine Kooperation sprechen. Dessen Akademie arbeitete zu dem Zeitpunkt hauptsächlich mit dem Fußballverein PSV Eindhoven zusammen. Die Idee war, dass alle Mitarbeiter von Jumbo-Visma, vom Fahrer bis zum Betreuer und Mechaniker, diesen Test absolvieren sollten. »Anhand dieses Tests«, so Zeeman, »können wir zum Beispiel feststellen, ob jemand ein ›Growth Mindset‹ besitzt, ein dynamisches Selbstbild. Und ob jemand über Führungsqualitäten verfügt.«

»Es ist wichtig«, fuhr er fort, »dass man sich als Sportler ständig an neue Situationen anpassen kann und offen für Veränderungen ist. Dass man danach schaut, wo noch Fortschritte zu machen sind.«

Paradoxerweise, so Zeeman, gehe es bei der Vermittlung von Verhaltensweisen, ihrer Beeinflussung und der erfolgreichen Umsetzung einer neuen Vision vor allem darum, dem Sportler gut zuhören zu können. Dann müsse man als Coach in der Lage sein, »das, was man hört, zu reflektieren«. Und: »Sprich mit den Athleten wie mit einem Erwachsenen. Lass sie zu ihren eigenen Einsichten gelangen. Fahrer haben häufig Überzeugungen, die auf Kindheitserfahrungen zurückgehen. Diese Überzeugungen helfen ihnen zu überleben, aber sie sind eine Reaktion auf vorgegebene Verhaltensmuster. Warum verhalten sie sich auf eine bestimmte Weise? Es ist interessant, einen Sportler dazu zu bringen, dies zu erkennen. Dann muss er versuchen, dieses Muster loszulassen und das neue Verhalten zu trainieren. Also: Das ist, was ich sehe, was du tust, und was willst du damit erreichen?«

Zeeman hatte 2014 an der Konferenz »Leaders & Performers« in London teilgenommen, wo er Geoff Miller traf, der über Spracherkennung geforscht hatte. Miller kam in seinem Vortrag zu dem Schluss, dass Talent hauptsächlich in Persönlichkeitsmerkmalen begründet liegt. Talent bedeutet demnach vor allem:

Wie geht der Athlet mit Widrigkeiten um? Verfügt er über Führungsqualitäten? »Meistens sind es Sportler, die keine Exzesse kennen«, sagte Zeeman. »Sie legen ihre eigene Messlatte fest. Sie verfügen über ein solches Growth Mindset.« Er fragte sich: Worauf richtet ein Coach sein Augenmerk bei der Entwicklung von Talenten? Zeeman: »Wie ist dein Kontakt mit dem Sportler? Wie gibt er dir Feedback?«

Inzwischen hatte er dem Glauben an das Talentscouting als heiligem Gral abgeschworen und erkannt, dass man als Sportteam vor allem mit der Talententwicklung den Unterschied machen kann. Talent allein reiche nicht aus. Es komme darauf an, was man damit macht. »Der große Unterschied«, so Zeeman, »ist der Coach, der Fachmann im Kontakt mit dem Athleten, der Coach, der versucht, ihm Orientierung zu geben.«

Zeeman blickte in die Vergangenheit zurück, ins Jahr 2013, als wir in Katalonien über die persönliche Entwicklung von Robert Gesink sprachen. Zeeman hatte sich damals vor allem auf die Persönlichkeitsmerkmale der Fahrer konzentriert. Fünf Jahre später würde er nicht so weit gehen zu sagen, dass diese Eigenschaften keine Rolle spielen, aber er war vor allem durch die Arbeit von Geoff Miller zu der Erkenntnis gelangt, dass sie allein nicht ausreichten. Es ging darum, diese Eigenschaften zu entwickeln und sie in der Realität einzusetzen. »Die Frage ist also: Wie können wir sicherstellen, dass diese jungen, talentierten Fahrer später zu Spitzenfahrern werden? Für uns bei Jumbo-Visma geht es also darum, Talente mit dem Ziel zu entwickeln, eines der besten Teams der Welt zu werden. Ein Team, das bei der Tour de France um den Sieg fährt.«

Kapitel 6
Die letzten Puzzleteile

Tom Dumoulin wollte weg. Er war der beste niederländische Klassementfahrer und er war bei Sunweb unglücklich. Die Zusammenarbeit funktionierte nicht mehr, die Chemie war nicht mehr da, und die Spannungen nahmen zu. Für Dumoulin stand 2019 fest: Er wollte zu einem anderen Team wechseln.

Dumoulin war 2018 Zweiter bei der Tour de France geworden. Ein Jahr zuvor hatte er als erster Niederländer seit Joop Zoetemelk im Jahr 1980 eine Grand Tour gewonnen. Sein Sieg beim Giro d'Italia 2017 war zudem der erste Triumph eines Niederländers bei der Italien-Rundfahrt überhaupt. Seit seinem Debüt als Profi im Jahr 2012 war er für das andere niederländische Team gefahren, das von 2017 bis 2020 Sunweb hieß. War er das letzte fehlende Puzzleteil bei Jumbo-Visma?

Als Richard Plugge im Dezember 2018 die ersten Signale erhielt, dass Tom Dumoulin bei Sunweb unzufrieden war, wurde er sofort hellhörig. Laut Plugge war Dumoulin der niederländische Fahrer, dem ein Tour-de-France-Sieg am ehesten zuzutrauen war. Und es war der Traum von Plugge, die Zeiten von TI-Raleigh wieder aufleben zu lassen und einen Nachfolger von Joop Zoetemelk in seinen Reihen zu haben. Und damit auch so eine *Legacy*, so ein Vermächtnis, zu haben wie die All Blacks, dieses Gefühl, das einem das Trikot vermittelt, im Falle von Jumbo-Visma ein Gefühl in Schwarz und Gelb. Das war es, was Plugge wollte. Dass alle Fahrer und Mitarbeiter des Teams später, wenn sie alt waren, sagen könnten: Ich war ein Teil dieser Zeit, einer Zeit, in der wir den Radsport dominiert haben.

Als eine Verpflichtung von Dumoulin machbar schien, hatte Richard Plugge einerseits das Gefühl, dass dieser nicht ins Team passte, weil man vor allem junge Talente fördern und ausbilden wollte, aber auf der anderen Seite war Dumoulin für Plugge nun mal der niederländische Fahrer, der die Tour gewinnen konnte. Er schaute sich Ineos an und kam zu dem Schluss, dass Jumbo-Visma mit seinen Spitzenfahrern durchaus mit der britischen Formation mithalten könnte, die mit Bernal, Thomas und Froome drei Tour-de-France-Sieger in ihren Reihen hatte. »Mit Tom steigen auch die Chancen für Steven Kruijswijk und Primož Roglič, die Tour zu gewinnen«, so Plugge. »Mit Tom wird unser Team sofort zu einer Art Ineos.«

Dumoulin hatte in einem früheren Stadium bereits »im Geheimen« einige Gespräche mit anderen Teams geführt, bevor Jumbo-Visma im Laufe der Saison 2019 offiziell an ihn herantrat. Eine Woche nach der Italien-Rundfahrt trafen Plugge und Zeeman den Sunweb-Kapitän erstmals zu einem mehrstündigen Gespräch.

Dumoulin war zu diesem Zeitpunkt kurz davor, bei einem anderen Team zu unterschreiben. Er gab zu, an einen Wechsel zu Jumbo-Visma nicht einmal gedacht zu haben, weil sie so viele starke Fahrer wie Roglič und Kruijswijk im Kader hatten. »Ich ging nicht davon aus, dass ich eine Chance hätte, dort unterzukommen.«

Aber das war es, was er wollte. Er wollte sich nicht mehr um Kleinkram kümmern müssen, er wollte sich nicht mehr mit Ratschlägen von irgendwelchen fragwürdigen Wissenschaftlern herumschlagen müssen. Er wollte einfach Spitzensportler sein und Rad fahren, erzählte er mir. Sonst nichts. Als Plugge und Zeeman, mit dem er 2012 bereits kurz bei Argos-Shimano zusammengearbeitet hatte, ihn Zuhause besuchten, um für sich zu werben, sagte er nur: »Lasst mal, ich weiß Bescheid.« Eigentlich hatte er sich schon nach dem ersten Telefonat mit Zeeman entschieden. Dumoulin: »Bei Jumbo finde ich alles, was ich brauche.«

Dumoulin verkündete schließlich seinen Abschied von seinem alten Team und gab im August 2019 mit viel Tamtam seinen Wechsel zu Jumbo-Visma bekannt. Sie hatten ihn aus seinem laufenden Vertrag bei Sunweb herauskaufen müssen und ihm für die nächsten drei Jahre ein Millionengehalt in Aussicht gestellt. Niemand hielt das für eine verrückte Idee. Man hatte eine ohnehin schon beeindruckende Mannschaft um einen Fahrer ergänzt, der zu den besten der Welt gehörte. Dumoulin war ohne Frage der damals beste niederländische Klassementfahrer und auch der beste Zeitfahrer. 2017 hatte er die Zeitfahr-WM mit einem überwältigenden Vorsprung vor seinem neuen Teamkollegen Primož Roglič und dem allmächtigen Chris Froome (Sky) gewonnen. Zwar hatte er ein miserables Jahr 2019 hinter sich, nachdem er sich bei einem Sturz beim Giro eine böse Knieverletzung zugezogen und seit Mitte Juni kein Rennen mehr bestritten hatte, aber es gab keinen Zweifel: Mit Dumoulin hatte Jumbo-Visma an »Skills« gewonnen und das »Glück« wieder ein Stückchen mehr aus der Gleichung genommen. Dumoulin sorgte für einen großen Qualitätsschub, und Jumbo-Visma hatte nun drei potenzielle Tour-Sieger in seinen Reihen.

Jumbo-Visma war zu einem ernstzunehmenden Faktor im internationalen Radsport geworden. Mit 49 Siegen hatte das Team ein erfolgreiches Jahr 2019 hinter sich. Nach der Gesamtzahl der Siege rangierten sie hinter dem belgischen Rennstall Quick-Step auf Platz zwei, sogar noch vor dem Team Ineos, an dem sich Jumbo-Visma seit der Ausrichtung auf Erfolge bei den großen Rundfahrten im Jahr 2018 gemessen hatte.

Ineos war aus Sicht von Jumbo-Visma immer noch das tonangebende Team. Zeeman war der Meinung, dass Sky zwischen 2012 und 2019 den Radrennsport bei den Grand Tours auf ein höheres Niveau gebracht hatte – durch ihre wissenschaftsbasierte Herangehensweise und insbesondere auch durch die taktische Raffinesse des Sportlichen Leiters Nicolas Portal –, und er strebte danach, mit seinem Team dieses Niveau zu erreichen. Die ersten Schritte wurden im Sommer 2019 unternommen, als Roglič Dritter beim Giro wurde, Kruijswijk nach einer starken Tour ebenfalls als Dritter aufs Podium kletterte und Roglič im September den ersten Grand-Tour-Sieg für Jumbo-Visma errang, als er die Vuelta gewann, auch weil er in den letzten Tagen einen Angriff eines jungen Fahrers aus Slowenien abwehren konnte, der wie ein Komet aufgetaucht war: sein Landsmann Tadej Pogačar.

In der Zwischenzeit hatte sich Jumbo-Visma im Jahr 2019 heimlich, still und leise ein weiterer neuer Fahrer angeschlossen: ein 21-jähriges dänisches Talent, das von Grischa Niermann entdeckt worden war, als er noch auf »Continental-Niveau« tätig war, jener Sphäre des internationalen Radsports, wo kleine regionale Teams mit Nachwuchstalenten und ausrangierte Ex-Profis bei obskuren Rennen in ganz Europa gegeneinander antreten.

Als Niermann 2017 zum Team LottoNL-Jumbo stieß, wollte Zeeman, dass er sich unter anderem um das Scouting kümmerte. Niermann machte sich an die Arbeit, rief so ziemlich jeden an, den er kannte, und stieß auf Jonas Vingegaard, der unter anderem 2017 im Trikot der dänischen Formation ColoQuick den vierten Platz bei der Tour du Loire et Cher belegt hatte, einem Etappenrennen in Frankreich, bei dem auch kleine niederländische Teams wie Jo Piels Cycling,

Metec-TKH und Baby-Dump Cycling am Start waren. Er lud Vingegaard zu einem Trainingslager in Limburg ein, führte ein paar Gespräche mit ihm, testete seine VO_2Max-Werte (Zeeman: »Gigantisch«) und ließ ihn mit Vollgas den Camerig-Anstieg in Limburg hinauffahren. Im Juli 2018 unterzeichnete Jonas Vingegaard aus dem norddänischen Dorf Glyngøre einen Vertrag, der ihn ab dem 1. Januar 2019 für zwei Saisons an Jumbo-Visma band.

Das Team hatte einen langen Weg hinter sich. Es war aus der Asche von Rabobank auferstanden, hatte die ersten Turbulenzen mit Belkin überstanden und war nach interner Selbstüberprüfung durch (Selbst-)Studien, Augenmerk auf die Talententwicklung, Gruppenprozesse und eine neue Ernährungsstrategie an die Spitze des internationalen Radsports aufgestiegen. Außerdem hatte man sich die Dienste des besten niederländischen Rundfahrers gesichert.

Jumbo-Visma schien bereit für den letzten Schritt an die Spitze.

Kapitel 7

Im Trainingslager

Es war Januar 2020 und Tom Dumoulin saß geduckt auf seinem türkisfarbenen Rad. Seine in warme Beinlinge gehüllten Beine drehten kraftvoll die Kurbel, die Kette war straff gespannt, und die Aero-Laufräder, die im Monat zuvor im Windkanal getestet und für gut befunden worden waren, gaben ein tiefes Surren von sich. Der Fahrer schoss an Weinreben und Schafställen vorbei, hinter ihm sah man die Berge des trockenen spanischen Hinterlands. Der Asphalt war fahl.

Ich war zum ersten Mal bei der Mannschaft, seit Plugge mir bei der Tour 2019 angeboten hatte, sie zu begleiten. Sie waren in Alicante stationiert und hatten so ziemlich alles, was sie brauchten, einschließlich des teameigenen Lebensmittel- und Küchen-Trucks, in einem Golfresort untergebracht. Die jungen Talente des neu gegründeten Development Teams und ihre Coachs waren ebenfalls vor Ort. Von hier aus würden sie drei Wochen lang fast jeden Tag trainieren und sich beraten. Ein paar Fahrer und Sportliche Leiter waren nicht dabei, sie waren in Australien, wo in einigen Tagen das erste Etappenrennen des Jahres, die Tour Down Under, starten würde. In Europa begann die Saison für einige Fahrer des Teams Anfang Februar mit einem kleinen mehrtägigen Rennen in Valencia.

Ich war am Morgen ins Auto gestiegen und hatte mich der Gruppe angeschlossen, die sich mit den Zeitfahrspezialisten befasste. Mit konzentrierter Miene begutachtete Mathieu Heijboer, der »Head of Performance« des Teams, Tom Dumoulins Sitzposition auf dem Rad und die Zahlen, die auf dem Powermeter des Neuzugangs erschienen. Die Werte gaben Aufschluss über den aktuellen Leistungsstand des Fahrers, und wie die Leistungswerte zu diesem Zeitpunkt des Jahres ausfielen, war durchaus von Bedeutung. In drei Wochen sollte Dumoulin bei der Valencia-Rundfahrt sein Debüt für sein neues

Team geben. Jeder im Radsport blickte diesem Auftritt erwartungsvoll entgegen.

Jumbo-Visma trainierte im Winter oft auf dieser spanischen Straße. Es war ein relativ ruhiger Abschnitt, der bis auf ein paar sanfte Kurven fast schnurgerade verlief, man hatte Vorfahrt, und es gab nur wenige Nebenstraßen. So sah man schon von weitem, was einem entgegenkam. An diesem Morgen beschränkte sich der Gegenverkehr auf den einen oder anderen Lastwagen mit Baumaterialien. Die Straße eignete sich perfekt, um auf dem Zeitfahrrad zu trainieren.

Mathieu Heijboer, ein hochgewachsener, 37-jähriger früherer Rabobank- und Cofidis-Profi, hatte an der Universität Maastricht Bewegungswissenschaft studiert. Er hatte sich ganz dem Zeitfahren verschrieben und war immer auf der Suche nach Verbesserungen. Er fand, dass man beim Zeitfahren gezielt auf etwas hinarbeiten konnte und die volle Kontrolle über die Leistung hatte. »Und«, so Heijboer, »beim Zeitfahren hat man keinen Gegner, der einem das Leben zur Hölle macht.«

Während er seine vor uns fahrenden Schützlinge beobachtete, erzählte mir Heijboer, dass er bei jedem Training Bammel habe und die ganze Zeit den Verkehr im Auge behielt, der von hinten kam. Auch die auf beiden Seiten des Wagens angebrachten Warnblinker trugen nur bedingt zu seiner Beruhigung bei. Heijboer sorgte sich aus gutem Grund um das Wohl seiner Fahrer: Immer wieder hörte man von Unfällen, schweren Verletzungen oder Schlimmerem im Training und Heijboer schlug jedes Mal drei Kreuze, wenn Jumbo-Visma einen weiteren Tag unbeschadet überstanden hatte.

An diesem Tag standen die VO_2Max-Blöcke auf dem Programm. Nach etwa 50 Kilometern würden sie das Dorf Agost erreichen, und die Fahrer würden ihre Zeitfahrmaschinen gegen normale Räder tauschen, mit denen sie in den Bergen besser zurechtkamen. Außerdem sollten sie pro Stunde 90 Gramm Kohlenhydrate zu sich nehmen, in Einheiten von 30 Gramm: erst einen Riegel, dann ein Gel und schließlich ein Bidon mit einem Getränk. Insgesamt würden sie heute etwa 170 Kilometer absolvieren, bevor sie ins Golfresort zurückkehrten. Am nächsten Tag würden die Fahrer wieder »low-carb« trainieren, was bedeutete, dass sie sich mit fast leerem Magen auf den Weg machten.

Auf der ruhigen Straße versuchte Dumoulin mit kräftigen Pedaltritten, Wout van Aert zu überholen. Van Aert war ein Fahrer mit einem enormen Potenzial. Der 25-jährige Belgier war ihr Mann für die großen Eintagesrennen wie die

Flandern-Rundfahrt und Paris-Roubaix. Van Aert war mehrfacher Weltmeister im Cyclocross und hatte im vergangenen Jahr eine Etappe der Tour de France im Sprint gewonnen. Der amtierende Belgische Straßenmeister hatte das Zeug dazu, ein Weltstar zu werden. Im Rückspiegel konnten wir Primož Roglič fahren sehen. Hinter ihm waren Jos van Emden und der junge Norweger Tobias Foss.

Mathieu Heijboer erzählte uns, dass dieser Sattel der »mit Abstand« beste für Dumoulin sei, nachdem dieser unzählige Modelle ausprobiert hatte. »Aber er *springt* zu viel«, sagte Heijboer. Durch das Ziehen am Lenker rutschte Dumoulin im Sattel immer weiter nach vorn, so dass er seine Position alle paar Pedalumdrehungen korrigieren musste, indem er das Gesäß leicht anhob und einen kleinen Hüpfer nach hinten machte, was natürlich zulasten der Leistung ging. Und vielleicht, so dachte Heijboer, saß er ja doch ein bisschen hoch.

* * *

Tom Dumoulin hatte sich mit seinen neuen Teamkollegen das erste Mal im Dezember 2019 getroffen. Auf dem Programm des Trainingslagers rund um Sant Feliu de Guíxols stand unter anderem der traditionelle Leistungstest am Anstieg nach Sant Grau. Zeeman, der 2012 eine Saison lang bei Argos-Shimano mit Dumoulin zusammengearbeitet hatte, bevor er als Coach zu Rabobank gewechselt war, hatte mir bereits erzählt, dass sie zwar den besten Fahrer der Niederlande verpflichtet hätten, aber sie müssten erst einmal ins gemeinsame Training einsteigen und würden dann hören, was Dumoulin von der Mannschaft halte, wie er mit der Foodcoach-App und der Arbeitsweise des Teams zurechtkam. Lass es ruhig angehen, sagte sich Zeeman. Dumoulin würde sich schon ins Team einfinden. Zeeman sprach davon, »die Pflanze ein bisschen gießen« zu müssen.

Als Dumoulin im ersten Trainingslager die vier Blöcke bergauf absolvierte, trauten sie ihren Augen nicht. Es war besser als alles, was Roglič je geschafft hatte. »Na also!«, sagte Heijboer. »Und das ohne spezielles Training? Wer weiß, was da noch drin ist, wenn es im Februar auf Teneriffa in die Höhe geht.«

Später in der Woche verriet mir Zeeman, er habe sich die Hände gerieben und gedacht: In Valencia wird Tom auf einem Bein gewinnen, und wenn er auf diesem Niveau aufbauen kann, wird er in den kommenden Jahren noch viele Titel für uns holen. Heijboer sah sich die Zahlen an. Körpergewicht 71 Kilo. Im Sitzen 551 Watt als Durchschnittsleistung über drei Minuten. Das bedeutete

85 Milliliter Sauerstoff pro Kilo Körpergewicht, sechs Liter Sauerstoff pro Minute. Wout van Aert konnte 6,5 Liter Sauerstoff pro Minute aufnehmen, aber er war größer und schwerer. Dumoulin war ein schlanker Kletterer. Zeeman sah in diesem Trainingslager einen Fahrer, der »es durchzieht«.

* * *

Als wir nach dem letzten Block bei den Zeitfahrspezialisten standen, verglichen sie die Zahlen, die auf ihren Bordcomputern erschienen. Van Aert verriet uns, dass er in seinem letzten Vier-Minuten-Block 462 Watt erreicht hatte. Das war eine ganze Menge.

Wie es gelaufen war, wollte Heijboer anschließend von Dumoulin wissen. Wie war der letzte Block für ihn? 440 Watt im Schnitt. Es war »die erste schmerzhafte Bekanntschaft mit dem Zeitfahrrad«, wie er sagte. »Ich hatte echt zu kämpfen, das war ein Hängen und Würgen.«

Am Morgen hatte Tom Dumoulin mir gesagt, dass er es noch einmal wissen wollte. Er stand vor dem Lastwagen, in dem die Räder gelagert wurden und von dem aus die Mechaniker ihre Arbeit verrichteten. Er machte sich bereit, um mit den anderen Fahrern loszufahren. Wir kannten uns aus der Zeit, als ich an dem Dokumentarfilm *Nieuwe Helden* mitgearbeitet hatte und er für das Team, das wir begleiteten, 2013 sein Tour-de-France-Debüt bestritt. »Ich fühle mich wohl hier«, sagte Dumoulin.

Der Spitzensport und das dazugehörige Milieu hatten ihm einiges abverlangt. An seinem früheren Chef ließ er kein gutes Haar, und das wenige, was er über ihn zu sagen hatte, war nicht für eine Veröffentlichung gedacht. Das würde nur Ärger geben. In drei Wochen würde er in Valencia sein erstes Rennen für Jumbo-Visma bestreiten, das erste Rennen seit fast einem Dreivierteljahr, seit er am 14. Juni beim Critérium du Dauphiné ausgestiegen war. Seinen letzten Sieg hatte er im letzten Zeitfahren der Tour de France 2018 errungen. Mit diesem Etappensieg hatte er sich zudem den zweiten Platz in der Gesamtwertung gesichert.

Am Abend vorher hatte Biomechaniker Jean Luc de Meijer in einem der Hotelzimmer des Resorts lange an der Sitzposition der einzelnen Fahrer gefeilt. Nachdem das Setup für Tobias Foss fertig war, kam Dumoulin an die Reihe. Es war ein wichtiger Moment, als Dumoulin sich auf das Bianchi setzte, auf dem er am nächsten Tag zum ersten Mal auf der Straße fahren würde.

Die Männer bewegten sich um das Rad, das in einem Ständer stand. Um sie herum waren Werkzeugkisten, eine Kamera, die an ein Laptop angeschlossen war, und auf dem Boden mehrere streichholzschachtelgroße Infrarotmessgeräte, die mit Lasern Dumoulins Körper abtasteten. Ich nahm auf einer bequemen Couch Platz, sah zu und lauschte.

Während der Mechaniker und Heijboer am Rad herumhantierten, Zahlen austauschten und nach Schwerpunkten suchten, erklärte mir De Meijer, dass das menschliche Gehirn einen dazu bringt, in einer bestimmten Art und Weise auf dem Sattel zu sitzen, weil man so am einfachsten Kraft aufbringen kann. Aber das sei nicht automatisch die beste Weise, so De Meijer. »Der Fahrer kann Kraft auch durch Ziehen am Lenker übertragen«, sagte er, »aber dann bewegt sich die Masse nach vorne. Das will man nicht. Die Masse des Fahrers muss auf die Pedale drücken, und zwar nach unten.«

Nachdem Dumoulin auf dem Sattel Platz genommen hatte, begann das Tüfteln an den Armstützen. Diese waren wichtig, weil der Fahrer seine Arme auf diesen ablegen konnte, um eine möglichst aerodynamische Sitzposition einzunehmen. Untersuchungen im Windkanal im Monat zuvor hatten gezeigt, dass es besser war, nicht den Ellbogen, sondern die Elle auf die Armpads zu legen. Heijboer schaute auf die Messgeräte, dann auf De Meijer. »Ein Drop von 91.« Das war der Höhenunterschied in Millimetern zwischen den Pads und dem Teil des Zeitfahrlenkers, den der Fahrer mit den Händen festhielt und wo auch der Schaltmechanismus untergebracht war, so dass man die Übersetzung ändern konnte, ohne dafür seine Position verlassen zu müssen. Heijboer sagte, dass sie dies später noch weiter verfeinern würden. »Aber jetzt musst du erst einmal bequem auf dem Rad sitzen«, sagte er. »Dann kannst du morgen trainieren.«

Wenige Augenblicke später meinte De Meijer zu Dumoulin, dass sein Gehirn »der Sattelnase« folge. Dumoulin entgegnete, dass er zu weit hinten sitze und dies ineffizient sei. Er schlug vor, einen breiteren Lenker mit einem kürzeren Vorbau zu versuchen. »Ich finde diese Position immer noch instabil«, sagte er.

»Die Sattelstabilität ist heilig«, antwortete Heijboer.

Dumoulin blickte aus seiner geduckten Haltung auf und sagte: »Wir kriegen das schon hin.«

Wenn Mathieu Heijboer auf seine eigene Karriere als Radprofi zurückblickte, sah er einen grüblerischen Menschen. An sich nicht verwunderlich, fand er, denn ihm zufolge waren alle Radrennfahrer unsicher und zweifelten an allen möglichen Dingen, und wenn ein Fahrer gesagt bekomme, dass er auf die eine oder andere Art und Weise zehn Prozent schneller fahren könne, komme dieser Fahrer auf jeden Fall ins Grübeln. »Und die Sitzposition ist der größte Unsicherheitsfaktor«, sagte Heijboer.

Er beobachtete Dumoulin weiter und äußerte die Vermutung, dass das Pedal ihn über den Totpunkt ziehe, weil er einen eingeschränkten Bewegungsspielraum in der Hüfte habe. Und um nicht nach vorne zu rutschen, strecke er die Arme nach vorne, um so Stabilität zu gewinnen. Das Ergebnis waren Schmerzen im Nacken. De Meijer erklärte, dass dies dadurch verursacht werde, dass »die Masse« dort zurückgehalten werde. »Statische Masse.«

Sie erörterten ihre Optionen. Dumoulin war während seiner ganzen Karriere regelmäßig beim Physiotherapeuten gewesen, um die Hüfte geschmeidig zu halten, und er erzählte den Männern im Hotelzimmer, dass er bei seinem vorherigen Team auch »eher gekrümmt« gesessen habe – was hieß, dass sein Körper ein Stückchen weiter vor das Tretlager wanderte, den Ort, an dem die Kurbeln und Kettenblätter befestigt sind. Könnte eine kürzere Kurbel eine Option sein? Nach kurzer Überlegung entschied man sich schließlich für Option drei: den Lenker einen halben Zentimeter höher stellen.

Dumoulin erzählte mir später in der Saison, dass er »krankhaft kontrollbedürftig« sei, wenn es um seine Sitzposition auf dem Rad ging. »Wirklich krankhaft«, sagte er mit Nachdruck. »Es kotzt mich selbst an. Ich suche vollkommen neurotisch nach der idealen Position. Ich mache mich damit völlig verrückt.«

Als Sunweb nach 2018 den Radausrüster wechselte und von Giant auf Cervélo umstieg, begann Dumoulin, »zu tüfteln und herumzuspielen«. Es war »verdammt nervig«. Die Überlegung war folgende: Da sein Lenker für seine Körpergröße recht hoch war, dachte er, es wäre gut, den Sattel etwas weiter nach vorne zu verschieben und den Lenker nach vorn zu neigen. Die Körperwinkel sollten gleich bleiben, während das Ganze aerodynamischer werden sollte. Außerdem probierte er eine kleinere Rahmengröße. Bald stellten sich immer neue Schmerzen ein, erst die Schultern, dann der Rücken, schließlich die Hüfte. Jetzt verkrampfte er seine Zwerchfellmuskulatur wieder ein wenig.

* * *

Wenige Minuten nachdem die Cortados auf der Terrasse im totenstillen Agost bezahlt waren, die Fahrer zum zweiten Teil des Trainings wieder auf ihre Räder gesprungen waren und wir hinter ihnen herfuhren, schaltete Heijboer »Snob 2000« ein, eine Playlist mit avantgardistischer und progressiver Rockmusik, mit monotonen Beats und lärmenden Gitarrenwänden. Vor uns fuhr die Gruppe um Dumoulin durch die trockenste Gegend Spaniens. Heijboer genoss den Anblick der Radfahrer und die laute Musik.

Der Radsport war anders als zu seiner Zeit. Heijboer stellte die Musik etwas leiser und sagte, dass sie vor zehn Jahren bei manchen Rennen an den Start gegangen waren, um sich dort die nötige Form zu holen. Solche Rennen waren bei Jumbo-Visma aus dem Programm gestrichen worden, um gezielter zu trainieren und sich in der Höhe vorzubereiten.

»Für Tom wird Valencia eine echte Bewährungsprobe sein«, sagte Heijboer. »Primož wird direkt nach dem Höhentrainingslager auf Teneriffa bei Paris-Nizza an den Start gehen. So etwas bringt auch eine höhere mentale Belastung für die Fahrer mit sich, denn wenn sie bei einer solchen Rundfahrt etwas reißen wollen, müssen sie immer vorne mit dabei sein, mitsprinten, alles im Auge behalten. Das erzeugt Stress.«

Heijboer erzählte von den Zeitfahrtests, die sie bereits im Dezember im Windkanal der Technischen Universität Eindhoven absolviert hatten. Die Aerodynamik sei der wichtigste Faktor, den es im Zeitfahren zu berücksichtigen galt, meinte er. Die Ergebnisse schienen zunächst gut zu sein, aber Dumoulin war später skeptisch. Solange er flach auf dem Lenker lag, war alles in Ordnung, aber wenn er lenken musste, fühlte es sich für ihn »zu schmal« an. Heijboer hoffte, dass ein maßgeschneiderter Lenker diesem Gefühl abhelfen würde. »Wir werden jetzt nichts mehr an Toms Sitzposition ändern«, sagte er.

Das Zeitfahren sei Dumoulins größte Waffe, so Heijboer. Der erste Gradmesser in dieser Disziplin würde der letzte Tag bei Tirreno-Adriatico sein, ein stark besetztes italienisches Etappenrennen, das Mitte März stattfand. Dumoulin würde dort für Jumbo-Visma als Kapitän an den Start gehen, was bedeutete, dass die Mannschaft für ihn fahren würde. Im abschließenden Einzelzeitfahren würde es zum Duell mit dem australischen Zeitfahrweltmeister Rohan Dennis in Diensten von Ineos kommen, der Dumoulin den Titel 2018 abgejagt und ihn ein Jahr später erfolgreich verteidigt hatte. Würden sie Boden gutmachen können? Heijboer sah »keinen Grund«, warum Dumoulin in diesem Jahr nicht wieder Weltmeister werden könnte.

* * *

Ein Fahrer ließ sich aus der Gruppe zurückfallen. Es war Dumoulin. Heijboer stellte die Musik leiser und ließ das Fenster herunter. Dumoulin fuhr weiter, hielt sich aber auf meiner Seite des Wagens an der Tür fest. »Mir ist schwindlig«, sagte er.

»Kannst du klar sehen?«, fragte Heijboer.

»Ja, kein Problem.«

»Wenn du unsicher bist, steigst du ab, okay?«

»Ja, klar.«

Dumoulin versicherte, dass alles wieder in Ordnung sei, ließ das Auto los und fuhr weiter. Er schloss zu seinen Teamkollegen auf, die bereits einen kurzen Anstieg begonnen hatten.

Heijboer sah, dass Dumoulin sich mit seinen neuen Teamkollegen unterhielt. »Gut, das lenkt ihn ab«, sagte Heijboer. »Wäre er alleine unterwegs, wäre er vielleicht ins Grübeln gekommen und hätte sich damit verrücktgemacht.«

Heijboer erzählte, wie er Dumoulin im vergangenen September getroffen habe, als dieser sein verletztes Knie untersuchen ließ, das sich entzündet hatte, als nach einer Operation ein kleiner Fitzel Dreck in der Wunde zurückgeblieben war. Dumoulin sei untröstlich gewesen, sagte Heijboer. Er wollte unbedingt »die Kurve kriegen«. Die beiden kannten sich seit 2010, als Dumoulin für die Junioren von Rabobank fuhr, wo Heijboer als Coach tätig war. Er hielt Dumoulin für einen aufgeschlossenen Burschen, der sich nicht scheue, Klartext zu reden, aber man musste schon mit Argumenten aufwarten, um ihn von einer Idee zu überzeugen. Obwohl der Test vor einem Monat sehr gut verlaufen war, fehlte es Dumoulin seiner Meinung nach noch an »Wettkampfhärte«, aber die würde er zurückbekommen, wenn er sich in den Rennen behaupten musste.

Wir kamen hinter dem Dorf Aigües um eine Kurve. Wieder hatte sich Dumoulin zurückfallen lassen. Der Rest der Gruppe war nicht mehr zu sehen. Heijboer forderte Dumoulin auf, anzuhalten, und fuhr mit dem Wagen an den Straßenrand. Wir stiegen aus, ein Knistern lag in der Luft. Dumoulin hatte sein Rad zwischen den Beinen. Um uns herum nichts als Felsen, Olivenbäume und hier und da ein paar alte Häuser. Dumoulin erzählte Heijboer, dass er am Hinterrad eines Kollegen gefahren sei und es in seinem Kopf »Wapp-Wapp« gemacht habe. »Meine Atmung ist zu schnell«, sagte Dumoulin.

»Willst du hinten ins Auto einsteigen?«

»Nein, ich komme schon klar. Ich habe auch keinen Pulsmesser um. Hat nicht funktioniert.«

»Darauf musst du auch nicht schauen, Junge. Willst du dich eine Weile ans Auto hängen, damit ich dich nach vorne zurückbringen kann?«

»Nein, ich werde normal fahren. Geht schon wieder.« Er schwang sich auf den Sattel und zog wieder los. Während wir hinter ihm fuhren, sagte Heijboer: »Schon bemerkenswert, was er über seine Atmung gesagt hat.«

Er sagte, er habe Dumoulin bewusst zum Anhalten gezwungen, damit er ihm in die Augen schauen konnte. »Denn wenn ich ihm nicht vertraue, treffe ich die Entscheidung, ob er hinten ins Auto einsteigen soll oder nicht. Wir können nicht zulassen, dass er nachher auf einer Abfahrt mit 60 Sachen stürzt.« Heijboer dachte einen Moment nach und sagte dann: »Irgendwoher kommt es natürlich, dieses Gefühl. Das kommt nicht aus heiterem Himmel.« Aber was es war, wusste er auch nicht.

»Schau, er geht aus dem Sattel.« Dumoulin hatte den Anschluss zu den anderen vier Fahrern wiederhergestellt. »Finde ich ein gutes Zeichen. Wenn er sich ins Auto gesetzt hätte, hätte er sich noch schlechter gefühlt.«

Auf einem geraden Stück, wo es etwas ruhiger war, gab Heijboer kurz Gas. Er ließ das Seitenfenster wieder herunter. »Was macht die Atmung?«

»Etwas besser.«

Bald darauf schlängelte die Straße sich wieder hinauf, bis auf eine Höhe von 890 Metern. In der Ferne konnten wir das Mittelmeer erkennen. Auf der Abfahrt stach Dumoulin scharf in die Kurven hinein. »Was für ein fantastischer Athlet«, sagte Heijboer.

Heijboer fragte noch einmal bei Dumoulin nach. »Mach dir keine Sorgen«, rief Dumoulin zurück. »Alles gut. Die Atmung ist jetzt besser unter Kontrolle.«

Als er sich wieder hinter Dumoulin und den anderen vier Fahrern eingereiht hatte, ließ Heijboer das Fenster runter. »Lieber würde ich hören«, sagte er, »dass alles in Ordnung ist.«

Kapitel 8

Ernährung als Waffe

Es war Februar 2020, und die Landung auf dem Flughafen von Teneriffa verlief reibungslos. Als ich im Mietwagen saß und zum Ziel dieser Reise – dem höchsten Punkt der Insel – hinauffuhr, kam eine SMS von Mathieu Heijboer. »Wir sind jetzt in der Gegend von Guía de Isora unterwegs. In einer halben Stunde sind wir in dem Ort. Wir kommen aus Richtung Tejina.« Ich verließ die Hauptstraße entlang der Küste und bog ab in Richtung der Berge.

Wenig später sah ich die Fahrer in das Dorf einfahren, hinter ihnen Heijboer und Martijn Redegeld, der Ernährungsexperte des Teams, in einem gemieteten Lieferwagen. Hinter dem Lenkrad hob Heijboer einen Finger zur Begrüßung und zeigte nach vorne, in die Richtung, in die sie fuhren. Kurz darauf saßen alle auf einer Terrasse und bestellten Kaffee und Eis.

Laurens De Plus, der zu der Zeit beste belgische Kletterer und ein wichtiger Helfer für Steven Kruijswijk bei der Tour de France 2019, schaute auf das Etikett seines Wassereises. »19 Gramm«, sagte er. Er blickte sich um, suchte den Kontakt zu Redegeld, der dann »19« in die Excel-Tabelle auf seinem Laptop eintippte. Die Fahrer mussten auf 90 Gramm Kohlenhydrate pro Stunde kommen. Junge Fahrer wie Jonas Vingegaard hatten große Schwierigkeiten, diese Menge zu erreichen. Man musste wirklich erst lernen, so viel zu essen.

»Gib mir mal die Verpackung«, sagte Redegeld, als De Plus das Wassereis aufgegessen hatte. »Ich stecke sie in deinen Beutel.« Alle Fahrer bewahrten die Verpackungen der Lebensmittel auf, die sie zu sich genommen hatten. Redegeld hatte im vergangenen Jahr festgestellt, dass das Gedächtnis der Fahrer im Training ziemlich löchrig war, also sammelte er während des Trainingslagers sämtliche Verpackungen ein, damit er selbst sehen konnte, was sie gegessen hatten.

Beim Abendessen im Hotel saßen die Mitarbeiter getrennt von den Fahrern. Denn dort, so Heijboer, findet der »heilige Moment« statt. »Dieser Moment am

Tisch«, erzählte Heijboer, »ist der einzige Moment des Tages, an dem sie als Teamkollegen unter sich sind.«

Die Fahrer waren auch an diesem Tag über die algorithmisch gesteuerte Foodcoach-App auf ihren Handys genau darüber informiert worden, was sie am Abend zu sich nehmen sollten, um die richtige Menge und Mischung an Kalorien und Nährstoffen zu gewährleisten. Die Ernährungswissenschaftler des Teams hatten ihre Informationen von den Bordcomputern der Fahrer erhalten, die anzeigten, was sie jeweils geleistet hatten, also wie viel Watt sie im Training wie lange getreten hatten. Anhand von Berechnungen, die auch das Körpergewicht und die geplante Trainingsbelastung in den nächsten Tagen berücksichtigten, wurde den Fahrern angezeigt, was und wie viel sie zu welcher Tageszeit zu sich nehmen sollten. Auf den Luxus, im eigenen Küchen-Truck zu kochen, mussten sie auf Teneriffa verzichten, und das Hotel gestattete den Köchen von Jumbo-Visma nicht, ihre Küche zu benutzen.

Martijn Redegeld stellte Koen Bouwman die Waage vor die Nase. Waagen waren zu einem unverzichtbaren Hilfsmittel geworden. Eine stand auf dem Flur, auf dem die Fahrer ihre Zimmer hatten, so dass sie ihre Fortschritte überprüfen konnten, wenn sie dort vorbeikamen. Eine weitere Waage stand in Teneriffa auf einem Tisch im Speisesaal.

Bouwman, ein wertvoller Helfer mit Kletterqualitäten, der Roglič beim Giro d'Italia 2019 unterstützt hatte, stellte seinen Teller auf die Waage, checkte die App auf seinem Handy und legte eine weitere Scheibe Brot dazu.

Nach dem Essen erzählte mir Kruijswijk, dass er den Ausführungen der Ernährungsexperten aufmerksam zuhöre und die Anweisungen in der App genau befolge. »Ich habe Vertrauen in ihr Wissen«, sagte er. »Ich esse genau das, was sie mir vorschreiben, nicht mehr und nicht weniger. Sie wissen, wann mein Tank voll ist.«

Für ihn funktionierte die Sache gut, die Unsicherheit war vorbei, da er sich nicht mehr auf sein »Bauchgefühl« verlassen musste. Der Hunger hatte seine Bedeutung verloren. »Dieses Wissen darüber, was wirklich gut für einen ist«, so Kruijswijk, »das gab es im Radsport lange nicht. Es gab wirklich eine Zeit, in der die Fahrer am Start unterernährt waren. Früher hieß es: Abnehmen im Trainingslager, dann sollten wir praktisch nur noch Salat essen, um uns dann am Abend vor einer schweren Bergetappe den Bauch vollzuschlagen. Das lief rein nach Gefühl, selbst im Rennen.«

Am nächsten Tag klappte Redegeld, ein junger, schlanker Mann mit blondem Haar, in der Lobby seinen Laptop auf. Gesprächsthema: der prominente Platz, den die Ernährung inzwischen in der Arbeitsweise des Teams, seiner Performance-Philosophie, einnahm. Die Foodcoach-App spielte eine wichtige Rolle und war ein elementarer Bestandteil ihres Plans, die Nummer eins zu werden.

Redegeld saß im Gemeinschaftsraum des ruhigen Hotels am Fuße des Vulkans Teide. Hier verbrachten die Klassementfahrer von Jumbo-Visma mehrere Wochen lang am Stück für das essenzielle Höhentraining. Das Hotel lag mehr als 2.000 Meter über dem Meer. Die Höhe war der Grund, warum die Fahrer hier waren.

Wout van Aert, Primož Roglič, Mike Teunissen, Laurens De Plus und Koen Bouwman ruhten sich nach dem Mittagessen in ihren Zimmern im Obergeschoss aus. In ein paar Tagen würde wahrscheinlich auch Tom Dumoulin zu dieser Gruppe stoßen. Dumoulin litt seit dem Trainingslager in Alicante immer noch an undefinierten Magenproblemen.

Auf der anderen Seite des Raumes saß Marc Lamberts, auch er hatte seinen Laptop aufgeklappt. Seinen Platz würde später in der Woche sein Kollege Tim Heemskerk einnehmen, der neu im Team war und unter anderem die Talente Jonas Vingegaard und Tobias Foss betreuen sollte.

Redegeld hatte ein Studium an der Universität Wageningen abgeschlossen und war 2017, nach seiner Zeit beim niederländischen Sportverband NOC*NSF im nationalen Sportzentrum Papendal, wo er mit dem ehemaligen Marathonläufer Kamiel Maase im Sportinnovationsteam zusammenarbeitete, über einen kleinen Umweg im Radsport gelandet, genauer gesagt beim Team Quick-Step. Im Herbst zuvor hatte Merijn Zeeman ihn gefragt, ob er an einem Wechsel interessiert sei. Redegeld nahm das Angebot an. Offiziell lautete sein Titel bei Jumbo-Visma »Performance Nutritionist«, aber ausgebildet war er als Ernährungswissenschaftler. Er war 26 Jahre alt.

Redegeld erinnerte sich noch gut an das erste Profirennen, bei dem er dabei gewesen war, die dritte Etappe von Paris–Nizza im Jahr 2017. Am Abend übernachtete die Mannschaft in einem Hotel an der Straße. Als die Fahrer und das Personal eintrafen, hieß es an der Rezeption: »Wir haben kein Restaurant, hier haben Sie ein paar Gutscheine.« »Sie zeigten auf die andere Straßenseite«, so Redegeld. »Da war eine Filiale von Autogrill. Es war zum Schreien. Aber wenn man nicht seinen eigenen Koch dabeihat, ist es das, was die Fahrer kriegen.« Wie er das fand, war leicht zu erraten: amateurhaft.

Er berichtete von den Trainingseinheiten, die sie bis dahin auf Teneriffa absolviert hatten. Bei Jumbo-Visma wurde zwischen »train high« und »train low« unterschieden, wobei »high« und »low« für die Menge der Kohlenhydrate stand, die ein Fahrer zu sich nehmen durfte. Bei »high carb« wusste ich mittlerweile, was die Idee dahinter war, aber »low carb« war mir neu. Redegeld erklärte, dass die Fahrer »low carb« trainierten, weil die Wissenschaftler wollten, dass sich der Körper darauf einstellt, nicht mehr auf Zucker zurückgreifen zu können. Dann schaltet der Körper auf Fettverbrennung um, was aber weniger effizient ist; ein Gramm Fett liefert weniger Energie als ein Gramm Zucker. »Der Körper beginnt in diesem Fall, mehr Mitochondrien anzuwerfen«, sagte er. Redegeld bezeichnete die Mitochondrien als die »kleinen Kraftwerke« in den Zellen. »Auf zellulärer Ebene kommt es zu allen möglichen Anpassungen«, erklärte er. »So werden die Sportler besser darin, Fett zu verbrennen.« Momentan waren es fünf Fahrer, die auf diese Weise trainierten: Roglič, Kruijswijk, Foss, De Plus und der Amerikaner Sepp Kuss.

»Und sie machen das«, fragte ich, »um zu Beginn des Rennens vor allem auf Fettverbrennung zu fahren, damit sie dann später, wenn es drauf ankommt, noch auf den Superkraftstoff zugreifen können?«

»Genau«, bestätigte Redegeld.

Ich erzählte ihm, dass ich gehört hatte, dass George Bennett nur 58 Kilo wog, bei einer Größe von 1,80 Meter, und dass ich darüber ziemlich schockiert war. Ich fragte mich, ob so etwas gesund sei. »Natürlich ist das wenig«, sagte er, »aber ich wage zu behaupten, dass es nicht ungesund ist.« Er erzählte von einem Fahrer, der Gefahr lief, die Grenze zu unterschreiten. Er war 1,85 Meter groß und wog jetzt 65,7 Kilogramm, nach ihren Berechnungen 300 Gramm zu wenig. »Wir sind jetzt am Limit«, sagte Redegeld.

Ich fragte, wie man so etwas messen könne. Redegelds Antwort war zweigeteilt. Sie nahmen Hautfaltenmessungen vor und sie konnten die Wattzahlen sehen, die ein Fahrer auf dem Rad trat. Außerdem konnten sie seine Blutwerte überprüfen. Und auch wichtig: Wie fühlte sich der Fahrer? »Das Gewicht an sich sagt mir nichts«, sagte Redegeld. »Schau, wenn Laurens De Plus später hier im Meeting zu mir sagt: ›Ich möchte bei der Tour de France 66 Kilo wiegen‹, dann ist das zwar nicht sein gesundes Gewicht, aber für drei Wochen ist das machbar. Aber er darf nicht jetzt schon auf 66 Kilo runter sein.«

Dann kamen wir auf die Zukunft zu sprechen, auf Algorithmen, die entwickelt wurden. Es ging um »Templates« und um Wettervorhersagen während des Rennens. Welchen Effekt hatten die Temperaturen auf den Energieverbrauch und wie wirkten sie sich darauf aus, wie sich die Fahrer im Rennen verpflegten und was sie nach der Etappe essen und trinken mussten, um ihre Speicher ausreichend aufzufüllen? Ich war erstaunt, wie weit die wissenschaftliche Unterstützung von Athleten mittlerweile auf der Mikroebene vorgedrungen war.

Wir schauten auf seinen Laptop. Redegeld rief die Daten von Robert Gesink auf, der gerade ein kleines Rennen in Südfrankreich bestritt. Er ging davon aus, dass Gesink während der Etappe am Nachmittag 5.895 Kalorien verbrauchen würde und dass er außerhalb des Rennens 2.000 Kalorien zu sich nehmen müsste, die Hälfte davon beim Frühstück, 40 Prozent beim Abendessen und zehn Prozent als späten Snack. »Und wenn er nach der Etappe seine Daten hochlädt und sich herausstellt, dass er im Durchschnitt nicht 250 Watt, sondern 260 Watt geleistet hat, können die Köche vor Ort dem Fahrer sofort eine Nachricht schicken, dass er etwas mehr oder etwas weniger zu sich nehmen soll, als die App anzeigt. Siehst du das hier? Einem Fahrer wird hier gestern mitgeteilt, dass er 951 Kalorien mehr verbrannt hat als angenommen, und er erhält eine Nachricht, dass er zusätzlich 100 Gramm Reis, 150 Gramm Brot und einen 75-Gramm-Burger zu sich nehmen soll.«

Ich fragte ihn nach der Zukunft und ob es nicht noch besser wäre, wenn die Ernährungsexperten direkt über einen Sensor am Körper des Fahrers ablesen könnten, wie es zum Beispiel um dessen Blutzuckerspiegel bestellt ist und ob der Fahrer ein Gel essen sollte, um einen Leistungseinbruch zu verhindern. Redegeld sagte, er wäre nicht überrascht, wenn die Entwicklung in diese Richtung ginge. Beim Rekordversuch von Eluid Kipchoge, einen Marathon in unter zwei Stunden zu laufen, sei das bereits versucht worden, aber Redegeld bezweifelte, dass der konservative Radsportverband UCI so etwas zulassen würde. »Wahrscheinlich würden sie sagen, dass es dem Sport seinen Charme nimmt«, sagte er. Er rechnete aber damit, dass in einigen Jahren mit solchen Dingen experimentiert wird. »Das gefällt mir so an diesem Radrennstall, an diesem Performance-Team. Jeder bleibt ständig kritisch, gegenüber dem Wissen und untereinander. Wir stellen uns immer die Frage: Ist das die beste Methode? Wir denken niemals: Ja, das ist es, so machen wir weiter, dann kommt das Gelbe Trikot von alleine.«

Fast unmittelbar danach betonte Redegeld, dass er kein Schulmeister sei. Er verpflichte niemanden zu irgendetwas. »Ich bin da, um zu helfen«, sagte er.

»Wenn ein Fahrer meint, dass er keine Lust habe, auch gut. Ich sehe das ganz nüchtern: Für mich ist das nicht notwendig, aber als Radprofi man wird nicht nur fürs Trainieren bezahlt, sondern auch dafür, auf seine Ernährung zu achten. Die Fahrer müssen erkennen, dass die Vision des Teams darin besteht, jeden zu motivieren und ihnen so viele Hilfsmittel wie möglich bereitzustellen, um so gut wie möglich zu werden. Und diese App funktioniert sehr gut, sie gibt ihnen etwas, an dem sie sich festhalten können, weil es ihnen einen strukturierten Plan vorgibt und sie nicht selbst all diese Abwägungen vornehmen müssen.«

Wenig später kam Laurens De Plus die Treppe herunter. Er setzte sich neben Redegeld und meinte, dass es ihm nichts ausmache, wenn ich mithörte. Ihr Gespräch drehte sich zunächst um Vitamine und Antioxidantien. Dann sprachen sie über einen Schweißtest, der ergab, dass De Plus bei sportlicher Betätigung 1,03 Liter Flüssigkeit pro Stunde verlor.

Dann gingen sie die Hautfaltenmessungen durch. Am 17. Dezember wog er 71 Kilo. Sechs Wochen später 69 Kilo. De Plus sollte am 23. Februar als Kapitän des Teams bei der UAE Tour in den Vereinigten Arabischen Emiraten antreten, und sein Ziel war es, beim Start 68 Kilo zu wiegen. »Nicht realistisch«, sagte Redegeld. »68,5 könnte gehen. Ein paar Tage genau aufpassen, weiter gut essen und auf die Glykogenspeicher achten.«

»Ende April will ich bei 68 sein«, sagte De Plus. Er schaute Redegeld fragend an. Dieser antwortete, dass eine »ballaststoffarme Ernährung« ausreichen sollte. De Plus: »Und zur Tour bei 66.«

Redegeld meinte, dass er dann wirklich vorsichtig sein müsse, weil er bei den Rennen ohnehin abnehmen würde. »Versuche, das Zielgewicht schrittweise zu erreichen«, sagte er. »Wenn du Ende Mai beim Höhentraining in der Sierra so viel Gewicht verlieren willst, wird das kein Spaß.«

De Plus nickte.

Redegeld zückte eine Excel-Tabelle und listete die Daten des Vortages auf:

4 Flaschen mit Durstlöschern, circa 3,37 Liter
1 Flasche Wasser
1 Cola Zero
3 Riegel
3 Gels
1 Reiskuchen

1 Banane
1 Wassereis
+ Ketone

Redegeld: »Ich gebe dir Ketone für die Zeit nach der zweiten, dritten und vierten Etappe bei der UAE Tour mit.«

De Plus: »Um sie mit dem Shake zu mir zu nehmen?«

Redegeld: »Ja, und vor dem Schlafengehen. Also zwei Flaschen am Tag.«

Im Radsport war viel über die Verwendung von Ketonen diskutiert worden, eine Flüssigkeit, die alle Jumbo-Visma-Fahrer, die sich dafür entschieden, seit Januar 2019 nehmen durften. Ketone sind eine körpereigene Substanz, die die Regeneration der Sportler fördert. De Plus, der erste Fahrer des Teams, der offen über die Verwendung sprach, sagte, es sei eine bittere Substanz, die mit etwas Fantasie an Gin Tonic erinnere. Heijboer hatte mir einen Monat zuvor in Alicante gesagt, dass es »eklig« schmecken würde.

Heijboer hatte sich vor etwa fünf Jahren an Kieran Clarke, den leitenden Forscher an der Universität Oxford, gewandt, nachdem er von ihren Versuchen gelesen hatte, künstliche Ketone herzustellen. »Schmecken tut das Zeug immer noch nicht, aber früher war es schlimmer.« Er erkundigte sich, ob man es auch kaufen könnte. »Man kann. Eine Flasche mit 30 Millilitern kostet 30 Dollar.«

Heijboer hatte mir in Alicante erklärt, dass Ketone Stoffe seien, die im Körper freigesetzt werden, wenn dieser in eine Energiekrise gerät. »Wenn die Glykogenspeicher – also die Zuckerreserven – völlig aufgebraucht sind, stellt der Körper aus Fetten Ketone her. Das Gehirn braucht Zucker, aber wenn dieser nicht mehr vorhanden ist, kommen Ketone ins Spiel, die es einem ermöglichen, diese Krisensituation zu überstehen, weil das Gehirn dank ihnen ohne Glukose weiterarbeiten kann.« Es gibt noch zwei weitere Vorteile: Man braucht weniger Sauerstoff, um Ketone zu verbrennen, und Untersuchungen haben gezeigt, dass sie sich positiv auf die Konzentration und die Gehirnfunktionen auswirken.

Viele Radsportteams haben die Verwendung von Ketonen im Rennen untersagt, weil die langfristigen Auswirkungen noch nicht klar sind. Andere Teams wie Alpecin-Fenix und Quick-Step setzten sie laut Jumbo-Visma jedoch ein.

Heijboer meinte, es sei »ziemlich ärgerlich«, dass die britischen Forscher so viel Geheimniskrämerei um Ketone betrieben und sie dadurch in Verruf brächten, so dass sie nun von vielen mit Doping gleichgesetzt würden. »Aber sie sind eigentlich nichts anderes als Kreatin oder Koffein«, sagte er.

Heijboer räumte ein, dass es in der Tat noch kaum wissenschaftliche Forschung zu Ketonen gebe und dass die Beweislage bezüglich ihrer positiven Effekte »dünn« sei. »Aber«, sagte er, »wir glauben, dass sie etwas bewirken.« Er erklärte, dass sie nicht den Luxus hätten, auf solidere wissenschaftliche Beweise warten zu können. »Wir haben in unserem Performance-Team darüber diskutiert«, so Heijboer, »und unsere Gedanken dazu geäußert. Wir sehen anhand der Daten, dass es bei manchen Fahrern funktioniert, und deshalb sind sie ein Baustein in unserer Ernährungsstrategie.«

Ich erzählte ihm, dass ich mit Zeeman bei der Tour de Romandie 2019 war und dass Jos van Emden etwa fünf Kilometer vor dem Ziel eine »spezielle Trinkflasche für Primož« aus dem Auto gereicht wurde. Ich fragte ihn, ob sich in dieser Flasche ein ketonhaltiges Getränk befunden habe. Heijboer erklärte mir, dass es sich um etwas handelte, das damals noch nicht üblich war. »Hydrogencarbonat.«

Kapitel 9
In der Höhe

Wout van Aert öffnete das Fenster seines Hotelzimmers, so dass die frische Luft von Teneriffa ins Zimmer strömte. Wir blickten auf eine Felswand hinaus. Die Gäste auf der anderen Seite des Korridors des Parador de las Cañadas El Teide hatten einen Blick auf den Vulkan. Wir befanden uns westlich der Westsahara, auf einer Insel, deren höchster Punkt sich 3.700 Meter über den Atlantik erhob.

Van Aert zeigte auf einen Stuhl. Er selbst legte sich auf sein Bett, lehnte sich mit dem Rücken an die Wand und verschränkte die Hände hinter dem Kopf. Van Aert trug schwarze Shorts, ein einfaches schwarzes Teamshirt mit dem Logo eines Sponsors und lange schwarze Sportsocken. Noch hatte er das Zimmer für sich allein. Steven Kruijswijk würde am nächsten Tag auf Teneriffa eintreffen und dann das andere Bett in Beschlag nehmen.

Van Aert war hier, um sich auf die ersten Rennen des Jahres 2020 vorzubereiten. In drei Wochen begann seine Saison mit Strade Bianche, einem modernen Klassiker, bei dem Teile der Strecke über die weißen unbefestigten Schotterstraßen der Toskana führten. Darauf folgte das Etappenrennen Tirreno-Adriatico und schließlich das erste »Monument« der Saison: Mailand-Sanremo, ein seit 1907 veranstaltetes Rennen mit dem Spitznamen »La Primavera«. Danach trainierte Wout van Aert nur noch für die beiden wichtigsten Frühjahrsrennen, die Anfang April auf dem Programm standen und beide ebenfalls »Monumente« waren: die Flandern-Rundfahrt (»das Hochamt«, erstmals ausgetragen 1913) und am darauffolgenden Sonntag Paris-Roubaix (»die Hölle des Nordens«, 1896). Die beiden anderen Monumente des Kalenders lagen ihm etwas weniger, da deren Parcours einige fiese Anstiege umfasste: Ende April bestritten die frischeren Fahrer des Pelotons Lüttich-Bastogne-Lüttich (»La Doyenne«, 1892) in den belgischen Ardennen und im Oktober als offiziellen

Abschluss des Radsportjahres die Lombardei-Rundfahrt (1905), die rund um den Comer See in Italien ausgetragen wurde. Die Italiener nannten Il Lombardia, wie das Rennen nun offiziell hieß, gern »das Rennen der fallenden Blätter«.

Van Aert war einer der Favoriten bei den beiden Kopfsteinpflaster-Klassikern. Beide Strecken, bei denen jeweils grob gepflasterte Feldwege durchs platte Land auf die Fahrer zukamen, schienen wie geschaffen für Van Aert, was ihn zum logischen Nachfolger von flämischen Halbgöttern wie Tom Boonen, Johan Museeuw, Roger De Vlaeminck und Briek Schotte machte. Für ihn persönlich waren diese beiden Rennen die wichtigsten Termine der Saison.

Wir hatten uns gerade hingesetzt, als es an der Tür klopfte. Van Aert stand von seinem Bett auf. Ich ärgerte mich ein bisschen und begriff, dass es ein belgischer Journalist war, der eine Geschichte mit Van Aert machen wollte. Oder wenigstens ein Foto? Van Aert war bestimmt, wies den Mann höflich ab und schloss das Zimmer wieder.

»Sogar hier verfolgen sie mich inzwischen bis an die Tür«, sagte er. Er verstand das nicht. Er ließ sich zurück auf sein Bett plumpsen und verschränkte wieder die Hände hinter dem Kopf. »Lästig wie die Fliegen.«

Ihm war klar, dass einfach die Begeisterung seiner Landsleute dahintersteckte und dass die Zuschauer in Flandern schon bald wieder in Massen an den Rennstrecken stehen würden. In jedem Dorf würde Volksfeststimmung herrschen, und die Zapfhähne und Fritteusen würden auf Hochtouren laufen. Ihm war diese Anbetung und Hingabe ein bisschen suspekt. Van Aert fürchtete, dass es umso schlimmer werden würde, je besser er sich schlug. »Jetzt kreuzen sie schon hier auf dem Flur auf! Da denke ich mir dann schon: Verflucht noch mal.«

Wout van Aert war 25 Jahre alt und stand am Anfang seiner zweiten Saison bei Jumbo-Visma. Er hatte im Oktober 2018 nach Unstimmigkeiten das belgische Team Veranda's Willems verlassen – eine Klage wegen dieses »Vertragsbruchs« war noch anhängig – und dann im März 2019 bei Jumbo-Visma unterschrieben.

In seinem ersten Jahr dort gewann Wout van Aert die zehnte Etappe der Tour de France in Albi, verletzte sich aber drei Tage später beim Zeitfahren in Pau, als er eine Kurve zu eng nahm und an einer Barriere hängenblieb. Er musste operiert werden und saß zwei Monate lang nicht auf dem Rad. Nach dreieinhalb Monaten konnte er zum ersten Mal wieder zwei Tage in Folge trainieren.

Seit jenem Tag in Pau hatte er kein Rennen mehr bestritten, aber er hatte große Fortschritte gemacht. Dass die Fortschritte inzwischen etwas langsamer vonstatten gingen, wertete er als gutes Zeichen. »Ich muss noch ein Kilo abnehmen, um auf mein Wettkampfgewicht zu kommen«, sagte er. »Aber ich fahre im Training schon die Werte vom letzten Jahr, also bin ich bereit.«

Nur bergauf machte ihm sein rechtes Bein noch ein wenig zu schaffen. Vor allem, wenn seine Hüfte ermüdete, machte sich die Verletzung wieder bemerkbar. Ob es ihn im Rennen stören würde, konnte er nicht sagen. »Ich gebe einfach Vollgas«, sagte er, »dann werde ich es ja sehen.«

Ich war in Wout van Aerts Zimmer, weil ich mit ihm über die Flandern-Rundfahrt und Paris–Roubaix sprechen wollte, die beiden für ihn wichtigsten Eintagesrennen, über die Unterschiede zwischen diesen Rennen, die schon oft von denselben Fahrern gewonnen wurden, darüber, wie man sie angeht, was sie so schwierig macht und wie man als Fahrer für diese speziellen Rennen trainiert. Nur noch ein paar Wochen, dann war es so weit. Es waren die ersten wirklich wichtigen Rennen des Jahres für das Team. Der erste Gradmesser sozusagen. Das Team hatte seit 2013 noch kein Monument gewonnen, und Van Aert war die wichtigste Waffe des Teams auf dem Kopfsteinpflaster.

Van Aert sagte, er schaue sich lieber Cyclocross an, eine Disziplin, in der er ab 2016 dreimal hintereinander Weltmeister geworden war. Seitdem lagen ihm die belgischen Radsportfans zu Füßen. Für »die Straße« begann er sich eigentlich erst zu interessieren, als er 2014 einen Profivertrag unterschrieb und zu seiner eigenen Überraschung bei der Tour de Liège, die er zur Vorbereitung auf die Cross-Saison fuhr, gut abschnitt. Er erinnerte sich, damals gedacht zu haben: Nanu, ich kann hier ja ganz gut mithalten. Von da an wurde die Straße für ihn von Jahr zu Jahr wichtiger. Er fing an, Rennen zu gewinnen, schlug renommierte Zeitfahrer und wurde 2018 Neunter bei seiner ersten Flandern-Rundfahrt. Das war der Moment, in dem er ernsthaft daran zu glauben begann, dass er eines Tages Klassiker gewinnen könnte. Das, was er früher unglaublich langweilig fand, entpuppte sich tatsächlich als superspannend. Vorne mit dabei zu sein, die Action, die *Hellingen* mit dem Kopfsteinpflaster, die Windstaffeln und das Warten auf den richtigen Moment, um anzutreten und sich auf und davon zu machen.

Noch besser gefiel ihm Paris–Roubaix, wo das Pflaster noch schroffer und gröber ist und die *Pavé*-Sektoren länger sind. »Roubaix ist mythischer«, betonte Van Aert, »spezieller und härter«. Und auch spannender, weil der Verlauf des Rennens »unberechenbarer« sei. »Roubaix ist eine Folter«, sagte er. »In Flandern hat man noch die Vorstellung, dass man mit einem Antritt den Unterschied machen kann, aber in Roubaix geht es in der letzten Stunde hauptsächlich darum, wer sich am meisten quälen kann. Wer am zähesten im Kopf ist.«

»Der große Unterschied ist außerdem«, so van Aert weiter, »dass man nach Roubaix so unfassbar kaputt ist. Nach der *Ronde* denkst du eine halbe Stunde nach dem Zieleinlauf: Könnte ich doch nur noch mal von vorn anfangen, aber in Roubaix bist du so kaputt, so aufgewühlt, dass du auch am Tag danach nicht ans nächste Jahr denken willst. Das ist so besonders, das hat man bei keinem anderen Klassiker.«

Diese Anspannung vor jedem Kopfsteinpflasterstück, dieser Drang, weit vorne in die Sektoren reinzugehen, sorgte dafür, dass im Peloton »einfach Krieg« herrsche. Bei jeder *Pavé*-Passage aufs Neue. Bis zum Wald von Arenberg, danach habe sich eine gewisse Hierarchie herauskristallisiert und es beginne eine ganz andere Art Rennen. Ab da ging es nur noch um den Sieg. Wie geht man es an? Wo kann man etwas probieren? In welchem Sektor? Und die ganze Zeit besteht die Gefahr, dass doch noch jemand von hinten kommt. Bei der *Ronde* war das weniger der Fall. Aber in Roubaix gibt niemand auf, die Fahrer machen weiter, selbst wenn sie wissen, dass sie das Vélodrome von Roubaix nicht rechtzeitig erreichen werden, um noch in die Wertung zu kommen. Alle wollen unbedingt ins Ziel kommen. Van Aert stimmte zu, dass man bei Paris-Roubaix noch am ehesten etwas vom Urgefühl des Radsports verspüren könne.

Bevor er nach unten ging, um mit seinen Teamkollegen zu Abend zu essen, wollte ich von ihm wissen, welches Rennen er wählen würde, wenn er sich für einen der beiden Klassiker entscheiden müsste. Eigentlich eine dumme Frage, aber ich stellte sie trotzdem, denn es kann immer eine überraschende Antwort kommen. Für welches Rennen schlug sein Herz? Ich dachte, er könne sich nicht entscheiden, aber das war nicht der Fall. Er sagte, dass er Roubaix für etwas Besonderes halte, weil man dort nur einmal im Jahr fahre, während es vor der Flandern-Rundfahrt bereits unzählige Rennen in den flämischen Ardennen gegeben habe. Durch den Wald von Arenberg kommt man nur einmal im Jahr, an den anderen Tagen versperrt eine Schranke den Weg. »Allerdings«, räumte er sofort ein, »für einen Belgier ist der Sieg bei der *Ronde* das Größte.«

Am nächsten Morgen frühstückte ich mit Mathieu Heijboer in einer einfachen Pension, gut 20 Kilometer bergab. Heijboer hatte am Vorabend ins Tal fahren müssen, weil im Hotel kein Platz mehr war und die Athleten natürlich Vorrang hatten. Die Fahrer mussten da oben in der Höhe schlafen, um in der Nacht rote

Blutkörperchen zu produzieren, das war der Sinn der ganzen Übung. Jeder Atemzug, den sie hier machten, signalisierte ihren Körpern, dass sie nicht genug rote Blutkörperchen hatten, um richtig zu funktionieren. Und je höher man sich befand, desto weniger Sauerstoff war verfügbar und desto mehr wurde der Körper beansprucht. Wer hier oben schlief, kam später schneller ans Ziel.

In der Pension »German« quetschte Heijboer seine lange Gestalt zwischen Stuhl und Tisch und biss in ein mit Marmelade bestrichenes Baguette. Dann rührte er in seinem Kaffee. Er lobte Van Aert für seine Eigenschaft, immer offen für Ratschläge zu sein. »Er nimmt alle Formen der Beratung an«, sagte Heijboer. »Wout ist nicht arrogant, sondern auf eine angenehme Art von seinen Fähigkeiten überzeugt.«

Van Aert hatte am Vorabend in seinem Hotelzimmer gesagt, dass er vor allem in Chancen denke. Er bezeichnete sein Selbstvertrauen als eine seiner größten Stärken. »Und ich mache einen Fehler nur einmal«, fügte er hinzu und beeilte sich, sogleich einen weiteren Punkt zu ergänzen. »Ich denke auch nicht: ›Hey, meine erste Tour, ich werde Stevie und Primož helfen.‹ So ticke ich nicht.«

15 Minuten später fuhren wir wieder den Berg hinauf. Hinter der hölzernen Leitplanke standen die Tausenden von Kiefern des Nationalparks, und die perfekt asphaltierte Straße schlängelte sich allmählich hinauf zum Winterrefugium des modernen Radprofis, der das Glück hat, in Diensten eines Teams zu fahren, das sich das alles leisten kann.

Heijboer hatte am Morgen errechnet, dass dieses Trainingslager das Team einschließlich Flügen und Mietwagen rund 40.000 Euro kosten würde. Einen Monat lang sechs Zimmer, in denen acht Fahrer und vier »Mitglieder des Staffs« untergebracht waren: ein Trainer, ein Ernährungsberater, ein Mechaniker und ein Masseur. »Am liebsten hätten wir acht Zimmer für 16 Fahrer«, so Heijboer.

Auf dem Weg hinauf zum Hotel dachte ich an Plugges »Schwungrad« und das Konzept von »Skills« und »Glück«. Dieses Trainingslager vor der Küste von Westafrika war ein gutes Beispiel dafür: Bessere Bedingungen für die Fahrer lockten gute Fahrer an. Indem man mehr Tage in der Höhe für Topfahrer organisierte, brachte man bessere Fahrer dazu, sich für das eigene Team zu entscheiden.

Eine Stunde später fuhren Heijboer und ich hinter den Fahrern her, von denen einige nach links abbogen. Wir fuhren nach rechts, hinter Laurens De Plus und Koen Bouwman. Keine Extravaganzen heute, hatte Heijboer gesagt. Sechs Stunden Training in einem gemütlichen Tempo. »Wenn sie anfangen, sich miteinander zu messen, greife ich ein«, sagte Heijboer. Hin und wieder verloren wir die Fahrer aus den Augen, wenn wir wegen des Gegenverkehrs in einem Dorf warten mussten, aber wir holten sie schnell wieder ein, denn alle hatten die gleiche Route in den Bordcomputer eingegeben. »Außerdem«, sagte Heijboer, »sind sie wie Welpen. Wenn ihnen das Wasser ausgeht und sie Durst kriegen, rufen sie nach mir.«

Heijboer genoss diese Einheiten, sie waren ganz nach seinem Geschmack. Im Trainingslager, sagte er, könne er »konzentrierter und intensiver« arbeiten. »Die Tour ist ein einziges Reagieren.« Heijboer mochte keine Überraschungen und zog es vor, die Kontrolle über die Gegebenheiten zu haben. »Mein Fokus liegt darauf, mich ständig zu verbessern und Leistung abzuliefern«, sagte er, »und nicht mehr darauf, etwas zu erleben.«

Er sagte, mit der Romantik des Radsports sei es für ihn vorbei gewesen, als er 2008 bei Cofidis seine eigene Profikarriere beendet hatte. Als er als Fahrer aufhören musste, hatte er sofort genug vom Rennsport, die Traurigkeit war zu groß. Ich fragte ihn, ob er diesen Schmerz immer noch spürte. Die Antwort war ein eindeutiges »Ja«. »Ich hätte immer noch Rad fahren können«, sagte er. Er zählte Altersgenossen auf, die noch aktiv waren. Er wusste, dass das wunderbare Gefühl von Spannung und Adrenalin nie mehr zurückkehren würde, und das verursachte diesen Schmerz. »Dieses Gefühl ist etwas so Schönes, und es wird nie wiederkommen«, sagte er.

Als wir durch die Hafenstadt Santa Cruz fuhren und schließlich an den Öltanks von Repsol und BP vorbeikamen, erzählte Heijboer, dass Tim Krabbés Roman *Das Rennen* seine Liebe zum Straßenradsport geweckt hatte. Sein Vater hatte das Buch in ihrer Heimatstadt Rhoon gekauft. Dort habe er zum ersten Mal von »Serendipität« gelesen. Heijboer: »Durch *Das Rennen* habe ich die Romantik des Radsports erkannt.«

Wir nahmen eine kleine Straße, die von der Küste in der Nähe von Santa Cruz hinauf in ein Gebiet führte, das Las Lagunas hieß. Dort hielten wir für eine kleine Kaffeepause an. Ich fragte Heijboer, warum sie auf dieser Insel waren. Es stellte sich heraus, dass sie nicht nur wegen der Höhe und des Wetters (»in neun von zehn Fällen ist es gut«) und auch nicht wegen der Straßen dort waren, sondern vor allem wegen der Abgeschiedenheit. Die Fahrer trainierten, aßen, ließen sich massieren und schliefen. Ansonsten tranken sie Kaffee in der Hotellobby oder auf der Terrasse und zockten Computerspiele auf ihren Zimmern. Es gab nichts anderes zu tun.

»Hier ist man optimal Profi«, sagte Heijboer. »Und der Effekt ist enorm. Vor allem auch, weil Martijn, unser Ernährungsexperte, hier ist. Alle Zweifel, die die Fahrer zu Hause haben, fallen weg. Es gibt keinen Kühlschrank. Es herrscht Ruhe im Training, die Erholung ist besser, und es gibt unmittelbares Feedback von den Coachs.« Heijboer sagte, dass die Fahrer hier besser drauf seien. »Sowohl körperlich als auch mental.« Das könne, räumte er ein, durchaus am Placebo-Effekt liegen. »Der Glaube versetzt bekanntlich Berge.«

Manche Fahrer vertrugen die Isolation nicht gut, andere stumpften ab oder konnten die Umstellung körperlich nicht verkraften. »Fahrer erholen sich in der Höhe auch weniger schnell von ihren Anstrengungen«, so Heijboer. »Dadurch sind sie ständig müde.« Er erzählte von einem Fahrer, der vor zwei Jahren zum ersten und letzten Mal ein Höhentrainingslager mitgemacht hatte und der dort in der Sierra Nevada jeden Morgen ausgesehen habe, als habe er sich selbst über den Haufen gelaufen.

Heijboer vermutete, dass Höhentraining nach den Olympischen Spielen 1968 in Mexiko City populär geworden war. Im Radsport wurde es erst ein Thema, als Francesco Moser 1984 am selben Ort auf 2.240 Meter Höhe einen erfolgreichen Angriff auf den Stundenweltrekord unternahm. »Damals spielte Höhentraining im Radsport noch keine so große Rolle wie heute«, sagte Heijboer. Das lag an der Bedeutung, die damals den vielen Rennen beigemessen wurde, die sich von März bis Oktober erstreckten. Heijboer: »Der Radsport ist ein Wettkampfsport, und damals absolvierten alle das gleiche Programm, jedes Wochenende ein Rennen. Während der Saison gab es also keine Zeit zum Trainieren.«

Das änderte sich 1999, als Lance Armstrong nach seiner Krebserkrankung die Tour de France ins Visier nahm. Der Amerikaner wusste, dass in den Vereinigten Staaten nur ein einziges Rennen Beachtung fand und alle anderen, die er fuhr, zweitrangig waren. Er hatte viel Zeit, um sich optimal vorzubereiten, und weil Teneriffa so abgelegen war, wimmelte es dort auch nicht von den Dopingkontrolleuren der UCI. Hier konnte er ungestört sein Ding machen.

Heijboer selbst hörte zum ersten Mal von den Trainingsmöglichkeiten auf Teneriffa, als sein früherer Teamkollege bei Cofidis, Bradley Wiggins, mit dem Team Sky auf die Kanaren reiste. Mit dem Team Blanco trainierten sie im Winter 2013 noch etwas weiter östlich auf Fuerteventura, aber als sie ein Jahr später Belkin hießen, begaben sie sich erstmals für einige Wochen mit Robert Gesink und Steven Kruijswijk nach Teneriffa. Heijboer: »Die beiden sind unsere Könige des Höhentrainings.«

Später in der Woche sagte mir Steven Kruijswijk, dass er, genau wie Wout van Aert, gerne hier sei. Er saß in der dunklen Lobby des Hotel Parador, in den weichen Kissen des Sofas, seine Mütze verkehrt herum auf dem Kopf. Kruijswijk war ein ruhiger, bedächtiger, verantwortungsbewusster Mann, der keine großen Worte machte. Er sagte: »Ich mache hier einfach nur meine Arbeit.«

Seiner Meinung nach gehörte das Höhentraining einfach zum Job. Wenn man es nicht machte, hätte man als Klassementfahrer keine Chance und könne gute Platzierungen bei Mehrtagesrennen, bei denen es viel zu klettern gebe, vergessen. »Ich weiß, dass es notwendig ist, und ich weiß, was es bringt«, betonte er. »Wenn ich schon von zu Hause weg bin, dann lieber an einem Ort, der mir die besten Möglichkeiten bietet.«

Kruijswijk sagte, er mache seine Arbeit stets sorgfältig und präzise, und er wolle, dass dahinter »ein Plan« zu erkennen war. Und wenn er sich einmal auf einen Plan eingelassen habe, fiele es ihm sogar schwer, von ihm abzuweichen, was man vielleicht als seine Schwäche bezeichnen könnte. Er machte ungern Zugeständnisse und wusste, dass er seiner Familie und seinen Freunden gegenüber egoistisch war, aber er musste akribisch trainieren – »bis hinter das Komma«, wie er es ausdrückte –, vor allem weil die Abstände immer geringer wurden. »Ein Rennen wie die Tour, über 3.000 Kilometer, und am Ende geben 20 Sekunden den Ausschlag. Das ist schon bizarr, oder?«

Wenn Kruijswijk einer der Könige des Höhentrainings war, dann war Sportphysiologe Louis Delahaije der Gottvater. Heijboer sagte, dass Delahaije ein Drittel seines Arbeitslebens in der Höhe verbracht hatte, unter anderem in Sankt Moritz, Livigno und Font Romeu, in der Sierra Nevada und auf Teneriffa. Genau wie Marc Lamberts, fügte Heijboer hinzu. Er habe viel von diesen beiden als Trainer tätigen Wissenschaftlern gelernt und bezeichnete Delahaije als seinen Mentor. Heijboer: »Wenn ich eine Frage zur Höhe habe, rufe ich nach wie vor immer Louis an.«

* * *

Der Garten von Louis Delahaije im limburgischen Geulle ließ keinen Zweifel aufkommen. Auch wenn man nicht wusste, was er beruflich machte, wusste man eines ganz sicher: Er war nicht oft zu Hause. Im Garten war alles gefliest, und die Möbel waren wetterfest. »Schön, dass du da bist«, sagte er erfreut. Er servierte Flan und schenkte mir ein großes Glas Cola ein. Es war schön warm an diesem Nachmittag.

Als ich Delahaije einen Monat zuvor angerufen hatte, um einen Termin zu vereinbaren, war er gerade in Kenia »in der Höhe«, mit »den besten Langstreckenläufern der Welt«. Ich sagte, wie erstaunlich ich es fände, dass Radrennfahrer heutzutage dreimal im Jahr ein Höhentrainingslager absolvierten und sich dann ins Flachland begaben, um dort so schnell wie möglich ein paar Rennen zu bestreiten, worauf sie wieder in die Höhe gingen, um Blutkörperchen zu bilden. Delahaije musste lachen und sagte: »Manchmal frage ich mich auch: Was machen wir hier eigentlich alle?«

Delahaije, der zuletzt vor allem Bekanntheit als Coach der Topfahrerin Annemiek van Vleuten genoss, hatte seine Trainerkarriere beim örtlichen Leichtathletikclub begonnen. In der Universitätsbibliothek von Maastricht war er auf die deutsche Fachzeitschrift *Leistungssport* gestoßen, in der viel über die ostdeutsche Trainingslehre publiziert wurde. Er hat das Heft immer noch im Abo.

Über den Triathlonverband machte er sich als Trainer einen Namen. Seinen ersten großen Erfolg feierte er, als er 1998 mit einem seiner Athleten die Europameisterschaft gewann, nachdem sie zum ersten Mal ein Höhentrainingslager in Font-Romeu absolviert hatten. Er hatte gehört, welche Effekte die Höhe auf die Kenianer hatte, die bei europäischen Stadtmarathons alles und jeden »in Grund und Boden liefen«.

Zwei Jahre zuvor hatte Delahaije erstmals mit dem niederländischen Radsportverband zu tun, wo er damals bereits mit Frans Maassen zusammenarbeitete. Im Jahr 2004 wechselte er in das Nachwuchsteam von Rabobank und 2006 zu den Profis, etwa zur gleichen Zeit wie Robert Gesink, mit dem er eine sehr enge Beziehung entwickelte. Im Jahr 2018 verließ er das Team, woraufhin Heijboer seinen Platz einnahm.

Auf dem Gartentisch lag Andy Clarks Buch *Surfing Uncertainty* über »Prädiktion, Aktion und den verkörperten Geist«. Delahaije gab zu, dass die Lektüre auch für ihn schwere psychologische Kost sei, die er keinesfalls vollständig lesen und erst recht nicht komplett behalten würde. »Das ist zu schwierig«, sagte er, »aber auf diesen 300 Seiten finde ich sechs Sätze, die mich wirklich weiterbringen. Für mich geht es um Bewusstwerdung. Dass ich mir dessen bewusst bin, dass meine Ausstrahlung als Coach eine Wirkung auf den Athleten hat.«

Im Grunde genommen, so Delahaije, gehe es bei der Arbeit als Coach nicht so sehr darum, den Athleten zu sagen, was sie zu tun haben oder wo sie trainieren sollen, sondern darum, diese Athleten zu glücklichen Menschen zu machen. Er sagte, man könne sich Wissen darüber aneignen, wie man einen Athleten vor einem Wettkampf physiologisch optimal trainiert, aber die eigentliche Herausforderung sei, wie man es dem Athleten vermitteln könne. »Die Akzeptanz ist sehr wichtig. Wie bringe ich den Athleten dazu, mit einer positiven Einstellung zu trainieren? Wenn ein Sportler sich an einem Ort wohlfühlt und glaubt, dass Höhentraining funktioniert, dann setzt sein Gehirn die physiologischen Systeme in seinem Körper frei, um vier Stunden Training optimal zu absolvieren.«

Ich fragte ihn, wie dieser Placebo-Effekt funktioniere. »Sagen wir mal, ich gebe dir eine Pille, ein Medikament, von dem du eine bestimmte Vorstellung hast. *Diese Pille hilft mir, meine Kopfschmerzen loszuwerden.* Dein Gehirn wird eine Vorhersage treffen, auch wenn die Pille nur aus Zucker besteht. *Pille = Kopfschmerzen verschwinden.* Das kann man heutzutage alles erklären. Und mich interessiert jetzt der nächste Punkt: Ich, der Trainer, bin das Placebo.«

Er setzte sich mit verschiedenen Trainingsprogrammen auseinander und ging auf die Funktionsweise von Genen und Mitochondrien ein, aber letztendlich war er zu dem Schluss gekommen, dass ein bestimmtes Trainingsmodell mit dem einen Trainer besser funktionierte als mit einem anderen. Denn, so Delahaije, es sei ziemlich arrogant, zu glauben, man wisse mehr als der andere Trainer. Es gehe um die Art und Weise, wie man etwas vermittelte. Es gehe um das Selbstvertrauen, das man ausstrahlte, und die Überzeugung, die man einbrachte. »Meiner Meinung nach ist es das, was den Trainingseffekt verstärkt.« Und: »Ich glaube, das ist der Unterschied, den ich als Trainer ausmache. Und nicht, dass ich Annemiek van Vleuten sage, dass sie vier oder fünf Stunden trainieren soll.«

Anfangs dachte Delahaije, Höhentraining funktioniere folgendermaßen: so hoch wie möglich schlafen und so tief wie möglich trainieren, sonst würde die Wirkung des Höhentrainings zulasten der Trainingsqualität gehen. Nach einer Weile begann er an dieser vermeintlichen Gesetzmäßigkeit zu zweifeln. Er ging anders an die Sache heran. »Ich dachte: Im Muskel muss auch etwas passieren. Inzwischen kann man es tatsächlich auf der molekularen Ebene betrachten, und die Annahme ist richtig. Die Auswirkungen im Muskel sind mindestens genauso groß und halten zudem länger an.«

»Ich werde versuchen, es zu erklären«, sagte er. »Die Sache mit den roten Blutkörperchen, das hat natürlich alles seine Richtigkeit. Aber wenn man anschließend auf Meereshöhe zurückkehrt, sagt der Körper: Was soll ich mit all diesen roten Blutkörperchen machen? Er beginnt, die roten Blutkörperchen aktiv abzubauen. Und innerhalb von vier bis sechs Wochen steht man wieder genau da, wo man vorher war, bevor man in die Höhe gegangen ist. Aber nun zum zweiten Teil der Geschichte. Auch das Gefäßbett verbessert sich in der Höhe, die Leitungen sozusagen. Du bekommst in der Höhe mehr Leitungen, und sie bleiben auch länger intakt. Und je öfter du dich in die Höhe begibst, desto mehr davon bekommst du. Außerdem werden die Verbrennungsanlagen in deinen Zellen, die Mitochondrien, verbessert. Also lautet meine Anweisung: Schlafe hoch und trainiere tief und hoch.«

Ich fragte Delahaije, ob er glaube, dass man in Zukunft noch häufiger und länger in der Höhe trainieren werde, als es jetzt schon der Fall war. Er antwortete nicht direkt, sondern kam auf den »glücklichen Athleten« zurück. Wenn der Athlet »frei« sei, könne er Leistung bringen, er könne Schmerzen akzeptieren und ihnen widerstehen. Die Frage war also, ob der Sportler in der Höhe sein wollte. Fühlte er sich wohl in 3.000 Meter Höhe auf dem chinesischen Himalaya-Plateau in der Nähe des Qinghai-Sees, bei den Langstreckenläufern in Kenia, bei den Radrennfahrern in Kolumbien, im italienischen Bergdorf Livigno, im südafrikanischen Stellenbosch oder sonst wo? »Ist er dort glücklich?«, fragt Delahaije. »Dann kann er meiner Meinung nach das ganze Jahr über in der Höhe sein. Meine Erfahrung ist aber: Einmal in der Höhe ist keinmal. Höhe-Rennen-Höhe-Rennen-Höhe-Rennen, so muss es ablaufen. Aber wenn du nicht dort sein willst, wird es nicht funktionieren und du bleibst besser zu Hause.«

Ich fand es bemerkenswert, dass Delahaije über den »freien Sportler« sprach, wo gerade in letzter Zeit viele Radprofis beklagten, dass ihnen alles zu viel wurde, sie großen Stress erlebten, unter Druck standen und mit psychischen Problemen zu kämpfen hatten. Auch Delahaije sah, dass die Fahrer ab einem bestimmten Punkt immer größere Mühe hatten, »alles auf die Reihe zu kriegen«. Er zählte auf: Die Begleitung durch die Coachs wurde intensiver, es gab einen Ernährungsexperten, einen Ernährungsplan, einen Psychologen, Marketing-Leute, einen Biomechaniker, einen Arzt. Ich fragte ihn, ob er angesichts der Klagen der Fahrer kurzfristig einen Rückgang erwarte. »Wir befinden uns immer noch in einem Aufwärtstrend«, sagte Delahaije.

* * *

Vor uns fuhren immer noch Koen Bouwman und Laurens De Plus. Sie gingen hin und wieder aus dem Sattel, De Plus hatte sein Trikot geöffnet, und der Stoff flatterte im Wind. »Ich muss immer an James Bond denken«, sagte Heijboer. Er zeigte auf das Observatorium von Teneriffa auf der anderen Straßenseite, wo mit großen Teleskopen vor allem die Sonne untersucht wurde. Der Komplex bestand aus futuristisch anmutenden, rundlichen weißen Gebäuden, denen man von außen nicht ansah, welche fortschrittlichen Dinge sich in ihrem Inneren abspielten.

Nachdem wir Bouwman und De Plus ausreichend mit Essen und Trinken versorgt hatten und wieder hinter ihnen herfuhren, kamen wir auf Ineos zu sprechen. Ich hatte am Morgen, als ich im Hotel auf die Abfahrt wartete, während die Fahrer sich fertigmachten, einen Bericht über Egan Bernal, den Sieger der Tour de France 2019, gelesen. Der kolumbianische Ineos-Kapitän hatte sich über den Verlauf der kommenden Tour geäußert. Bernal zufolge würde sich alles auf den letzten sechs Kilometern des abschließenden Zeitfahrens entscheiden, auf der Straße hinauf zum Gipfel der Planche des Belles Filles.

Heijboer merkte an, dass Jumbo-Visma nur eine begrenzte Anzahl von Fahrern aufnehmen könne, die das eigene Kollektiv stärker machen würden, wollte man Ineos herausfordern. Sie hatten anerkannte Klassementfahrer wie Roglič, Kruijswijk und Dumoulin in ihren Reihen. Es gab potenzielle Weltklassefahrer wie De Plus und Kuss, dazu kamen Fahrer wie Bennett und Gesink. Darüber hinaus waren zwei große Talente an Bord gekommen: Vingegaard und Foss. »Wir sind nur an Fahrern interessiert, die die Tour gewinnen können«, sagte Heijboer.

Heijboer schaute sich um, drehte das Radio etwas leiser und sprach über jenen Tag im vorigen Jahr, als er hinter Roglič und Kruijswijk fuhr, die Sonne am Horizont versank und psychedelischer Stoner-Rock im Auto lief.

»Zwei der besten Bergfahrer der Welt, die letzten Stunden des Tages ...«, schloss er. »Ich könnte mir nichts Schöneres vorstellen!«

Abends in der Pension las ich einen Bericht aus einer ganz anderen Welt. Im chinesischen Wuhan deckten sich die Menschen mit Hamsterkäufen ein. In der Provinz Hubei waren bisher 242 Menschen am Corona-Virus gestorben. Man ging davon aus, dass es inzwischen weltweit insgesamt 1.355 Tote gab. In Italien hatten sich viele Menschen infiziert, und auch in Belgien gab es einige Fälle. In den Niederlanden schien noch nichts bekannt zu sein.

Kapitel 10

Die Bedeutung von Feedback

Inzwischen war es Frühling geworden, nirgendwo wurden Rennen gefahren, und eins der Rechtecke, die auf allen Laptop-Bildschirmen zu sehen waren, war ich. Unter meinem Namen stand »Gast«. Beim ersten Online-Meeting der Coachs von Jumbo-Visma bekam ich das Wort erteilt und erklärte den anwesenden Trainern und Sportlichen Leitern, die wie ich daheim an ihren Laptops saßen, dass ich ihre Gespräche in der nächsten Zeit mithören würde. Sie nickten, dann schaltete ich meine Kamera aus und drückte auf »stumm«.

In diesem fahrradfreien Corona-Frühling mit seinen ruhigen Straßen, geschlossenen Geschäften und Lockdowns verfolgte ich acht Wochen lang, was die Coachs und Trainer in den stundenlangen Online-Meetings besprachen, in denen Jumbo-Visma versuchte, sich neu zu erfinden. Sie versuchten, das Beste aus der Situation zu machen. Zeit hatten sie genug, denn keiner von ihnen war mit Wettkämpfen beschäftigt. Sie sahen den Lockdown als Chance, Fortschritte zu machen, indem sie diskutierten, bestehende Pläne hinterfragten, sich neu ausrichteten, gegenseitig inspirierten und neue Erkenntnisse gewannen. Alles mit dem Ziel, bei der Corona-bedingt in den September verschobenen Tour de France zum ersten Mal im Gelben Trikot in Paris anzukommen. Oder, wie es ihr Chef Richard Plugge zwei Monate später in einem Video-Call mit dem Motto »Der Weg zur Tour de France« gegenüber den nominierten Fahrern ausdrückte: *»Das Traumziel von Jumbo-Visma ist Gelb in Paris.«*

Als ich Merijn Zeeman nach einer dieser ersten Sessions anrief, sagte er mir, dass die Corona-Krise die Möglichkeit biete, »voranzukommen«. »Wir haben jetzt die Chance, die Kultur zu verändern«, sagte er. »Und die Kultur zu verbessern.« Und weil keiner der Coachs mit Rennen beschäftigt war, konnten sie es im Kollektiv angehen.

»Wir müssen den Blick in die Zukunft richten«, sagte Zeeman im April im ersten Online-Meeting. »Jeder muss sich ins Zeug legen, und dann, denke ich, werden wir gestärkt aus der Krise hervorgehen. Uns bietet sich jetzt die Gelegenheit für etwas, für das wir normalerweise keine Zeit haben.«

Zeeman, der ein großer Bewunderer des Basketballtrainers Phil Jackson war, verwies die Fahrer und Coachs auf eine auf Netflix verfügbare Dokumentarserie über die letzte Saison des Basketballers Michael Jordan bei den Chicago Bulls. »Schaut euch *The Last Dance* an«, sagte Zeeman, »danach reden wir darüber.« Er hatte außerdem Tom Dumoulin und Primož Roglič *Legacy* zugeschickt, das Buch über die Kultur der All Blacks, der neuseeländischen Rugby-Nationalmannschaft, die für die Teamleitung eine solche Inspirationsquelle war.

Zeeman hatte Roglič eine Nachricht gesendet, bevor er das Buch nach Monaco schickte. Darin erklärte er, dass *Legacy* ihn dazu inspiriert habe, »die erfolgreichste Sportmannschaft der Welt aufzubauen«. Er leitete die Nachricht an mich weiter.

Zusammen wollen wir die Tour de France gewinnen. Um das zu erreichen, brauchen wir die stärksten Fahrer, aber auch DAS BESTE TEAM.

Zeeman drückte die Hoffnung aus, dass Roglič sich ebenfalls von dem Buch inspirieren ließe und dass sie zusammenarbeiten könnten, um dieses Team zu erschaffen. *Dir kommt eine Schlüsselrolle in diesem Prozess zu*, schloss Zeeman. *Hoffentlich können wir unseren Traum verwirklichen. Pass gut auf dich auf, Merijn.*

Zeeman hatte *Legacy* im Jahr 2016 im Rahmen des Nyenrode-Studienprogramms »Sports Leadership« gelesen und wusste gleich, dass es das war, wofür er stehen wollte. Das Motto der All Blacks: *Better people make better All Blacks – bessere Menschen machen bessere All Blacks.* »In *Legacy* kommt für mich alles zusammen«, sagte Zeeman. »Die wichtigste Lektion dabei ist: Die Veränderung einer Kultur funktioniert nur, wenn man sie von unten nach oben aufbauen kann.«

Zeeman sagte, es gehe um die Art und Weise, wie man sich in einem Team verhält. Man dürfe niemals denken: Ich gewinne, du verlierst. Respektloses Verhalten – das Ignorieren oder Manipulieren von Teammitgliedern – werde nicht mehr toleriert. »Ich komme aus einer politisch sehr linken Familie«, sagte er, als ich ihn nach dem Ursprung seiner Werte fragte. »Meine Eltern sind sozial engagiert«, so Zeeman. »Wähle rot oder grün. Respektiere andere, jeder Mensch ist wichtig. Das habe ich von ihnen.« Und obwohl er selbst die konservativliberale VVD wählte und in seinem sportlichen Umfeld das Credo vertrat, dass »die Menschen ihres eigenen Glückes Schmied« seien, war für ihn klar: Man überschritt in diesem Team eine rote Linie, wenn man gewisse Grundwerte aufgab, nur um zu gewinnen.

Auch wenn in den ersten Online-Meetings in der rennfreien Zeit wild durcheinander diskutiert wurde, zeigte sich bald, dass sich die Trainer und Sportlichen Leiter nicht schonen würden: Sie wollten besser werden, ein stärkeres Team bilden, ihren Fahrern mit gutem Beispiel vorangehen. Sie unterzogen sich psychologischen Tests und diskutierten dann paarweise ihre Persönlichkeiten, bevor sie ihre Erkenntnisse anschließend online in der Gruppe teilten.

Mich überraschte besonders, wie bereitwillig sie auch über ihre Schwächen sprachen. Es gab kein Machogehabe, wie man es sonst im Sport kennt. Der eine meinte, er sei zu nett, der andere hatte Probleme mit Hierarchien, und wieder einer gab zu, dass es ihm schwerfiele, über den Tellerrand zu blicken, weswegen er manchmal dachte, er sei engstirnig und ihm fehle der Blick für das große Ganze. »Ich stehe mir manchmal zu sehr selbst im Weg«, sagte er. Einer seiner Kollegen meinte: »Wenn ich Zweifel an einer Vorgehensweise habe, neige ich dazu, mich weniger ins Zeug zu legen.« Ein anderer: »Du bringst mich jeden Tag zum Nachdenken.«

Als Grischa Niermann sprach, hörten alle aufmerksam zu. Er erklärte, dass er immer gemocht werden wollte. »Mir fällt es schwer, Menschen anzusprechen«, sagte Niermann. »Ich denke dann oft: Wird mich dieser Mensch noch mögen, wenn ich ihm das sage? Für mich bedeutet das immer eine enorme Überwindung.«

Robbert de Groot freute sich derweil über sein neues Arbeitsgebiet. Er wurde im Juni 2019 zum »Head of Development« ernannt und damit beauftragt, das Development Team von Jumbo-Visma aufzubauen. De Groot hatte bereits Erfahrungen mit dem Nachwuchsprogramm von Rabobank gesammelt und war dann beim Tennisverband und später bei Fußballvereinen wie AZ Alkmaar und dem FC Groningen tätig. Er erklärte seinen neuen Kollegen, dass die Art und Weise, wie sie miteinander sprachen, seiner Meinung nach einzigartig sei. »So etwas gibt es im Fußball nicht«, sagte er.

Ein wichtiges Thema in den Online-Meetings war das Konzept des Feedbacks. Es war ein Bereich, in dem die Sportliche Leitung mit Blick auf die Gruppendynamik noch viel Potenzial vermutete. Den Coachs war aufgefallen, dass die

Fahrer noch längst nicht immer direkt auf das Verhalten der anderen eingingen. Zeeman betonte, dass für eine »effektive Teamkultur« eine offene und einvernehmliche Kommunikation »unumgänglich« sei.

»Wir haben Angst, dass unsere Beziehung Schaden nimmt, wenn wir uns gegenseitig ansprechen«, sagte Zeeman. »Robbert und ich haben auch darüber gesprochen, als wir neulich bei der Armee waren. Richtiges Feedback zu geben, ist superwichtig. Was bringt diese Veränderung? Wie machen es erfolgreiche Teams und wie setzen wir es um?« Sie einigten sich darauf, dass De Groot sich in das Phänomen Feedback »vertiefen« und der Gruppe erklären sollte, was genau Feedback ist, wie man es gibt und warum es so wichtig ist.

Eine Woche später präsentierte De Groot seinen Kollegen eine Menge Seiten, auf denen er seine Erkenntnisse niedergeschrieben hatte. Ganz unten auf der ersten Seite der Abhandlung stand, was die Voraussetzung für Feedback war: Es ist nichts Persönliches, sondern es geht um Fakten und Inhalte. »Wenn es bei der Armee um Feedback geht, gibt es keine Rangabzeichen«, sagte De Groot. »Jeder kann rauslassen, was ihm auf der Seele brennt.«

Anschließend zeigte De Groot seinen Kollegen das »Der Blanco-Kurs«-Manifest. Er ging auf die Punkte 5 und 8 ein: »Wir sind offen nach innen und wir sind offen nach außen, aber mit geschlossenen Reihen« und »Wir sind direkt, aber nicht unhöflich!« Auf der nächsten Seite waren unter der Überschrift »Merkmale einer Leistungskultur« acht Punkte aufgeführt. Die Punkte 3, 4 und 5 waren rot markiert: Konfrontationen, Verantwortung, keine Ausreden. Unter Punkt 8 hieß es: Es macht nicht immer Spaß.

Seite drei war für einige Zitate aus *Legacy* reserviert. »*Teamsein beginnt innen. Hohe Maßstäbe müssen von innen kommen. Führung funktioniert am besten, wenn das Team sie selbst übernimmt.*« Darunter hatte De Groot geschrieben, dass ehrliches Feedback die Möglichkeit biete, sich »gemeinsam weiterzuentwickeln« und zu »einer einzigartigen Art der Zusammenarbeit« zu gelangen, um die Qualitäten jedes Einzelnen zu nutzen und so Höchstleistungen im Team zu erzielen. De Groot: »Es gibt eine Aufgabe, nämlich die Tour de France zu gewinnen, dafür muss man handeln und Entscheidungen treffen, und dann gibt es ein Ergebnis. Man will, dass die Leute selbst aktiv werden und sich diese Handlung zu eigen machen und dass die Teamkollegen sich gegenseitig in die Verantwortung nehmen.«

De Groot erklärte, dass man nach jeder Handlung sofort Feedback geben müsse und dass dies schwierig sei, weil es so kompliziert sei, »Inhalt« und

»Beziehung« zu trennen. Er kam auf die Armee zurück und darauf, wie »Kultur« dort definiert wurde:

TEAM – Zusammenarbeiten – Leben oder Tod
extremer Grad an Selbstständigkeit —> TJV
Aufgabe – Handlung (Entscheidung) – Ergebnis
Eigenverantwortung für die Handlung – Verantwortlichkeit
ganz eindeutig, an den Normen wird nicht gerüttelt

De Groot sagte anschließend, dass man bei der Armee verstanden habe, dass »ein verletztes Ego« besser war als ein verlorener Mann. »Emotionen sind bei der Rückmeldung nicht gestattet«, sagte De Groot. »Es gibt keinen Platz für Komplimente. Bier gibt es später. Was war gut? Was hätte besser sein können? Nur darum geht es.«

In einem der folgenden Dokumente hieß es: *Aufgabe – Handlung – Ergebnis —> Feedback.*

»Wir wissen«, so De Groot weiter, »dass, wenn jeder seine Aufgabe erfüllt, nichts schiefgehen kann und alles gut wird. Dass man sich aufeinander verlassen und somit Feedback geben kann.«

Dann präsentierte er die vorletzte Seite:

FEEDBACK = Vertrauen = Verletzlichkeit
TEAM = sicheres Umfeld

Die letzte Seite war für »TeamWork« vorgesehen. Es gab drei Blöcke: Leistungskultur, Armee, Team Jumbo-Visma. De Groot las seinen Kollegen vor: »Formuliere ein gemeinsames Ziel, lege die gemeinsamen Werte fest und sei dir darüber im Klaren, was deine Aufgabe ist – Feedback. Bei der Armee heißt es: Aufgabe, Handlung, Ergebnis. Das Team ist immer ›wir‹, und auch hier gibt es hinterher Feedback. So könnte es bei uns sein: Gelbes Trikot in Paris, das ist das Ziel. ›Der Blanco-Kurs‹, das sind unsere Werte, und dann gibt es auch bei uns das Feedback.«

Zeeman freute sich sichtlich über den Input, nannte es den ersten Schritt und betonte, worin nun der große Schritt bestand: die Teamkultur verändern. »Der kommende Winter«, so Zeeman, »ist der Moment, dies zu einem Schwerpunkt zu machen. Die Fahrer müssen anfangen zu verstehen, warum dies wichtig ist. Für Feedback ist jetzt die Zeit.«

Einen Monat später berichtete Zeeman den Coachs im Online-Meeting zur Tour de France, dass er mit mehreren Fahrern über die Teamdynamik gesprochen habe. Er habe die Fahrer gefragt, wie sie glaubten, ihren Beitrag leisten zu können, während sie von anderen Verbesserungen erwarten. »Der Groschen fällt so langsam«, sagte er.

* * *

Armeekommandant Harald Neijenhuis wartete am Eingang der Kaserne auf mich. Er hatte das rote Barett aufgesetzt, und die robusten Schuhe unter seinem Tarnanzug sahen tadellos aus. Er begrüßte mich in der Oranje-Kaserne der Königlichen Armee in Schaarsberg in Gelderland, stieg ins Auto, und wir fuhren gemeinsam zum Parkplatz vor dem Gebäude, in dem er sein Büro hatte. Es war ein sonniger Tag.

Um mehr über die wichtige Rolle der Armee zu erfahren, hatte ich Kontakt zu Neijenhuis aufgenommen, einem Angehörigen der Luftbeweglichen Brigade der niederländischen Streitkräfte. Der boxbegeisterte Mann aus Millingen am Rhein wurde regelmäßig von Jumbo-Visma konsultiert, besuchte die Trainingslager und führte Workshops mit den Mitarbeitern durch. Als das Team sich in Alicante auf die Saison 2020 vorbereitete, hatte man ihn einfliegen lassen und er hatte mit den Mitarbeitern vor allem über »Teamzusammenhalt« und »Gruppendynamik« gesprochen.

Neijenhuis, ein äußerst freundlicher Mann, der in Bosnien, Mazedonien, Afghanistan und im Irak gedient hatte, war bei der Brigade für den »Dschungelkrieg« zuständig. Er bildete junge Soldaten in Belize, Brunei und Surinam aus. »Ich bin der Dschungelspezialist«, sagte er, als wir in einem Armeejeep an der Handgranatenanlage vorbeifuhren. Er leitete eine Gruppe von sechs Ausbildern und zwei Oberfeldwebeln.

»Ich überwache den Prozess«, sagte Neijenhuis, während er den Jeep durch die tiefen Spurrillen steuerte, die die Panzer in den losen Sand gegraben hatten. »Mit gutem Beispiel vorangehen, *lead by example*. Das ist es, was ich immer sage. *That's the fucking way*.«

Für Neijenhuis war Führung nichts anderes als »Verhaltensbeeinflussung« und ein Team nicht mehr und nicht weniger als »eine Gruppe von Menschen, die auf ein gemeinsames Ziel hinarbeiten«. Der mentale Aspekt, so Neijenhuis, werde in der Armee immer wichtiger. »Sich gegenseitig die Schuld zu geben«, sagte er, »ist tödlich. Man muss voneinander wissen, was vor sich geht. Es geht darum, Menschen zu verbinden. *That's all.*«

Später am Nachmittag trafen wir in der Oranje-Kaserne Adjutant Paulo van Seters, einen der Ausbilder der Luftbeweglichen Brigade. In der Militärschule in Schaarsbergen wurden in Zusammenarbeit mit der Militärakademie in Breda die Grundlagen für Führungsverhalten und Teambuilding gelegt, wobei der Schwerpunkt auf der geistigen Entwicklung lag.

Van Seters war ein Schrank von einem Mann, muskulös und kantig, der so sprach, wie er aussah: geradeheraus. Während den Offizieren und Unteroffizieren draußen im Gelände Kampftechniken beigebracht wurden, erzählte Van Seters ihnen von der gruppendynamischen Prozesstheorie von Bruce Tuckman, die das Leitprinzip für sie war. Er sprach über die verschiedenen Phasen der Gruppendynamik, in denen sich Gruppen von einer unzusammenhängenden Ansammlung von Individuen zu einem selbstständigen, leistungsstarken Team entwickeln.

In Tuckmans Prozesstheorie gab es fünf Phasen: Orientierung, Konflikt, Struktur, Leistung und die Auflösungsphase. Als Van Seters diese verschiedenen Phasen erörterte, sah ich Ähnlichkeiten mit der Entwicklung des Radsportteams. Zunächst bildeten sich in der Phase, in der es um das letztliche Ziel geht, Cliquen, die die Interessen des Teams untergruben. Dies war eine »Überlebensstrategie von Individuen«, die ihre Schwächen verbergen wollen. Dann kamen die Coachs, die den Individuen den Spiegel vorhielten, was diese zur »Reflexion« zwinge und zur »Strukturphase« des Teams überleite.

Van Seters erklärte, dass in dieser Phase das Team beginnt, ein »Wir-Gefühl« aufzubauen. Wir gegen die Teamleitung. »Die Gruppe beginnt, eine Identität zu entwickeln«, sagte Van Seters. Er hatte inzwischen die Arme verschränkt. »Die Teammitglieder beginnen zu verstehen, dass sie aufeinander angewiesen sind. Es entwickelt sich Zusammenhalt. Und dann treten sie in die Leistungsphase ein. Zu diesem Zeitpunkt halten sie sich für die beste Gruppe der Welt. Und als Leader muss man an diesem Punkt wirklich anfangen zu führen. Dann muss man womöglich sehr bestimmt und kurz angebunden auftreten, aber wenn man als Leader gutes Feedback gibt, wird man sehen, dass die Gruppe das aufgreift und sagt: *›Okay, Mann, gute Sache. Toll, dass du das gemacht hast, danke für das Feedback, wir packen unsere Sachen und machen uns an die nächste Aufgabe.‹* Es ist nun ein selbstständiges, leistungsstarkes Team geworden.«

Kapitel 11

Die Kunst des Zuhörens

In den Online-Meetings behandelten die Coachs und Trainer nicht nur die großen Themen, die für die weitere Entwicklung des Teams von Belang waren, sondern es blieb auch immer Raum, um den aktuellen Stand der Dinge im Hinblick auf Corona oder bestimmte Fahrer zu besprechen. Vor allem zwei Fahrer standen dabei häufig im Fokus: Laurens De Plus und Tom Dumoulin. Beide haderten in dieser Zeit ziemlich mit sich selbst.

De Plus hatte laut Grischa Niermann einen großen Trainingsrückstand und war mental »am Boden, in einem Loch«. »Er hat sehr wenig gemacht«, sagte Niermann, »glaubt aber selbst, schnell in Form kommen zu können.« Niermann konnte anhand der hochgeladenen Trainingsdaten erkennen, dass De Plus statt der empfohlenen 15 nur sechs Stunden pro Woche auf dem Rad saß.

Marc Lamberts, der Trainer von De Plus, hielt dessen Magenbeschwerden derweil vor allem für »stressbedingt«. Denn in Gesprächen mit seinem Schützling habe sich herausgestellt, dass dieser sich selbst stark unter Druck setzte, es besser zu machen. Hinzu kam, dass sein Vertrag am Ende Saison auslief und er gedacht hatte, die UAE Tour gewinnen zu können.

Ein paar Wochen später erfuhr ich von Niermann, dass De Plus dem Team mitgeteilt habe, dass er inzwischen »vollkommen erschöpft« sei und es besser wäre, ihn aus dem Tour-de-France-Aufgebot zu streichen. Der Belgier habe gegenüber Niermann betont, dass er sich zutiefst schäme, aber es ginge einfach nicht.

Ich hatte mich in dieser Phase einmal ausführlich mit Laurens De Plus unterhalten, und zwar per Videoanruf. Wir sprachen über seine Magenprobleme und die Untersuchungen, die durchgeführt wurden. Er erinnerte sich an seinen bisher einzigen Renntag der Saison, die Auftaktetappe in Dubai. Er sagte, er habe all seinen Mut zusammennehmen müssen, um ins Flugzeug zu steigen. Wer weiß, habe er gedacht, vielleicht geschieht ja noch ein Wunder. »In Alicante waren die Beschwerden manchmal auch von jetzt auf gleich vorbei«, sagte er.

Das Wunder blieb aus. De Plus spürte gleich im Training, dass es nicht klappen würde. »Schon nach etwa zehn Kilometern. Ich bekam einen Speiseröhrenkrampf, einen Reflux. Ich spürte einen Druck in Kehle, als ob das Essen einfach nicht reingehen wollte.«

Er hatte das Gefühl, keine Kraft mehr in den Beinen zu haben.

Ein Psychologe von De Talentenacademie, mit der Jumbo-Visma inzwischen eine Partnerschaft eingegangen war, riet De Plus, sich mit anderen Dingen als dem Radfahren zu beschäftigen und Abstand zu gewinnen. Aber das fiel ihm sehr schwer. »Ich bin doch Radrennfahrer, oder?«

Als Niermann bekanntgab, dass De Plus von sich aus auf die Tour de France verzichtet hatte, schlug jemand Jonas Vingegaard als Ersatz vor. Das schien jedoch keine Option zu sein. Vingegaards Freundin würde im September ein Kind bekommen, und da der Starttermin der Tour nach hinten verschoben worden war, war das letztlich der Grund, warum der dänische Nachwuchsfahrer in Frankreich nicht an den Start gehen würde.

Noch besorgniserregender schien die Situation von Tom Dumoulin zu sein. Zeeman erzählte den Coachs, dass Dumoulin sein Höhentraining auf Teneriffa im Februar wegen eines drohenden Lockdowns abbrechen musste, um mit einem der letzten Flieger nach Hause zu kommen. Ohnehin sei Dumoulin derzeit nicht besonders gut drauf, er habe immer noch Darmprobleme und daher nicht ausreichend Energie. Er vermutete, dass Dumoulin sich erst daran gewöhnen müsse, größere Mengen an Essen zu sich zu nehmen. Zeeman befürchtete, dass die Umstellung Monate dauern könnte. »Aber sobald wir eine Lösung finden, wird es ihm besser gehen.«

Unter den Coachs herrschte Zweifel, ob Dumoulin rechtzeitig zum Start der Tour, der nun für Ende August geplant war, in Form kommen könne. Zeeman bat seine Kollegen, über mögliche Alternativen nachzudenken. Wieder fiel der Name Jonas Vingegaard.

Ende Mai konnte Zeeman vermelden, dass Dumoulin sich ein wenig berappelt hatte und mittlerweile einen Psychologen besuchte. »Trotzdem hinkt er Steven und Primož immer noch meilenweit hinterher«, sagte Zeeman, fügte aber hinzu, dass er zuversichtlich sei, dass Dumoulin bis zum Start der Tour in Nizza wieder gesund sein werde.

Als ich nach diesem Meeting mit Zeeman telefonierte, wollte sich dieser nicht dazu äußern, was genau mit Dumoulin los war, räumte aber ein, dass er »ziemlich besorgt« sei. So habe sich Dumoulin im Dezember auf dem Weg zur Teampräsentation im Flugzeug vor lauter Anspannung übergeben müssen. Diese Anspannung, bedingt durch die hohen Erwartungen und sein großzügiges Gehalt, war auch der Grund dafür, dass Dumoulin sein Debüt im Trikot von Jumbo-Visma bei der Valencia-Rundfahrt hatte ausfallen lassen.

Anfang Juni teilte Zeeman den anderen Coachs mit: »Ich glaube, es ist überstanden.« Im Juli lud Dumoulin seine Mannschaftskameraden zu einem Grillfest bei sich zu Hause ein, und seitens der anderen Fahrer hieß es anschließend, dass an dem Abend eine entspannte Atmosphäre geherrscht habe. Sie hatten einen gut gelaunten Dumoulin erlebt.

* * *

Die Diskussionen in den Online-Meetings wurden umso konkreter, je näher die Tour de France 2020 rückte. Ab 1. Juni begannen die Coachs, sich gezielter auf den Saisonhöhepunkt vorzubereiten, der am 29. August starten sollte. Zuvor hatten sie unter anderem bei *NOS Studio Sport* altes Filmmaterial von der Tour angefordert, um Analysen der Gegner zu erstellen. »Meine Frage lautet«, sagte Zeeman zu seinen Kollegen, »ob in der Taktik unserer größten Konkurrenten Muster zu entdecken sind. Das müssen wir noch stärker herausarbeiten.«

Mit dieser Maßgabe sichteten die Coachs ausgiebig Videomaterial und richteten das Augenmerk schließlich insbesondere auf die 19. Etappe der Tour de France 2018 von Lourdes nach Laruns in den Pyrenäen. Roglič hatte die Etappe damals gewonnen, indem er sich auf der letzten Abfahrt von der Spitzengruppe absetzte, in der sich außerdem Kruijswijk, Dumoulin (damals noch bei Sunweb) und die Sky-Fahrer Thomas und Froome befanden.

Der Sportliche Leiter Arthur van Dongen, der 2018 Dumoulins Coach bei der Tour gewesen war, bemerkte, dass Sky nie reagierte, wenn die Ausreißergruppe kleiner als 20 Fahrer war. Sie fuhren defensiv und gaben nur in den schweren Bergauf-Passagen etwas Gas. Auf dieser Etappe sei Froome nicht besonders stark gewesen, meinte Van Dongen. Geraint Thomas – der spätere Sieger – habe den besseren Eindruck gemacht, aber auch er habe nur auf Dumoulin reagiert, der in der Gesamtwertung mit 1:59 Minute Rückstand Zweiter war. Van Dongen: »Meine Hauptfrage lautet: Was war eure Taktik an diesem Tag?«

Niermann antwortete, dass Roglič nicht klug gefahren sei, weil er die ganze Zeit hinter Kruijswijk geblieben sei, immer mit Froome und Thomas an seinem Hinterrad, die nicht auf den Etappensieg aus waren, sondern nur ein Ziel vor Augen hatten: Gelb in Paris. »Klar«, fuhr Niermann fort, »Primož hat die Etappe gewonnen, insofern hat er alles richtig gemacht. Aber Thomas lässt ihn die Arbeit machen und hängt dann noch Dumoulin ab, dem er im Ziel sechs Sekunden abnimmt.«

Frans Maassen wies darauf hin, dass es nicht ratsam sei, in der Gesamtwertung zu früh an der Spitze zu stehen. Man müsse sich trauen, Etappen »sausen zu lassen«, womit er meinte, dass Tagessiege zweitranging seien. »Wenn man die Tour gewinnen will«, sagte Maassen, »dann sollte der Gesamtsieg das einzige Ziel sein, nicht einzelne Etappen. Bei Sky wusste man, worum es ging, und deswegen konnten sie sich an diesem Tag einen entscheidenden Vorteil verschaffen. So wie wir es damals angestellt haben, wird man die Tour niemals gewinnen.«

Zeeman unterstrich, dass sie besser herausarbeiten müssten, wo ihre Stärken lägen und wie sie diese nutzen könnten, um den Tour-Sieg zu holen. Er erklärte, dass er es logisch fände, dass Roglič, Dumoulin und Kruijswijk dieses Jahr alle mit dem Ziel an den Start gingen, die Tour zu gewinnen, woraufhin Niermann anmerkte, dass es eine Illusion sei, zu glauben, dass alle drei gleichwertig seien. Er prognostizierte, dass Roglič der Beste bei der Tour sein werde. »Das ist wie damals bei den Chicago Bulls«, antwortete Zeeman, »mit Jordan, Pippen und Rodman. Darin liegt unsere große Aufgabe. Wie können wir die Einheit bewahren? Meiner Meinung nach können wir uns in diesem Sommer nur selbst schlagen.«

Die Coachs waren sich einig, dass das Team bei der Tour de France seine eigene Taktik durchziehen müsse, und diskutierten darüber, wie diese aussehen könnte, wenn es darum ging, »das Rennen an sich zu reißen«, was im Klartext bedeutete: Wer fährt vorne, wer bestimmt das Tempo, welche Fahrer dürfen ausreißen und welche nicht? Zeeman: »Wie verhalten wir uns, wenn es noch keine Klarheit im Rennen gibt? Wie erobern wir das Gelbe Trikot und wie verteidigen wir es?«

Sie nahmen das Roadbook der Tour 2020 zur Hand und sahen, dass die 18. Etappe mit Ziel in La Roche-sur-Foron, die zwei Tage vor dem Zeitfahren zur Planche des Belles Filles ausgetragen wurde, einen ähnlichen Verlauf hatte wie die angesprochene Etappe von 2018. Die Frage lautete deshalb: Auf welche Weise kann man den Führenden in Schwierigkeiten bringen?

Erörtert wurde ein Wirrwarr an Optionen, Varianten, Stärken-Schwächen-Analysen und wie und warum welche Entscheidungen getroffen werden müssten. »Würde ich hier als Fahrer sitzen und zuhören, würde ich nur Bahnhof verstehen«, sagte Zeeman irgendwann mit einem Lächeln im Gesicht.

Die Coachs ermahnten sich, bei ihren Überlegungen vor allem das letzte Zeitfahren im Blick zu behalten, wo sich vermutlich alles entscheiden würde. Welche Fahrer würden bis dahin wann und wo angreifen? Und könnten Roglič oder Dumoulin Zeit auf diese Fahrer gutmachen, wenn sie an der Planche des Belles Filles ihr bestes Zeitfahren hinlegten? Zeeman: »Das Wichtigste ist, dass wir immer im Hinterkopf haben, dass es noch das Zeitfahren zur Planche des Belles Filles gibt. Für uns wäre es von Vorteil, wenn die anderen das Gelbe Trikot haben und wir sehr nahe dran sind.«

»Aber«, so Maassen, »bei der Tour hat man nie die Kontrolle, oder? Niemals. Das ist das Wesen der Tour.«

Zwei Wochen später stellte Zeeman ein neues Dokument online. »Roter Faden TJV TdF-Taktik und -Strategie« stand in der Überschrift, darunter die Prinzipien: auf Sieg fahren, Gesamtklassement vor Tagessiegen, Teaminteresse vor Eigeninteresse und »wir fahren uns nicht gegenseitig hinterher«. Die Strategie der Mannschaft sei darauf ausgerichtet, mit Roglič, Dumoulin und Kruijswijk so lange wie möglich eine gute Position in der Gesamtwertung innezuhaben. Marschroute sei es, im ersten Teil der Tour »defensiv« und an den entscheidenden Stellen im Rennen (»Wind, enge Anstiege«) aggressiv zu fahren.

Zeeman war klar, dass der Plan nur aufgehen würde, wenn Dumoulin, Roglič und Kruijswijk in Topform waren. Aber wie schnell solle man als Team dann einen Schlussanstieg angehen, fragte er seine Kollegen. »Wollt ihr zu Sepp Kuss sagen: ›Mach 20 Minuten lang Tempo mit 6 W/kg‹? Dann bleiben 15 Mann übrig, und wenn Tom, Steven oder Primož nicht mithalten können, werden wir die Tour nicht gewinnen. Soll er 6,5 W/kg fahren? Dann wird er alle aus den Schuhen fahren, und es besteht das Risiko, dass nur Primož übrig bleibt. Meine Frage lautet: Ist das unsere Strategie oder nicht?«

Niermann antwortete knapp. »Wenn du 6 W/kg nicht schaffst«, sagte er, »dann wirst du die Tour sowieso nicht gewinnen. Darum würde ich sagen: Sind unsere Fahrer in Topform? Wenn ja, sollten wir uns immer auf unsere eigene Stärke verlassen. Aber wer wird an der Planche des Belles Filles gewinnen, wenn Thomas, Froome, Tom und Primož alle in Form sind? Ich weiß es nicht.«

Aufgeregt rief Zeeman: »Jetzt kommen wir endlich weiter! Wir fahren also das Tempo, mit dem unsere Kapitäne umgehen können, es sei denn, andere zwingen uns, schneller zu fahren. Und die Regel lautet: Wir schauen drei Wochen voraus und nicht mehr von Tag zu Tag. Und noch eine Regel: Du greifst nur an, wenn du dir sicher bist, dass du die Konkurrenz abhängen kannst, oder wenn du mit Gewissheit weißt, dass du an der Planche des Belles Filles der bessere Zeitfahrer bist.«

Zeeman: »Okay, also: 1) Du greifst nur an, wenn du der Stärkste bist, 2) du bist dir sicher, dass die anderen dich nicht abhängen, 3) wegfahren ohne einen Fahrer von Ineos ist immer gut, und 4) du musst ein besserer Zeitfahrer sein.«

In einem Punkt waren sich die Coachs sehr schnell einig. Der designierte Kapitän Primož Roglič musste in der Hitze des Gefechts deutlich machen, was er vorhatte. Zeeman hatte mit einem roten Marker eingekreist, dass Roglič noch mehr zum Teamplayer werden müsse. »Das Team ist umso stärker, je klarer er kommuniziert«, sagte er.

Mathieu Heijboer hatte im Trainingslager in Alicante auf diese eine wesentliche Eigenschaft ihres slowenischen Topfahrers verwiesen: Roglič sei enorm anpassungs- und lernfähig. Er analysiere die Situation und wenn er sich beim nächsten Mal in einer ähnlichen Lage wiederfände, so Heijboer, sei Roglič dann dreimal so stark wie beim ersten Mal. Außerdem ernähre er sich auf dem Rad inzwischen viel besser und auch seine Radbeherrschung habe große Fortschritte gemacht. »Strategisch ist er auch gut«, so Heijboer weiter, »denn Primož greift nicht an, wenn es nicht notwendig ist, und er lässt sich nicht aus der Reserve locken. Und er weiß, dass ihm Tadej Pogačar im Nacken sitzt.« Er schwieg einen Moment und sagte dann: »2020 könnte ein großartiges Jahr werden.«

Zeeman sah es genauso und für ihn gab es keinen Zweifel daran, welchen Anteil am Erfolg und welche Bedeutung Roglič für das Team hatte. Vielleicht könnte er sich noch ein bisschen mehr einbringen, aber ohne ihn wäre die Mannschaft niemals dorthin gekommen, wo sie inzwischen stand. Da war sich Zeeman sicher. Er bezeichnete Roglič als »Beschleuniger«, der die Einstellung der Mannschaft verändert habe. »Er ist das große Talent, durch das dieses Team hat wachsen können«, betonte Zeeman.

2016, so Zeeman, habe Roglič ein Feuer entfacht, das bis dahin nur geschwelt habe. »Damals hatten wir Fahrer«, sagte Zeeman, »die akzeptierten, dass

LottoNL-Jumbo kein gutes Team war. Sie haben versucht, das Beste daraus zu machen, aber Primož dachte sich: Okay, aber ich bin nicht Profi geworden, um zu akzeptieren, dass andere besser sind als ich. Und als er immer besser und selbstbewusster wurde, fing er an, auch von uns mehr zu erwarten.«

Als Zeeman meinte, dass er das Gefühl habe, dass sie noch keine natürlichen Anführer in der Mannschaft hätten, dass Van Aert aber nahe dran sei und dass Kruijswijk den Prozess gut durchschaue und den breitesten Fokus von allen Fahrern habe, fragte ich, woran es läge, dass es im Radsport nur wenige Leadertypen zu geben scheine. »Offenbar«, sagte Zeeman, »ist unser Sport so sehr auf die eigene Leistung ausgerichtet, dass Führungsqualitäten nicht im Vordergrund stehen. Darüber habe ich auch mal mit Ajax-Trainer Erik ten Hag gesprochen. Im Fußball sind die besten Spieler oft auch die Führungspersönlichkeiten, aber im Radsport ist das anders.«

Rund zwei Monate vor dem Start der Tour 2020 führten Zeeman und Niermann zwei lange Gespräche mit Primož Roglič, in denen es im Kern um die Frage ging: Wer bist du? Es ging um seine Persönlichkeit, und sie sprachen über *Legacy*.

Zeeman sagte, dass Roglič es nicht mochte, wenn er zu hören bekam, dass er etwas nicht gut könne. So etwas würde seine Streitlust wecken. »Aber es ist gut zu lernen«, hätte er danach eingeräumt. »Primož ist für die Mannschaft nicht immer leicht einzuschätzen«, erzählte Zeeman, »und das haben wir ihm auch gesagt. Er muss anfangen, ein bisschen mehr zu reden. Er muss seiner Mannschaft zeigen, wer er ist. Seine Kollegen wissen nicht immer, was in ihm vorgeht. Wir haben ihm außerdem geraten: Geh mit den anderen mal an einem Ruhetag einen Kaffee trinken. Sei dir bewusst, dass du bei anderen einen Eindruck hinterlässt.«

Es ging darum, das Vertrauen der Mannschaft zu gewinnen und etwas mehr Anerkennung für die Leistung der anderen zu zeigen. Zeeman wusste, dass Roglič ein eigenständiger Typ war, und er lobte seine Leistungen, seine Professionalität und Hingabe, an der sich andere ein Beispiel nehmen konnten, aber in puncto Teamfähigkeit konnte er noch zulegen. Vielleicht ein paar Zehntelprozent, vielleicht zwei Prozent, aber darum ging es im Spitzensport, zu wissen, wie man das Beste aus den vorhandenen Möglichkeiten herausholt, und wenn es ihm gelänge, auch diesen letzten Rest anzuzapfen, so Zeeman, seien seine Möglichkeiten grenzenlos.

Zeeman berichtete, dass Roglič hart zu sich selbst sei. Er könne Schmerzen ertragen, weil er sich nicht der Erschöpfung geschlagen geben wolle, und auf diese Weise versuche, »härter« zu werden. Auf den Vorschlag, mit seinen Teamkollegen einen Kaffee trinken zu gehen, habe Roglič geantwortet, er sei ein Naturmensch und ziehe es vor, allein zu sein. »›Aber Primož‹, sagten wir zu ihm, ›dann erklär das doch mal deinen Mannschaftskameraden, und sie werden es schon nachvollziehen können.‹«

Anfang Juni informierte Zeeman seine Kollegen über den Stand der Dinge in Bezug auf Tom Dumoulin. Alles würde sich in die richtige Richtung entwickeln. »Wirklich gut«, sagte Zeeman. Er hatte anhand der hochgeladenen Trainingsdaten gesehen, dass Dumoulin sich »sprunghaft steigert«. »Ich denke, er wird bei der Tour in Topform sein«, betonte Zeeman. »Und für Steven läuft es echt prima, er wird eine wichtige Rolle spielen.«

Anschließend berichtete er, dass Kruijswijk ihm am Tag zuvor eine SMS geschrieben habe, nachdem er in Monaco mit Chris Froome trainiert hatte. Zeeman bat um Aufmerksamkeit und las die Nachricht vor. *»Habe gestern mit Chris trainiert. Glaube nicht, dass bei der Tour mit ihm zu rechnen ist. Bei Ineos läuft es nicht rund. Es gibt Zweifel an Froomes Kapitänsrolle, und er hat sich wohl bei Richie Porte erkundigt, ob er mit ihm zu einem anderen Team wechseln möchte. So viel zur hiesigen Gerüchteküche.«*

Eine Woche später loggten sich erstmals auch die Fahrer des Teams zum Online-Meeting ein. Sie saßen über ganz Europa verstreut hinter ihren Laptops. Es waren noch elf Wochen bis zum Start der Tour, von der niemand mit Sicherheit wusste, ob sie tatsächlich stattfinden würde. Richard Plugge teilte den Anwesenden mit, dass das Rennen nach derzeitigem Stand über die Bühne gehen würde – trotz Corona. »Aber in zwei Wochen kann es schon wieder ganz anders aussehen«, sagte er. Vor ein paar Wochen hatte er sich noch so geäußert, dass sie froh sein könnten, wenn wenigstens die Tour stattfinde, der Rest der Saison würde wegen der Pandemie sowieso abgeblasen werden. »Die Tour macht 50 bis 60 Prozent unserer Sichtbarkeit aus«, sagte er.

»Wir haben einen wilden Plan«, informierte Zeeman die Fahrer. »Und der lautet: Gelb in Paris.« Er erklärte, dass die Fahrer, die im Juli am Höhentrainingslager in Tignes teilnehmen würden, auch die Tour bestreiten sollten. Man sei sich bewusst, dass es »ein harter Kampf« werden würde und dass man Gelb nur holen könne, wenn es ihnen gelänge, die gesamte Weltspitze zu schlagen. »Und um das zu erreichen«, so Zeeman, »müssen wir herausfinden, wie wir das bestmögliche Team werden können. Gebt uns also Feedback, Jungs. Es geht dabei immer um die Botschaft und nicht um die Beziehung, die wir zueinander haben. Werdet ein Teil des Vermächtnisses dieses Teams. Auf dass wir in zehn Jahren auf eine großartige Zeit zurückblicken können!« Dann hielt er *Legacy* hoch und sagte: »Lest das. Das bringt euch mehr, als Netflix zu gucken.«

* * *

Zwei Wochen vor der Abreise ins Höhentrainingslager in den französischen Alpen fand das letzte Online-Meeting statt. Grischa Niermann kam mit einem Update aus Slowenien, wo er mit Roglič bei der nationalen Meisterschaft gewesen war. Roglič hatte den Straßentitel mit zehn Sekunden Vorsprung vor Tadej Pogačar gewonnen. Eine Woche später hatte er bei der slowenischen Zeifahrmeisterschaft knapp den Kürzeren gegenüber Pogačar gezogen, der neun Sekunden schneller war. Niermann sagte, Roglič sehe Ineos inzwischen nicht mehr als seinen einzigen Rivalen an.

»Er nennt auch Pogačar«, sagte er.

Zeeman begann sogleich, in ein neues Dokument zu tippen. »Ich werde das einfügen, okay? *Es wird mehr als nur ein Duell mit Ineos sein.*«

Frans Maassen las mit und fragte sich, ob da nicht stehen müsste: Wir fahren, um die Tour zu gewinnen? Zeeman tippte weiter und ergänzte: *Um die Gesamtwertung der Tour zu gewinnen.*

Maassen: »Die primäre Botschaft an die Jungs sollte lauten: Wir fahren, um die Tour zu gewinnen.«

Zeeman: »Okay, einverstanden!« Er bearbeitete das Dokument, schaute auf, blickte in die Kamera oben an seinem Laptop und sagte: »Ich bin stolz auf diesen Prozess, Jungs. Wir sind nun knapp sieben Wochen dabei und wir sind gut vorbereitet. Das entspricht meiner Auffassung davon, wie man eine Mannschaft aufbauen sollte. Das passt zu meiner Philosophie.«

Eine Woche später machte sich das Team, das bei der Tour de France an den Start gehen würde, auf den Weg nach Tignes, wo es in einer »vollständig abgeriegelten Corona-Blase« ein großes Apartment in 2.000 Meter Höhe bezog. Dort würden sie drei Wochen trainieren und anschließend ein paar Vorbereitungsrennen bestreiten, bevor sie zur Tour de France nach Nizza aufbrachen.

Kapitel 12
Stress

Als Merijn Zeeman um die Ecke der Fahrerunterkunft kam und mich dort stehen sah, reagierte er sofort. »Du kannst hier nicht rein, sorry.« Er war auf dem Weg zum Teamtruck, der hinter dem Gebäude geparkt war. »Nein, tut mir leid, das ist die Corona-Blase. Guten Morgen übrigens.«

Zeeman drehte sich um und zeigte auf eine Stelle im Gras. »Lasst die Baumstämme einfach als Begrenzung dort liegen.« Dann sah er mich entschuldigend an. »Sorry, geht nicht anders.«

Es war der erste Tag des Höhentrainingslagers in Tignes, das 20 Tage dauern würde. Die französischen Behörden wollten jedes Risiko vermeiden, sogar wenn es um die Tour ging, also waren die Vorsichtsmaßnahmen rund um das Team Jumbo-Visma auf die Spitze getrieben worden. Sie wollten um jeden Preis verhindern, dass sich jemand aus der Mannschaft mit dem Corona-Virus ansteckte, denn dann wären sämtliche Vorbereitungen umsonst gewesen. Deshalb wurde kaum jemand in die Nähe des Teams gelassen.

Ich stand auf dem Rasen neben dem Steingebäude. Vor uns der Gletschersee von Tignes, die grünen Skipisten und im Hintergrund die grauen Berge mit ihren schneebedeckten Gipfeln, der höchste, den wir sehen konnten, war über 3.800 Meter hoch. Wir befanden uns auf 2.088 Metern über dem Meer. Die Fahrer waren tags zuvor angekommen, und der heutige Tag war zur Akklimatisierung vorgesehen. Roglič, Dumoulin und Kruijswijk hatten am Vortag die Zeitfahretappe zur Planche des Belles Filles in den Vogesen erkundet.

Ich ging zum Truck. Der Abstand, den ich zu den Fahrern einhalten musste, war auf drei Meter festgelegt. Das galt für alle, die nicht in der Unterkunft untergebracht waren. Roglič kam vorbei. Ich fragte ihn von weitem nach dem Landesmeistertitel, den er zwei Wochen vorher gewonnen hatte.

»Reines Glück«, sagte er.

Wenig später stieg ich zu den Jungs ins Auto, die für die Vermarktung des Teams zuständig waren. Wir fuhren den Berg hinab und bogen in Richtung Val d'Isère ab, vor uns die hageren Fahrer mit ihren Waden wie Zweige. Roglič, Dumoulin, Kruijswijk, Gesink, Bennett, Kuss und Van Aert. Tony Martin war nicht dabei. Er hatte eine Ausnahmeregelung in seinem Vertrag erzwungen. Der deutsche Zeitfahrspezialist wollte 2019 zwar zu Jumbo-Visma wechseln, aber nicht mehr so viel von zu Hause weg sein. Daher brauchte er kein Höhentraining zu absolvieren. Der erste Reservist Mike Teunissen war jedoch dabei, ebenso wie Grischa Niermann, der noch so oft wie möglich auf dem Rad mit den Fahrern trainierte.

Als die Fahrer nach einer Stunde eine kurze Trinkpause einlegten, stiegen sie ab und nahmen ihre Masken ab. Zeeman stand mitten auf der Straße und blickte erst in den blauen Himmel und dann auf die im Halbkreis stehenden Fahrer. Er hob die Hände, ließ sie wieder sinken und rief dann laut: »Mir geht dieses Corona dermaßen auf den Sack!«

Später in der Woche sagte Zeeman, dass er Corona weitgehend ausblende, weil sonst alles »zu groß und zu komplex« werde. »Wenn ich es nicht verdränge, werde ich verrückt«, sagte er. »Ich rede nicht mehr über Corona, ich konzentriere mich auf das Team.«

Zeeman hatte mir vor ein paar Tagen auf der Fahrt nach Tignes erzählt, dass er in den vergangenen Monaten »praktisch durchgearbeitet« habe. »Ich war noch nie so sehr im Stress, ich hab noch nie so viel malocht.« Dann hielt er inne und schaute auf das Datum. »Verdammt, erst Mitte Juli! Als ob die Zeit stehen geblieben wäre.«

Er war müde, aber aufgedreht. Denn er war überzeugt, dass sie einen Vorsprung auf Ineos hatten und besser auf die Tour vorbereitet waren, als es der britische Rennstall je gewesen war. Die Fahrer von Jumbo-Visma hatten sich ganz dem Plan verschrieben, den die Teamleitung ausgeheckt hatte – es war also auch ihr Plan, meinte Zeeman. Der Prüfstein, ob er mit seiner Einschätzung recht hatte, würden die Vorbereitungsrennen vor der Tour sein.

* * *

Tom Dumoulin war unglücklich, als er sich in Tignes an den Picknicktisch setzte. Er sagte es nicht, ich erfuhr es erst später von ihm. In dem Moment, als wir dort am See waren, konnte er es auch nicht sagen. Er brauchte seine ganze

Willenskraft, um in einer Situation, in der er sich unwohl fühlte, irgendwie Haltung zu bewahren.

Unterdessen huschte der Hund des Hotelmanagers zwischen uns herum, und unter den Sonnenschirmen wurde geplaudert. Solange wir Abstand hielten, sagte Dumoulin, sei alles in Ordnung, auch wenn es keine drei Meter seien. Dumoulin schien es zu genießen, sich an diesem ruhigen Nachmittag für eine Weile von der Mannschaft zu lösen.

Seine Teamkollegen verstanden nach wie vor nicht, warum er manchmal so schwierig war und sich nicht auf die neue Ernährungsweise einlassen konnte. Die Coachs zwangen ihn nicht dazu, wie sie es bei keinem der Fahrer taten. »Hauptsache, er isst nicht zu wenig«, sagten sie. »Das Wichtigste ist, dass Tom sich wohl in seiner Haut fühlt«, hatte Zeeman gesagt, »und dass er Spaß am Radfahren hat.«

Dumoulin wollte sich nicht ständig Gedanken darüber machen, was er zu sich nehmen sollte und was nicht. »Ich weiß, was ich essen muss«, meinte er. »Echt.«

Am See sagte Dumoulin, er wisse immer noch nicht genau, was damals den Schwindel in Alicante verursacht habe. Es könnte der Stress gewesen sein, räumte er ein.

Er sagte, dass er immer noch unausgeglichen sei. Das seien die Nachwirkungen der unangenehmen Erfahrungen, die er bei seinem früheren Team gemacht habe. Er hätte auf der Hut sein sollen. Der Stress, den er nach dem Giro-Sieg erlebt habe, sei »enorm« gewesen. Er habe das Gefühl gehabt, jemand anders sein zu müssen. Nahm man dann noch die Knieverletzung, die Corona-Krise und die Lockdowns hinzu, hatte man einen Fahrer, der so gestresst war, dass er sich selbst vernachlässigte und den Spaß am Radsport verloren hatte. Er fragte sich: Will ich das noch?

»Ich befand mich in einem Burnout-ähnlichen Zustand«, sagte er und fügte hinzu, dass er Sunweb, wenn er ehrlich war, eigentlich schon viel früher hätte verlassen sollen. »Schon 2015. So wie Marcel Kittel.«

Im Sommer 2019 ging es dann schief. Nach dem Sturz beim Giro bekam er nicht die Gelegenheit, die Knieverletzung richtig ausheilen zu lassen, und weil der Druck, die Tour de France zu bestreiten, zu groß war, fuhr er weiter, auch weil die Ärzte ihm versicherten, dem Knie könne nichts passieren. Eine Stunde nach dem ersten Treffen mit Jumbo-Visma brach er mit dem Auto nach Frankreich auf, zum Trainingslager von Sunweb. Doch je weiter er nach

Süden kam, desto schlimmer wurde die Entzündung im Knie. Was soll ich beim Höhentraining in La Plagne, fragte er sich. Es ergab überhaupt keinen Sinn. Zwischen Metz und Nancy drehte er aus purer Verzweiflung um und fuhr zurück nach Maastricht. »Ich hatte den Bezug zum Hier und Jetzt völlig verloren«, sagte er mit einem Jahr Abstand.

Inzwischen suchte einen Psychologen auf, weil er erkannt hatte, dass alles »tiefer saß«. Er hatte angefangen, auf eine Weise über sich selbst nachzudenken, wie er es noch nie zuvor getan hatte. Ab Mai wurde es dann zum Glück etwas besser. »Ich versuche nun, Abstand zu gewinnen und einfach das Radfahren zu genießen«, erzählte er.

Dumoulin sagte, es habe ihn »glücklich« gemacht, als sie vor ein paar Tagen die Zeitfahretappe zur Planche des Belles Filles erkundet hatten. »Das ist ein fantastisches Zeitfahren für mich«, meinte er.

Er war den Schlussanstieg zweimal hochgefahren, einmal auf der Zeitfahrmaschine und einmal auf einem normalen Rennrad. Auf dem Zeitfahrrad sei er zehn Sekunden langsamer gewesen, was genau der Dauer eines Radwechsels entsprach. »Das spielt also keine Rolle«, sagte Dumoulin. »Man muss das tun, was für einen am bequemsten ist, und so weiß ich schon, dass ich wechseln werde. Wegen des Komforts kann ich vermutlich fünf Watt mehr treten.«

Ich fragte ihn, ob es eine große Erleichterung sei, dass Roglič und Kruijswijk nun ebenfalls Kapitäne waren. Er räumte ein, dass es für ihn wichtiger sei, vom Druck entlastet zu werden, als »ein Alleinherrscher« zu sein. Es liege ihm ohnehin nicht viel daran, Leader zu sein. Er konnte das zwar, aber es hatte ihn immer sehr viel Energie gekostet, diese Verantwortung für das ganze Team. Und wenn man krank wurde? Auf diesen Stress hatte er keine Lust mehr. »Ich liebe einfach den Radsport«, sagte er, »und ich bin echt gut darin und ich bin überzeugt, dass ich einer der talentiertesten Fahrer der Welt bin. Ich weiß, wozu ich körperlich in der Lage bin und welche Leistung ich bei Tests treten kann. Und ich weiß auch, dass es nur sehr wenige gibt – einschließlich Primož und Steven –, die das auch können.«

Nur hatte er ein paar Monate lang kaum trainiert. Maximal 15 Stunden pro Woche. Er fühlte sich krank, störte sich an diesem und jenem, hatte Darmprobleme. Keine Energie. Er stand morgens auf und fuhr seine Eltern besuchen. Das war alles, was er tagsüber tat.

Als er nach Tignes aufbrach, war ihm mulmig zumute. Er verließ die Sicherheit seiner eigenen vier Wände und stellte sich wieder der elenden Außenwelt, wo er sich an die Gegebenheiten im Spitzensport anpassen musste. Er hatte keine Ahnung, ob er wieder mithalten könnte.

Dumoulin blickte auf diese Monate der Untätigkeit zurück und erzählte, was Mathieu Heijboer gesagt hatte, nachdem er ab Mitte Mai wieder richtig zu trainieren begonnen hatte. *»Wie kann das sein?«* Er hatte eine einfache Erklärung dafür. »Wenn ich aufs Rad steige«, sagte Dumoulin, »dann geht's auch richtig hart zur Sache.«

Er schaute auf sein Handy. Es war an der Zeit, seine Frau anzurufen und dann zu seinem Leben als Spitzensportler mit Ausruhen, Massagen und Essen zurückzukehren. Bevor er aufstand, fragte ich ihn, ob er Lust darauf habe, in Kürze bei der Tour de l'Ain wieder Rennen zu fahren. In seiner Antwort kam er wieder auf »die enorme Suche nach sich selbst«, den Stress und sein Talent zu sprechen.

Wenig später saß er auf einem Felsen am See. Er telefonierte mit seiner Frau. Es war ein langes Gespräch.

Kapitel 13

Folgenreiche Stürze

Nach vier Monaten ohne Rennen nahm das Peloton am 28. Juli bei der Burgos-Rundfahrt wieder Fahrt auf. Im Schatten der großen Kathedrale begannen die Fahrer das fünftägige Etappenrennen durch Nordspanien. Dem Sportlichen Leiter Frans Maassen war die Sache nicht geheuer. Er nannte Corona »einen unsichtbaren Gegner«, und als ich ihn nach der ersten Etappe anrief, sprach er von »einer anderen Welt«.

»Ich hatte ein unheimliches Gefühl«, sagte Maassen. »Ich verstehe, dass wir Rennen fahren und für unsere Sponsoren sichtbar sein müssen, aber trotzdem habe ich heute des Öfteren gedacht: Was machen wir hier eigentlich?« Die Tatsache, dass das Team ohne einen Arzt nach Spanien gereist war, gefiel ihm überhaupt nicht.

Anfang August 2020 ging Tom Dumoulin bei der Tour de l'Ain an den Start, sein erstes Rennen seit 400 Tagen. Sonst ein eher unscheinbarer Termin im Radsportkalender, war die kleine Rundfahrt im Osten von Frankreich dank der Pandemie in diesem Jahr ein wichtiger Gradmesser für die Tour. Am Start in Montréal-la-Cluse waren unter anderem Nairo Quintana, Chris Froome, Egan Bernal und Primož Roglič. Mit Dumoulin waren also fünf Fahrer am Start, die alle mindestens eine Grand Tour gewonnen hatten. Als Dumoulin im Bus seine Startnummer ans Trikot heftete, fühlte er sich »ganz seltsam«, wie er mir später am Nachmittag am Telefon sagte. Es war lange her.

Im Rennen arbeitete er für seinen Kapitän Roglič, der zwei der drei Etappen gewann und auch den Gesamtsieg holte. Dumoulin wurde Elfter. Er räumte ein, dass er in den ersten Tagen etwas Zeit gebraucht habe, um »in die Gänge zu kommen«, aber danach ging es ihm gut, auch wenn er manchmal auf sein Rad schimpfte, wenn er am Anstieg abgehängt zu werden drohte. Er war erleichtert, dass sein Magen ihm keine Probleme bereitet hatte, und erwartete, dass er sich beim Critérium du Dauphiné besser schlagen würde. Als ich nachhakte, meinte er: »Warten wir's ab. Wir werden sehen.« Anschließend betonte er noch, dass die Tour »ein ganz anderes Paar Schuhe« sei als diese kleinen Etappenrennen.

Ein anderer Teil des Teams war nach Polen gereist, wo in Katowice die 77. Polen-Rundfahrt startete. In den ersten Tagen würde sich die Mannschaft ganz in den Dienst ihres Sprinters Dylan Groenewegen stellen, danach lag der Fokus auf dem jungen dänischen Kletterer Jonas Vingegaard, der hoffte, so wie 2019 eine Bergetappe zu gewinnen.

Während das Peloton in unfassbarem Tempo auf die Ziellinie in Katowice zuraste und Groenewegen sich mit Fabio Jakobsen, dem niederländischen Kraftpaket von Quick-Step, duellierte, besprachen Zeeman und Heijboer am Telefon einige Testergebnisse der Fahrer. Beide hatten den Livestream eines Sportsenders eingeschaltet.

Drei Tage später rang der völlig aufgelöste Zeeman nach Worten, um zu beschreiben, was an diesem Tag dann geschehen war. »Sekunden später brach die Hölle los«, sagte er. Groenewegen war im Sprint von seiner Linie abgewichen und hatte Fabio Jakobsen in die Absperrgitter gedrängt, woraufhin der Quick-Step-Fahrer so schwer stürzte, dass man um sein Leben fürchtete.

Als Frans Maassen, der Teamchef in Polen, am Ort des Geschehens eintraf, sah er die Panik in den Mienen der Ärzte. Er gestand, dass ihn die Bilder, die er dort gesehen hatte, lange verfolgt hatten. Später sagte er einmal über den Unfall: »Radsport ist, glaube ich, der gefährlichste Sport der Welt.«

»Abends habe ich auf Twitter geschaut«, erzählte Zeeman. Er sei »völlig in Panik« geraten. Er las dort, dass Jakobsen gestorben war. »Ich war vollkommen fertig«, sagte Zeeman. »Ich lief nach draußen, weinte und schrie.« Zeeman glaubte, eine halbe Stunde draußen gewesen zu sein; wie sich herausstellte, waren es nur fünf Minuten. Glücklicherweise handelte es sich um eine Falschmeldung. Um Jakobsen, dessen Gesicht zertrümmert war und den man in ein künstliches Koma versetzt hatte, stand es zugegebenermaßen sehr schlecht. Doch auch wenn er um sein Leben kämpfte und es in der ersten Nacht auf Messers Schneide stand, kam er durch.

Am nächsten Tag besuchte Zeeman im Beisein von Richard Plugge den ebenfalls verletzten Dylan Groenewegen in einem Amsterdamer Krankenhaus. Groenewegen stand unter Schock. Zeeman nannte die Gespräche »bewegend«. Er sagte zu Groenewegen, dass sich sein Leben nach diesem Unfall völlig verändern werde.

Zeeman sprach am Telefon leiser und langsamer als sonst. Ihm war anzumerken, dass die Ereignisse noch nachwirkten. Er sprach über Reue und Verantwortung, über Meinungsbildung, über Groenewegens Karriere, über die veränderten Zukunftsaussichten eines bekannten Sportlers, der zum Millionär geworden war und dem nun schlagartig die Rolle des Schuldigen zugewiesen wurde. »Richard und ich haben Dylan nach der Operation gesagt: ›Du kannst dich darauf verlassen, dass wir für dich da sind, aber sei dir darüber im Klaren, dass noch viele schwierige Momente auf dich zukommen.‹«

Auch Zeeman machte sich große Vorwürfe. Er war es, der Groenewegen am Tag vor der Auftaktetappe zugesprochen hatte, er war es, der ihm gesagt hatte, dass er der beste Sprinter der Welt sei und dass er das Beste aus diesem Sprint machen müsse. »Wir haben ihm nicht gesagt: Es könnte ein kreuzgefährlicher Sprint werden, weil die Zielgerade abschüssig ist, also sieh dich vor.«

Nach ein paar Tagen war klar: Es war die gefährliche Streckenführung, die die Sicherheit der Fahrer gefährdet hatte, und im Grunde waren alle Beteiligten im Radsport schuld daran. Zeeman argumentierte, dass es die Macht der Tour de France sei, die dafür verantwortlich sei, dass Änderungen entweder nur langsam oder gar nicht vonstattengingen. »Die Teams können sich nicht durchsetzen, weil die französischen Rennställe eh immer auf der Seite der ASO stehen, des Tour-de-France-Veranstalters«, sagte er.

Zeeman zog ein düsteres Fazit. »Ich werde nicht mehr erleben, dass sich daran irgendwas ändert. Und was passiert jetzt? Die Wut richtet sich gegen Dylan, dabei sollte sie sich gegen die Organisatoren richten, die solche Strecken und Absperrgitter genehmigen oder gar nicht erst kontrollieren.« Dann stieß er einen tiefen Seufzer aus.

Für Richard Plugge war der Sturz von Groenewegen und Jakobsen ein Wendepunkt. Er hatte eine Idee: Jedes Team sollte 50.000 Euro in einen Topf einzahlen, und damit stünde eine Million zur Verfügung, um eine neue, unabhängige Organisation zu gründen, die überall die Strecken kontrolliert. Im Moment gab es niemanden, der die Verantwortung für die Sicherheit übernahm.

Plugge lachte höhnisch, als ich meinte, dass sich das sicher ändern würde, wenn alle dafür bezahlten. »Ja, es wäre eigentlich ganz einfach. Es müsste nur jemand da sein, der es regelt. Es muss jemand hingehen und arrangieren, dass alle Teams 50.000 oder 100.000 Euro einzahlen. Die Teams wären sofort dabei, keine Frage. Das ist allemal billiger, als einen Fahrer wie Fabio zu verlieren, weil er im Krankenhaus liegt, oder einen Dylan, der jetzt neun Monate gesperrt ist.«

Was dann das Problem sei, wollte ich wissen. »Dass die Organisatoren niemanden in ihrer Küche dulden«, antwortete Plugge. »Und dass die UCI nicht zulässt, dass jemand anderes die Verantwortung übernimmt, während sie selbst nichts unternimmt. Was es geben müsste, wäre ein Organ, das für die Sicherheit verantwortlich ist und das nicht gleichzeitig das Rennen gewinnen will oder es selbst organisiert, um damit Geld zu verdienen. Wir müssten ein Gremium haben, das nur darauf schaut, ob die Strecke sicher ist.«

Als elf Tage nach dem Horrorcrash in Frankreich das Critérium du Dauphiné begann, startete Jumbo-Visma gleich mit zwei Etappensiegen in das letzte Vorbereitungsrennen vor der Tour, einem für Van Aert und einem für Roglič, der in der Gesamtwertung vor einer ganzen Reihe von namhaften Klassementfahrern wie Pinot, Bernal, Landa und Quintana in Führung lag. Tadej Pogačar lag vorläufig auf Platz elf, zwei Plätze vor Dumoulin.

Ein paar Tage später sagte Grischa Niermann in einem Online-Meeting des Coachingteams, dass er noch nie Teil einer so dominanten Mannschaft gewesen sei. Bei der Tour de l'Ain hatte Jumbo-Visma am Ende schließlich die Plätze eins, vier, fünf und elf in der Gesamtwertung belegt. Mathieu Heijboer nannte die Entwicklung »ziemlich bizarr«. Er hatte erwartet, mit der Konkurrenz »mithalten« zu können. »Aber jetzt gewinnen wir fast alles mit den Jungs, die in Tignes dabei waren«, sagte er.

Der Sportliche Leiter Addy Engels erklärte seinen Kollegen, dass die anderen Teams »das alles allmählich nicht mehr so prickelnd finden« und dass es sinnvoll sei, auf den einen oder anderen Etappensieg zu verzichten. »Wir wollen ja nicht das ganze Peloton gegen uns aufbringen, bis sie alle gegen uns fahren.«

Niermann: »Wir dürfen uns keine Feinde machen.«

Engels: »Wir sind dominant genug, wir sollten jetzt nicht damit anfangen, wie die Vollidioten in jedem Dorf Vollgas zu geben oder bergab Tempo zu machen.«

Niermann: »Wir müssen unser Ziel im Auge behalten. Wir wollen die Tour gewinnen und nicht auch noch zwölf Etappen. Damit würden wir uns unser eigenes Grab schaufeln.«

Auf der dritten Etappe der Dauphiné hatte das Glück ein Ende. Kruijswijk stürzte auf der Abfahrt vom Col de Plan Bois. Er renkte sich die Schulter aus und wurde im Krankenwagen abtransportiert. Nach 63 Kilometern stürzte auch Roglič, Dumoulin zufolge in einem Moment der Unaufmerksamkeit nach einer Pinkelpause. »Auf einmal« habe er den Gesamtführenden auf der Straße liegen gesehen. Am nächsten Tag ging Roglič nicht mehr an den Start. Sein Gesäß, seine Leiste und sein Becken waren zu sehr in Mitleidenschaft gezogen.

Auch Kruijswijk war in schlechter Verfassung. Er war nicht nur an der Schulter verletzt, sondern hatte auch Abschürfungen am ganzen Körper und eine Schnittwunde am Bein. Es schien sogar eine Fraktur des Schulterknochens vorzuliegen, und einige Bänder waren überdehnt. Das waren »superschlechte Nachrichten«, berichtete Zeeman. Für einen Tour-Start schien Kruijswijk nicht mehr in Frage zu kommen. »Wir brauchen ein Wunder.«

Kruijswijk sagte, er habe schon im Krankenwagen gewusst, dass es »beschissen« aussah. Er hatte sich neben seinem Rad auf die Straße gesetzt und dem Arzt zugerufen, er solle seinen Arm einrenken. Das klappte nicht. Als der Krankenwagen über die schlechte Straße holperte, litt Kruijswijk Höllenqualen, weil sie seine Schulter nicht wieder in die Gelenkpfanne bekommen hatten. Irgendwann wurde er ohnmächtig. Das Morphium half erst nach einer Weile.

In einem Online-Meeting am Tag nach der Dauphiné erzählte Niermann seinen Kollegen, dass er vorher ausdrücklich vor der Abfahrt vom Plan Bois gewarnt hatte. Er war nun auf dem Weg nach Genf, um Amundt Grøndahl Jansen abzuholen, der wohl Kruijswijk ersetzen würde. »Zwei Wochen lang läuft alles wie gemalt und dann kommt so ein Katastrophentag«, sagte Niermann.

»Die Abfahrt war eng und technisch«, erzählte Kruijswijk, als er auf den Moment des Sturzes zurückblickte. »Die Straße verlief geradeaus und dann folgte eine schnelle Links-Rechts-Kombination. Das Tempo lag glaube ich bei 50 bis 60 km/h, und ich habe den Rollsplitt nicht gesehen. Mein Vorderrad rutschte weg und ich schlitterte über den Asphalt. Ich habe Schürfwunden von oben bis unten.«

Dumoulin hatte den Vorfall miterlebt und war »echt stinkig«. »Eine Schande ist das«, schimpfte er am Telefon und bezeichnete die Abfahrt, auf der Kruijswijk zu Fall kam, als »absolut irre. Überall Rollsplitt, tiefe Rillen und Schlaglöcher im Asphalt, und das bei 15 Prozent Gefälle. Das ergibt wirklich überhaupt keinen Sinn. Dass es so etwas im modernen Radsport immer noch gibt, ist echt eine Schande. Wir leben sechs Monate lang nur für die Tour, achten auf unsere Ernährung, absolvieren wochenlang Höhentraining, und dann kann eine solche Abfahrt Stevie die Tour kosten. Wir sind echt ein rückständiger kleiner Sport. Als ob wir in den 1950er Jahren stecken geblieben wären.«

Dumoulin fehlte der Glaube an Veränderungen. Er kannte die Leute im Verband und bezeichnete sie als »reine Energieverschwendung«. Er war schon viele Jahre dabei und hatte keinerlei Fortschritte gesehen. Er selbst versuchte, in den Medien hin und wieder »eine Bombe platzen zu lassen«, um das Thema voranzubringen. Vielleicht würde es ja was bringen.

Niermann wollte nicht aufgeben und hielt es für verfrüht, um über Konsequenzen aus den Stürzen von Kruijswijk und Roglič nachzudenken. Zu seiner Überraschung hatte sich Van Aert am Berg gut geschlagen (»542 Watt an einem Sechs-Minuten-Anstieg, das habe ich noch nie gesehen!«). Roglič wiederum, so Niermann zu seinen Kollegen, sei der »bei weitem beste Fahrer der Welt« und werde das auch noch in zwei Wochen in Nizza sein.

Marc Lamberts, Rogličs Trainer, wollte Niermanns Enthusiasmus ein wenig dämpfen und gab zu bedenken, dass Van Aert »komplett hinüber« sein werde, wenn er bei der Tour so fahre wie bei der Dauphiné, und er den Rest der Saison nicht mehr viel reißen werde. »Ich verstehe, was du meinst«, sagte Niermann, »aber wir wollen die Tour gewinnen und dafür brauchen wir jeden Mann. Wout fährt nicht mit Blick auf die Klassiker, die später noch kommen.«

»Dann lasst uns die Tour auch gewinnen«, antwortete Lamberts. »Wer weiß, ob es nach der Tour überhaupt noch eine Flandern-Rundfahrt und ein Paris-Roubaix geben wird.«

Fünf Tage vor dem Auftakt der Tour sagte Kruijswijk seinen Start definitiv ab. Er gab sich aufgeräumt, als ich ihn anrief, und meinte, dass er halt Pech gehabt habe. Gleichwohl sei das Ganze ziemlich »beschissen« gelaufen und die Organisatoren hätten mit der Gesundheit der Fahrer gespielt. »Muss so eine Abfahrt wirklich sein?«, fragte er sich. »Das ist eine Strecke, wie sie sich nur jemand ausdenken kann, der im Auto sitzt. Das hat irgendein Hansel von der Stadtverwaltung ausgeheckt.« Wenig später fügte er hinzu: »Ich muss halt sehen, dass ich stark zurückkomme.«

Nach fünf intensiven Renntagen bei der Dauphiné räumte Dumoulin ein, dass er doch ziemlich geschlaucht war. Insgesamt acht harte Renntage in der Vorbereitung auf die Tour sorgten im Übrigen aber dafür, dass er sich seiner Topform annäherte. »Ich kann mit solchen Belastungen offenbar ganz gut umgehen.«

Arthur van Dongen zufolge hatte Dumoulin Selbstvertrauen getankt und sein Niveau sei gut genug für eine Top-Fünf-Platzierung bei der Tour. Zeeman lehnte sich noch weiter aus dem Fenster: »Tom kann die Tour gewinnen. Wir haben mit Tom und Primož zwei der besten fünf Fahrer, die anderen sind Bernal, Pinot und Pogačar.«

Zeeman verwies auf ihren »Rennplan«. Roglič würde auf die Bergsprints warten, Dumoulin auf Attacken setzen. »Wir haben stundenlang diskutiert«, sagte Zeeman. »Wir sind uns einig, was wir vorhaben. Tom ist überzeugt von unserem Plan.«

Das Team traf am Donnerstag, dem 27. August, in Nizza ein. Mit einem Primož Roglič, der deutlich lädierter von der Dauphiné zurückgekommen war, als man nach außen hin hatte durchblicken lassen. Eine Woche vor der Abreise aus Tignes hatte Roglič mit Tränen in den Augen neben seinem Rad im Tal gestanden. Nach dem Sturz bei der Dauphiné hatte er wegen eines verkrampften Gesäßmuskels und einer ansehnlichen Schwellung mehrere Tage lang nicht trainieren können. Er hatte sich im Krankenhaus von Albertville einer MRT-Untersuchung unterzogen, die ergab, dass zumindest nichts gebrochen war.

Am Samstag war er auf sein Rad gestiegen, um mit Dumoulin zu trainieren. Sie ließen es ruhig angehen, während Zeeman sie im Teamwagen begleitete. Nach kurzer Zeit sagte Roglič zu Dumoulin, er solle einfach sein eigenes Tempo fahren. »Primož kroch dahin«, sagte Zeeman. Er fuhr weniger als 10 km/h. Zeeman sah sogar ein paar Hobbyfahrer, die ihn überholten. »Als wir auf einem Parkplatz hielten, wollte er abbrechen. Aber er musste weiterfahren, denn das Hämatom, die angesammelte Flüssigkeit, geht nur weg, wenn man in Bewegung bleibt. Da muss man durch. Aber er hatte die Schnauze voll und sagte nur immer wieder: ›Ich schaffe das nicht. Ich schaffe das nicht.‹ Wenn ich nicht dabei gewesen wäre, hätte er aufgegeben, da bin ich mir sicher. Später sagte Primož zu mir: ›Danke, dass du bei mir geblieben bist, sonst hätte ich vielleicht nicht weitergemacht.‹ Nun, ich bin sicher, dass er aufgegeben hätte.«

Roglič stieg wieder aufs Rad. Er schleppte sich den Berg hinauf, und Zeeman versicherte ihm, dass er ihn nicht im Stich lassen würde. »Ich werde dich nicht allein lassen«, sagte er. Abends rief Zeeman zu Hause in Bussum an. Er würde in Tignes bleiben und von dort aus direkt nach Nizza reisen. »Es geht leider nicht anders. Es gibt keinen anderen Weg.« Am selben Abend beriet er sich auch mit Heijboer und Niermann über einen möglichen Ersatz für den Kapitän.

Am nächsten Tag absolvierte Roglič ein Indoortraining auf der Rolle und zwei Tage danach machte er sich auf zu einer sechsstündigen Trainingseinheit, bei der er unter anderem den Col de la Loze erkundete, einen Anstieg, der bei der Tour wenige Tage vor dem Zeitfahren zur Planche des Belles Filles auf dem Programm stehen würde.

»Es sah so düster aus«, sagte Zeeman per Telefon aus Nizza, »aber Primož kann sich extrem schnell erholen. Nicht normal, was er für ein Fahrer ist. Er ist den Berg nur so hinaufgeflogen. Verdammt, das war alles echt stressig, aber jetzt sind wir in Nizza. Und das fühlt sich echt gut an.«

Einen Tag später schickte er mir, nachdem er die Tür seines Hotelzimmers geschlossen hatte, folgende Nachricht: *Die Kanonen sind geladen. Ich habe das Gefühl, dass wir in jeder Hinsicht perfekt vorbereitet sind. Hungrig darauf, Gelb zu holen.*

Kapitel 14

Die Tour de France 2020

Als alle Fahrer auf ihren Plätzen im Teambus saßen, ergriff Merijn Zeeman das Wort. Nicht, dass ich ihn mit eigenen Augen dort stehen sah. Ich hörte ihn nur reden. Das Team hatte mir – wie jeden Tag bei dieser Tour de France – eine Audiodatei mit der Aufzeichnung der Besprechung geschickt, die die Coachs und Fahrer vor dem Start jeder Etappe führten. So sollte es bei dieser Corona-Tour ablaufen. Ich war in letzter Minute gestrichen worden, nachdem die ASO kurz vor dem Start der Tour die Gesamtzahl der Mitarbeiter, die ein Team mitnehmen durfte, um zwei auf 31 reduziert hatte. Alles, um das Risiko eines Corona-Ausbruchs zu minimieren. Nachdem die französischen Behörden Ende August die Gegend um Nizza mit »Code Orange« gekennzeichnet hatten, hatte Richard Plugge das Gefühl, dass das Damoklesschwert über der Tour schwebte und die Rundfahrt jeden Moment beenden könnte.

Zeeman begann die erste Teambesprechung, die mehr als eine Dreiviertelstunde dauerte, mit einer kurzen Ansprache zum Thema Corona. Er ermahnte die Fahrer, die Maßnahmen zu akzeptieren und Irritationen zu vermeiden. »Fangt nicht an diskutieren«, sagte er und stieß ein Lachen aus. »Ihr seht uns hier mit Masken sitzen, aber Jungs, macht es euch leicht.«

Er erinnerte die Fahrer daran, sich auf das zu konzentrieren, was sie beeinflussen konnten, und nicht weiter als bis zum jeweiligen Tag zu schauen. Er bekräftigte ihre Favoritenrolle, betonte aber, dass sie »bescheiden« bleiben sollten. »Wir brauchen Freunde im Peloton, wir brauchen Respekt, also respektiert eure Gegner. Vermeidet Kontroversen – denkt daran, wenn ihr mit den Medien zu tun habt. Wenn wir im Rennen Fehler machen, besprechen wir das im Bus, nicht außerhalb davon. Seid nicht arrogant.«

Im Bus herrschte Schweigen. »Sind sich alle einig?«, fragte Grischa Niermann. »Dann übernehme ich jetzt.«

Niermann war der Coach, der für die taktischen Besprechungen zuständig war. »Wir haben zwei Leader, Primož und Tom, und wir sind in der Lage, diese Tour zu gewinnen. Wir werden die Tour konservativ beginnen, vor allem kraftsparend.«

Dann war es Zeit für die individuellen Ziele. Niermann sprach die einzelnen Fahrer direkt an.

»Primož, du hast gezeigt, dass du der Beste der Welt bist. Du bist jetzt wieder gut dabei und auch für uns bist du der große Favorit.«

»Tom, du bist Co-Leader mit Primož. Wir haben es schon besprochen, aber von den Favoriten bist du am besten aus der Vorbereitung gekommen, und ich bin sehr zuversichtlich, dass du noch besser werden wirst.«

»Amund, schön, dass du da bist. Schade für die Mannschaft, dass Stevie nicht dabei ist.«

»Wout, du hast uns auf den Bergetappen in der Dauphiné überrascht. Wir werden von Tag zu Tag schauen.«

»Tony, unser Motor auf den Flachetappen.«

»George und Sepp: die besten Berghelfer, die es gibt. Ihr gehört zu den zehn besten Kletterern der Welt.«

»Robert? Unser treuer Helfer. Genau wie Tom wirst du nur noch besser werden.«

Anschließend wies Niermann darauf hin, dass sie am Berg stark genug waren, um den Rest des Feldes in den Abfahrten nicht unter Druck setzen zu müssen – etwas, das die Konkurrenz nie gerne sieht. Er erwähnte, dass Mathieu Heijboer angerufen habe, um noch einmal zu betonen, dass die Kapitäne sich an dritter Position oder sogar noch weiter hinten aufhalten und nicht direkt am Hinterrad der Berghelfer fahren sollten, wenn das Team mit Kuss oder Bennett im Anstieg Tempo machte. »An zweiter Position«, so Niermann, »kriegt man mehr Wind ab als etwas weiter hinten.«

Nachdem Niermann die wichtigsten Punkte der ersten »schweren« Etappe erläutert und die Hierarchie (1. Roglič, 2. Dumoulin) festgelegt hatte, erklärte Dumoulin, dass er es vorzöge, in der Schlussphase der Etappe allein durchs Peloton zu »surfen«, statt in einer Gruppe mit seinen Teamkollegen zu fahren. Danach ergriff Roglič das Wort.

»Liebe Leute«, sagte er. »Ich bin wirklich glücklich, mit euch allen hier zu sein. Es ist nicht alles so gelaufen, wie wir uns das gedacht haben, aber ich glaube, dass ihr alle herausragende Fahrer seid. Wir haben gezeigt, dass wir die stärkste Mannschaft sind, und ich freue mich auf die kommenden Wochen. Packen wir's an?«

»*Tschakka!*«, rief jemand.

Zeeman schrieb mir ein paar Tage später, dass er vor der vierten Etappe mit Bergankunft in Orcières-Merlette – dem ersten Showdown für die Klassementfahrer – eine Stunde lang mit Roglič in seinem Hotelzimmer gesprochen und auch Rücksprache mit Dumoulin gehalten hatte. Beide waren sich vor der Etappe unsicher, was ihre Form betraf. Zeeman hatte gemerkt, dass die Mannschaft auf eine »Bestätigung« ihrer beiden Kapitäne wartete. Er hatte sich mit dem Trainer von Roglič beraten. Marc Lamberts war nach dem Studium der Leistungsdaten zu dem Schluss gekommen, dass mit Roglič alles in Ordnung war.

Zeeman hatte sich auch mit Heijboer, dem Trainer von Dumoulin, beraten, der sagte, dass Dumoulin »noch auf der Suche« sei. Der Kompass müsse noch kalibriert werden, so Heijboer. »Für Tom ist es jedes Mal eine Überraschung, wie er sich fühlt«, sagte er. Auffällig sei, dass Dumoulin glaube, dass alle in ihm einen »Golden Boy« sähen, und dass er morgens rational und nachmittags emotional sei. »Es gibt zwei Toms.«

Hatte am Abend ein gutes Gespräch mit Tom, schrieb Zeeman. *Habe ihm eingeschärft, dass er ruhig bleiben muss, dass seine Werte in Ordnung sind und dass er vor allem Spaß haben muss nach allem, was er durchgemacht hat.*

Ein paar Stunden später war das Peloton auf der vierten Etappe nach Orcières-Merlette unterwegs. Im Bus hatte Niermann die Fahrer noch einmal daran erinnert, dass das oberste Ziel dieser drei Wochen darin bestand, »in Gelb nach Paris zu kommen«, und dass sie deshalb die Etappe konservativ angehen sollten. Energiesparen sei das oberste Gebot. »Es ist eine Bergankunft, aber hier wird die Tour nicht entschieden«, sagte Niermann.

Kurz nachdem sie die Zehn-Kilometer-Marke passiert hatten, übernahmen Kuss und Bennett das Tempo an der Spitze, dicht gefolgt von Roglič und Dumoulin. Weniger als vier Kilometer vor dem Ziel setzte sich Van Aert an die Spitze des Feldes und legte eine solche Schlagzahl vor, dass er sich später zurücknehmen musste, um Dumoulin nicht abzuhängen. (»Ich dachte, ich höre nicht richtig!«, sagte Heijboer später.)

Auf dem Bildschirm sahen die Fernsehzuschauer, wie Dumoulin und Roglič miteinander sprachen und ein Fahrer nach dem anderen abreißen lassen musste, erst scherte Bennett aus, dann Van Aert. Pogačar saß am Hinterrad von Roglič, und auch Bernal war noch vorne mit dabei. Rund 700 Meter vor dem Ziel bekam Dumoulin Schwierigkeiten, den Anschluss zu halten, bei der 500-Meter-Marke scherte Kuss aus. Roglič gewann, vor Pogačar.

Im Ziel sagte Dumoulin vor den Kameras der NOS, dass es »unglaublich« sei, dass Roglič nach seinem Sturz bei der Dauphiné und dessen Folgen ein solches Finish hingelegt habe. Er selbst hoffte, noch eine Schippe drauflegen zu können. Er war als Elfter ins Ziel gekommen, offiziell in der gleichen Zeit wie Roglič.

Am Abend erhielt ich wieder eine Nachricht von Zeeman. In der Gesamtwertung war alles eng beieinander, Roglič lag an zweiter Stelle, vier Sekunden vor Pogačar, der Vierter war, und zehn Sekunden vor Ineos-Kapitän und Vorjahressieger Egan Bernal. *Wir haben einen Plan, um Gelb zu holen. Unserer Einschätzung nach können wir Bernal jetzt packen. Es ist besser, jetzt schon einen Vorsprung rauszuholen und nicht darauf zu warten, dass es ihm besser geht.*

Zwei Tage später war ich bei Heijboer zu Hause in Rotterdam, um die sechste Etappe zu verfolgen, mit Ankunft am Mont Aigoual.

Das Team hatte mittlerweile seinen zweiten Etappensieg errungen, nachdem Wout van Aert den Sprint in Privas gewonnen hatte. Van Aert sprach von einer »großen Erleichterung«, als er nach der Siegerehrung zur Besprechung im Bus erschien. »Jetzt bin ich glücklich«, sagte er seinen Kollegen, »und ich werde mich noch mehr für die anderen Jungs reinhängen.« Gesink konnte sich nicht zurückhalten und sagte: »Bitte nicht noch schneller fahren, okay?«, worauf die ganze Mannschaft in Gelächter ausbrach. Van Aert: »Dass wir viel lachen, ist ein gutes Zeichen.«

»Ich bin angespannt«, sagte Heijboer, als wir eine Weile zugesehen hatten. Vor ihm auf dem Tisch stand ein Laptop und vor uns beiden ein längst ausgetrunkenes Glas Dubbelfriss. »Ich schaue mir die Gesichter unserer Fahrer an und die Position, in der sie auf ihren Rädern sitzen.« Er blickte vom Laptop auf und sagte: »Ganz schön viel Stress, so ein Nachmittag.«

7,8 Kilometer vor dem Ziel saß er zusammengekauert auf dem Stuhl am Esstisch und hörte aufmerksam zu, was der flämische Co-Kommentator zu erzählen hatte. Heijboer blickte gebannt auf den Bildschirm und sagte wenig. Alexei Luzenko vom Team Astana fuhr an der Spitze und würde auch die Etappe gewinnen. Tom hatte gut ausgesehen, hatte Heijboer irgendwann gesagt.

Einen Tag später, auf der siebten Etappe, profitierte das Team von einer Unachtsamkeit von Tadej Pogačar. Es war ein windiger Tag. Nach 124 der 186 zu fahrenden Kilometer kamen sie durch Castres, und direkt danach bekamen sie es mit heftigem Seitenwind zu tun. »Von Kilometer 35 bis Kilometer 22 ist es echt exponiert«, sagte Niermann bei der Besprechung im Bus, worauf Van Aert rief, dass er niemanden außer einen Teamkollegen an seinem Rad dulden würde. »Ich werde sie alle in den verdammten Graben fahren, wenn sie es versuchen«, sagte er.

Zeeman: »Jungs, seid euch darüber im Klaren, dass in den anderen Bussen Fahrer sitzen, die jetzt Bammel haben, weil sie wissen, dass wir zwei Kapitäne haben, die im Wind richtig Dampf machen können. Zeigt es ihnen, bewahrt die Ruhe, bleibt zusammen und behaltet die Kontrolle.«

Roglič sagte in der Nachbesprechung der siebten Etappe, er habe an diesem Tag nie das Gefühl gehabt, »im Wind zu stehen«, und Dumoulin, der dem Team am Morgen mitgeteilt hatte, dass er eine Entzündung am Gesäß habe, dankte Gesink und Kuss dafür, ihn bei der Anfahrt auf Castres nach vorne gebracht zu haben. Für die Coachs im Auto war es spannend gewesen. Vor allem aber hatten sie Pogačar 1:21 Minute abgenommen, weil es noch windiger war als erwartet.

Am nächsten Tag folgte die erste Bergetappe mit drei Pyrenäenpässen, unter anderem dem Port de Balès und dem Col de Peyresourde, und Ziel in Loudenvielle. Niermann ließ das Video der Streckenerkundung abspielen und meinte: »Achtung vor Kühen und Kuhscheiße auf der Straße.« Dann wandte er sich an Roglič und Dumoulin. »Die Strategie: Primož greift im Finale an, und Tom, du bleibst bei den Konkurrenten.« Sie würden auf Angriffe von Pinot, Bernal, Pogačar, Lopez, Buchmann und Quintana sofort reagieren. Roglič antwortete: »Schauen wir mal, wie es läuft, es ist nicht an uns, zu attackieren.«

Am Abend, als die Etappe gelaufen war, schickte ich Zeeman eine Nachricht, in der ich schrieb, dass ich am Peyresourde Dinge gesehen hätte, die ich nicht einordnen konnte. Zeeman schrieb zurück: *Wahrscheinlich meinst du Tom.*

Zeeman, der gesehen hatte, dass die Mannschaft den Rest des Pelotons an den Anstiegen »auf die Folterbank geschnallt« hatte, indem sie ein höllisches Tempo anschlug, schrieb über einen »intensiven Prozess«, den Dumoulin durchmachte, und dass er aufgrund seiner »Unsicherheit und seines mentalen Zustands« noch nicht in der Lage war, Tag für Tag sein Bestes zu geben. *Das zu große Bedürfnis, sich zu beweisen, führte gepaart mit dieser Unsicherheit zu einer Fahrweise, die kontraproduktiv war und die Arbeit der Mannschaft sprengte.*

Nun verstand ich, was geschehen war. Man wollte die Spitzengruppe zusammenhalten und einen Kilometer vor dem Gipfel angreifen, aber Dumoulin hatte am Peyresourde entgegen der Absprachen ein viel zu hohes Tempo angeschlagen, so dass die Spitzengruppe zu früh auseinanderbrach. *Infolgedessen wurde es zu einem Kampf Mann gegen Mann*, schrieb Zeeman. Am Ende machte Pogačar 40 Sekunden der Zeit wett, die er am Vortag verloren hatte, und der Rückstand auf seinen Landsmann Roglič verringerte sich auf 45 Sekunden.

Der zweite Tag in den Pyrenäen war hart. Ich hörte, wie Zeeman nach der Besprechung mit Niermann noch kurz mit Roglič über dessen Herzfrequenz sprach. Er hatte festgestellt, dass sie nach großer Anstrengung schnell wieder sank. Ein gutes Zeichen, fand Roglič, der sagte, dass er noch nie in seinem Leben so gefahren sei und glaube, dass es ein Duell Mann gegen Mann werde.

Zeeman: »Gib alles, was du hast, Primož.«

Roglič, der drei Sekunden hinter dem Gelben Trikot lag, meinte: »Gelb ist gut für uns, Merijn, für die Jungs, das gibt ihnen zusätzliche Motivation.«

Zeeman: »Das wissen sie, oder? Wir wissen das. Halte dich einfach an den Plan, wir glauben an dich. Okay? Alles klar.« Dann hörte ich, wie Zeeman Roglič aufmunternd auf den Oberschenkel klopfte.

Am ersten Anstieg, dem Col de la Hourcère, auf den unmittelbar danach der Col du Soudet folgte, hatte sich das Peloton in seine Einzelteile aufgelöst, und es blieben nur noch sechs Mann übrig. Roglič, erzählte Zeeman später, habe schon im Bus gesagt, dass er sich gut fühle. Später im Rennen hatte der Slowene über Funk gerufen, dass sie es »probieren« sollten: Sie sollten versuchen, die Kontrolle zu übernehmen, Energie zu sparen und dann die Etappe zu gewinnen. Das klappte nicht ganz, Pogačar war am Ende zu schnell für ihn, aber sie hatten dem Führenden Adam Yates von Mitchelton-Scott 54 Sekunden abgenommen, und Roglič war nun der neue Träger des Gelben Trikots. Der Rückstand von Egan Bernal betrug 21 Sekunden. Pogačar belegte den siebten Platz mit 44 Sekunden Rückstand auf Roglič.

Niermann bilanzierte hinterher, dass man auf genau diese Art und Weise die Tour gewinnen könne. »Wenn wir die verbleibenden zwölf Etappen auch so angehen«, sagte er, »werden wir unserem Ziel ganz nah sein.«

Am Morgen nach dem Ruhetag telefonierte ich mit einem niedergeschlagenen Tom Dumoulin. Er hatte gerade gefrühstückt und war wieder auf seinem Zimmer. Er klagte über seinen Körper, den allerlei Beschwerden plagten, unter anderem ein schmerzender Rücken, verursacht durch seine verkrampfte Haltung infolge von Sitzbeschwerden, die er als sein »drittes Ei« umschrieb. »Es fühlt sich an, als würde man mir ein Messer in den Hintern stecken«, seufzte er. »Es ist echt ein Kampf. Ich kann immer noch nicht richtig auf dem Rad sitzen.«

Er zweifelte an sich selbst, wegen all der Verletzungen und dem ganze Gewese, das damit verbunden war. Er nannte es »eine Seifenoper«, auf die er keine Lust mehr habe, und klang verächtlich, als es um die »17 Millionen Psychologen« – die ungefähre Einwohnerzahl der Niederlande – ging, die wieder alles Mögliche hineininterpretieren würden. Aber er wollte nicht jammern. »Ich muss halt versuchen, irgendeine Position zu finden, mit der ich jetzt gut zurechtkomme.« Er erklärte, dass sie am Ruhetag wieder ein bisschen am Setup herumprobiert hatten, mit dem Sattel etwas höher und der Spitze etwas weiter unten. Er hoffte einfach, dass ihm das im Rennen Erleichterung verschaffen würde. Er bezeichnete sein Rad als »Foltergerät« und sagte, er werde von nun an nur noch von Tag zu Tag schauen. Es ging nicht anders. »Aber wenn es so weitergeht«, sagte er abschließend, »werde ich die Tour nicht zu Ende fahren.«

Über Lyon erreichten die Fahrer am 13. September die Alpen. Roglič hatte unter der Woche im Bus gesagt, dass er zwar Gelb trage, das Trikot aber ihnen allen gehöre, woraufhin es Beifall gab.

Zeeman erklärte, dass er und Marc Lamberts die Powermeter-Daten von Roglič analysiert hätten und zu dem Schluss gekommen seien, dass er immer besser wurde. Auch seine Herzfrequenzdaten waren sehr gut: acht bis zwölf Schläge pro Minute höher als in der ersten Tour-Woche. Mathieu Heijboer: »Das ist normal.«

Dumoulin schrieb mir: »Es ist zwar nicht toll, aber es ist auch nicht schlechter geworden.«

Zeeman schrieb mir: »Wir müssen Kräfte für die letzte Woche sparen. Es ist spannend.«

Im Bus sagte Niermann (»diese Mannschaft brennt«) den Fahrern: »Wir kommen unserem Ziel immer näher.« Zeeman schärfte Dumoulin noch einmal ein, Roglič zu beschatten, damit er bei ihm wäre, wenn Pogačar angreift. So würde sich auch nicht das Malheur vom Peyresourde wiederholen. Roglič (Zeeman: »Er ist echt in Topform.«) merkte an, dass die 15. Etappe mit Bergankunft am Grand Colombier wichtiger sein würde. »So wie die ganze nächste Woche.« Zeeman prophezeite, dass Dumoulin »in der letzten Woche superwichtig« sein werde.

In einem Telefonat hatte mir Dumoulin gesagt, dass sie die Tour dominierten und niemand ihnen wegfahren könne. »Als Yates es am Samstag probierte, habe ich ihn wieder zurückgeholt«, erzählte Dumoulin, »und das hat die anderen entmutigt. Vielleicht nicht schön für die Zuschauer, aber wir wollen die Tour gewinnen. Dass ich Yates zurückholen konnte, fühlte sich für mich wie ein Sieg an. So habe ich mir das vorgestellt. Und sollte ich nächste Woche in Paris unter den ersten zehn ankommen, wird sich auch das wie ein Sieg anfühlen. Mein Hintern? Alles wieder in Ordnung.«

Im Bus sprach Zeeman seinen Fahrern Mut zu. »Wir fahren defensiv«, sagte er, »wenn andere Teams was reißen wollen, müssen sie schon selbst in die Gänge kommen. Und wir wissen, dass Tom und Sepp Primož jederzeit wieder heranführen können. Danach ist es an Primož.«

Roglič lag in der Gesamtwertung weiterhin vorn, mit einem Vorsprung von 40 Sekunden auf Pogačar. Er wusste, dass ihm sein Landsmann keine Atempause gönnen würde. Pogačar sei ein Typ, so Roglič, »der einfach immer weitermacht. Tadej ist ein sehr, sehr harter Gegner.«

Dumoulin: »Du kannst ihm keine hundert Meter geben.«

Roglič: »Nein, nein, dann holst du ihn nicht zurück.«

Niermann: »Wenn er antritt, musst du sofort reagieren, Primož.«

Zeeman: »Er ist der Einzige, bei dem du das wirklich musst, aber pass auf, dass du nicht platzt.«

Dumoulin: »Du musst deine entscheidende Patrone aufbewahren.«

Am letzten Mittwoch der Tour saß ich wieder bei Heijboer am Küchentisch in Rotterdam-Zuid. Es waren noch drei Etappen bis zum Zeitfahren hinauf zur Planche des Belles Filles zu absolvieren. Die heutige Etappe endete am Gipfel des Col de la Loze, einem Anstieg, den Roglič in den vergangenen sechs Wochen viermal bei Erkundungsfahrten bezwungen hatte. »Er birgt für ihn keine Geheimnisse mehr«, sagte Heijboer über den Pass. »Und wenn man einen Anstieg kennt, kann man seine Kräfte besser einteilen, es gibt Referenzpunkte, und das beruhigt den Fahrer. Die Erkundungsfahrt im Vorfeld beseitigt die Unsicherheit.«

Als ich von ihm wissen wollte, ob Roglič bis hierher eine fehlerfreie Tour gefahren sei, kam Heijboer noch mal auf die Etappe am Peyresourde zu sprechen. Seiner Meinung nach war Roglič eine strategische Fehleinschätzung unterlaufen, als Dumoulin seinen eigenen Plan durchzog und viel zu schnell an der Spitze fuhr. Roglič hätte dem attackierenden Pogačar folgen sollen, statt, wie er es getan hatte, seine Kräfte zu schonen. Das war ein Punkt, auf den sie in ihrer Analyse am Ende des Jahres noch zurückkommen würden, und das würde zu neuen Einsichten führen.

Heijboer selbst war den ganzen Tag über äußerst angespannt. Später erzählte er, dass Marc Lamberts ihn aus dem Trainingslager angerufen und gesagt habe, er sei »furchtbar nervös« und schon hundert Runden um den See in Tignes gelaufen.

Heijboer stufte die Etappe als gefährlich ein und erwartete einen »Tag der Wahrheit«. Es ging bis auf 1.800 Meter hinauf, darunter ein brutal steiler Abschnitt rund sieben Kilometer vor dem Gipfel. Er hielt es für unwahrscheinlich, dass Roglič und Pogačar gemeinsam das Ziel erreichen würden. »Heute wird sich zeigen, ob dies die entscheidende Etappe sein wird oder doch das Zeitfahren am Samstag«, sagte er.

Würde Roglič mit einem Vorsprung von 40 Sekunden in das Zeitfahren gehen, wäre er sehr zuversichtlich, was dessen Siegchancen anging. »Bei der Vuelta im letzten Jahr war Pogačar anderthalb Minuten langsamer als Primož. Entscheidend ist, heute nicht zu viel Zeit zu verlieren.«

Sieben Kilometer vor dem Ziel saß Heijboer zusammengekauert in seinem Sessel und starrte auf den Fernseher. Er hatte die Ellbogen auf die Oberschenkel gestützt und den Kopf in die Hände gelegt. Er stieß einen Seufzer nach dem anderen aus.

»Ich glaube, Pogačar ist heute nicht so stark«, sagte er.

Die Kilometer zogen vorbei, und die Topfahrer quälten sich allein oder in Gruppen über den Asphalt, vorbei an Heidekraut, das auf den Bergwiesen blühte. Sepp Kuss lag noch immer an der Spitze, dahinter Roglič, Pogačar, Lopez und Porte. Als Kuss attackierte, reagierte Lopez, der eine Minute hinter Pogačar auf dem vierten Platz der Gesamtwertung lag. Darum musste auch Pogačar reagieren.

»Oh, Primož, Junge!«

»Ja! Komm schon! Er bricht ein, er bricht ein! Komm Kuss, gib Gas. Er bricht ein! Pogi bricht ein!«

Dann schlug er kräftig die Hände zusammen: »Komm, Primož! Sieh dir das an, er klettert mit den Händen unten am Lenker. Ja, das ist sehr gut. Gas, Gas, Gas! Komm schon, Junge, komm schon!«

Nach der Zieldurchfahrt stieß Heijboer einen tiefen Seufzer aus. »Solche Tage machen einen echt fertig.« Er griff nach seinem Handy. Eine Nachricht von Lamberts. Heijboer las sie vor: *»Ich habe gerade meinen Sarg bestellt.«*

Roglič, der Zweiter hinter Lopez geworden war, erklärte der internationalen Presse über eine Videoverbindung, dass er attackieren konnte, weil er Kuss die ganze Zeit bei sich gehabt hatte und so ein paar Körner sparen konnte. »An diesem Anstieg ist man froh über jeden Meter, den man jemand bei sich hat«, sagte er. Sein Vorsprung auf Pogačar war auf 57 Sekunden angewachsen.

»Es ist noch nichts entschieden«, sagte Heijboer, »aber ich werde morgen mit einem guten Gefühl ins Auto steigen und mich auf den Weg zum Zeitfahren am Samstag machen.«

Am Abend erhielt ich eine Nachricht von Zeeman. Er war seit sechs Wochen von zu Hause fort und vermisste seine Familie. Er hatte das Gefühl, dass die Anspannung und die Müdigkeit allmählich Spuren hinterließen. *Aber ich fühle auch*, schrieb er, *dass ich seit Jahren auf genau das hier hingearbeitet habe. Das ist mein Lebensziel. Jetzt möchte ich es zu Ende bringen.*

Am nächsten Tag war Heijboer, der nur für die Zeitfahren in den großen Rundfahrten zur Mannschaft stieß, auf dem Weg nach Lure in den Vogesen, wo am Samstag die Etappe zur Planche des Belles Filles starten würde. Heijboer hatte soeben Nancy passiert und sprach von einem »außergewöhnlichen Zeitfahren«, da die Anfahrt flach war und das Ende aus einem steilen, sechs Kilometer langen Anstieg bestand, der »dich komplett aus dem Rhythmus bringt«. Er sagte, Roglič habe das ganze Jahr über mit Radwechseln trainiert. »Ich glaube, Tom kommt damit nicht so gut klar – das hat man auf der Etappe heute auch gesehen –, aber er kann ein sehr hohes Tempo halten.«

Heijboer plante, zweimal die Strecke abzufahren, bevor die Fahrer in Lure eintrafen, einmal mit Zwischenstopps, um sich Notizen zu machen, und einmal am Stück, um eine aktuelle Videoaufnahme zu bekommen. »Es wird auf jeden Fall spannend«, sagte er. »Größer als das hier wird's nicht.«

Dennoch wollte er nicht so weit gehen wie Zeeman, der es sein Lebenswerk genannt hatte. Heijboer erkannte sich in diesem Gefühl durchaus wieder, aber er verband damit etwas anderes. »Bei mir ist es eher das Gefühl: Siehst du, wir können es schaffen! Da ist immer noch diese Wunde von 2015, als wir die Deppen des Pelotons waren. Aber diesmal wird es klappen!«

Die Tour de France zu gewinnen, war für ihn etwas so Großes, etwas, das so lange außer Reichweite lag, dass es ihm fast unwirklich vorkam. Diese Tour, mitten in der Corona-Pandemie, gegen all die Teams, die sich intensiv vorbereitet hatten, und dann am Ende ganz oben zu stehen, das, gab Heijboer zu, sei ein »stolzes und befriedigendes« Gefühl.

Zum Schluss fragte ich ihn, was er am Samstagabend machen würde. »Keine Party für mich«, sagte er. »Ich fahre Samstag nach der Etappe wieder nach Hause. Und das ist auch gut so. In Paris herrscht Corona-Alarmstufe Rot, und meine Frau arbeitet in der Pflege. Ich werde zu Hause eine Flasche aufmachen.«

Kapitel 15

Zeitfahren Nr. 1

Merijn Zeeman sagte, er fahre »herrlich« auf einer »schönen französischen Landstraße«. Es war Freitagnachmittag, der 18. September 2020, und genau in diesem Moment traf Mathieu Heijboer in Lure ein, wohin auch Zeeman unterwegs war. In Lure in den Vogesen würde am nächsten Tag das entscheidende 36,2 Kilometer lange Zeitfahren mit Zielankunft oben auf der Planche des Belles Filles starten. Im Auto wollten sie die Strecke ein letztes Mal gemeinsam abfahren.

Zeeman hatte zwar behauptet, es sei »herrlich«, allein hinter dem Steuer zu sitzen, aber sarkastischer hätte er kaum klingen können. Er hatte überhaupt nicht dort sein wollen. Am Abend vorher war er von der UCI von der Tour ausgeschlossen worden, und während die Fahrer auf der 19. Etappe über 200 Kilometer von Bourg-en-Bresse nach Champagnole Richtung Süden fuhren, erzählte er, was passiert war.

Zunächst einmal betonte er, dass er »superdumm« gewesen sei. Wenn er gewusst hätte, was auf dem Gipfel des Col de la Loze passieren würde, hätte er »zehn Valium« eingeworfen. Er hatte sich nach der Etappe vehement darüber beschwert, dass ein Jurymitglied der UCI bei der technischen Kontrolle seiner Meinung nach zu hart mit Rogličs Rad umgesprungen sei.

Zeeman war schon am Morgen stinksauer gewesen, als ein Dopingkontrolleur sich eine halbe Stunde vor dem Start der Etappe Zugang zum Teambus verschafft hatte, um dem Träger des Gelben Trikots Blut abzunehmen. Wusste er als zugelassener Arzt denn nicht, dass wegen des Kontaminationsrisikos nur Leute aus der »Bubble« in den Bus durften? Müde, wie er war, hatte sich Zeeman mit den übernervösen, ungeschickten Ärzten angelegt, die mit kaputten Hygienehandschuhen versuchten, seinem Kapitän Blut abzunehmen.

Zu allem Überfluss hielt sich nach der spannenden Schlussphase des Rennens auch noch der französische Präsident im Zielbereich auf. Sämtliche Sicherheitskräfte am Ziel schienen unter Hochspannung zu stehen. Als Zeeman sich zur Dopingkontrolle begab, wurde er von einem Wachmann aufgehalten, der ihm den Zutritt verweigerte. Zeeman war genervt, wurde aber schließlich durchgelassen. Dann kam es zum Eklat, als ein UCI-Mitarbeiter ihm mitteilte, dass er Rogličs Rad diesmal nicht nur auf einen Hilfsmotor im Rahmen durchleuchten würde, sondern die Maschine komplett auseinandernehmen würde. Zeeman war nun stinksauer und teilte dem Mann mit, dass die Kontrolleure wegen des Corona-Protokolls die Räder bei dieser Tour nicht anfassen, sondern nur scannen dürften und dass aus eben diesem Grund auch keine Mechaniker des Teams anwesend seien, um das Rad bei Bedarf zu zerlegen. Der Mann von der UCI hatte dann von sich aus angefangen, am Rahmen herumzufummeln, und dabei das Rad beschädigt, so Zeeman. »Und dann wurde ich echt giftig«, sagte Zeeman. »So von wegen: ›Bist du jetzt stolz auf dich? Dass du auf dem Rad des Gelben Trikots sitzen darfst?‹ Tja, ich war wohl nicht besonders nett, stimmt schon.«

Zeeman beruhigte sich schließlich und entschuldigte sich für sein Verhalten. Der Mann von der Rennjury nahm die Entschuldigung an und sah ein, dass alles »im Eifer des Gefechts« geschehen war.

Dennoch schloss die UCI Zeeman am Abend von der Rundfahrt aus. »Ich sah alles in Rauch aufgehen«, sagte Zeeman, der noch 25 Kilometer von Lure entfernt war. Inzwischen war ihm der Gedanke gekommen, etwas anderes mit seinem Leben anzustellen. Am besten ein Job ohne »Megaziele«. »Vielleicht braucht man gar nicht so viel, um glücklich zu sein.«

Er gab zu, dass er am Abend vorher am liebsten direkt nach Hause gefahren wäre, weil ihm alles zu viel geworden war. Er sprach von seiner Frau, die ihm Zuversicht gab und für ihn ein Ruhepol war, aber dass sich in ihrem Alltag alles um das Team drehte und sie im so beschaulichen Bussum kein normales Familienleben führten.

Zeeman hatte ein schlechtes Gewissen. »Es gibt keinen Moment, in dem Jumbo-Visma nicht da ist«, sagte er. »Aber kriege ich das von zu Hause aus auf die Reihe, mich um das Team zu kümmern, um den Plan, den Prozess? Das Team ist allgegenwärtig. Und so geht es weiter und weiter, mit Corona, mit Dylan, mit der Tour, jetzt mit Gelb. Aber für mich ist es Leidenschaft, eine Bestimmung, ein Lebensinhalt. Und ich kann diese Arbeit nicht ein bisschen weniger machen. Was ich möchte, ist, eine engagierte und inspirierte Führungspersönlichkeit zu sein. Das ist, glaube ich, der richtige Weg. Diese Herangehensweise hat dem Team viel gebracht. Also: entweder ganz oder gar nicht.«

Er erzählte, dass Grischa Niermann ihn abends in seinem Zimmer aufgesucht, sich auf die Bettkante gesetzt und sehr eindringlich mit ihm geredet habe. Er dürfe die Mannschaft nicht verlassen, Niermann brauche ihn und wolle, dass er ihn in Frankreich weiter unterstütze. Zeeman blieb und rief Heijboer an, um zu fragen, wie er sich nützlich machen könnte. »Indem du dich ins Auto setzt«, sagte Heijboer, der bereits auf dem Weg in die Vogesen war, »und nach Lure kommst, um mir bei der Vorbereitung zu helfen.«

Bei Jumbo-Visma zweifelte niemand daran, dass es klappen würde. Teamchef Richard Plugge hatte am Vortag von einem »euphorischen Gefühl« gesprochen. Roglič hatte Pogačar in einem Zeitfahren bei der Vuelta im Jahr zuvor deutlich geschlagen. Angesichts eines Vorsprungs von 57 Sekunden auf seinen Landsmann konnte eigentlich nichts mehr schiefgehen, und Rogličs Trainer Marc Lamberts zufolge war auch sein Schützling sich seiner Sache sehr sicher. Lamberts erinnerte sich an ein Telefonat, das er mit ihm am Tag vor dem Zeitfahren führte.

»Marc, komm nach Paris und bring deine Frau mit, das wird eine Riesenparty.«

In den Stunden vor dem Start, so Heijboer, sei Roglič »unglaublich entspannt« gewesen. »Und morgens bei der Erkundung«, sagte er, »war er superschnell. Er holte sogar Wout ein. Der meinte hinterher: ›Das hat echt ein bisschen an meiner Moral gekratzt.‹«

Frans Maassen war wie der Rest des Teams überzeugt, dass »nichts anbrennen« würde. Aber das änderte sich, als er sah, wie schnell Roglič morgens beim Einfahren war. Und auf einmal wollten auch andere Fahrer mit auf Erkundung und andere Laufräder probieren. Als er mit Roglič am Hotel ankam, wo er sich vor dem Start ausruhen sollte, war das Zimmer noch nicht gemacht. Das Personal hielt den Fahrer eine Weile in der Lobby fest, sie mussten erst noch einige Bestellungen aufnehmen und ein paar Essen servieren, bevor sie das Zimmer in Ordnung bringen konnten. Maassen hätte sich selbst ohrfeigen können.

Zeeman stand derweil mit einer Stoppuhr in der Hand am Straßenrand. Roglič würde nach 7,5 Kilometern an ihm vorbeikommen. Zeeman war »superselbstbewusst« und zuversichtlich. Wenn Roglič am Nachmittag diese Stelle passierte, wären es noch 30 Kilometer bis zum Ziel. Den weiteren Verlauf des Zeitfahrens würde Zeeman am Laptop von NOS-Reporter Steven Dalebout verfolgen.

Van Aert erzählte, dass alles in Butter zu sein schien. »Ich konnte Primož an diesem Tag nicht im Rennen unterstützen, aber es schien auch nicht nötig zu sein. Wir hatten eine Minute Vorsprung.«

Heijboer würde am späten Nachmittag im Auto hinter Van Aert sitzen, der sich bei dieser Tour mit guten Kletterleistungen selbst überrascht hatte und sich in der Form seines Lebens fühlte. Er hoffte, am Nachmittag eine Chance auf den Etappensieg zu haben.

Während Heijboer also Van Aert als Coach betreute, sollte Niermann mit Frans Maassen im Wagen sitzen, der hinter Roglič fuhr.

Niermann hatte den Eindruck, dass Roglič sich stark fühlte. »Er wollte alle Zwischenzeiten wissen«, erzählte Niermann.

Heijboer sagte am Abend vor dem Zeitfahren, dass Rogličs Pacing-Strategie vorsah, dass er mit »einer gewissen Umsicht« loslegte. Er sollte mit einer Leistung zwischen 350 und 360 Watt starten und sich im zweiten Teil – seinem stärkeren Teil – auf etwa 380 Watt steigern. Auf den letzten Kilometern, im Anstieg, rechnete eigentlich niemand mit Problemen, denn Roglič sei in den vergangenen Tagen »der beste Kletterer in den Alpen« gewesen, so Heijboer. Am Berg sollte er »locker« über 400 Watt liegen. »So viel hat er an solchen Anstiegen während der ganzen Tour aufs Pedal gebracht«, sagte Heijboer.

Als Pogačar kurz vor Roglič als vorletzter Fahrer des Tages auf die Strecke ging, dauerte es nicht lange, bis Heijboer feststellte, dass Pogačar im Flachen »abging wie eine Rakete«.

Eine Machtdemonstration, dachte Heijboer.

Niermann: »Ich dachte: Der wird sich noch selbst überholen.«

Heijboer: »Wahrscheinlich wollte er uns nervös machen.«

Nach sieben Kilometern zeigten die Fernsehbilder, dass der Abstand zwischen den beiden im virtuellen Gesamtklassement auf 45 Sekunden geschrumpft war. Maassen hatte inzwischen erkannt, dass Roglič »über seinem Limit fuhr«.

Als noch 17 Kilometer zu fahren waren, hatte Roglič noch einen Vorsprung von 39 Sekunden.

13 Kilometer vor dem Ziel war der Vorsprung auf 30 Sekunden geschrumpft.

9,2 Kilometer vor dem Ziel waren es noch 26 Sekunden.

Niermann rief Roglič zu Beginn des Anstiegs zu: »Du bist der Beste, du wirst gewinnen!« Er dachte sich: Das wird eine knappe Kiste. »Sekunde für Sekunde, Mann gegen Mann.«

Heijboer stellte das Auto hinter dem Ziel ab und beglückwünschte Van Aert für seine starke Zeit. Mit 57:26,85 Minuten lag er vorläufig in Führung.

Anschließend flüchtete Heijboer aus dem Gedränge im Zielbereich. Er hatte gesehen, dass Roglič auch auf dem zweiten und dritten Abschnitt immer mehr Zeit verlor. Er setzte sich an einen Hang. »Ich hoffte nur, dass es bald vorbei sein würde«, sagte er.

Tom Dumoulin, der den neunten Platz in der Gesamtwertung belegte, war der vorletzte Jumbo-Visma-Fahrer, der noch auf der Strecke war. Nach seiner eigenen Einschätzung lief es für ihn an diesem Tag »echt gut«. Nach zehn Kilometern hatte er Alejandro Valverde überholt, der 90 Sekunden vor ihm gestartet war. »Schön«, sagte er später. »Ein kleiner Schub für die Moral.«

Dumoulin hatte auf dem Weg zur Planche des Belles Filles seinen besten Tag bei der Tour 2020. Tatsächlich hatte er seit seinem zweiten Platz bei der Tour 2018, als er Chris Froome im abschließenden Zeitfahren geschlagen hatte, nicht mehr so gute Beine gehabt. Dumoulin hatte das Gefühl, wieder auf seinem alten Niveau zu sein. So muss es sein, dachte er.

4,9 Kilometer vor dem Ziel zeigte die Zeitmessung noch einen Vorsprung von 22 Sekunden für Roglič an. Maassen, der am Steuer saß, wusste nicht mehr, wie er Roglič coachen sollte. »Wir konnten ihm auch nicht mehr erzählen, dass alles in Butter war. Wir mussten ehrlich zu ihm sein.«

4,7 km: 15 Sekunden.

Niermann vermutete, dass Roglič an seiner Stimme hören konnte, wie es um ihn stand.

Van Aert nahm als vorläufig Schnellster auf dem heißen Stuhl Platz. Anfangs dachte er, dass Roglič das Zeitfahren vielleicht nur etwas verhalten angegangen war, aber je länger das Rennen dauerte, desto mehr beschlich ihn ein ungutes Gefühl. »Insgeheim brach unsere Welt zusammen«, sagte Van Aert.

4,6 km: 12 Sekunden Vorsprung.

4,5 km: 9.

4,4 km: 8.

4,3 km: 6.

4,1 km: 0 – Roglič und Pogačar gleichauf.

3,9 km: + 4.

3,8 km: + 6.

3,7 km: + 10.

3,7 km: + 15.

3,7 km: + 28.

3,7 km: + 33.

3,5 km: + 16.

Die Zeitmessung war heillos durcheinandergeraten.

3,5 km: + 13.

3,4 km: + 13.

3,3 km: + 10.

3,3 km: + 16.

Heijboer hörte den Hubschrauber, der Pogačar und Roglič folgte, im Anflug. Hin und wieder schaute er auf sein Handy. Er bekam Nachrichten. *Das kann doch nicht sein?* Oder: *Das ist doch nicht wahr?* Auch seine Frau schickte eine Nachricht: *Ich kann nicht mehr hinsehen.* Heijboer: »Da wusste ich, dass es nicht gut lief.«

Er wünschte, sich für 20 Minuten außer Gefecht setzen zu können und durch den Jubel der Coachs und Betreuer im 300 Meter entfernten Camper von Jumbo-Visma wieder zu Bewusstsein zu kommen. Er rief seine Frau an. »Ist es wahr, was ich höre und was ich sehe?« Seine Frau weinte.

Maassen: »Es war schrecklich.«

Dumoulin überquerte die Ziellinie und dachte: Das habe ich gewonnen, wer kann mich schlagen, wenn ich zehn Sekunden vor Van Aert ins Ziel komme? Pogačar hatte er gar nicht auf der Rechnung. In der Gesamtwertung kletterte er von Platz neun auf Platz sieben.

Als Van Aert sah, dass Dumoulin seine Zeit auf 57:16,30 Minuten verbessert hatte, blieb er mit seinem schnelleren Teamkollegen im Zielbereich. Van Aert störte sich an den Kameras um sie herum. Er und Dumoulin suchten die Unterstützung des jeweils anderen. Das konnte doch nicht sein? Sie sahen sich ungläubig an. Ist es wahr, was wir da sehen? Die eigenen Zeiten spielten keine Rolle mehr. »Es war ein böses Erwachen«, sagte Van Aert.

3,1 km: + 19.

2,8 km: + 25.

2,2 km: + 48.

Fuck, dachte Dumoulin. Primož war völlig eingebrochen, und Pogačar hatte einen starken Tag erwischt, aber so stark, dass er seine Bestzeit unterbieten und ihn schlagen würde? Nein, damit hätte Dumoulin nicht gerechnet.

Als Zeeman auf dem Laptop sah, dass »die Sache in die Hose ging«, setzte er sich ins Auto und rief seine Frau an. Danach spürte er nur noch »Resignation«. Er tippte den Entwurf einer Nachricht in die WhatsApp-Gruppe der Fahrer, schrieb, dass sie sich nichts vorzuwerfen haben, dass sie stolz sein sollten, dass sie gekämpft hätten, und das war's dann. Den Sportlichen Leitern und Trainern wünschte er viel Kraft. Er würde die Nachrichten später abschicken.

Pogačar kam mit einer Zeit von 55:55,21 Minuten ins Ziel.

Dumoulin war perplex. Nein. Nein! Das kann nicht sein, schoss es ihm durch den Kopf. Er stand mit »offenem Mund« da. Pogačar war eine Minute und 21 Sekunden schneller gewesen als er.

Roglič hatte noch einen Kilometer vor sich. Es sah hundeelend aus. Sein Gesicht war gerötet, der Aerohelm saß schief auf seinem Kopf, und in seinen Augen lag ein verwirrter Blick. Ein Blick des Unglaubens, der Ratlosigkeit und der Niederlage. Als er unter der *Flamme rouge* hindurchfuhr, die den letzten Kilometer anzeigt, stand die Uhr bei 55:33 Minuten.

Zwei Minuten später kam Roglič völlig erschöpft ins Ziel. Seine Zeit: 57:51,55 Minuten. Er brauchte somit eine Minute und 56 Sekunden länger als Pogačar, der nach 3.362,2 Kilometern quer durch Frankreich einen Vorsprung von 59 Sekunden herausgefahren hatte und seinem Landsmann das bereits sicher geglaubte Gelbe Trikot kurz vor dem Ziel in Paris noch entriss.

Dumoulin stand vollkommen perplex da und fühlte sich »beschissen«, er wusste aber, dass Roglič sich »noch zehnmal beschissener« fühlte. Er dachte zurück an 2015, als ihm der Sieg bei der Vuelta am vorletzten Tag noch durch die Finger geglitten war. Dies hier fühlte sich sogar noch »apokalyptischer« an als damals. »Man kann ihm nur die Hand auf die Schulter legen«, sagte Dumoulin. »Das ist alles, was man tun kann, und mehr will er wahrscheinlich auch nicht.«

Auch Van Aert, der neben Dumoulin stand, fiel nicht mehr ein, als zu sagen: »Kopf hoch, du hast dir nichts vorzuwerfen«. »Aber Primož reagierte nicht«, sagte Van Aert. »Er war ganz weit weg.«

* * *

Mathieu Heijboer fuhr ein paar Stunden später über die Maut-Autobahn nach Norden, weg vom Ort des Unheils, weg von der Niederlage. Er klang matt und hatte »einen schrecklichen Knoten« im Magen, genau wie an dem Tag vier Jahre zuvor, als Steven Kruijswijk beim Giro stürzte und einen fast sicheren Sieg verspielte. »Kennst du das?«, fragte Heijboer. »Dieses Gefühl? Wie damals, als die Brasilianer bei der WM 1994 das 3:2 gemacht haben.«

Heijboer hatte noch keine fertige Analyse der Ereignisse parat – die Leistungsdaten waren noch unvollständig, weil Roglič das Rad gewechselt hatte und die Daten von einem der Räder noch nicht auf seinen Computer hochgeladen waren. Er fluchte nicht zum ersten Mal über das verflixte französische Mobilfunknetz, das echt eine Katastrophe sein konnte. »Aber Primož war am Anstieg sicher nicht besonders gut«, sagte er.

Da der Empfang schlecht war, schlug ich vor, ihn später am Abend zurückzurufen. Dann versuchte ich, Merijn Zeeman zu erreichen. Zeeman sagte, er fühle sich »niedergeschlagen«. Er hatte den Soundtrack zum Film *Sing* an, den er und seine Familie vergangenes Weihnachten im Skiurlaub oft gehört hatten. Bei Liedern wie »I'm Still Standing« und »Don't You Worry 'bout a Thing« sang er ein wenig mit. Diese Playlist machte ihm klar, dass es Dinge gab, die wichtiger waren als das Gelbe Trikot.

Inzwischen hatte Zeeman die Kraft gefunden, um Heijboer und Niermann Nachrichten zu schicken, in denen er ihnen für die Zusammenarbeit in den vergangenen Monaten dankte. Er habe die Freundschaft, die sich in dieser Saison entwickelt habe, sehr genossen. »Klingt vielleicht verrückt«, sagte Zeeman, »aber das ist etwas, das ich nie vergessen werde. Ich bin dankbar, dass ich das mit den beiden erleben durfte, auch wenn es so traurig endet.«

Er betonte, dass man in seinem Leben auch Platz für Enttäuschungen haben müsse und es wichtig sei, dieses Gefühl ebenfalls zuzulassen. »Das ist ein echtes Gefühl«, sagte er, »das Menschen mit sich herumtragen. Man muss nicht versuchen, es durch etwas anderes zu ersetzen. Es hat auch seine Berechtigung.«

Er schwieg eine Weile, dann sagte er: »Ja, Sport ist schön.«

Als ich später wieder Heijboer anrief, hatte er inzwischen Rogličs Daten sichten können. Sein erstes vorläufiges Fazit war, dass die ersten Kilometer so verlaufen waren, wie sie es erwartet hatten und er am Anstieg unter seinen Möglichkeiten geblieben war. Heijboer zufolge hätten es 15 bis 20 Watt mehr sein können.

»Aber bevor der Anstieg überhaupt begann«, fuhr Heijboer fort, »hatte er schon 40 Sekunden eingebüßt.«

Er wusste es natürlich nicht genau, aber es würde ihn nicht wundern, wenn Pogačars Zwischenzeiten »bei Primož mental Wirkung hinterlassen« hätten. Womöglich war er deshalb im Flachen zu schnell angegangen und hatte dann am Anstieg nichts mehr zuzusetzen gehabt.

Wenn er auf die Erwartungen im Vorfeld der Etappe zurückblickte, musste Heijboer einräumen, dass er nicht gedacht hätte, dass Roglič mit diesen Werten zu schlagen sein würde. Er hatte sich noch einmal bei Lamberts erkundigt, und auch Rogličs Trainer teilte diese Meinung.

Zeeman befand, dass sie einfach das Pech gehabt hätten, an einen Fahrer zu geraten, der das ganze Feld deklassiert hatte. »Ich meine«, sagte Zeeman, »Tom hat eine höhere Leistung getreten als 2017 bei seinem WM-Titel im Zeitfahren in Bergen und er hat 1:20 Minute von Pogačar kassiert. Deshalb sage ich: Selbst ein Primož in Topform hätte heute das Gelbe Trikot verloren.«

Gegen Mitternacht traf Zeeman seinen Kapitän im Hotel. Er sah einen Fahrer, der »unter Schock« stand. Zeeman sagte Roglič, dass er stolz auf ihn sei, worauf dieser anfing, sich immer wieder zu entschuldigen. »Davon will ich nichts hören«, sagte Zeeman. »So etwas darfst du nicht einmal denken.«

Dumoulin verstand gut, dass Roglič immer wieder sagte, wie leid es ihm tue. Er selbst hatte es 2015 genauso gehalten, als er bei der Vuelta am vorletzten Tag die Führung abgab, und auch 2018 beim Giro, wo er als Titelverteidiger Chris Froome unterlegen war. »Das fand ich immer besonders beschissen«, sagte Dumoulin. »Man hat einfach ein schlechtes Gewissen gegenüber der Mannschaft. Aber ich habe jetzt bei Primož gesehen, wie ungerechtfertigt dieses Gefühl ist. Ich bin auch nicht wütend auf ihn. Für ihn selbst ist es das Allerschlimmste.«

Im Nachhinein blickte Dumoulin mit gemischten Gefühlen auf sein eigenes Zeitfahren. Er war zwar wieder auf dem Niveau von 2018, trotzdem hatte ein anderer Fahrer ihm anderthalb Minuten abgenommen. Er fragte sich: Wie war das möglich? Wie kann jemand eine solche Leistung treten? Er kannte die Wattzahlen, die er selbst auf die Pedale brachte, und ihm wurde klar: Da werde ich niemals mithalten können. Er konnte nur hoffen, sich nicht allzu oft mit Pogačar und dessen Wunderbeinen messen zu müssen, denn wie hart er auch trainierte, dieses Niveau würde er niemals erreichen. »Das ist bitter«, sagte er.

»Wenn man heutzutage diese Fähigkeiten mitbringen muss, um eine Grand Tour zu gewinnen, dann werde ich keine Grand Tour mehr gewinnen. Das ist die Erkenntnis, die ich aus diesem Zeitfahren mitgenommen habe. Und natürlich hat mich dieser Gedanke ein bisschen traurig gemacht.«

Marc Lamberts blickte Monate später auf diesen Tag zurück und sagte, dass niemand bei Jumbo-Visma eine Leistung von 6,5 W/kg »an der Schwelle« treten konnte, wie Pogačar es getan hatte. Lamberts meinte, dass ein Eddy Merckx nur einmal in hundert Jahren geboren wird und dass Pogačar ein neuer Merckx sein könnte.

»Okay, ich lasse das mal so stehen«, sagte er über seinen eigenen Vergleich. »Aber diesen Pogačar habe ich in den Alpen nicht gesehen. Weder am La Loze, wo er abreißen lassen musste, noch am Tag danach auf der Gravel-Passage, wo er wohl auch hätte abreißen lassen müssen, wenn der Abschnitt hundert Meter länger gewesen wäre. Und dann legt er zwei Tage später ein Zeitfahren hin, das seinesgleichen sucht, und bei dem Dumoulin sagt, er hatte so gute Beine wie 2017 in Bergen, und Wout gewinnt nicht mal eine Woche später Zeitfahr-Silber bei der WM. Und diese Jungs kriegen da von Pogačar mit 1:20 und 1:30 den Hintern versohlt?«

Lamberts wies darauf hin, dass Roglič nicht sein bestes Zeitfahren gezeigt habe, andererseits mit dem fünften Platz aber auch nicht komplett eingebrochen war. Der Trainer meinte, dass er mit »seinem besten Zeitfahren *ever*« in den Bereich von Dumoulin hätte kommen können.

»Aber Primož hätte die Etappe niemals gewonnen, das steht fest.«

Ein Jahr später, bei den Evaluierungstagen von 2021, erzählte mir Lamberts, dass Roglič auf dem letzten Viertel der Strecke keinen Punch mehr gehabt habe und seine Herzfrequenz am Tag des Zeitfahrens bereits »gedrosselt« war, auf maximal 190 Schläge pro Minute, zehn Schläge unter dem normalen Wert. Deshalb habe er sein Anaerob-System – das Energiesystem, das bei einem Sauerstoffdefizit zum Tragen kommt – schon in den drei vorangegangenen Tagen »geschrottet«, angefangen mit der Etappe zum Col de la Loze.

»Primož war für das Zeitfahren nicht gewappnet«, sagte Lamberts. »Und ich denke, er wusste das, denn er hat schon bei der Erkundung keinen Pulsmesser getragen.«

Lamberts räumte am Tag nach dem verlorenen Zeitfahren ein, dass er, so wie viele andere im Team auch, schwer daran zu schlucken hatte. Wäre er Trainer bei einem anderen Team gewesen, hätte er sich vielleicht auch andere Fragen gestellt, zum Beispiel über Wout van Aert. Wie war es möglich, dass jemand, der 78 Kilo wiegt, Fahrern wie Landa, Bernal und Thomas am Berg davonfahren konnte? »Wir werden es wohl nie erfahren. Ich kann die Leistungen, die an diesem Tag an der Planche getreten wurden, nicht erklären.«

* * *

Der letzte Sonntag der Tour war ein schwerer Tag. Zeeman schickte per App eine Nachricht an das gesamte Team. Er schrieb, dass er die Worte nicht aussprechen könne, »ohne zu weinen«, und deshalb habe er sie schriftlich festgehalten. *Wir haben gestern das Gelbe Trikot verloren*, schrieb er, *aber das bedeutet nicht, dass eure Arbeit umsonst war.* Er stellte fest, dass sie sich gegenseitig in jeder Hinsicht besser gemacht hätten, und das sei, trotz der Niederlage, »eine bleibende Errungenschaft«. Er forderte alle auf, dies als ein »großes Geschenk« zu betrachten und die Tatsache zu schätzen, dass sie gemeinsam Dinge erlebt hätten, die sie nie vergessen würden. *Wenn ihr gleich nach Paris reinfahrt, solltet ihr das im Hinterkopf behalten und das TJV-Shirt mit Stolz tragen. Vielen Dank für alles.*

Für die Fahrer hatte er eine Botschaft in englischer Sprache vorbereitet, in der er ihnen sagte, dass sie die beste Gruppe von Fahrern seien, die er je gecoacht habe, und er lobte sie für ihre Ehrlichkeit, ihr Feedback, ihr Verantwortungsgefühl und ihre Fähigkeit, im Rennen ihre eigenen Pläne zu schmieden. Er teilte ihnen mit, dass er stolz darauf sei, dass sie es so weit gebracht hätten, dass er das nie vergessen werde und alles »in seinem Herzen« bewahren werde. *Diese Mannschaft wird wieder die beste sein, wir werden zusammen große Dinge erreichen und wir werden wiederkommen. […] Fahrt nach Paris und fahrt mit Stolz.* Er beendete die Nachricht mit drei kleinen Herzen.

Vor dem Start der letzten Etappe ergriff Niermann im Bus das Wort. Er sprach von einem »schweren Tag« und erklärte, dass es leider nicht hatte sein sollen. Im nächsten Jahr würden sie wiederkommen und es erneut versuchen: »Wir werden lernen müssen, damit zu leben, dass gestern jemand besser war.«

Als Niermann geendet hatte, meldete sich Roglič zu Wort, obwohl es »nicht viel zu sagen« gab. Auch er teilte seinen Teamkollegen mit, dass er »stolz« auf sie sei, bedankte sich bei ihnen für die vergangenen Wochen und erklärte, dass sie »in seinem Herzen« alle Sieger wären und dass sie diese Tour zum Erfolg gemacht hätten. »Vielleicht bin ich am Anfang zu schnell angegangen, aber letztendlich war ich gestern einfach nicht gut genug«, gab er sich erneut schuldbewusst. »Ehrlich gesagt ist es so gewesen und deshalb kann ich die Niederlage akzeptieren.«

Ein paar Tage später fragte ich Zeeman und Heijboer, was sie von Pogačar hielten. Heijboer meinte, dass sie in Zukunft eine Menge zu erledigen haben würden. »Das wird ein hartes Stück Arbeit«, pflichtete Zeeman ihm bei. »Wir haben viel zu tun.«

Heijboer wies darauf hin, dass sie Pogačar nur auf der windigen siebten Etappe bei Castres etwas Zeit abgenommen hatten. »Ich will es mal so ausdrücken: Wenn man im Zeitfahren so versohlt wird und zwei Minuten aufgedrückt bekommt, muss man anfangen, über die eigene Strategie nachzudenken.«

Zeeman stieß einen tiefen Seufzer aus und stellte fest, dass nicht mehr viel Spielraum für Verbesserungen sei, wenn man sich die Leistungen der Topfahrer ansah. »Den Vorsprung, den wir hatten«, sagte Zeeman, »haben wir auf der Windkanten-Etappe herausgeholt, nicht in den Bergen. Im Grunde genommen war er uns einfach haushoch überlegen.«

Heijboer hüllte sich nach diesem ernüchternden Fazit eine Weile in Schweigen und dachte nach, bevor er sagte: »Ich hänge ein bisschen in den Seilen, weil ich nicht weiß, in welchem Bereich wir es besser hätten machen können als in diesem Jahr.«

Frans Maassen war noch Monate später von den Ereignissen erschüttert. Er seufzte und stöhnte, wenn er daran zurückdachte. Er schüttelte den Kopf und sagte: »Dieser Schmerz sitzt so tief, er wird nie vergehen.«

Niermann hatte letztlich nur einen Gedanken: »Vielleicht hätten wir Pogačar mehr attackieren sollen.«

Zeeman: »Wir hatten die Tour im Würgegriff, bis zu diesem beschissenen Zeitfahren.«

Es dauerte Monate, bis ich mit Roglič über die Ereignisse dieses Tages in den Vogesen sprechen konnte. Ich hatte gehört, dass er an jenem Abend im Bus gestammelt habe: »Das kann nicht sein, das kann nicht sein, ich kann nicht fassen, dass das passiert ist.« Im Bus, der sie die 150 Kilometer über kleine Landstraßen von der Planche des Belles Filles zu ihrem Hotel in Troyes brachte, wurde *Book of Souls* von Iron Maiden gespielt. Richard Plugge, der mit im Bus saß, dachte nur, dass Pogačar bei der Tour auf Jahre unschlagbar sein würde, wenn er so weiterfahren könnte.

Als Roglič und ich uns Monate später gegenübersaßen, schien das Zeitfahren wenig Einfluss auf seine Stimmung und seinen Alltag zu haben. Er sagte, dass er vor allem Freude an dem, was er tat, empfinden wolle und dass ihn der Ausgang des Rennens weniger interessiere. Als ich ihn fragte, ob das mit der Niederlage bei der Tour zu tun habe, sagte er: »Ich glaube schon. Man muss versuchen, im Rennen nicht zu viel nachzudenken. Man muss die Vorbereitungen loslassen, wenn man Rad fährt. Man muss im Moment sein.«

Ich fragte den besten Fahrer der Saison 2020 nach seinen Erinnerungen an die Busfahrt nach Troyes am Abend nach der Niederlage. Er könne sich nicht an viel erinnern, sagte er. »Ich saß da und stand unter Schock«, erzählte er. »Ich dachte an die Männer, die ich enttäuscht hatte. Ich habe versucht zu verstehen, wie das passieren konnte. Ich wollte verstehen, wie es möglich war, dass niemand so etwas hatte kommen sehen.«

Kapitel 16

Dumoulin im Windkanal

Der nackte Bianchi-Rahmen lag irgendwo in einer entfernten Ecke der großen Halle auf einer Palette aus grobem Holz. Das schwarz-türkise Rad war auf eine Carbonkonstruktion reduziert worden, die unbeachtet herumlag. Auf dem Oberrohr, direkt unterhalb des Sattels, stand *Primož Roglič*. Im Windkanal der Technischen Universität Eindhoven nahm niemand Notiz davon. Dieser Rahmen war ausgemustert worden. Es war das Zeitfahrrad aus dem Jahr 2020.

Die Wissenschaftler, die im Windkanal unter der Leitung von Mathieu Heijboer agierten, befanden sich auf der anderen Seite der Halle. In diesem Gebäude stand der atmosphärische *Boundary Layer Wind Tunnel*, und in diesem Windkanal saß Steven Kruijswijk in einem eng geschnittenen Zeitfahranzug auf dem neuen Zeitfahrrad, das am Boden befestigt war. Tom Dumoulin verfolgte von außerhalb des Windkanals aufmerksam, welche Anpassungen vorgenommen wurden.

Das Zeitfahrrad stand in einer rechteckigen Box – etwa von der Größe einer Garage – mit Glaswänden, die an den Seiten geschlossen werden konnten, so dass der Wind, für das Auge unsichtbar, hindurchblasen konnte. Die Luft surrte, als die Turbine des Windkanals eingeschaltet wurde. Ansonsten hörte man nur die gedämpften Stimmen der Wissenschaftler und Mechaniker. Alle trugen Masken.

Auf der anderen Seite des Raums befanden sich Werkbänke mit allen möglichen Zangen und Schnüren, einer Tüte mit Kabelbindern und ein paar Rollen Klebeband. Außerdem gab es Milchkartons, Cola- und Wasserflaschen, ein paar belegte Brote und eine Kaffeemaschine.

Auf den Computerbildschirmen, die auf den Schreibtischen standen, verliefen hauchdünne rote Striche an Kruijswijks Körper entlang. Die Striche stellten den Weg des Windes dar, der an seinem Körper vorbeizog. Ziel war es, den Wind so flüssig wie möglich um den Körper des Fahrers strömen zu lassen, um den Luftwiderstand zu verringern und die Muskelkraft auf den Pedalen maximal in Vorwärtsbewegung umzusetzen. Je aerodynamischer die Position, desto schneller kam der Fahrer voran.

Die Gespräche waren für den Laien geheimnisvoll. Als ich ein paar Wochen vor dem Start der Tour de France zum ersten Mal in diesem Windkanal war und das Team alle möglichen Räder für das Zeitfahren zur Planche des Belles Filles testete, wurde mir ganz schwindelig. Sie sprachen über CdA-Werte, was sich als Abkürzung für den Luftwiderstandswert entpuppte, über *Deflection*, Stirnfläche, die Unregelmäßigkeit der Massenverteilung und etwas, das sie *Trading Energy Imbalance* nannten.

»Keine Ahnung, ob man das auch auf dem Rad merkt«, sagte Heijboer über eine Anpassung.

»Seitensteifigkeit spürt man sehr wohl.« Jemand anders warf ein: »Oft findet das auch im Kopf statt.«

Heijboer war bei der Zeitfahr-WM in Imola im September aufgefallen, dass der Sieger Filippo Ganna von Ineos seine Hände extrem weit oben hatte, wenn er geduckt auf seinem Rad saß und das Ende seines speziell für ihn angefertigten Triathlon-Lenkers hielt. Vor zwei Tagen in Eindhoven hatten sie eine ähnliche Position an Wout van Aert getestet, der in Imola Zweiter geworden war, 26 Sekunden hinter Ganna. Aber bei Van Aert hatte sich kein sichtbarer positiver Effekt eingestellt.

Tom Dumoulin wusste, dass dies ein wichtiger Tag für ihn war. Als er am Morgen mit dem Auto von Maastricht nach Eindhoven fuhr, merkte er, dass er sich auf den Tag freute. Er war voller Energie in der Halle erschienen. »Das sind die Tage, an denen ich am meisten im Moment bin«, sagte er.

Als Kruijswijk eine halbe Stunde später vom Rad stieg, sagte er, dass er den Technikern vertraue. »Mich kannst du so auf das Rad setzen«, meinte er.

Dumoulin blickte auf den Computermonitor mit dem Bild von Kruijswijk. Er deutete auf den roten Umriss, der die Luftwirbel um den Körper darstellte. »Sieh mal«, sagte er, »bei Steven sind alles rechte Winkel – Rücken und Becken und Schultern und Arme. Aber wenn ich anfange, Leistung zu bringen, ziehe ich meinen Rücken ein bisschen rund, weil ich mich am Lenker nach vorne ziehe.«

Während Kruijswijk sich nach seiner Session umzog und anschließend zurück nach Monaco flog, begab sich Dumoulin zu seinem Zeitfahrrad, das für den Test vorbereitet wurde. Männer mit Rollmaßen und Messschiebern bewegten sich um die Maschine. Ein anderer hatte eins dieser Maßbänder um den Hals hängen, wie sie von Schneidern benutzt werden.

»Ich finde das alles wirklich sehr interessant«, sagte Dumoulin. Er kniff die Augen zusammen, und ein Lächeln erschien auf seinen Lippen. »Es ist auch eine halbe Wissenschaft, nicht wahr?« Es gefiel ihm vor allem, weil er etwas damit anfangen könnte, sagte er. »Ich mag es, weil ich gut darin bin.« Er hatte das Gefühl, dass er beim Zeitfahren seine Intelligenz einsetzen könne.

Trotzdem sah er sich nicht als Datenfreak, der sich nur auf Zahlen verlässt. Das Gefühl spiele für ihn immer eine große Rolle. Auch hier. Er sei mit seiner Sitzposition im vergangenen Jahr sehr zufrieden gewesen und habe sich auf dem Rad wieder stark gefühlt. »Das Gefühl ist das Wichtigste«, sagte er. »Das muss natürlich nicht unbedingt die aerodynamischste Position sein.«

Mit einem Lachen meinte er, dass sie ihm zwar zeigen könnten, was die Zahlen aussagten, aber wenn sie behaupteten, dass eine bestimmte Position drei Watt mehr brächte, er sich aber auf dem Rad nicht wohl damit fühlte, dann glaubte er auch nicht, dass er in der Praxis diese drei Watt mehr treten würde.

Er nannte sie »die Daten-Nerds« und meinte, dass sie zwar eine Position finden könnten, die aerodynamisch gesehen 20 Watt bringen würde, man aber in der Realität hinterher womöglich 50 Watt weniger trat, weil die Position »nicht bequem« war. »Es ist eine Kombination aus Daten und Gefühl«, sagte er. »Aber das findet man nur heraus, indem man anfängt zu testen. Dazu müssen sie erst einen maßgeschneiderten Lenker herstellen. Das finde ich irgendwie lästig, denn die Herstellung ist ziemlich teuer und darum fühle ich mich hinterher fast verpflichtet, damit zu fahren, auch wenn sich herausstellt, dass er im Training keine Wirkung hat.«

Bevor Dumoulin (»Beim Zeitfahren bin ich noch fokussierter, dann vergesse ich wirklich alles um mich herum«) im Windkanal auf sein Rad stieg, fragte ich Heijboer, mit welcher Maßgabe sie in einen solchen Test gehen. Der Ausgangspunkt, erklärte er, sei es, die extremste Variante zu finden und dann zu versuchen, einen Trend zu entdecken. Mit anderen Worten: zuerst die ideale Position finden und dann schauen, was das UCI-Reglement vorschreibt. Dann schraubt man die Position auf das zurück, was gerade noch legal ist. Heijboer schaute sich die Position von Dumoulins Händen an und rief: »Sieht nicht besonders bequem aus, oder?« Zu mir sagte er: »Anscheinend ist das sehr schnell, aber ob es in der Praxis funktioniert, weiß man nicht.«

Dumoulin trug einen aerodynamischen Helm und seinen maßgeschneiderten Zeitfahranzug, auf dem gut sichtbar die Regenbogenfarben zu erkennen waren, die ihn als früheren Weltmeister in dieser Disziplin auswiesen. Der künstliche Wind peitschte ihm um die Ohren.

Auch bei Dumoulin ging es um die Position des Lenkers und um die Position der Armpads, auf denen seine Unterarme lagen, was wiederum Einfluss darauf nahm, wo er mit den Händen den Lenkeraufsatz fasste. Per Mikrofon wies ihn der Wissenschaftler Gerard Rietjens an, ob er in die Pedale treten oder stattdessen eine statische Haltung einnehmen sollte. Nach und nach gab Rietjens die Zahlen ein, die ein anderer Wissenschaftler neben ihm ablas. Nach ein paar Sekunden erschien eine neue Linie in der Grafik auf dem Bildschirm, die sich, wenn alles gut ging, immer weiter nach unten bewegte, immer näher an die ideale statische Linie heran – die erste statische Messung.

Während im Windkanal ein paar Anpassungen an der Radposition vorgenommen wurden, rief Rietjens auf seinem Laptop eine Präsentation über Aerodynamik im Radsport auf. »Es fing an im Triathlon«, sagte er. »Dort sind sie nicht so konservativ. Dort haben sie schnell verstanden, dass man schneller ist, wenn der Körper flacher auf dem Rad liegt.«

Auf einer der Seiten stand, dass zehn Watt mehr einen Gewinn von einer Sekunde pro gefahrenem Kilometer bedeuteten. Rietjens' Präsentation zufolge trug der Fahrer 70 bis 85 Prozent zur Leistung bei, und 15 bis 30 Prozent hingen vom Rad ab. »So weit die Theorie«, sagte Rietjens.

Dumoulin saß wieder auf dem Rad.

»Wie fühlt es sich jetzt an, Tom?«, fragte Heijboer.

»Ja, gut, sehr gut.«

Die Turbine wurde wieder angeworfen.

Heijboer beobachtete den Fahrer aufmerksam. Ohne den Blick von Dumoulin abzuwenden, erklärte er, dass sie gerade versuchten, die Position des Fahrers so zu manipulieren, dass die Windverwirbelungen unter dem Oberkörper des Fahrers reduziert wurden, wo es eine Art »Beule« gab, in der sich der Wind verfing. Sie suchten nach der günstigsten Position der vorne am Lenker zusammengelegten Hände, so dass die Fäuste den Wind quasi verstreuten und eine

Barriere vor dem Zugang bildeten, wo diese »Beule unter dem Rumpf« entstehen kann. Dadurch würde sich der Luftwiderstand verringern. Der Test zeigte, dass es keinen Vorteil brachte, wenn man die Armpads ein paar Zentimeter nach innen versetzte. Legte er aber seine Hände oben auf den Lenkeraufsatz, verringerte sich der Luftwiderstand.

»Was meint ihr?«, fragte Dumoulin. »Wollen wir uns jetzt die Hände ansehen?« Er hievte sich wieder in den Sattel, der Tunnel schloss sich, der Wind fing an zu wehen, und die Messgeräte begannen zu laufen. Die neueste Linie verlief unterhalb der Linie der statischen Messung. Diese Haltung war offenbar effektiv.

»Ja«, sagte Rietjens. »Das ist die allerschnellste.«

Heijboer: »Lass uns die Messung noch mal machen, um sicherzugehen, dass es sich nicht um einen komischen Ausreißer handelt.«

»Schau mal«, sagte Rietjens. Er deutete auf den Bildschirm. »Siehst du, was er macht? Tom kippt seinen Kopf nach hinten und sein Kinn bewegt sich ein wenig nach vorn, wenn er über seine Hände hinwegschaut. Die Verwirbelung in seinem Nacken, hinter dem Helm am Rücken, ist jetzt deutlich geringer.«

»Es fühlt sich auch viel komfortabler an«, sagte Dumoulin.

»Und wenn du deine Finger so hältst?« fragte Heijboer. »Funktioniert das, um den Aufsatz?« Auf dem Bildschirm erschien einen Moment später wieder die Grafik, mit dem gleichen Ergebnis. Eine Position, die laut Heijboer »gute Voraussetzungen« bot. Sie speicherten das Bild: Seite / 2020-12-10 / 16:38:02. Das waren Datum und Uhrzeit der vorläufigen Idealposition.

Dennoch waren sie noch nicht zufrieden. Heijboer war der Meinung, dass noch mehr drin war. Wie könnte man es schaffen, dass Dumoulin den Lenker zwar noch festhielt, aber sich die Knöchel noch näher beieinander befanden?

Dumoulin: »Wie kriegen wir das hin mit den Händen?«

Heijboer: »Setz du dich aufs Rad, dann überlegen wir uns was.« Er war begeistert von Dumoulins neuer Handhaltung.

Eine Weile später stand Dumoulin da, inzwischen wieder in Jeans und Lederjacke, und blickte auf den Bildschirm. »Ein großer Vorteil«, sagte er, »meine Hände nah beieinander halten zu können!«

Als die Wissenschaftler begannen, die Ausrüstung wegzuräumen, sagte Dumoulin, es sei immer schwer zu sagen, wie lange er eine Position, die sie im Windkanal getestet hatten, in der Praxis beibehalten könne. »Wenn ich mir

Bilder von mir beim Zeitfahren anschaue, fällt der praktische Nutzen sowieso etwas kleiner aus«, sagte er.

Da sich die Session in die Länge gezogen hatte, beschlossen wir, unser geplantes Gespräch im Auto fortzusetzen. Er fuhr auf der A2 nach Süden, ich nach Norden. In den vergangenen Wochen war in Dumoulins Leben viel passiert.

Da war zum einen sein rätselhafter Alleingang bei der Tour am Col de Peyresourde, von dem er auch zwei Monate später nicht verstand, warum er so an die große Glocke gehängt wurde. Er fühlte sich zu Unrecht an den Pranger gestellt. Er hatte sich an diesem Tag gedanklich aus dem Kampf um die vordersten Plätze verabschiedet, die, wie er einräumte, wohl von Anfang an unerreichbar waren. Er beschloss, an diesem Tag so lange wie möglich an der Spitze das Tempo zu machen. Er wollte damit zeigen, dass es bei dieser Tour nicht um ihn ging, sondern dass er für die Mannschaft da war. »Ich wollte zeigen, dass ich ein Teamplayer bin«, sagte Dumoulin, »aber das wird mir jetzt fast mehr angelastet, als wäre ich damals sang- und klanglos ausgeschieden.« Ein »unrühmliches Abgehängtwerden«, so Dumoulin, hätte damals für weniger Aufsehen gesorgt.

Er konnte den Unmut aber verstehen, denn er hatte sich nicht an die Absprache gehalten. Sie waren angewiesen, den Schlachtplan niemals eigenmächtig während einer Etappe zu ändern. »Und das habe ich mit meiner Aktion getan«, sagte er schuldbewusst. Denn nachdem er abreißen lassen musste, fiel er in der Gesamtwertung um zehn Positionen auf Platz 15 zurück. »Vielleicht hätte ich eine Minute weniger verloren, wenn ich nicht so forciert hätte«, sagte er, »und das wäre besser darstellbar gewesen. Gut möglich, dass wir dann vor der nächsten Etappe entschieden hätten, dass sich meine Rolle verändert. Nun hatte ich das im Rennen getan, und das war sicher nicht das, was wir vereinbart hatten. In diesem Sinne war es ein Fehler, ja.«

Knapp einen Monat nach der Tour war Dumoulin bei der Vuelta a España, die Corona-bedingt erst gegen Ende Oktober gestartet war, vor der achten Etappe »mit einem beschissenen Gefühl« ausgestiegen. Als ich an diesem Morgen mit ihm telefoniert hatte, hatte er mir erzählt, er sei müde, seine Herzfrequenz komme nicht mehr über 160 Schläge pro Minute und er wolle nicht riskieren, ins »Übertraining abzurutschen«. »Ich möchte nächstes Jahr der feurige, glückliche, bissige Tom sein«, hatte er gesagt. »Ich will Lust aufs Training haben.«

Nun im Auto auf der A2 blickte er auf die kurze Saison zurück und nannte sie eine »holprige Straße«. Er hatte sich bei der Tour de l'Ain in kleinerem Rahmen im Renngeschehen zurückgemeldet und war bei der Tour de France trotz allem Siebter geworden. »Muss man auch erst mal schaffen«, fand er.

Für das Team war Dumoulin die ganze Saison über schwer einzuschätzen gewesen. Merijn Zeeman hielt seine »Unberechenbarkeit« für ein Problem und hatte mir Anfang des Jahres gesagt, dass es »keinerlei Sicherheit« gebe, wenn es um Dumoulin gehe. So als ob er neu kalibriert werden müsste. Zeeman sprach von einer »sehr mühsamen« Saison.

Zeeman wies darauf hin, dass Dumoulin der erste niederländische Fahrer der Neuzeit war, der »ein dankbares Thema« für die Medien und die breite Öffentlichkeit war, der erste Radprofi seit langem, zu dem jeder in den Niederlanden eine Meinung hatte. Als ich Zeeman fragte, woran das seiner Meinung nach lag, zog er einen Vergleich zu Roglič. »Er hat Klasse, er kann gut reden, er hat große Rennen gewonnen, und er ist ein *Killer*«, sagte er.

Seit er 2017 den Giro gewonnen hatte, war Tom Dumoulin in den Niederlanden praktisch zum Synonym für den Radsport geworden, zum Stellvertreter einer ganzen Sportart. »Und das geht auf Kosten von Toms Freude am Sport«, sagte Zeeman. »Er muss Rechenschaft vor 17 Millionen Niederländern ablegen. Aber ehrlich gesagt frage ich mich, ob Tom sich darüber im Klaren ist, dass dies ein Problem für ihn bedeutet.«

Zeeman sah eine Lösung: Dumoulin müsse sich von den Erwartungen anderer lösen und lernen, dass die Meinungen der anderen keine Rolle spielen. Er müsse lernen, sich das Leben einfacher zu machen, auch mal »scheiß drauf« zu sagen und zu akzeptieren, dass die Aufmerksamkeit da ist, sich ihr aber nicht zu ergeben. Um einen solchen Prozess in Gang zu setzen, wäre ein Umzug ins Ausland eine gute Option, so wie es Robert Gesink vorgemacht hatte. Für Dumoulin kam ein solcher Schritt aber nicht in Frage. Seine erste Saison für Jumbo-Visma bewertete er selbst als »durchwachsen«. »Ich fahre wieder Rennen«, sagte er. »Damit bin ich sehr zufrieden, aber mit diesem Niveau bin ich nicht zufrieden. Ich bin ein Siegertyp. Ich will wieder Rennen gewinnen.«

Während wir beide auf der A2 unterwegs waren, erzählte mir Dumoulin, dass sein Saison-Evaluierungsgespräch mit Zeeman nicht allzu positiv ausgefallen sei. Er wisse, dass er nicht immer zugänglich, manchmal sogar undurchdringlich gewesen sei, und er verstehe, dass dies »Energie gekostet« habe. »Es hat sie manchmal gestört, dass ich Dinge nicht sofort angenommen habe und dachte, ich käme schon alleine klar«, sagte er. Manchmal habe er gedacht: Merijn, lass mich in Ruhe, du kannst mir viel erzählen. »Wir sind manchmal aneinandergeraten, weil er mir helfen wollte und ich ihn zurückgewiesen habe. Darüber haben wir auch gesprochen, ja.«

Er betrachtete sich selbst und befand, dass er im letzten Jahr nicht der Tom Dumoulin gewesen sei, der er eigentlich war. Depressiv würde er sich nicht nennen, aber angespannt, und er hatte oft das Gefühl, dass ihm alles zu viel wurde. Das hatte mit den Erwartungen zu tun, von denen Zeeman gesprochen hatte. Er war darauf bedacht, diese Erwartungen zu erfüllen. »Ich wollte zeigen: Tom ist wieder da, der Tom von 2016 und 2017«, sagte er.

Er wollte allen zeigen, dass er immer noch zu den gleichen Leistungen fähig war wie damals. »Ich habe mir die Freude am Radsport genommen. Da war kein Raum mehr für schwächere Tage, das habe ich nicht mehr von mir akzeptiert.«

2020 habe er auf dem Rad oft rumgesponnen und sei nicht »im Moment« gewesen, auch im Rennen, weswegen er für seine Coachs bisweilen unerreichbar gewesen sei.

Ich fragte ihn, ob er sich je einsam gefühlt habe. Er redete nicht um den heißen Brei herum. »Ja, manchmal.« Er fügte hinzu, dass so etwas oft an einem selbst liege, und er gab zu, dass er »ziemlich verschlossen« gewesen sei. »Aber so bin ich eigentlich gar nicht«, sagte er, »es stimmt also, dass es nicht immer die reine Freude war, mit mir zu arbeiten.« Er stellte aber klar, dass er inzwischen wieder gut mit Zeeman und Heijboer zurechtkommen würde.

Das Problem war, dass er nicht mehr wusste, was echt war und was nicht. Kurz vor der Vuelta hatte er Heijboer gesagt, er sei »müde«, aber weil er das im Frühjahr so oft gesagt hatte, wussten sie nicht mehr, wie sie seine Worte interpretieren sollten. War er müde vom Training oder dachte er nur, er sei müde? »Weil ich kein gutes Feedback gab, konnten sie mich nicht mehr richtig steuern«, gab er zu.

Dumoulin hoffte, diesen Punkt überwunden zu haben und dass er sich nun trauen würde, sich mehr zu öffnen. Er habe Zeeman und Heijboer gebeten, es ihm sofort zu sagen, wenn er sich wieder verschließe. Er nannte es einen »intensiven Prozess« und meinte, dass es zwar »schön und gut« sei, wenn die eigene Arbeit mehr als nur ein Job war, dass es aber auch schwierig wäre, wenn die Dinge gegen einen liefen, weil man dann die Arbeit mit nach Hause nehme und nicht mehr loswerde. »Leidenschaft kann sehr schön sein«, sagte er. »Sie bringt eine Menge, denn wegen ihr kann ich eine Stunde länger trainieren, einen Tag im Windkanal verbringen und nach Verbesserungen suchen. Wenn einem die Leidenschaft fehlt, bleibt nur die ›Arbeit‹ übrig.«

Ich fragte ihn, ob er in der Saison jemals daran gedacht habe, mit dem Radsport aufzuhören. »Manchmal schon«, räumte er ein, »aber eher aus einer emotionalen Stimmung heraus, nie ernsthaft.« Er erzählte, dass er am Tag nach solchen Gedanken gleich wieder aufs Rad gestiegen sei und auch die Liebe sei sofort wieder da gewesen, weil er sich kaum etwas vorstellen könne, was er lieber mochte, als Rad zu fahren. »Wenn ich morgen aufhöre, Profi zu sein«, sagte er, »werde ich übermorgen wieder auf dem Rad sitzen.«

Er wusste bereits, warum er diesen Beruf eines Tages an den Nagel hängen würde: weil der Radsport von einem verlangte, sich ihm ganz und gar zu verschreiben, mit allem, was dazugehöre. »Das finde ich sehr schwierig.«

Er blickte auf die vergangenen Jahre zurück, die Jahre seiner Erfolge, der Etappensiege, der Dominanz im Zeitfahren, der Medaillen, seines Giro-Siegs und der guten Platzierungen bei großen Rundfahrten, und ihm wurde klar, dass er das alles auf eine Weise erreicht hatte, die für ihn jetzt nicht mehr machbar war. Er nannte noch einmal die Erwartungen, den Status und den Druck, und er war sicher, dass er nicht mehr so »manisch und fokussiert« sein könnte wie in jenen Jahren. »Wenn ich es versuchen würde, wäre es um mich geschehen«, sagte er. »Es würde zu einer Obsession werden, einer sehr üblen Obsession.«

Zu welchem Tom er denn zurückkehren wolle, fragte ich ihn. »Vielleicht«, überlegte er, »möchte ich gar nicht zu dem Tom zurück, der ich einmal war.«

Wir waren beide noch auf der A2 unterwegs, jeder in seine Richtung. »Auf die Weise, wie ich es damals gemacht habe«, sagte Dumoulin, »werde ich diese Leistungen sowieso nicht wiederholen können. Auch wenn ich zum manischen Tom zurückkehrte, würde damit nicht automatisch auch der Erfolg zurückkehren, weil im Radsport viel passiert ist und mir mehr Leute über die Schulter schauen als damals.«

Ich fragte ihn, ob ihm also letztlich gar keine andere Wahl bliebe.

»Stimmt«, antwortete er, »ich möchte herausfinden, wie es jetzt ist und wie der ›wiederentdeckte Tom‹ sich schlagen wird. Fokussiert sein und gleichzeitig mehr loslassen können. Das ist es, was ich gelernt habe, diese Dinge, über die wir jetzt reden. Es war ein mühsames Jahr, aber dafür habe ich viele Erkenntnisse gewonnen.«

Wir waren inzwischen beide fast zu Hause. Ich wies darauf hin, dass er immer noch der beste niederländische Rundfahrer sei, wie der siebte Platz bei der Tour gezeigt habe.

»Schon komisch, dass ich es dann selbst fast als etwas Negatives empfinde, oder?«, sagte er. »Und der Rest der Niederlande auch. Siebter? Zu wenig, zu wenig! Und bei der WM in Imola bin ich auch Zehnter geworden, wieder der beste Niederländer. Das macht mich dann doch wieder ein bisschen stolz. Ja, verdammt, in einem Jahr, in dem ich so mit mir gehadert habe, fahre ich bei der WM in die Top Ten und werde Siebter bei der Tour.«

Ich hörte, wie er den Motor abstellte. Er redete einfach weiter, erzählte, wie er bei der WM in Italien aufgenommen wurde und wie die italienischen Fans ihm, dem Giro-Sieger von 2017, zugejubelt hatten. Das hatte ihm gut getan. »In Italien war den Leuten egal, was passiert war. Für sie war ich einfach nur ein guter Radfahrer.«

In den Niederlanden, befand er, lag der Fokus meistens eher auf den schwächeren Darbietungen. Und wenn er ehrlich war, tickte er selbst nicht anders. »Noch mehr sogar, das ist mir klar. Ich habe mich immer gefragt: Warum ist das in den Niederlanden so? Und dann habe ich gemerkt: Du bist doch der Schlimmste von allen, Tom! Für dich ist es auch nie gut genug.«

Ich parkte meinen Wagen. Was hielt er vom Radprofi Tom Dumoulin? »Gegen den habe ich in den letzten Jahren eine gewisse Abneigung entwickelt«, sagte er. »Und das will ich nicht mehr. Ich will den Radrennfahrer Tom Dumoulin nicht mehr nicht mögen. Gegen den Menschen Tom Dumoulin habe ich nichts, ganz im Gegenteil. Ich möchte eine schöne Kombination aus beiden sein.«

Wusste er, worin diese Abneigung begründet lag? Wusste er, was dieses Gefühl auslöste? Es schienen zwei Dinge zu sein. Zum einen das krankhafte Bedürfnis nach Kontrolle. »Und dann dieses Gefühl, dass es nie gut genug ist«, sagte er. »Das will ich nicht mehr. Das muss sich ändern. Sonst halte ich es nicht aus.«

Kapitel 17

Nichts geht mehr

Kurz nachdem Tom Dumoulin im Januar 2021 bekanntgegeben hatte, dass er eine Auszeit vom Radsport nehmen würde, rief ich Merijn Zeeman im Trainingslager in Alicante an. Er saß mit Mathieu Heijboer im Wagen der Teamleitung, und sie waren gerade im Begriff, mit ein paar Fahrern die morgendliche Einheit zu beginnen. Er klang niedergeschlagen am Telefon. Sie hatten gesehen, wie unglücklich Dumoulin war, und vor allem Zeeman war untröstlich. Es blieben ihm nicht mehr so viele Jahre, um Rennen zu gewinnen. »Verdammt«, rief er, »ich bekomme jetzt schon Nachrichten von Leuten, die ganz genau wissen, wie man Tom jetzt helfen kann. Echt bizarr das alles. Ja, tut mir leid, aber wir müssen jetzt weitermachen. Ich rufe dich heute Nachmittag wieder an.«

An diesem Morgen hatte das Team eine Videobotschaft verbreitet, in der Dumoulin sagte, er habe »sich selbst vergessen«. Dumoulin war zu einem Fahrer geworden, der nicht mehr wusste, was er wollte. Was sollte er mit dem Rad anfangen? Wollte er noch Rennfahrer sein? Jetzt würde er erst mal eine Weile mit dem Hund spazieren gehen und versuchen, Antworten auf diese Fragen zu finden. Die Entscheidung fühlte sich an, als hätte er einen hundert Kilogramm schweren Rucksack abgeworfen.

Als ich Dumoulin später an diesem Morgen eine Nachricht schickte, teilte er mir eine Stunde später mit, dass er »in nächster Zeit« nicht sprechen wolle. In den folgenden Monaten kamen noch zwei Nachrichten, in denen er mir mitteilte, dass es ihm gut gehe, er aber nicht reden wolle.

Richard Plugge war mit Dumoulin in die Niederlande zurückgeflogen. Als ich Plugge anrief, sagte er mir, dass er von der Entscheidung nicht überrascht sei, nachdem sie im November in der Zentrale in Den Bosch »eine hitzige Diskussion« geführt hätten. Plugge hatte ihn darauf hingewiesen, dass sein launisches Verhalten bei der Vuelta die Stimmung in der Mannschaft stark beeinträchtigt habe. »Natürlich haben sich die Leute über ihn beklagt«, sagte Plugge. »Die Leute haben sich daran gestört, und ich musste das Team schützen.«

Er hatte außerdem das Gefühl, dass Dumoulin »sehr misstrauisch« geworden sei und »Angst vor der Meinung anderer Leute« habe. Zeeman kam unterdessen zu dem Schluss, dass das Bild, das sie im Team von Dumoulin hatten, nicht mit dem Bild übereinstimmte, das die Medien von ihm zeichneten. Zeeman: »Tom strotzte nur so vor Unsicherheit. Er konnte aus der Haut fahren und sich aufregen. Daraus habe ich gelernt, dass man sich nie auf das verlassen sollte, was man sieht oder liest.«

Am Abend, bevor dessen Auszeit vom Radsport bekanntgegeben wurde, hatten Heijboer, Plugge und Zeeman ein langes Gespräch mit Dumoulin geführt. Als Plugge ihn während dieses Gesprächs fragte, was er denn wolle, antwortete Dumoulin mit einer Gegenfrage. Plugge spielte den Ball direkt wieder zurück. »Ich sagte zu Tom: ›Ich bin nicht der Gott in deinem Universum. Du weißt, was du willst, nicht ich.‹ Daraufhin sagte er uns: ›Ich möchte nur einen Moment innehalten und nachdenken.‹«

Plugge bedauerte, dass es so gekommen war – »er ist so ein guter Radrennfahrer« –, und er hätte ihm gerne geholfen. »Aber er muss auch wollen, dass man ihm hilft«, sagte er. »Merijn hat mir auch gesagt: Ich komme an Tom nicht heran.«

Später am Nachmittag, vom Wagen der Teamleitung aus, erzählte Zeeman, dass in Alicante alle hatten sehen können, wie es um Dumoulin stand. »Die Entscheidung war für niemanden eine Überraschung.«

Ich fragte, woran genau man es habe festmachen können. »Tom«, sagte er, »hat nicht ein einziges Mal gezeigt, dass ihm irgendetwas Spaß gemacht hätte. Alles war mühsam, alles war eine Aufgabe.«

Heijboer, der neben Zeeman im Auto saß, sagte, sie könnten gut mit Sportlern umgehen, die unter Druck stehen, denn das gehöre zum Spitzensport dazu. »Wir machen uns gegenseitig Druck, aber es muss auch Raum bleiben für Spaß und für die Erkenntnis, dass das, was wir machen, einfach schön ist. Leider war davon bei Tom nie wirklich etwas zu spüren.«

Heijboer sagte, er habe Dumoulin am Morgen in der Lobby zum Abschied umarmt und gesagt, er werde ihn nicht anrufen. »Ich werde dich auch nicht anrufen«, hatte Dumoulin geantwortet. Heijboer: »Ich habe ihm die Erleichterung angesehen.«

Er verspürte Frust darüber, es nicht geschafft zu haben, an Dumoulin heranzukommen. Heijboer fragte sich, wo er versagt habe, und bemerkte ironisch, dass sie es immerhin geschafft hätten, ihm klarzumachen, »dass er als unglücklicher Mensch nicht mit dem Radsport weitermachen konnte«.

Er sah sich in Alicante um, sah Menschen bei der Arbeit, die Fahrer, die sich bemühten, in Form zu kommen, und spürte bei ihnen die freudige Erwartung, dass die Saison bald losgehen würde. »Wenn man sich davon nicht anstecken lässt«, sagte Heijboer, »dann ist man hier im Grunde falsch. Ich verspüre immer noch jeden Tag dieses kindliche Glück, mich mit Radsport beschäftigen zu dürfen. Tom hat dieses Gefühl verloren.«

Zeeman blickte zurück auf das Jahr 2020 und sagte, dass Dumoulin schon damals kurz davor gewesen sei, aufzuhören, und dass die Coachs mit ihm gesprochen hatten und ihn überzeugen konnten, keine übereilten Entscheidungen zu treffen. »Er hat es dann noch mal probiert. Das heißt aber auch, dass ich jetzt nicht mehr versuchen werde, ihn im Team zu halten. Er wollte wirklich nicht mehr.«

Heijboer erinnerte sich an das Trainingslager im Januar 2020. »Der Moment, als er anhalten musste, war auch für mich das erste Anzeichen. Danach folgten alle möglichen Probleme: der Schwindel, sein Darm, seine Sitzposition.«

Die körperlichen Symptome waren irgendwann nicht mehr von den mentalen zu unterscheiden, betonte Heijboer. »Es wurde sehr diffus«, sagte er. »Aber das eigentliche Problem ist: Tom ist unglücklich auf dem Rad.«

Zeeman: »Das erste Trainingslager mit uns, im Dezember 2019, hat er genossen. Aber im Januar ist er nach der Hälfte des Camps in Alicante nach Hause geflogen. Da hat sich das Blatt gewendet, und wir sind da nie wieder rausgekommen. Mit eisernem Willen hat er sich durchs Höhentrainingslager in Tignes geschleppt und ist dann die Tour gefahren. Er muss sich gesagt haben: Beklag dich nicht, mach einfach! Ich glaube, Tom war da sehr streng zu sich selbst, sehr pflichtbewusst. Er hat nicht hingeschmissen, aber es war eine Quälerei für ihn. Und irgendwann geht es dann nicht mehr.«

Zeeman vermutete, dass Dumoulin bei seiner Rückkehr nach Alicante gemerkt hatte, dass sich seit dem Winter nichts geändert hatte. Dass er an das schwere Jahr zurückdachte und daran, was ihm 2021 drohte: wieder in die Höhe, wieder der Druck bei der Tour.

Heijboer spürte den Frust wieder in sich aufsteigen, als er anfing, über »seinen ewigen Zweifel« an der Sitzposition zu sprechen. »Tom hat den gesamten

Entwicklungsprozess des Teams behindert, weil er sich so sehr mit – aus meiner Sicht – nebensächlichen Fragen beschäftigt hat. In Tignes war das auch für das Team sehr ärgerlich. Diese Gruppe war das beste Team aller Zeiten, mit viel Moral und Energie, aber es gab eine Person, die so ziemlich alles anzweifelte. Sein Rad, die Trainingspläne, das Tempo im Training – mal zu schnell, mal zu langsam. Und Tom weiß das inzwischen ja auch selbst, nicht wahr? Ich meine, ich erzähle Tom nichts Neues, wenn ich das jetzt sage. Er hat das eine getan, während sein Herz etwas anderes sagte. Tom hat sich schon sehr oft selbst verleugnet.«

Zeeman: »Ich sehe auch den Tom, der er wirklich sein kann, und dieser Tom macht unser Team viel stärker, nur weiß ich nicht, ob er dieser Tom noch sein will.«

Er sah sich andere Fahrer in seinem Team an, wie Kruijswijk, Roglič und Van Aert. Keiner von ihnen frage sich, wie die anderen über ihn dachten, wenn er sich mit Widrigkeiten konfrontiert sah. Das sei Dumoulins Problem, und es bedeutete Zeeman zufolge, dass er nicht mehr »im Moment« war. Dumoulin war zu sehr auf Resultate fixiert und hatte deshalb Angst vor »der Konfrontation«, Angst, nicht gut genug zu sein. »Das ist auch der Grund, warum er letztes Jahr in Tignes keine Laktatmessungen machen wollte. Er wollte nichts Neues mehr ausprobieren.«

Zeeman hätte nichts dagegen gehabt, wenn Dumoulin einfach gesagt hätte: Ihr könnt mich mal, ich mache mein Ding. Er ahnte, dass der Tag kommen würde, an dem Dumoulin dachte: Ist das jetzt alles, mit dem Hund spazieren gehen? Aber gleichzeitig hoffte Zeeman inständig, dass Dumoulin in zehn Jahren auf diesen Tag zurückblicken und denken würde: Das war die beste Entscheidung meines Lebens.

»Und sollte es so sein«, sagte Zeeman, »bin ich sehr stolz darauf, dass wir es bis zu diesem Punkt geschafft haben.«

Ich fragte die beiden, ob sie glaubten, dass das Team ohne Dumoulin besser dran sei. Heijboer meinte, dass die Chancen auf einen Tour-Sieg ohne Dumoulin in der Mannschaft höher seien. Zeeman sah es ähnlich: »Schweren Herzens muss ich zugeben: Ohne ihn stehen wir besser da.«

»Das schmerzhafte Fazit ist«, sagte Heijboer, »und ich sage das voller Mitgefühl: Tom ist von einer Last befreit und das Team auch.«

Zwei Monate später, als die Sportlichen Leiter in einem Online-Meeting über den Kader für die Tour berieten, ergriff Grischa Niermann das Wort. »Jonas

Vingegaard wird als Ersatz für Tom in die Tour gehen«, informierte er seine Kollegen.

* * *

In den ersten Monaten nach seiner Entscheidung baute Tom Dumoulin in seinem Garten eine Mauer, ging mit dem Hund spazieren, fuhr mit seiner Frau zum Skifahren nach Schweden und erkundete Lappland. Es seien fantastische Urlaube gewesen, erzählte er mir später. Als er nach Limburg zurückkehrte, hatte er tatsächlich Lust, sich aufs Rad zu setzen. Er dachte gar nicht groß darüber nach, er stieg einfach auf.

Er sagte sich, er wolle die Umgebung und das schöne Wetter genießen, aber es half nichts. »Als ich nach Hause kam, war da wieder dieses beschissene Gefühl«, sagte er. Und obwohl er es noch ein paar Mal versuchte, verschwand die Traurigkeit nicht. Er hatte die Nase gestrichen voll, vor allem von dem Gefühl, nach zwei Stunden gemütlichen Radfahrens kaputt nach Hause zu kommen. »Müde ist nicht das richtige Wort«, sagte er, »ich fühlte mich richtig schlecht, beinahe krank.«

Er hatte das Gefühl, dass er sich all die Jahre überfordert hatte, dass er sich von anderen überfordern ließ und dass er dadurch übertrainiert war. Er vermutete, dass dieser Prozess nach seinem Sieg bei der Italien-Rundfahrt begonnen hatte. Das war nun fast fünf Jahre her. Körper und Geist waren »verbraucht«.

Im Dezember, kurz nach dem Windkanaltest in Eindhoven, hatte er sich noch ganz gut gefühlt, aber »schon bald war es wieder ziemlich beschissen«. Die anstehenden Trainingslager türmten sich wie ein Berg vor ihm auf. Dumoulin: »Ich war echt total fertig.«

Als seine Großmutter starb, während er in Alicante war, fragte er sich, was in Gottes Namen er mit seinem Leben anstellte. Wieso war er nur online bei ihrer Beerdigung dabei? Er hatte genug, etwas würde sich ändern müssen. »Es ging mir nicht gut.«

* * *

Als die neue Saison losging, kam das Team gut aus den Startblöcken, mit Etappensiegen bei Paris–Nizza und Tirreno–Adriatico, dem Gesamtsieg von Jonas

Vingegaard bei der Settimana Internazionale Coppi e Bartali und einem dominanten Auftritt bei der Baskenland-Rundfahrt, wo Roglič und Vingegaard die Plätze eins und zwei belegten.

Dumoulin war weiterhin abgetaucht.

Richard Plugge meinte, dass Dumoulin sich trauen müsse, tief ich sich hineinzublicken. »Ich kenne diesen Prozess gut«, sagte er, »durch die Arbeit meiner Frau.« Lysanne Plugge arbeitete als Personal Coach. Plugge: »Tom muss sich fragen, was es ist, das ihm so zu schaffen macht. In diesem Prozess muss man ehrlich zu sich sein.«

Zeeman hatte damals zu keinem Zeitpunkt das Gefühl, dass eine Rückkehr realistisch war, insbesondere nicht von Dumoulins Seite aus. »Aber ich kann auch nicht ausschließen, dass Tom irgendwann denkt: Scheiße, soll ich mir jetzt die Karriere kaputtmachen lassen, weil ich mir einen Kopf über die Meinung anderer gemacht habe?«

Ich fragte Zeeman, was am Leben eines Spitzensportlers besonders schwer war. Auf jeden Fall nicht der Aufwand, überlegte Zeeman. »Der soziale Aspekt ist schwierig. Dass man in der Höhe trainieren muss. Ohne Höhentraining geht im modernen Radsport nichts. Da kann man ganz ohne Ablenkungen trainieren. Dazu kommen all die Erwartungen, und man muss von sich aus wissen, warum man sich das alles antut. Warum will man erfolgreich sein? Wenn man mit einem dieser Dinge ein Problem hat, wird es kompliziert.«

Inzwischen machten sich auch die Sportlichen Leiter anderer Teams Sorgen um den mentalen Zustand ihrer Fahrer. Einer von ihnen war der Franzose Marc Madiot von FdJ. Sein Kapitän, Thibaut Pinot, litt häufig unter dem Stress und der alles durchdringenden Natur des Profiberufs.

Es sei in der Tat eine wettbewerbsorientierte Welt, bestätigte Richard Plugge. Es gehe darum, stets auf dem neuesten Stand der Technik zu sein, und wer nicht mithalten konnte, musste sich fragen, welche Rolle er im Peloton noch spielen könnte. »Die Fahrer ringen mit den Details«, sagte Plugge. »Und Pinot wird manchmal nervös und das kann ihn ein Prozent seiner Kraft kosten, während in unserem Sport ein halbes Prozent weniger als die Konkurrenz im übertragenen Sinne tödlich sein kann.«

Machte er sich darüber Gedanken, so wie sein Kollege Madiot? »So ist Spitzensport nun mal«, sagte Plugge, der an Eigenverantwortlichkeit glaubt und daran, dass man »in seinem Leben selbst das Steuer in die Hand nehmen« müsse. »Ich glaube«, fuhr er fort, »dass die Menschen, die das tun, Druck anders erleben. Denn dieser Druck wird ihnen nicht von außen auferlegt. Es ist ein Druck, den man sich ausgesucht hat.«

Am 18. April tauchte Dumoulin wieder auf. Zur Überraschung des gesamten Teams stand er beim Amstel Gold Race mit schwarzer Lederjacke und Gesichtsmaske an der Strecke. Er war auf Einladung des Renndirektors gekommen und schaute seinen Kollegen zu. Wout van Aert entschied das Rennen in einem engen Sprint für sich. Einen Monat später kündigte Dumoulin an, wieder zu trainieren und ins Peloton zurückzukehren.

Während seiner Auszeit hatte er mehrfach mit Louis Delahaije gesprochen. Auf einem ihrer gemeinsamen Spaziergänge verriet Dumoulin, dass es sein Ziel sei, bei den Olympischen Spielen in Tokio an den Start zu gehen. Er wollte sich die letzte Chance auf eine Goldmedaille im Zeitfahren nicht entgehen lassen. In Rio war er 2016 Zweiter geworden, und in Tokio gab es nun eine neue Chance.

Dumoulin hatte ein paar Tage vor der Bekanntgabe ein »schonungsloses Gespräch« mit Plugge, Zeeman und Heijboer geführt. In einem Autobahnhotel in Vianen hatten sie auf das schwierige erste Jahr zurückgeblickt.

Dass Dumoulin ein Comeback plante, kam für Zeeman nicht überraschend. Er hatte bereits von anderen Fahrern gehört, dass Dumoulin wieder zu trainieren begonnen hatte, und er wusste, dass er Olympia im Hinterkopf haben würde.

Womit Zeeman hingegen nicht gerechnet hatte, war die Begeisterung, die Dumoulin mit seiner Ankündigung überall im Land auslöste. Er fand es »unsinnig«, dass nun alle mit den »Fähnchen winkten«, weil Dumoulin beschlossen hatte, wieder aufs Rad zu steigen. »Diese ganze Aufmerksamkeit«, so Zeeman, »wird ihm sehr zu schaffen machen, und ich bezweifle, dass das gut ist. Tom kann sich von dieser Euphorie, die jetzt aufkommt, kaum lösen. Er kann nicht sagen: ›Ich probiere es noch mal und schaue, was dabei herauskommt.‹ Die Erwartungen sind sofort wieder da. Und ich glaube, was die Leute von ihm denken, ist sehr weit von der Realität entfernt.«

Dumoulin sagte am Tag der Bekanntgabe, dass er zugeben müsse, dass die Aufmerksamkeit dieses Mal angenehm sei. Als er am Tag darauf seine erste Trainingsrunde drehte, bekam er mit, wie die Leute ihm applaudierten. »Ich wurde überall beklatscht«, erzählte er, und auch wenn er sich ein wenig dafür schämte, weil es »ein bisschen narzisstisch« sei, habe ihm die ganze Aufmerksamkeit doch sehr geschmeichelt. »Ja, ich habe das echt genossen. Und ich traue mich jetzt auch zuzugeben, dass ich Energie daraus schöpfe.«

Nur wenn er nicht auf dem Rad saß, war ihm der Rummel jedoch weiterhin nicht ganz geheuer. Die Menschen in der Stadt, die ihn ansprachen, sahen in ihm nur den berühmten Radrennfahrer. Kinder konnte er verstehen und er gab ihnen problemlos ein Autogramm, aber ältere Leute, die sich mit ihm fotografieren lassen wollten, wenn er mit Freunden in aller Ruhe ein Glas Wein trinken wollte?

Ich fragte ihn, ob er jemals daran gedacht habe, Maastricht zu verlassen. »Niemals!«, rief er aus. »Das Schöne überwiegt dann doch.«

Ihm war in den freien Monaten aufgefallen, dass er nicht mehr das tat, was er so gut zu können glaubte: seinem eigenen Plan folgen. Nach seinem Giro-Sieg war ihm klar geworden, dass dies auch nicht mehr möglich war, denn er war für die Teams, für die er fuhr, zu wichtig geworden. Sie ließen ihn nicht mehr sein eigenes Ding machen.

Aber seine Prioritäten seien nun andere, sagte er. Zum Beispiel sah er seinen siebten Platz bei der Tour inzwischen mit gemischten Gefühlen. Lieber wäre er nach einer »geilen Tour« Dreißigster geworden. »Bei meiner ersten Tour, 2013, wurde ich Vierzigster oder so. Das war mit die schönste Tour, die ich gefahren bin.«

Er habe seine Teamkollegen und insbesondere Primož Roglič beobachtet. Es war für ihn ein beruhigender Gedanke, dass es noch Fahrer gab, die es anders machen durften oder die ihr eigenes Ding durchzogen. »Seien wir ehrlich«, sagte Dumoulin. »Primož hat auch seinen eigenen Plan. Er sagt Ja und Amen und macht dann trotzdem, was er will. Er fährt einfach drauflos. Wer sagt, dass das gut ist? Jeden Tag Vollgas? Aber er macht es, zieht Energie daraus, fährt richtig gut und zeigt, dass man auch so erfolgreich sein kann. Und dann hört man auch nichts mehr vom Team.«

Sie hatten sich darauf geeinigt, dass Heijboer nicht mehr sein direkter Trainer sein würde und Louis Delahaije die täglichen Trainingseinheiten übernehmen sollte. Dumoulin wollte freier sein, mehr nach Gefühl trainieren (Heijboer: »Das war auch im vergangenen Jahr schon möglich, nur wusste Tom das nicht«) und außerdem Abstand zum Team halten.

»Das Wichtigste ist«, so Heijboer, »dass Tom wieder glücklich wird und hoffentlich in die Mannschaft zurückkehrt.«

Ich fragte Heijboer, ob Dumoulin das Team mehr hätte nutzen sollen, statt das Gefühl zu haben, von ihm benutzt zu werden. Seine Antwort fiel eindeutig aus: »Ja.«

Zeeman wünschte sich, dass Dumoulin jetzt wirklich ehrlich sage, was er wolle und was nicht. »Das ist das Allerwichtigste«, betonte er. »Danach sehen wir weiter. Tom hat mir gesagt, dass er sehr motiviert sei, auf Tokio hinzuarbeiten und auf eine Weise zu trainieren, die zu ihm passt und ihn glücklich macht. Na gut, dann unterstütze ich das voll und ganz.«

Zeeman betonte, dass es nicht an Dumoulins Talent liege, ob dieser Weg eine Chance auf Erfolg habe. Er könnte es sich selbst so unglaublich schwer machen. »Wenn er nach den Spielen sagen würde: Ich will noch einmal versuchen, die Tour zu gewinnen, würde ich antworten: ›Gut, aber erst musst du zeigen, dass du besser bist als Primož.‹« Aber ich frage mich wirklich, ob das sein Ehrgeiz ist und ob er diese Opfer noch bringen will. Denn es ist ja nicht so, dass unsere Konkurrenten am Strand liegen und wir die Einzigen sind, die wie die Irren in der Höhe trainieren. Die hundert besten Fahrer der Welt trainieren alle gerade sehr hart, um im Juli stark zu sein.«

Als ich später in der Woche mit Louis Delahaije telefonierte, kam das Gespräch schnell auf die Größe moderner Radsportteams und das zunehmend spezialisierte Wissen in einer Vielzahl wissenschaftlicher Bereiche. Delahaije zufolge hatte dies auch eine Kehrseite.

»Es kommen immer mehr Leute ins Team«, sagte Delahaije, »die alle eine Rolle spielen und alle etwas vom Fahrer wollen.« Der Abfahrtsspezialist, der Biomechaniker, der Ernährungsspezialist, der Kommunikationsberater, der Psychologe, der Manager, die Marketingabteilung, der Arzt. »Für den Fahrer, der im Mittelpunkt steht«, so Delahaije, »kann das ganz schön viel sein, und dann gibt es manchmal Fahrer, die selbst wieder mehr Kontrolle erlangen wollen, so wie Tom.«

Er blickte zurück auf die Zeit, als er im Radsport angefangen hatte: zwei Masseure, ein Busfahrer, zwei Teammanager, zwei Mechaniker, acht Fahrer und ein Arzt. »Ich versuche immer, das Team so klein wie möglich zu halten«, sagte er. »Deshalb funktioniert das Höhentraining auf Teneriffa auch so gut. Denn dort ist es überschaubar.«

Für Dumoulin war die Rollenverteilung im Vorfeld der Olympischen Spiele in Tokio klar. Er hatte das Sagen, Delahaije erstellte in Absprache mit Marc Lamberts die Trainingspläne, und sie schauten nie weiter als zwei Tage voraus. Delahaije: »Toms Training richtet sich ganz nach seiner Lust, Rad zu fahren, und seiner Zufriedenheit.«

Laut Delahaije war das etwas, was oft vergessen wurde – Zufriedenheit. Ein zufriedener Sportler fühle sich frei, Leistung zu bringen, meinte er. »Und darum geht es doch. Wenn man in Roubaix über das Kopfsteinpflaster rattert oder nach Alpe d'Huez hinauffährt, kommt es darauf an, dass man in der Lage ist, eine Menge Schmerzen zu ertragen. Und diese Schmerzen hinzunehmen, ist nur möglich, wenn man frei ist. Ich habe viel zu oft Sportler erlebt, die sich mit anderen Dingen beschäftigten und hinterher sagten: Ich konnte heute nichts zulegen. Deshalb ist diese Seite der Geschichte so wichtig.«

* * *

Dumoulins Comeback nahm beim Prolog der Tour de Suisse am 6. Juni 2021 Gestalt an. Als ich Mathieu Heijboer ein paar Stunden vor dem Start anrief, um mich zu erkundigen, wie es mit Dumoulins Zeitfahrrad und seinem Training lief, sagte er, er denke, dass er »recht schnell« sei. »Tom ist trotz allem ein Angestellter mit Burnout, der unter dem Druck der Olympischen Spiele zurückgekehrt ist. Wäre er ohne die Spiele so früh zurückgekehrt? Ich glaube nicht.«

Dennoch sei er guter Dinge, da Tom vor Talent strotze. »Vielleicht ist heute sogar eine Top-Fünf-Platzierung möglich«, sagte er. »Aber naja, der D-Day ist erst im Juli, in Tokio.«

»Die Kraft war nicht ganz da«, sagte Dumoulin zwei Tage später, als er auf sein Comeback zurückblickte, bei dem er im Prolog den 13. Platz belegt hatte. Er habe es genossen, wieder unter seinen Kollegen zu sein und zum Peloton zu gehören. Aber er dämpfte die Erwartungen. »Das Eis ist immer noch dünn«, sagte er. »Ich muss vorsichtig sein und auf mein Bauchgefühl hören.«

Kapitel 18

Ist die Grenze wirklich die Grenze?

Es war Marc Lamberts, der belgische Trainer von unter anderem Primož Roglič und Wout van Aert, der bei der Coaching-Evaluation 2020 die Frage aufgeworfen hatte: Kann man durch Training die Schmerzgrenze senken, damit ein Fahrer länger durchhält, bevor er aufgibt?

Das Team hatte die verkürzte Saison auf dem ersten Platz der Weltrangliste beendet, und Primož Roglič war trotz der Zeitfahrniederlage an der Planche des Belles Filles erneut der beste Fahrer der Welt, aber Lamberts war etwas aufgefallen, aus dem sich möglicherweise Kapital schlagen ließ: Immer wenn Tadej Pogačar oder Mathieu van der Poel, die größten Kontrahenten des Teams, ins Ziel kamen, gingen sie danach völlig fertig »auf die Matte«, um sich von der Anstrengung zu erholen. »Lieber sterben als verlieren«, hatte Lamberts gesagt. »Genau diese Mentalität, dieses ›nur über meine Leiche‹, sehe ich nicht oft bei unseren Fahrern.« Er fragte sich, ob man die Fahrer in eine Art »Tunnelblick oder Selbsthypnose« versetzen könnte, die es ihnen erlauben würde, knapp über der Schmerzgrenze zu fahren? Lamberts glaubte, dass es möglich wäre.

* * *

Ein paar Monate später nahm Primož Roglič in einem Hotel am Rande von Maastricht sein Handy vom Tisch und begann zu scrollen. Er entschuldigte sich, die Notizen nicht sofort parat zu haben. »Ich habe mir ein paar Sätze aus dem Buch aufgeschrieben«, sagte er. Als er sie gefunden hatte, las er vor: »Egal wie erfolgreich ein Sportler auch sein mag, er muss immer auf das Schlimmste gefasst sein, um der Beste zu sein.«

Ich war an diesem Nachmittag nach Limburg gereist, weil ich von Roglič wissen wollte, was er von *How Bad Do You Want It?* hielt, dem Buch von Matt

Fitzgerald, das Merijn Zeeman im Winter nach Lamberts' Anmerkungen an einige seiner Fahrer geschickt hatte.

Es ging um »Perceived Effort« (PE) – die gefühlte Anstrengung – und darum, wie der Athlet mit Unbehagen und Stress im Ausdauersport umgeht. Das Buch zeigte, dass es vor allem Aufgabe des Gehirns war, damit umzugehen, während die Muskeln die Leistung erbrachten. Dem oft zitierten italienischen Wissenschaftler Samuele Marcora zufolge tritt die Erschöpfung zu dem Zeitpunkt ein, an dem der Sportler die maximale gefühlte Anstrengung erlebt. PE, so Fitzgerald, habe stets zwei Ebenen: wie der Sportler sich fühlt und wie er sich darüber fühlt, wie er sich fühlt. Wenn der Sportler eine »gute Grundeinstellung« habe, schere er sich weniger um seine Gefühle und »zieht härter durch«. Dabei gehe es nicht darum, das Gefühl zu unterdrücken, sondern es zu akzeptieren.

Ich fragte Roglič, warum die Passage, die er gerade vorgelesen hatte, für ihn so bedeutsam sei. »Es ist sehr wichtig, mental bereit zu sein, um im Rennen leiden zu können«, sagte er, nachdem er eine Weile nachgedacht hatte. »Denn man weiß eh, dass es immer passieren wird. Immer. Und wenn du nicht bereit bist, kannst du es während des Rennens zwar versuchen, aber du wirst es nicht schaffen. Soll heißen: Sei bereit, dein schlimmstes Rennen zu fahren. Verstehst du, was ich meine? Wenn die Kacke am Dampfen ist, musst du damit fertig werden.«

Ich fragte ihn, ob er damit auch das vor kurzem beendete Etappenrennen Paris–Nizza meinte, bei dem er den Gesamtsieg durch zwei Stürze in einer Abfahrt am letzten Wochenende verspielt hatte. Roglič war ehrgeizig und wollte auch dieses Rennen einmal in seine Erfolgsliste eintragen. Er hatte die UAE Tour, Tirreno–Adriatico, zweimal die Baskenland-Rundfahrt und zweimal die Tour de Romandie gewonnen. Paris–Nizza fehlte noch in seinem *Palmarès*, ebenso wie die Dauphiné und die Katalonien-Rundfahrt.

Roglič seufzte und sagte, dass er zwar angeschlagen gewesen sei, sich aber dennoch mit dem Gedanken an einen Sieg auf die Verfolgung gemacht habe, vor allem aber mit dem Wunsch, seine beste Leistung abzurufen. »Ich setzte allein der Spitzengruppe nach und war eigentlich chancenlos«, sagte er. »Aber daran wollte ich nicht denken, also habe ich weiter gepusht, gekämpft und daran geglaubt, dass ich wieder aufschließen kann. Ich habe versucht, noch mehr aus mir herauszuholen, obwohl es schwierig war. Eine echt beschissene Situation, aber das ist die Herausforderung.«

Er sagte, er habe auch deswegen durchgezogen, um den Zuschauern zu zeigen, dass man auch in schwieriger Lage weitermachen kann. »Letztendlich mag ich es, den Leuten etwas Schönes zu geben«, sagte er. »Vor allem den Kindern, damit sie sich selbst aufs Rad setzen, aber auch den Leuten, die fünf Stunden vor dem Fernseher sitzen und Bier trinken.«

Roglič betonte, dass es sich inzwischen gut anfühle, wenn er daran zurückdenke – so »beschissen« die Situation damals auch gewesen sei. »Es schert mich einen feuchten Kehricht, welchen Platz ich sonntags im Ziel einnehme«, sagte er erstaunlich heiter. »Ich will immer das Beste aus mir herausholen, und wenn ich enttäuscht bin, schaue ich aufs nächste Rennen.«

Wie war es im September, als er im Zeitfahren an der Planche des Belles Filles von Tadej Pogačar geschlagen wurde? Er sagte, es sei »lächerlich«, so tief enttäuscht sei er gewesen, aber andererseits: Hey – Zweiter bei der Tour de France! »Verrückt, oder? Verdammt, das war doch nicht das Ende der Welt. Luxusprobleme sind das. Luxusprobleme, nichts weiter.«

Ich wollte noch weiter fragen, aber Roglič war ein Meister darin, seine Antworten so zu beenden, dass klar war, dass das Thema für ihn erledigt war.

Ich kehrte zu *How Bad Do You Want It?* zurück. Roglič erklärte, dass das Buch geholfen habe, ihn daran zu erinnern, wie viel »jeder von uns in sich hat«. Und daran, dass man an sich selbst glauben müsse und dann vieles schaffen könne. »Man kann es immer besser machen«, sagte er. »Wir leben in einer Welt, in der man neue Dinge entdecken kann. Je mehr Zeit vergeht, desto mehr finden wir heraus. Trainingsmethoden, was und wie wir essen, der mentale Aspekt.«

Und wie sah es mit dem Glauben an die eigenen Fähigkeiten aus? Wie schwierig war es, wirklich auf den eigenen Körper zu hören? Und wie schwierig war es, dem eigenen Körper zu vertrauen? Er fand, das seien »heikle Fragen«, und erklärte, er wolle seinem Körper »folgen« und ihn »spüren«. »Und dann ist die Frage«, fuhr er fort, »ob das möglich ist, oder? In der heutigen Zeit, in der wir alles Mögliche messen können – mit Powermetern, Schlaf-Trackern und dergleichen –, vergisst man leicht, wie man seinen Körper fühlen kann.«

Er meinte, dass solche Zahlen für ihn wenig Wert hätten, vor allem im Rennen, wenn er mitten im Peloton saß. »Im Training ist das ja alles ganz nett, Powermeter und so, aber im Rennen? Wenn du von anderen Fahrern umringt bist? Dann fährst du offensichtlich nicht schnell genug«, betonte er. »Egal, was die Zahlen auf deinem Bordcomputer sagen, du willst trotzdem schneller fahren.«

Als ich ihn fragte, wo die Grenze der mentalen Belastbarkeit eines Radrennfahrers liege, konnte Roglič dazu nichts Sinnvolles sagen. »Das interessiert mich auch überhaupt nicht«, sagte er. »Was würde es mir bringen, wenn ich es wüsste? Es ist sinnlos, sich mit dieser Art von Fragen zu beschäftigen. Kann ich mich um 0,05 Prozent verbessern? Keine Ahnung. Wir werden sehen.«

* * *

Genau diese Themen waren es, die Robbert de Groot umtrieben. Gab es eine Grenze jenseits der Grenze? Wie konnte man mehr Schmerz ertragen? Was brachte es, mehr Schmerzen ertragen zu können? De Groot, der im Team für die Talententwicklung zuständig war, war Feuer und Flamme, als die Frage aufkam, wer von den Coachs sich mit diesem Thema befassen wollte.

De Groot war seit Juni 2019 bei Jumbo-Visma angestellt und für das Development Team verantwortlich. Er kam als ein Mann rüber, der die Welt mit einem offenen Geist betrachtete. Er vermied schwammige Formulierungen. In seinem ersten großen Trainingslager mit dem Team im Jahr 2020 schaute er sich um und stellte dann fest, dass »im Training jeder gut sein kann«, mit solchen Fahrern könne man »ganze Lagerhäuser« füllen. Weiter sagte er in Alicante: »In einem Peloton haben nur 20 Fahrer die Aussicht, an diesem Tag zu gewinnen. Der Rest hat von vornherein keine Chance. Und dann muss man auch noch richtig gut sein, um am Ende vorn zu sein.«

De Groot erwies sich als ein Mann, der bereit war, sich selbst zu hinterfragen. Als ich ihn fragte, was ihn antreibe, antwortete er, dass er sehen wolle, was für eine Generation von Rennfahrern nachkomme, und dass er den »Topfahrer unter ihnen finden« wolle. Dieser Prozess gab ihm Befriedigung. De Groot: »Dann kann ich meinen Beitrag zu Projekten leisten, an denen viele Menschen beteiligt sind. Ich finde es interessant, herauszufinden, warum etwas funktioniert oder auch nicht.«

Er erzählte, dass er eine große Verantwortung verspüre. Er ließ junge Leute viele Stunden mit Sport verbringen, in der Hoffnung, dass sie eines Tages für das Team auf höchstem Niveau Rennen gewinnen können. Aber natürlich konnte nicht jeder das Training und den Weg dorthin bewältigen. Außerdem könnte ein solches Projekt natürlich auch scheitern. »Das ist schwierig für mich«, sagte er. »Wenn etwas nicht klappt, habe ich oft das Gefühl, dass ich versagt habe.«

Auch beim Aufspüren talentierter Fahrer gab es immer wieder Zweifel. Hatte er die richtigen Fahrer angesprochen? Er fand seine Arbeit daher »extrem knifflig«, aber auch »extrem interessant«. Und wenn es klappte und einer seiner Jungs ein wichtiges Rennen gewann, trieb es ihm die Tränen in die Augen. So wie neulich, als Mick van Dijke gewann und er Zeeman per WhatsApp schrieb: *Ich glaube, an ihm werden wir noch viel Freude haben.*

De Groot begann seine Karriere im Leistungssport 2002 beim niederländischen Tennisverband KNLTB. Anschließend arbeitete er ein Jahr lang parallel für das Rabobank Continental Team, für das damals Talente wie Steven Kruijswijk, Dylan van Baarle und Tejay van Garderen fuhren, und den Fußballclub AZ Alkmaar. 2008 entschied er sich endgültig für den Verein aus Alkmaar, an dessen Jugendakademie spätere Nationalspieler wie Teun Koopmeiners, Wesley Hoedt und Owen Wijndal ausgebildet wurden. 2015 ging er zum FC Groningen, bevor er vier Jahre später bei Jumbo-Visma in den Radsport zurückkehrte.

Als De Groot mein Interesse am Thema »Schmerzgrenze« bemerkte, begann er sofort mit einem Mini-Referat am Telefon. Er hatte sich mit der Arbeit des italienischen Wissenschaftlers Samuele Marcora beschäftigt, der damals an der Universität Bologna forschte und arbeitete. De Groot zufolge gab es eine »körperliche Bremse im Hinblick auf die Anstrengung«, während »muskelphysiologisch betrachtet« zugleich noch keine Grenze erreicht worden sei.

Eine der Fragen, mit der sich De Groot derzeit beschäftigte, war eine ethische. Konnte man von einem Sportler verlangen, so weit zu gehen, dass die Grenze messbar war? Konnte man jemanden auffordern, sein Gehirn auszuschalten? Und angenommen, man konnte es, wo lag dann die nächste Grenze? Und was war, wenn das Versuchskaninchen während dieses Tests tot umfiel? Könnte man bis zu dem Moment weitermachen, in dem der Herzmuskel die Abfallstoffe nicht mehr verarbeiten kann? Könnte man sagen: »Ich weiß, es tut weh, Junge, aber die Lage ist nicht bedenklich, mach also einfach noch ein bisschen weiter«?

De Groot sagte, dass er oft mit den »Special Forces« der Armee in Kontakt stehe. Wenn sie dort über das Überschreiten von Grenzen sprachen, ging es nicht nur um die körperlichen Grenzen, sondern um den gesamten mentalen Prozess, der damit verbunden war. »In unserem täglichen Leben tun wir viele Dinge nicht, weil sie in dem Moment nicht angebracht sind«, sagte De Groot. »Aber in einer Kriegssituation hat man diese Wahl nicht.«

Er erklärte, dass bei den Spezialeinheiten diese Kultur herrsche, aber man bei Jumbo-Visma noch weit davon entfernt sei. Wenn man dorthin gelangen wollte, spielte Feedback eine entscheidende Rolle. Man müsse sich trauen, »knallhart« zu sein, und – ganz wichtig – man müsse auch in der Lage sein, Kritik einzustecken. »Man muss die Verantwortung für den Prozess übernehmen«, sagte er. »Man muss aufhören, Ausflüchte zu machen. Das ist der springende Punkt. Eine Ausrede ist ein Sicherheitsmechanismus. Wenn man aufhört, sich herauszureden, kann man sich weiterentwickeln. Man kann auch sagen: Ich akzeptiere das nicht und ich gehe über diese Grenze.«

»Aber«, fügte er hinzu, »ob das dann sicher ist, weiß ich nicht.«

* * *

De Groot und ich trafen uns ein paar Monate später in Sittard, auf dem Gelände der Sportzone Limburg, wo sich mehr als hundert junge Radsporttalente aus dem ganzen Land versammelt hatten, um sich testen zu lassen. Dies war die Heimat der niederländischen Triathleten und Mountainbiker, darunter auch Milan Vader, der sich auf die Spiele in Tokio vorbereitete. Es gab Unterkünfte, in denen die Jugendfahrer von Jumbo-Visma wohnten, und Gebäude, in denen die amerikanischen Mountainbiker untergebracht waren, die Rennen in Europa bestritten.

Wir stiegen ins Auto und fuhren zum Fuße des Camerig, einem Hügel in Limburg, auf dem seit Jahren Fahrer getestet wurden. Alles, was sie tun mussten, war, so schnell wie möglich hinaufzufahren. Der Camerig war der längste Anstieg in den Niederlanden. De Groot verriet mir, dass der Rekord Anfang der Woche von einem »Bengel, den wir schon auf dem Radar haben«, gebrochen worden sei. Oben am Jesuskreuz stand ein Trainer mit einer Stoppuhr in der Hand. »In der Tat«, sagte De Groot und lächelte, »es ist immer noch Radfahren.«

Bevor wir uns über die Grenze menschlicher Fähigkeiten unterhielten, kamen wir auf die Armee zu sprechen und darauf, wie er mit ihr in Kontakt gekommen war. Als er erklärte, dass es während seiner Zeit bei AZ begann, kam er schnell auf die Talentförderung und die Bedeutung einer Kultur zu sprechen, in der Sportler aufwachsen. Er wusste, dass man in der Armee die Norm nicht in Frage stellte. Wenn man in die Armee eintrat, wurde einem gesagt: »Das ist unser Zuhause, wir haben es so und so aufgebaut, und du hast dich daran zu halten.« De Groot: »Wenn man ein Team aufbauen will, dann geht es darum, dass jeder versteht, dass es Verbindlichkeit gibt und dass man in seinem Team trotz aller Entbehrungen, die man durchstehen muss – in unserem Fall zermürbende Trainingseinheiten, Höhentraining, knallharte Wettkämpfe –, für die Entwicklung des anderen verantwortlich ist. Man nimmt sich gegenseitig mit in diesem Prozess, besser werden zu wollen. Und in dem Moment, in dem man das geschafft hat, ist das Team, die Gruppe, ein Zufluchtsort geworden. Und noch ein Aspekt gehört dazu: Wenn es gut läuft, sagt man, dass es gut läuft, und wenn es schlecht läuft, sagt man, dass es schlecht läuft. Um sich zu verbessern, ist es unglaublich wichtig, sich gegenseitig Feedback zu geben. Damit muss man umgehen können, wenn man besser werden will. Das ist der Knackpunkt, in der Armee und auch bei uns. Die Messlatte liegt hoch, aber wenn du einmal Teil dieser Gruppe bist, dann ist es deine Gruppe und du trägst Verantwortung für sie. Und dazu gehört auch, dass man sich gegenseitig kritisiert, weil man besser werden will.«

Als ich fragte, ob seine Jungs schon so weit seien, musste er lachen. »Wird schon werden.«

Und wie sah es beim WorldTour-Team Jumbo-Visma aus? Es nehme langsam Gestalt an, erklärte De Groot. Die Coachs unterstützen sich gegenseitig, gaben Feedback und bezogen die Fahrer in die Prozesse ein. »Man sieht es in den Rennberichten«, sagte De Groot, »in den Rennvorbereitungen und in den Gesprächen, die die Coachs mit den Fahrern führen.«

De Groot parkte den gelb-schwarzen Wagen der Teamleitung, und wir setzten uns vor einem Café auf eine Mauer mit Blick ins Tal. Wir tranken Kaffee, derweil sich alle paar Minuten einer der 120 jungen Fahrer näherte, die die Schlussrampe des Anstiegs in Angriff nahmen. Er beobachtete einen der vorbeikommenden Fahrer. Ich fragte ihn, wie viele von diesen 120 ehrgeizigen Jungs es in sich hätten, eines Tages Profi zu werden. Zehn? »Ich glaube, eher weniger«, sagte De Groot. »Vielleicht zwei. Wir schauen nicht nur auf die körperliche Begabung, sondern auch nach der Veranlagung für den Spitzensport.«

De Groot sagte, dass die Talentsichtung früher ganz anders vonstattengegangen sei als heute. Früher habe man sich die Ergebnisse von Juniorenrennen angesehen, geschaut, wer am besten abgeschnitten hatte, und brachte diese Jungs dann in der Nachwuchsabteilung unter, wo der Schwerpunkt auf einem guten Trainings- und Wettkampfprogramm lag. »Das Augenmerk auf Persönlichkeits- und Teamentwicklung war viel weniger ausgeprägt. Heute liegt der Schwerpunkt viel stärker auf dem Menschen, der hinter der Leistung steht.«

Der Radsport habe sich in vielen Bereichen verändert. Und auch die Fahrer selbst hätten sich verändert, stellte De Groot fest. Nicht nur fingen sie an, so wie Pogačar und Van der Poel in jüngeren Jahren große WorldTour-Rennen zu gewinnen, sondern sie fuhren auch anders, griffen früher und häufiger an und fuhren mutiger.

»Es findet ein Umschwung statt«, sagte De Groot. »In physiologischer Hinsicht sehen wir, dass Explosivität und Ausdauer kombiniert werden müssen, wenn man gewinnen will. Chris Froome konnte über sehr lange Zeitspannen eine hohe Leistung treten, aber inzwischen muss man auch sprinten können, wie es Pogačar, Primož, Carapaz und Vingegaard können.«

De Groot zufolge hatte das mit der Art und Weise zu tun, wie die Generationen sich selbst betrachteten. Man müsse sich fragen, wer diese Typen seien. »Das sind Jungs, die die Dinge selbst in die Hand nehmen. Die können damit umgehen, durch die sozialen Medien rund um die Uhr im Rampenlicht zu stehen.«

De Groot zufolge waren die jungen Fahrer von heute sogar erpicht darauf, diese ständige Aufmerksamkeit zu bekommen, und dafür mussten sie attraktiv fahren, damit die Kameras auf sie gerichtet blieben. »Sie müssen sich etwas einfallen lassen«, sagte De Groot, »also sagen sie sich: Ich greife an! Und weil sie das tun, verändert sich der Radsport. Deshalb müssen wir auf der Suche nach Toptalenten wieder auf andere Dinge achten. Ein 17-jähriger Junge von heute ist ganz anders als ein 17-jähriger Junge von vor zehn Jahren. Der hat einen ganz anderen Kopf. Dieser Junge wurde auch ganz anders erzogen, und das sieht man an seinem Verhalten. Und wir denken, dass dieses Verhalten bald bestimmen wird, wie es weitergeht.«

Er wies darauf hin, dass es für Spitzensportler wichtig geworden sei, eigenständige, selbstdenkende, verantwortungsbewusste, entscheidungsfreudige und führungsstarke Menschen zu sein. »Und sie sollen außerdem in der Lage sein, in einem Team zu funktionieren«, sagte De Groot. »Sie müssen in der Lage sein, die Qualitäten ihrer Teamkollegen zu erkennen, anzusprechen und zu nutzen.«

De Groot hatte zuvor gesagt, dass Spitzensportler »im Allgemeinen« höher gebildet seien. Ihm war klar, dass er sich damit »auf dünnem Eis« bewegte, dass dies nicht in allen Fällen zutraf und dass ein niedriger IQ nicht zwangsläufig bedeutete, dass man keinen Spitzensport betreiben konnte. Aber er sah auch, dass das Bildungsniveau von Spitzensportlern stieg, weil die Informationen, die man braucht, um besser zu werden, um andere zu schlagen, immer komplexer wurden. »Das ist ein so hohes Niveau geworden«, sagte De Groot, »um all das verarbeiten und in entsprechende Handlungen umsetzen zu können. Dafür braucht man natürlich eine gewisse Gehirnkapazität.«

De Groot erwartete, dass das Intelligenzniveau noch weiter steigen werde. »Stupides Herumstrampeln« auf dem Rad könnte zwar weiterhin erfolgreich sein, aber man würde auf diese Weise früher an seine Grenzen stoßen, denn stupide herumstrampeln könnten andere auch. Wenn man dazu noch denken und Entscheidungen treffen könne, sei man den stupiden Herumstramplern oft überlegen.

»Ich glaube«, sagte De Groot, während er seinen Pappbecher zerdrückte, »dass diese sozial-emotionale Verbindung, diese Beziehung, das Schaffen eines bestimmten Umfelds, von Freiheit, von ›hier kann ich mich voll und ganz entfalten‹ immer mehr an Bedeutung gewinnt. Deshalb glaube ich, dass es für Coachs immer wichtiger wird, Verhalten zu erkennen. Ich glaube, wir bewegen uns dahin, dass die Erweiterung des Umfelds immer wichtiger wird. Darauf setzen wir auf jeden Fall.«

Dann setzten wir uns ins Auto und fuhren auf den Gipfel des Camerig, wo wir uns zu den anderen Trainern gesellten, die sich am Jesuskreuz versammelt hatten. De Groot erklärte, dass die physischen Margen im Spitzensport inzwischen »hauchdünn« geworden seien, so dünn, dass »die Physis« zwar immer noch eine sehr wichtige Voraussetzung sei, aber kein *Key Performance Indicator* mehr, kein Schlüsselindikator der Leistung. Inzwischen sei den meisten in diesem Bereich klar, dass die nächsten *Marginal Gains* (ein Begriff, der vom Team Sky geprägt worden war) im Gehirn zu finden sein würden. Auch wichtig zu wissen: Wer ist die Person, die jeden Tag aufs Rad steigt? »Man schlägt die anderen auf Grundlage von Intuition«, sagte De Groot. »Auf Grundlage von Wagemut, Schneid, Cleverness, aber auch indem man andere dazu bringt, nervös zu werden.«

Als der letzte Fahrer den Gipfel erreicht hatte, kehrten wir nach Sittard zurück. Am Steuer sitzend, begann De Groot darüber zu sinnieren, dass es schon außergewöhnlich sei, dass es Menschen auf der Welt gebe, die eine Hose mit Sitzpolster anziehen, um bei jedem Wetter auf einem relativ unbequemen Sattel in einer unkomfortablen Position durch die Gegend zu radeln. »Wie kommt man auf so was?«, fragte De Groot und lachte. Die Antwort: »Jeder sucht auf diese Weise seine eigenen Grenzen, und was Robert Gesink dabei sucht, ist etwas anderes als das, wofür Jonas Vingegaard jeden Tag aufsteht.«

Eines aber kannten alle Fahrer: die Grenze. Das Limit dessen, was sie leisten konnten. Und jeder Fahrer wusste, dass man dieses Limit verschieben konnte. De Groot erzählte, dass er einmal mit Steven Kruijswijk darüber gesprochen habe, den Schmerz zu blockieren, sozusagen den Mechanismus abzuschalten, so dass man den Schmerz weniger spürt. »Obwohl dein Körper um Gnade winselt«, so De Groot, »kannst du weiter funktionieren.« Aber irgendwann ist dann doch Schluss, und der Sportler hört auf, um sich nicht noch mehr zu schädigen. »Studien zeigen, dass der Körper ein Signal ans Gehirn sendet, und dann entscheidet das Gehirn: Stopp.«

Wir waren an dem Punkt angelangt, um den es letztendlich ging: wie man die mentale Schmerzgrenze ausdehnen kann. Es hatte mit etwas zu tun, das sie »RPE-Stretching« nannten. Es ging um die Art und Weise, wie man Schmerz erlebt. Es ging um die Gedanken, die dabei auftauchen, und darum, wie man sie nutzbar machen kann. De Groot zufolge ging es darum, anstrengenden Trainingseinheiten einen Wert zuzuordnen und sie durch Wiederholung als weniger anstrengend zu empfinden und dadurch Fortschritte zu erzielen. »Wie man dann vorankommt, hat mit der Strategie zu tun, die man dafür wählt. Das nennt man dann ›Coping‹. Der Sammelbegriff ist mentale Fitness.«

Eine der erstaunlichsten Erkenntnisse aus *How Bad Do You Want It?* war die Feststellung, dass ein Sportler, der sich zu konkrete Ziele setzt, sich selbst eine Obergrenze auferlegen kann. »Das ist in der Tat ein wichtiger Punkt«, sagte De Groot, »denn selbst auferlegte Grenzen sorgen dafür, dass man sie wahrscheinlich nie überschreiten wird. Das wirkt sich normalerweise nicht zu deinen Gunsten aus.«

Aus der wissenschaftlichen Literatur wusste De Groot, dass es trotz der Signale des Gehirns, die dem Athleten anzeigen, dass es an der Zeit ist, abzubrechen, physisch überhaupt keinen Grund gibt, bereits aufzuhören. Er war überzeugt, dass es einen großen Effekt habe, wenn der Sportler in der Lage war, auf sich selbst einzuwirken, wie Kruijswijk es ihm geschildert habe. »Ich glaube, man kann auf diese Weise 30 Watt Leistung gewinnen«, sagte er. »Und der Unterschied zwischen 400 und 430 Watt ist groß. Ich weiß, dass es sehr schwierig ist, dieses Stretching in konkreten Wattzahlen auszudrücken, aber ich bin überzeugt, dass es möglich ist.«

Er war gerade mit mehreren Fahrern von einem Trainingslager in Slowenien zurückgekehrt, wo sie zum ersten Mal das RPE-Stretching praktiziert hatten. Die jungen Fahrer hatten nicht das Gefühl, dass sie 20 Watt mehr traten, aber sie waren nicht mehr schockiert von der Anstrengung, sagte mir De Groot.

Ich fragte De Groot, ob sich der mentale Zustand auch auf die Fähigkeit auswirke, körperliche Anstrengungen zu ertragen. Er nickte und erklärte, dass einige junge Fahrer sich mit Yoga, Meditation und Atemübungen beschäftigten, um ihren Geist zu beruhigen. »Sie sind sich bewusst, dass sie damit etwas erreichen können«, sagte er.

De Groot: »Und wir müssen offen sein für die Tatsache, dass Sportler davon profitieren können. Wir dürfen nicht sagen: dummes Zeug, mach deinen Job. Nein, wir müssen sie ermutigen, denn ich denke, man ist körperlich nicht belastbar, wenn man mental nicht belastbar ist. Je frischer du mit dem Training beginnst, desto besser wird deine Leistung sein.«

»Es bleibt wenig Zeit für die mentale Entlastung, wenig Zeit, um zur Ruhe zu kommen und Abstand zu gewinnen«, fuhr De Groot fort. »Es gibt so viel Unruhe in der Gesellschaft. Und auch im Leben der Fahrer, rund um die Rennen, rund um das Team, der ganze Druck, die Manager, die Familie, das Geld, der Status, die Herausforderung, ständig präsent sein zu müssen. Ich kenne Fahrer, die sich nach ihrer Karriere gefragt haben: Warum um alles in der Welt habe ich mir das alles angetan? Für viele Menschen ist das gar nicht gut.«

Es gehe also darum, den stabilsten Athleten zu finden und ihn dann zu formen, fragte ich De Groot. »Ja, und dass die Athleten selbst ein Wörtchen mitzureden haben«, sagte er. »Dass sie das Steuer selbst in die Hand nehmen müssen und dass das Team versucht, das an Fachwissen zu koppeln. Dass viel mehr vonnöten ist, dass es komplex ist und dass der Fahrer sich dessen bewusst ist.«

Kapitel 19

Akzeptieren, wenn ein anderer besser ist

Wir waren in Merijn Zeemans »Hinterhof« unterwegs, der Bussumer Heide. Er ging hier oft spazieren, auf diesen Muschelwegen, mit Heidekraut auf beiden Seiten und dem Sendemast des Mediaparks Hilversum in der Ferne. Unser Tempo war zügig. Ich fragte ihn nach seinen Erinnerungen an seine erste Tour de France. Er sagte, als er 2009 in Monaco ankam, habe er gedacht: Cool, dass ich es so weit geschafft habe.

Und was war das für ein Gefühl nach Rogličs Niederlage auf der Planche des Belles Filles? »Meine erste Reaktion war: Ich höre auf. Das war so hart und tat so weh, dass ich dachte: Will ich mir das noch antun?«

Für Zeeman ging es nach all den Jahren im Spitzensport nur noch um gut oder schlecht, um schwarz oder weiß. Er war kompromisslos. Er hatte Angst vor sich selbst. Für ihn war 2020, auch durch Corona, zu einem »Giftcocktail« geworden. Er verstand, wie es dazu kam, denn das Team musste zusammengehalten werden und er wollte alle mit einbeziehen und die rennfreie Zeit als Chance nutzen, noch besser vorbereitet zur Tour zu fahren. Aber als Tadej Pogačar auf den letzten Metern Flügel wuchsen, brach alles zusammen. Zeeman gab zu, dass dieses alles verzehrende Gefühl einfach nicht verschwinden wollte, und er begann sich zu fragen: Wenn ich mich wegen etwas so beschissen fühlen kann, warum mache ich es dann noch? »Ich tat meine Arbeit, und Primož gewann Lüttich-Bastogne-Lüttich und danach die Vuelta, und es gab auch viele Dinge, die mir Spaß gemacht haben, aber es hat lange gedauert, bis ich wieder die alte Energie hatte.«

Er sagte, er habe sich »resetten« müssen. Er stellte sich Fragen: Wie sorgt man dafür, dass man mit Enttäuschungen umgehen kann? Wie stellt man sicher, dass eine Niederlage nicht das ganze Leben ruiniert?

Zeeman erkannte, dass er sich von seinen Erwartungen lösen musste, an sich selbst und an andere. Verlieren gehört zum Spitzensport, aber Verlieren bedeutete nicht, dass man nichts mehr tun kann. »Man muss den Sport den Sport sein lassen«, sagte er. »Und im Sport gewinnt man sehr oft nicht. Das habe ich auch unseren Coachs nach der Tour geschrieben. Natürlich schaue ich nach einem verlorenen Rennen zurück und analysiere, was falsch gelaufen ist, aber das darf nicht bedeuten, dass man drei Monate lang jeden Tag herumläuft und sich von morgens bis abends beschissen fühlt und dass einen nichts anderes mehr interessiert. Ich möchte mich, wenn ich auf diese Jahre zurückblicke, auch an die Abendessen mit Freunden bei uns zu Hause erinnern, an die Abende, an denen ich nicht an den Radsport gedacht habe. Ich fühlte mich, als ob ein geliebter Mensch gestorben wäre«, sagte er. »Ich war echt am Boden.«

Erst im Januar 2021 kam der Umschwung. Merijn Zeeman war mit seiner Familie zwei Wochen im Skiurlaub gewesen und hatte durch »inspirierende« Sessions mit den Kollegen neue Energie getankt. Er hatte wieder das Gefühl, dass sein Anteil Einfluss auf die Entwicklung des Teams hatte und den Plan verfeinerte. Er konnte sich wieder daran erfreuen, Talente heranreifen zu sehen und mit den Kollegen und den Fahrern zusammenzuarbeiten. »Das ist es, wofür ich mir das alles antue«, sagte Zeeman. »Das oberste Ziel ist für mich nicht mehr, die Tour zu gewinnen. Und damit fahre ich eindeutig besser.«

Nichtsdestotrotz drehte sich sein Leben immer noch um das Team. Zuvor hatte er mir auf unserem Spaziergang erzählt, wie es bei einigen seiner Fahrer aktuell lief. »Ich will nicht klagen«, sagte Zeeman über die Gespräche, die er mit ihnen geführt hatte, »aber es ist schon sehr intensiv. Alle meinen, ich hätte einen Traumjob, und den habe ich auch, aber mitunter ist es auch echt hart.«

Seiner Meinung nach setzte der Wandel im Radsport im Jahr 1999 ein, als Lance Armstrong alles auf die Tour de France setzte. Zeeman verwies auf Robert Gesink, der zehn Jahre später seine Tour-Vorbereitung mit einem dreiwöchigen Höhentraining in der Sierra Nevada unter der Leitung von Louis Delahaije begann, anschließend die Tour de Suisse bestritt und dann bei der Tour an den Start ging. Das war's. »In den letzten zehn Jahren hat sich der Sport wirklich komplett verändert«, sagte Zeeman.

Als Beispiel nannte er einen Fahrer wie Bram Tankink, der 2005 sein Debüt bei der Tour de France gegeben und sie zuletzt 2015 bestritten hatte. Zeeman: »Bram hat sich damals noch ein paar Tage vor der Tour von zu Hause aufgemacht, ist dann drei Wochen durch Frankreich gefahren und anschließend wieder nach Hause gereist. Das war überschaubar. Und jetzt? Schau dir Primož an. Drei Wochen in der Höhe auf Teneriffa im Februar, drei Wochen in der

Höhe in der Sierra Nevada im Mai und drei Wochen in der Höhe in Tignes im Juni. Nicht umsonst fahren die Familien dieser Jungs immer häufiger mit. In dieser Zeit der Vorbereitung ist es sehr wichtig, die mentale Energie der Fahrer hochzuhalten.«

Zeeman stellte fest, dass die Arbeit von Fahrern und Coachs immer umfassender wurde. Das gesamte Peloton hatte das Niveau kollektiv angehoben, als die Bedeutung der Tour zunahm. Es wurde mehr Wert auf Teamgeist und zielorientiertes Arbeiten gelegt, was ein ganz neues Maß an Expertise erforderte. In der Praxis bedeutete dies eine »periodisierte Saison«, in der immer mehr Zeit für Training und Arbeit in der Höhe zur Verfügung stand. »Die Tour«, sagte Zeeman, »heißt ab Mai ständiger Aufenthalt in der Höhe, und dazwischen gibt es als Vorbereitung eigentlich nur die Dauphiné. Auch für die Sponsoren ist es das wichtigste Rennen des Jahres, dort entscheidet sich das Wohl und Wehe einer ganzen Saison.« Zeeman hatte die Beobachtung gemacht, dass schon im Vorfeld der Tour alle permanent enorm unter Stress standen. »Und das merkt man gleich in den ersten beschissenen Tagen in der Bretagne«, sagte er, »auf diesen engen Straßen, wo man direkt an den Zuschauern vorbeifährt. Das sind wirklich anstrengende Tage. Da kann man die Tour gewinnen, wenn der Gegner stürzt. Das ist dann ein Erfolg. Aber die Fahrer sitzen den ganzen Tag mit einer Heidenangst auf dem Rad, weil ein Sturz die gesamte Vorbereitung mit einem Schlag zunichtemachen kann. Wenn es zu einem Sturz kommt, ist es besser, so wenige Fahrer wie möglich vor sich zu haben, also will jeder an der Spitze des Feldes fahren, und weil jeder an der Spitze sein will, steigert sich nochmals der Stress, es wird gedrängelt und geschoben, was wiederum das Risiko von Stürzen erhöht.«

* * *

Am 6. Januar 2021 teilte Merijn Zeeman mit den Trainern und Sportlichen Leitern ein Dokument, das sich auf seinem Laptop befand. Es war der Ausgangspunkt für eine ganztägige Marathonsitzung. Ein paar Stunden später rief Zeeman lächelnd aus: »Gute Arbeit! Gute Arbeit!«

Das Ausgangsdokument hieß »Vorstellung der Prozessziele 2021« und begann mit einer Definition. *Prozessziele sind Ziele, die etwas über die Art und Weise aussagen, wie wir arbeiten. Mit anderen Worten: Was können wir am Prozess (im weitesten Sinne unserer Arbeitsweise) verbessern?* Im weiteren Verlauf betonte das Dokument, dass sie nun vom »Herausforderer« zum »Favoriten« geworden seien, dass sich dadurch die Erwartungen geändert hätten und dass dies wiederum »die Herausforderung mit sich bringe, nach Verbesserungen zu streben«. Es folgten ein Appell, auf eine konstruktive interne kritische Haltung und Einstellung zu achten, und ein Verweis auf »Der Blanco-Kurs«: jeden Tag besser werden und sich nie zufriedengeben. Die Rolle der Coachs wurde als »entscheidend« bezeichnet, und das Performance Team unter der Leitung von Mathieu Heijboer sollte weiter nach Verbesserungsmöglichkeiten suchen. Es gelte, die »perfekte Performance-Vorbereitung« weiter zu vervollkommnen und häufiger zu nutzen. *Wir halten diese Vorbereitung für den Schlüssel zum Erfolg.*

Zeeman stellte immer häufiger fest, dass die Fahrer von sich aus signalisierten, dass sie besser werden wollten, und dass sie sich selbst dafür in die Verantwortung nahmen. *Mit anderen Worten*, schrieb Zeeman, *sie sind die Herren über ihre eigene Entwicklung, sie sitzen selbst am Steuer und nutzen die Coachs und das Fachwissen des Teams, um besser zu werden. Deshalb wollen wir in unserem Ansatz die Eigenverantwortung der Fahrer noch stärker fördern. (Was willst du und was wirst du dafür tun? Lernen durch Feedback-Fragen.)*

Zeeman betonte außerdem, dass das Team taktisch noch besser werden könne und man sich künftig intensiver mit diesem Teil des Geschäfts befassen wolle: Die Rennpläne würden von nun an auch eine Analyse der Gegner umfassen, und die Coachs und Fahrer sollten ermutigt werden, sich in diesem Bereich weiterzubilden.

Das erste Treffen im Jahr 2021 hatte sich ebenfalls auf die Taktik konzentriert. Zwei Tage zuvor hatten die Coachs neun Ziele für 2021 formuliert, darunter an erster Stelle der Sieg bei der Tour de France.

»Noch mehr als im letzten Jahr liegt der Schwerpunkt auf der Taktik«, sagte Zeeman. Dabei half, dass es keine Unklarheiten mehr hinsichtlich ihres Leaders gab. Das war Roglič, der im Jahr 2020 mit Abstand ihr bester Fahrer gewesen war. Bei der Tour 2021 würden alle bei Jumbo-Visma sich in seinen Dienst stellen.

Zeeman hatte alle ermahnt, nicht in die gleiche Falle wie im Vorjahr zu tappen, als sie dachten, ein Vorsprung von 57 Sekunden würde ausreichen. Aber wenn Roglič auf diese Weise weitermachte, erwarteten sie, das Rennen kontrollieren zu können; andernfalls würden sie einen anderen Weg finden müssen, Zeit gutzumachen. Man habe feststellen müssen, dass Roglič im Zeitfahren und in den Bergen nicht den entscheidenden Tick besser war, um einen Vorsprung auf

Pogačar herauszufahren. »Wir müssen unsere Stärke in der Breite ausnutzen«, sagte Zeeman, »und in der ersten Woche in der Bretagne auf Wind hoffen.«

Mit Blick auf Roglič hatten sie besprochen, dass er vor der Tour nicht zu viel machen sollte und die Dauphiné in diesem Jahr besser ausließe, wenn er beim olympischen Zeitfahren in Tokio etwas reißen wollte. Lamberts machte sich Sorgen um den zusätzlichen Stress, sollte Roglič bei der Tour früh die Führung übernehmen. Niermann konnte ihn beruhigen. Er hatte schon mit Roglič gesprochen, und sie waren sich sofort einig gewesen: In diesem Fall würde man Gelb so schnell wie möglich wieder abgeben.

Niermann hatte sich die Strecke angeschaut und gesehen, dass bei den Zeitfahr- und Bergetappen nur wenig möglich sein würde. Sie würden folglich ihre Chance bei den Etappen, die für Windkanten prädestiniert waren, und bei Abfahrten suchen müssen. Als ehemaliger Trainer der niederländischen Mountainbike-Nationalmannschaft wusste Tim Heemskerk einiges über Abfahrttechnik und als Vingegaards Coach war ihm aufgefallen, dass der Däne sich bisweilen etwas zu »abrupt« in die Kurven legte. »Das geht gut, solange es trocken ist«, sagte Heemskerk, »aber, nun ja …«

Sie gingen außerdem das Gewicht der Fahrer durch. Martijn Redegeld zufolge, der für die Ernährung zuständig war, könnte Roglič noch 700 Gramm abnehmen, und auch bei Vingegaard gab es noch einen großen Spielraum. »Bei Jonas könnte man noch etwas runtergehen, ohne in die Gefahrenzone zu geraten«, sagte Redegeld.

Größere Sorge bereitete Zeeman die Freundschaft, die sich zwischen Roglič und Pogačar entwickelt hatte. Seiner Meinung nach war Roglič bei der Tour de France 2020 viel zu nett zu seinem jüngeren Landsmann gewesen. Zeeman hatte Roglič darauf angesprochen. Mit Erstaunen hatte er TV-Aufnahmen gesehen, in denen Roglič Pogačar lang und breit erklärte, wie der Grand Colombier verlief, wo es hart wurde und an welchen Stellen man »beißen« musste. Zeeman sagte, dass er diese Freundschaft »wirklich satt« habe: »Als ich diese Bilder sah, dachte ich: Das kann nicht wahr sein! Warum macht er das? Das habe ich wirklich nicht verstanden. Es geht darum, ein blutrünstiger Wolf zu sein.«

Zeeman erzählte von einer Bemerkung von Robert Gesink, der seinen Kapitän bei der Tour ebenfalls darauf angesprochen hatte: »Robert sagte: ›Hey Primož, Pogi ist unser Feind, er ist gefährlich, und wenn wir die Chance haben, ihm zu schaden, dann müssen wir es tun.‹«

»Aber man sieht immer mehr, was Primož für ein Ausnahmetalent ist, in allem, was er tut«, fuhr Zeeman fort. »Eine Woche nach der Tour steht er schon wieder bei der WM am Start und eine Woche später gewinnt er Lüttich-Bastogne-Lüttich. Was für eine Belastbarkeit! Und als er in Schiphol am Flughafen stand und auf den Flieger nach Teneriffa wartete, sagte er: ›Ich bin so froh, dass ich wieder zum Höhentraining darf!‹ Er strahlt einfach diese Energie eines Topfahrers aus, und das überträgt sich auf das ganze Team.«

Zeeman meinte, Roglič müsse noch etwas an mentaler Stärke zulegen. Sich auf *How Bad Do You Want It?* beziehend, sagte er: »Auch das wird in dem Buch deutlich gesagt: Rennen auf diesem Niveau werden nicht mehr durch physische Parameter entschieden. Es ist ein Spiel, man muss versuchen, in den Kopf des anderen einzudringen. Man muss mit der Psyche des Kontrahenten spielen.«

Ich fragte Zeeman, warum er Roglič das Buch in diesem Winter in die Hand gedrückt habe. »Es war der richtige Moment«, sagte Zeeman. »Es ist keine Bibel oder so, und man kann Primož auch nicht alles auf einmal aufladen, oder? Primož kam vom Skispringen, er war erst seit drei Jahren Radsportler, als er zu uns kam, und so hatte er noch einiges zu lernen. Über das Training, das Zeitfahren, Eigenverantwortung, die Ernährung, die Foodcoach-App und wie man sich im Rennen verpflegt, wie man 110 Gramm Kohlenhydrate pro Stunde zu sich nimmt, ohne sich zu viel Zucker reinschaufeln zu müssen. Dann stellte sich heraus, dass er sich immer wieder nach innen kehrte und diese innere Konversation führte, anstatt zu analysieren: Wo sitze ich im Peloton? Was ist meine Trittfrequenz? Sollte ich weiter vorne fahren? Es geht darum, sich seiner Umgebung gewahr zu werden. Dann kamen *Legacy* und die Persönlichkeitsentwicklung.«

Er wies auf Dumoulin hin, der zu Hause in Limburg saß. Zeeman zufolge war Dumoulins Problem, dass er nur nach innen gerichtet war: So etwas sei eine sichere Methode, den Spaß an der Sache zu verlieren. »Bei allem, was man tut«, sagte Zeeman. »Und Spaß ist eigentlich immer dabei, wenn man ›im Moment‹ ist, während man etwas tut.«

Ich fragte Zeeman, ob er glaube, dass Roglič nach der Lektüre des Buches ein kompletterer Fahrer geworden sei. »Ich denke schon, ja. Er weiß jetzt noch besser, worum es geht. Man muss sich bewusst sein, dass man die Gegner nervös und unsicher machen kann. Man kann dafür sorgen, dass man unberechenbar ist, und man muss wissen, dass man die Leute mental brechen kann, wenn das Rennen in vollem Gange ist. Schau, Primož ist ein supernetter Kerl, der keine

Freude daran hat, einen anderen Menschen metaphorisch gesprochen in den Abgrund zu stoßen, aber manchmal ist das notwendig, denn schließlich machen es die anderen auch mit ihm.«

Laut Zeeman musste Roglič das große Ganze jedoch noch besser begreifen. Dass es nicht nur um die Tagessiege geht, sondern immer auch um den Gesamtsieg, und dass man manchmal einem Fahrer aus einem anderen Team etwas gönnen muss. Er war froh, dass Roglič ihm und Niermann neulich gesagt hatte, sie sollten ihn »bremsen«, wenn es besser sei, den Sieg einem anderen Fahrer zu überlassen, so wie auf der vorletzten Etappe von Paris–Nizza, als er den Ausreißer Gino Mäder von Bahrain Victorious kurz vor dem Ziel noch überholte.

Roglič, so Zeeman, müsste sich künftig noch intensiver mit Radsportstrategie beschäftigen, mit dem langfristigen Ziel. Was ist als Nächstes zu tun? Wo sollen wir angreifen? Oder soll ich es lieber dabei belassen, den anderen erst mal nur hinterherzufahren? »Als Fahrer muss man ständig mit diesem Spiel befasst sein«, sagte Zeeman.

* * *

Roglič hatte im April 2021 zum zweiten Mal die Baskenland-Rundfahrt gewonnen. Es war ein Sieg, der weitreichende Folgen haben sollte. Dass es sein zweiter Gesamtsieg in der radsportbegeisterten nordspanischen Provinz war, war eine schöne Leistung, aber was am meisten zählte, war die Art und Weise, wie das Team es geschafft hatte, Pogačar unter Druck zu setzen und ihn schließlich auf der letzten Etappe abzuschütteln.

Es war das Zusammenspiel zwischen Roglič und Vingegaard auf der Schlussetappe, mit dem sie Pogačar aus dem Konzept gebracht hatten. Als die Fahrer am 9. April an den Start gingen, hatte Roglič als Zweiter im Gesamtklassement einen Vorsprung von 20 Sekunden auf Pogačar, der Fünfter war. Vingegaard lag dazwischen, fünf Sekunden hinter Roglič auf dem dritten Platz. Auf der letzten, 111,9 Kilometer langen Etappe sah das Team seine Chance.

Die Doppelspitze Vingegaard und Roglič beschäftigte Pogačar, der in die Falle tappte, als er dachte, dass der ehrgeizige Roglič auf einen Angriff von Vingegaard bestimmt reagieren würde. Doch dazu kam es nicht, denn die Mannschaft hatte sich darauf verständigt, mit Vingegaard zu »spielen«. »Du musst mitmachen«, hatte Roglič zu seinem jüngeren Teamkollegen gesagt.

Vingegaard durfte bei Attacken mitgehen, wenn sich die Gelegenheit bot, und Roglič sollte sitzen bleiben und abwarten. Als das im Rennen geschah, musste Pogačar reagieren und dem Dänen hinterherfahren. Roglič setzte sich an das Hinterrad des Rivalen und sparte so Kräfte. Zusammen mit David Gaudu gelang es Roglič im Finale schließlich, alle Konkurrenten abzuschütteln und auch Pogačar zu distanzieren, der mit 35 Sekunden Rückstand und Vingegaard am Hinterrad in Eibar ankam. Den Etappensieg überließ Roglič seinem französischen Begleiter. Das Schlussklassement: 1. Roglič, 2. Vingegaard, 3. Pogačar. Es war eine wichtige Entdeckung, die das Team an diesem Tag machte.

»Kein übler Fahrer, dieser Vingegaard«, sagte ich ein paar Tage später zu Zeeman.

»Nein«, sagte er trocken, »der Jonas macht sich ganz gut.«

Drei Wochen später waren alle Fahrer und alle Coachs des Teams, die an der Tour de France teilnehmen würden, beim Höhentraining in der Sierra Nevada. Sämtliche Corona-Maßnahmen waren noch in Kraft. Niemand durfte sich den Fahrern nähern. Besprechungen fanden weiterhin per Videokonferenz statt. An diesem Tag würden sie ihre Tour-Pläne besprechen.

»In den kommenden Wochen werden wir weiter Ideen mit euch teilen«, sagte Zeeman, »so dass wir in der Bretagne bereit sind fürs Gefecht.«

Roglič reckte seinen Kopf ins Bild. »Alle noch fit und munter trotz Corona?«, rief er.

»Ich lebe noch«, sagte Niermann. »Mein Sohn war positiv.«

Es war bald klar, dass die Niederlage an der Planche des Belles Filles zu einer entscheidenden Anpassung in den Planungen gesorgt hatte. Zeeman sagte, man habe das »ergebnisorientierte Ziel« – den Sieg bei der Tour de France – aufgegeben, weil man eingesehen habe, dass andere Fahrer sehr stark geworden seien. »Das Einzige, was wir kontrollieren können«, so Zeeman, »sind wir selbst. Mit Training, Ernährung und Teamdynamik. Unser Ziel sollte sein, das bestmögliche Team zu sein und das bestmögliche Rennen zu fahren. So dass wir uns nichts vorzuwerfen haben, wenn wir in Paris ankommen. Wir schauen also nicht nur auf das Gelbe Trikot, sondern vor allem auf die Art und Weise, wie wir uns präsentieren.«

Anschließend diskutierten sie über ihre eigenen Stärken, die Strecke (»hektische Bretagne«) und die besonderen Qualitäten der Konkurrenz. Dabei kam Zeeman zu dem vorläufigen Schluss, dass es »zu riskant« sei, die Tour so kontrollieren zu wollen, wie man es 2020 getan habe. Er gab den Fahrern zu verstehen, dass sie sich melden sollten, wenn sie anderer Meinung seien. »Wenn wir uns so entscheiden«, sagte Zeeman, »bedeutet das, dass wir *out of the box* denken müssen.«

Er betonte, dass sie auf Chancen für überraschende Attacken bei Seitenwind lauern müssten, ebenso auf den Abfahrten, wenn einer der Konkurrenten ein falsches Hinterrad erwischt hatte. »Beschissene Bedingungen sind gute Bedingungen«, so Zeeman. »Denn sie eröffnen Chancen. Und Primož, hier ist das Paradoxon: Indem du deinen Teamkollegen die Chance gibst, etwas zu versuchen, erhöhst du damit deine eigenen Chancen.«

»Isoliere Pogačar«, sagte Zeeman, »nutze die Stärke der Mannschaft. Und du greifst nur dann an, wenn hinter dir kein Team kontrolliert. Aber wenn du gehst, gehst du im schwierigsten Moment. Denk an Jonas im Baskenland. Diese Qualität von uns müssen wir ausnutzen, und ganz wichtig: Wir sollten nicht in der Öffentlichkeit darüber reden. Es sollte eine Überraschung sein, es sollte Verwirrung stiften. Wenn wir eine gute Chance haben wollen, müssen wir die Eier und den Mut haben, das Wagnis einzugehen, dass wir es gegebenenfalls vergeigen. Wir können gewinnen, wenn wir es riskieren, zu verlieren.«

Die Fahrer waren angetan von Zeemans Ansprache. Gesink lobte die Arbeit von Niermann und sagte, dass die Fahrer anderer Teams einfach losfuhren und kaum eine Ahnung von der Strecke hatten. »Wir kennen den Parcours gut und können das ausnutzen, um Druck zu machen«, sagte er.

»Wir müssen Pogi nervös machen«, warf Kruijswijk ein, »damit er falsche Entscheidungen trifft, von denen wir wiederum profitieren können.« Zugleich warnte er davor, sich zu sehr auf Pogačar zu konzentrieren. »Das Rennen ist lang«, sagte er. »Wir müssen von Tag zu Tag schauen und uns auf die Teamdynamik konzentrieren und als Team besser werden.«

Van Aert wies darauf hin, dass sie darauf achten müssten, in der Gesamtwertung dicht beieinander zu liegen, um auf den einzelnen Etappen spielen zu können. Van Aert: »Ich denke, der einzige Fehler, den wir im Vorjahr gemacht haben, war, dass wir Pogačar ein wenig unterschätzt haben. Und das wird uns nicht noch mal passieren. Niemand wird denken, dass er nicht Zeitfahren kann.«

»Was meinst du, Jonas?«, fragte Zeeman.

»Guter Plan«, sagte Vingegaard. »Vor allem, wenn wir vier Mann für die Gesamtwertung haben. Ich glaube nicht, dass es jeden Tag Chancen gibt, aber so können wir mit der Konkurrenz spielen.«

Als sich das Meeting dem Ende zuneigte, erschien wieder Rogličs Kopf groß im Bild. Anschließend trat er einen Schritt zurück, streckte die Arme, krempelte die Ärmel hoch und zeigte seine Muskeln. Dann rief er: »Danke, Jungs!«

* * *

Eine Woche vor dem Start der Tour de France 2021 in der bretonischen Hafenstadt Brest setzte Merijn Zeeman zu Hause seine Kopfhörer auf. Er würde in einer Stunde die Reise nach Brest antreten und sagte, er erwarte, dass die Mannschaft weniger dominant sein werde als im vergangenen Jahr. Damals habe man in den radsportlosen Monaten besser gearbeitet als die anderen Teams, aber in dieser Saison habe er das Gefühl, dass die anderen alles nachgeholt hätten und die Kräfteverhältnisse wiederhergestellt seien. Er nannte Ineos, Movistar und Bahrain als ihre Hauptgegner, und obwohl er UAE als Team nicht so stark einschätzte, stellten sie mit »dem Kerl, der uns letztes Jahr vorgeführt hat«, ohne Zweifel den Topfavoriten auf den Gesamtsieg in Frankreich.

Zeeman begann über die ersten Etappen zu erzählen, die seiner Meinung nach angesichts der vielen Kurven und Kehren auf den engen Straßen chaotisch und hypernervös sein würden. Als Fahrer müsse man auf »diesen Krieg« vorbereitet sein.

Nach den Brainstorming-Sessions in der Sierra Nevada und in Tignes hatten sich zwei Szenarien herauskristallisiert. Szenario eins war, dass alle Teilnehmer nach den ersten Tagen in der Bretagne und dem Zeitfahren von Changé nach Laval Espace Mayenne noch dicht beieinander liegen würden. Der erste Showdown würde dann vier Tage später auf der Etappe mit Ankunft in Tignes stattfinden. Was würde UAE tun, wenn Kruijswijk oder Vingegaard angreifen würden? Würde Pogačars Team wirklich glauben, dass sie auf einen dieser beiden und nicht auf Roglič setzen würden?

Zeeman nannte das »die ideale Situation«. UAE musste ihnen nachfahren. Denn jedes Mal, wenn Pogačar bei einem Rennen dabei war, war er der Favorit, auch im Zeitfahren. Zeeman war hoffnungsfroh, weil Roglič seiner Einschätzung nach nicht nur »super in Form« war, sondern seit Monaten im Stillen »knüppelhart« an seinen Zeitfahrqualitäten gearbeitet hatte. Demnach saß er jeden Morgen schon vor dem Frühstück auf dem Rad, bevor er mit den normalen Trainingseinheiten begann. »Ich werde das nicht in der Öffentlichkeit sagen«, sagte Zeeman, »aber ich bin zuversichtlich, dass er im Zeitfahren herausragend sein wird. Pogačar ist im Zeitfahren sowieso manchmal etwas wechselhaft. Im Baskenland hat ihn Primož auch an den Eiern gehabt.«

Bei den anderen Fahrern hatte Zeeman gewisse Zweifel. Van Aert war nach einer Blinddarmoperation, die ihn wertvolle Trainingszeit gekostet hatte, etwas schwerer als geplant, und Kruijswijk hatte Anfang des Jahres stark unter der Corona-Infektion gelitten, die er sich beim Giro 2020 geholt hatte; man wusste nicht genau, wo er stand. Zeeman: »Er wird mit Fortschreiten des Rennens in Form kommen müssen. Für ihn wird es eine Aufholjagd sein.«

Ich fragte Zeeman nach Jonas Vingegaard, der sein Tour-Debüt nach einem unbeständigen Jahr geben würde, in dem er bei der UAE Tour einen glänzenden Sieg bei der Bergankunft am Jebel Jais feierte, die Settimana Internazionale Coppi e Bartali gewann und im Baskenland Zweiter hinter Roglič wurde. Bei der Dauphiné hingegen war er völlig von der Rolle. Er landete auf dem 51. Platz, 45 Minuten hinter dem Sieger Richie Porte von Ineos.

Über diesen Ausrutscher machte Zeeman sich indes wenig Sorgen. Vingegaard hatte sich im Höhentraining an der Achillessehne verletzt und war dadurch ein wenig zurückgeworfen worden, aber da er im Training »extrem gut reagiert« hatte, sei das kein Problem. Für Zeeman stellte sich vor allem die Frage, wie Vingegaard den Tour-Trubel mental verkraften würde, denn laut Zeeman war der »Umgang mit Hektik und Stress« seine Achillesferse. »Physisch ist er nach Primož der Stärkste in unserem Team«, sagte Zeeman, »aber wird er das auch zeigen können? Oder wird er viel Lehrgeld zahlen müssen?«

Einen Moment später machte Zeeman eine außergewöhnliche Bemerkung über Pogačar. »Kann sein«, sagte Zeeman, »dass diese Generation niemals eine Tour gewinnen wird. Das ist eine wichtige Erkenntnis, die ich versuche, in den Köpfen aller zu verankern. Denn was bedeutet das? Dass man jedes Jahr bei der Tour eine Enttäuschung erlebt, wenn man gegen Pogačar verliert? Das wäre ein bisschen komisch. Dieser Mann ist momentan mit Abstand der Beste und er hat ein starkes Team mit dem bei weitem höchsten Etat hinter sich. Tja, dann ist das halt so.«

Zeeman sagte, er habe den anderen eingehämmert, nicht über »Gelb« zu sprechen, sondern vor allem über ihre Strategie und wie sie diese so gut wie möglich umsetzen könnten. Der Fokus sollte nicht auf Pogačar liegen, sondern darauf, selbst besser zu werden.

»Sollte er wieder ein Zeitfahren wie an der Planche hinlegen«, sagte Zeeman, »dann kann es sein, dass wir nach einer Woche schon eine Minute Rückstand haben. Ist die Tour dann sofort verloren? Ist sie dann zu Ende? Denn dann könnten wir ja alle direkt nach Hause fahren. Aber nein, es passiert immer was: Ausreißer, Abfahrten. Auf diese Momente müssen wir vorbereitet sein. Wir müssen uns darüber im Klaren sein, dass es auf höchstem Niveau auch um psychologische Kriegsführung geht.«

Er sagte, er habe mit Roglič gesprochen und ihm deutlich gemacht, dass er schon jetzt stolz auf die Entwicklung sei, die sie genommen hätten. Dass sie Ziele erreicht hätten, dass Roglič mental noch stärker und zudem ein viel besserer Zeitfahrer geworden sei und dass die ganze Arbeit sich auszahlte. »Wir haben unseren Teil des Prozesses erfüllt«, sagte Zeeman. »Die Tour kann kommen!«

Kapitel 20
Die Bedeutung von Spirit

Die Fahrer und Coachs unterhielten sich am Tag vor dem Start der 108. Tour de France im Bus, als Merijn Zeeman um Aufmerksamkeit bat. Da bei der Tour weiterhin die Corona-Maßnahmen galten, wurden mir, wie schon 2020, nachmittags die Aufzeichnungen dieser morgendlichen Besprechungen zugeschickt.

Als Zeeman in der bretonischen Hafenstadt Brest das Wort ergriff, bläute er den Fahrern ein, dass sie nur eine Chance hätten, den großen Favoriten Tadej Pogačar zu schlagen: Sie als »Herausforderer« müssten im Rennen »das Feuer schüren« und versuchen, Pogačar auf diese Weise zu zermürben. »Und du«, sagte Zeeman an Roglič gewandt, »bist unser Kapitän. Und wenn du einen Plan hast, kommunizierst du ihn mit deinem Team.«

Dann richtete er seine Aufmerksamkeit auf Jonas Vingegaard, den Ersatz für Tom Dumoulin, den er »den Benjamin« nannte. Zeeman wusste, dass sie mit dem jungen Dänen einen guten Klassementfahrer in ihren Reihen hatten, der diesem Status aber abseits der Rennen noch nicht gerecht wurde. Bei der Leistungs-Evaluierung im November 2020 waren sie zu dem Schluss gekommen, dass er sein professionelles Verhalten als Leistungssportler verbessern müsse und auf diese Weise – im psychologischen Fachjargon des Teams – die »Verantwortung für die eigene Entwicklung« übernehmen könne. Dies, so sah man es bei Jumbo-Visma, sei der Weg zum Erfolg. In der Praxis bedeutete das für Vingegaard: Er musste sein Leben strukturieren und sich besser ernähren.

Zeeman wies Vingegaard an, den Medien gegenüber zu sagen, dass er bei der Tour sei, um zu lernen und den Kapitänen zu helfen. »Aber wir sehen das nicht so«, sagte Zeeman. »Du bist unser Langzeitplan.«

Als sie während des Höhentrainings in der Sierra Nevada über die Tour-Ambitionen von Steven Kruijswijk und Sepp Kuss sprachen, erklärten sie, dass die beiden so lange wie möglich »im Gesamtklassement vorne dabei« bleiben müssten. Roglič unterbrach: »Es ist Jonas«, sagte er, »den wir so lange wie möglich in aussichtsreicher Position halten müssen. Er kann das.«

* * *

Als ich Zeeman fragte, wie sie Vingegaard aufgespürt hatten, antwortete er wie aus der Pistole geschossen: »Wir haben ihn gemacht, in einem Labor.«

Ganz so war es nicht. Sie hatten im Sommer 2018 einen dürren dänischen Jungen geholt, der damals, wenn er nicht gerade Rad fuhr, in einer Fischfabrik im abgelegenen Norden Dänemarks arbeitete. Laut Zeeman wusste er wenig über Spitzensport, Ernährung, Training und den damit verbundenen Lebensstil. Im Team herrschte der Eindruck, dass er ein Luftikus war. Niemand war sonderlich beeindruckt von ihm. Zeeman: »Jonas musste alles noch lernen. Und wir mussten ihm noch eine Menge beibringen.«

Als Jonas Vingegaard zur Mannschaft stieß, war er Martijn Redegeld zufolge vier Kilo schwerer als heute. Während des Lockdowns 2020, als der Radsport pausierte, begann Redegeld intensiv mit Vingegaard zu arbeiten, um seine »Grundkenntnisse« zum Thema Essen zu verbessern. Mehrmals in der Woche tauschten sie sich über seine Ernährung und sein Essverhalten aus. In Brest wog er zum ersten Mal unter 60 Kilogramm. Redegeld ging davon aus, dass er noch mehr abnehmen könnte, ohne dass es Probleme gebe. Er hatte sich Vingegaards Leistungsdaten angesehen, und sie blieben stabil, als er abnahm.

»Jonas merkte, dass er auf diese Weise schneller Rad fahren konnte«, sagte Redegeld. »Und so etwas ist motivierend, denn so erreicht man das Ziel: Rennen gewinnen, indem man die gewichtsbezogene Leistung steigert.«

»Er war sehr unbeständig«, sagte Redegeld über den Beginn ihrer Arbeit. »Er musste erst einmal verstehen, dass es wirklich einen Mehrwert hat, und erkennen, dass das, was er aß, von einem Trainingstag zum nächsten unterschiedlich sein konnte. An Tagen, an denen er zwei Stunden trainierte, aß er anfangs dasselbe wie an den Tagen, an denen er sechs Stunden auf dem Rad saß. Und er aß dreimal am Tag statt sechsmal. Und er musste auch umstellen, was er zum Frühstück, Mittagessen und Abendessen zu sich nahm.«

Vingegaard fiel es immer noch schwer, sich zu merken, was und wann er während einer Etappe essen sollte. Redegeld klebte ihm deshalb vor jeder

Etappe einen Zettel ans Oberrohr seines Fahrrads. Darauf stand genau, was und wann er etwas zu sich nehmen sollte.

* * *

Das Essen war wichtig, aber wenn man nicht auf dem Rad blieb, nützte diese Erkenntnis wenig. Und weil das Peloton bei der Tour 2021 die ersten drei Tage über enge bretonische Straßen geführt wurde, lag das Hauptaugenmerk bei den ersten Teambesprechungen vor den Etappen auf mahnenden Worten. Von Tag zu Tag denken, immer aufmerksam bleiben und vor allem als Gruppe an der Seite des Pelotons bleiben, damit die Fahrer sehen konnten, welche Gefahren auf sie zukamen.

Sie mussten außerdem auf Chancen achten, die sich ergaben, um Chaos zu stiften – häufig verursacht durch den Wind.

Niermann richtete sich auch an Vingegaard und bläute ihm ein, dass er sich auf ein Hauen und Stechen gefasst machen müsse, wie er es noch nicht erlebt habe. Er verglich es mit einem WM-Rennen, aber drei Wochen am Stück. »Versuche zu kämpfen, dass du immer in vorderer Position bleibst«, sagte er. »Stell dich darauf ein, dass es fünf Stunden lang ein komplettes Irrenhaus sein wird.«

Auch Roglič meldete sich in dieser ersten Besprechung zu Wort. »Ich bin verflucht stolz auf die Mannschaft«, sagte er mit lauter Stimme. »Wie wir voriges Jahr gefahren sind. Und lasst uns auch Spaß haben. Packen wir's an.«

Am Ende des ersten Tages schien alles, was hätte schiefgehen können, schiefgegangen zu sein. Tony Martin kollidierte mit einer Frau, die mit einem Pappschild an der Strecke stand, auf das sie mit Filzstift *Allez Opi-Omi* geschrieben hatte. Martin knallte auf den Asphalt und riss fast die ganze Mannschaft mit sich, auch Roglič. Dann stürzte Kruijswijk erneut. Roglič beendete den Tag noch als Dritter, Vingegaard kam als 13. in Landerneau an. »Es hätte viel schlimmer kommen können«, sagte Roglič am nächsten Tag im Bus auf dem Weg zum Start der zweiten Etappe.

Zeeman meinte am Abend, dass dies »typisch« sei für die Tour. *Alles kann im Bruchteil einer Sekunde vorbei sein*, schrieb er. *Ab jetzt heißt es, vorne fahren und sich aus allem raushalten, was hinten passiert.*

Vor der dritten Etappe zeigte Niermann im Bus ein Video über die engen Passagen, die ihnen auf den letzten 20 Kilometern auf dem Weg nach Pontivy, dem Heimatort von UCI-Präsident David Lappartient, bevorstanden: »Viele kleine Dörfer mit sehr viel Scheiße auf der Straße«, warnte er.

Auf der Etappe jagte ein Unglück das nächste. Zehn Kilometer vor dem Ziel stürzte Roglič nach einer Passage, die einer Schikane ähnelte, schwer. Er rangelte mit Sonny Colbrelli um den Platz auf der Straße, verlor den Kampf und fiel hart auf Hintern und Hüfte. Robert Gesink hatte sich bereits zuvor das Schlüsselbein gebrochen und war auf dem Weg ins Krankenhaus, wo er am nächsten Tag operiert werden sollte. Roglič kam ziemlich angeschlagen und mit zahlreichen blutenden Wunden eine Minute nach Pogačar ins Ziel.

Mit Spitzensport habe das nichts mehr zu tun, so Zeeman. Er konnte nicht verstehen, warum die Leute, auch die Journalisten, immer wieder sagten, dass Stürze zum Radsport dazugehörten. »Ja«, sagte er, »wenn man zu spät bremst, dann stürzt man, das stimmt. Aber jeder weiß, dass dieses Dorf nur deswegen Zielort war, weil der Präsident der UCI dort geboren wurde. Und wir fahren da auf einer enorm kurvenreichen Straße, von der jeder, der schon mal ein Rennen gesehen hat, weiß, dass es dort zu Stürzen kommen wird, weil nur die Ersten im Feld den Überblick haben und der Rest des Pelotons praktisch blind hinterherfährt.«

»Tja«, sagte Zeeman, »kein Wunder, dass alle vorne sein wollen. Das ist der sicherste Platz, es steht viel auf dem Spiel, und deshalb gibt es viel Stress im Peloton. Und dann sagt der Streckenverantwortliche der ASO nach der Zielankunft zu mir: ›Ja, Merijn, du weißt ja, wie schwierig es für uns ist, Zielorte zu finden.‹ Und ich denke: Was soll das heißen? Dass wir das hier machen, weil es für dich so am einfachsten ist?«

Am Abend kam eine weitere Nachricht von Zeeman. *Ich schäme mich manchmal, in so einem Amateursport zu arbeiten.*

Vor dem Start der vierten Etappe wirkte Zeeman immer noch aufgebracht und frustriert. Die Fahrer und Coachs ärgerten sich über den Rückschlag für Roglič, der zwar noch im Rennen war, aber jeder wusste, dass er es schwer haben würde, mit solchen Blessuren mitzuhalten. Der übliche Reflex in solchen Fällen war, sich darauf zu konzentrieren, den Ruhetag zu erreichen – bis dahin hatte Roglič noch sechs weitere Etappen vor sich –, und zu versuchen, dort in Tignes zu Atem zu kommen.

Zeeman sagte den Fahrern, dass die nächste Fahrergeneration, auch wenn es nicht leicht würde, hoffentlich von Veränderungen profitieren werde. Er versicherte ihnen, dass sie als Teamleitung weiter dafür kämpfen würden, den Sport und seine Kultur zu verändern. »Die Reise geht weiter«, sagte er.

Dann versuchten er und Niermann, die Fahrer emotional aufzurichten. »Findet wieder zueinander«, sagte Zeeman. »Bewahrt euch den Spirit.« Er sprach von neuen Zielen, dem Einsatz, den sie weiterhin zeigen würden, und dem Spaß, den sie gemeinsam haben könnten. »Versucht, euch darauf zu freuen. Seid eine Minute lang wütend und versucht dann, den Schalter umzulegen.«

Kruijswijk erinnerte seine Teamkollegen daran, dass erst drei Tage absolviert waren. Ja, sie hätten Rückschläge erlitten, aber die Tour würde immer erst in der dritten Woche entschieden. »Was uns passiert ist«, sagte er, »kann auch anderen passieren.« Er wandte sich an Roglič und vermutete, dass er sich »beschissen« fühle, sich aber schnell erholen werde. »Bewahre den Fokus«, sagte Kruijswijk zu Roglič, der in der Gesamtwertung 16 Plätze zurückgefallen war.

Roglič wollte sich nicht mit Fragen belasten und damit, was noch möglich wäre. »Morgen nach dem Zeitfahren werden wir wohl mehr wissen«, sagte er.

In diesem ersten Zeitfahren geschah, was im Vorfeld befürchtet wurde. Tadej Pogačar fuhr alles in Grund und Boden. Aber vielleicht noch bemerkenswerter als Pogačars Auftritt war die Leistung von Jonas Vingegaard, der weniger als eine halbe Minute verlor und nach dem Zeitfahren in der Gesamtwertung an Roglič vorbeigezogen war.

Roglič hatte seit seiner Niederlage auf der Planche des Belles Filles wenig dem Zufall überlassen. Er hatte an etlichen Vormittagen in Monaco, seinem Wohnort, vor allem an seiner Haltung auf dem Rad gearbeitet – Kopf nach unten und sich zwischen Sattel, Pedale und Lenker geduckt. Doch bei der Tour nützte ihm das wenig, denn seine Haltung wurde von den Schmerzen in seinem unteren Rücken und seinen Gesäßmuskeln bestimmt. Laut Marc Lamberts kosteten ihn die Verletzungen ein Prozent seiner Leistung, so dass es unmöglich war, Pogačar ernsthaft Paroli zu bieten. Roglič fuhr noch drei Etappen weiter, fiel aber im Gesamtklassement immer weiter zurück. Logisch, so Lamberts: Ein Fahrer, der mit solchen Verletzungen am Limit fährt, verschlechtere sich konditionell sprunghaft. »Man erholt sich überhaupt nicht mehr von den Anstrengungen«, so Lamberts.

Einen Tag vor dem Ruhetag, nach Beratungen zwischen Lamberts, Zeeman und Roglič, fiel die Entscheidung: Er stieg aus der Tour aus. In etwas mehr als drei

Wochen stand das Zeitfahren bei den Olympischen Spielen in Tokio auf dem Programm, und mit diesem Gedanken blieb Roglič in Tignes zurück. Zu Lamberts hatte er gesagt: »Hey Marc, ist doch nur Radsport, oder?«

Zeeman wusste, dass er den verbliebenen Fahrern mit Enthusiasmus und Optimismus begegnen musste. Getreu dem Motto: Akzeptiert die Situation, rafft euch auf, es gibt noch viel zu tun und es gibt noch viel zu gewinnen. Außerdem war Vingegaard unter den ersten fünf, und das Podium in Paris lag im Bereich des Möglichen. Zeeman stieß ein kleines Lachen aus und sagte: »Vor vier Jahren hat der Junge noch in der Fischfabrik gearbeitet.«

Er selbst habe ein paar Tage gebraucht, um über die Enttäuschung hinwegzukommen, aber eigentlich sei bei ihm sofort »die rote Flagge« hochgegangen, erzählte er mir. Wenn er schon so niedergeschlagen war, wie müsste es dann erst den anderen gehen? Also musste er das tun, wofür er eingestellt worden war: die Leute coachen, sie wieder aufrichten. Das ist die Gefahr bei der Tour, sagte er, dass man vergisst, dass es ein dreiwöchiges Rennen ist. Die Teams, die mit Enttäuschungen gut zurechtkämen, seien diejenigen, die in der dritten Woche noch was rissen.

Der Mann, der in Frankreich als Erster wieder den Spirit zurück in die Mannschaft brachte, war Wout van Aert. In der Besprechung vor der siebten Etappe spielten sie die Möglichkeiten durch, wie man das Team UAE unter Druck setzen könnte. Zwar trug nach wie vor Mathieu van der Poel das Gelbe Trikot, doch der Druck, das Rennen zu kontrollieren, lastete auf Pogačars Mannschaft. Sie hatten alle Hände voll damit zu tun, die Attacken von Klassementfahrern zu neutralisieren und Ausreißer oder Spitzengruppen zu stellen. Das kostete Energie. Und das nutzte Van Aert, der in der Gesamtwertung nur 22 Sekunden hinter Pogačar an dritter Stelle lag, als er in einer Ausreißergruppe mitging, in der auch der Gesamtführende Mathieu van der Poel saß. Van Aert attackierte also Pogačar, und das Team UAE geriet Zeeman zufolge »in Panik«. Als sie endlich reagierten, konnte Vingegaard am Hinterrad von Pogačar mitrollen. Über diese Etappe würden sie noch lange sprechen, genau wie über den Tag darauf.

In der Vorbesprechung zur neunten Etappe nach Tignes gestand Grischa Niermann der Mannschaft, dass er sich nach der Entscheidung, Roglič aus dem Rennen zu nehmen, sehr niedergeschlagen fühlte. Die Erkenntnis, dass sie auch in diesem Jahr nicht die Tour gewinnen würden, lastete schwer auf ihm.

Tatsächlich hatte Pogačar am Vortag auf dem Weg nach La Grand Bornand bei miserablem Wetter die Konkurrenz mit frappierender Mühelosigkeit distanziert und das Gelbe Trikot übernommen. Niermann richtete sich nun an Vingegaard, dessen Rückstand von drei auf fünf Minuten angewachsen war.

»Jonas«, sagte Niermann, »du warst gestern *best of the rest*. Jungs, schaut einfach nach vorn. Es hat keinen Zweck, über all das Pech zu jammern, das wir hatten. Wir können es nicht mehr ändern. Mit dieser Einstellung müssen wir den heutigen Tag angehen. Nach dem Ruhetag morgen kommt besseres Wetter, und es liegt noch viel vor uns.«

Zeeman erinnerte die Fahrer daran, dass dies halt »Hochleistungssport« sei und sie zeigen könnten, aus welchem Holz sie geschnitzt waren. »Schaut euch an, wer das Weiße Trikot trägt«, sagte Zeeman. »Das ist ein ikonisches Trikot, und Jonas darf es tragen. Das ist etwas, worauf du stolz sein kannst, Jonas.«

An diesem Abend erhielt ich eine Nachricht von Zeeman. Darin ging es um Akzeptanz, Enttäuschung und neue Ziele. *Ich will mich nicht mehr mit dieser Enttäuschung auseinandersetzen*, schrieb er, *sondern mit der Entwicklung von Supertalent Jonas [...] Es fällt schwer, aber nach vorne zu schauen, ist für jeden von uns eine Verpflichtung.*

Wout van Aert war morgens aus dem Bett aufgestanden und hatte sofort an den Sieg gedacht. Es war der Tag der elften Etappe, der Tag, an dem das Peloton zweimal den Mont Ventoux erklimmen würde. Roglič hatte nach Hause fahren müssen, und ja, dieser Ventoux, der war einfach magisch. Verflucht, schoss es ihm durch den Kopf, da muss doch was gehen, oder?

Van Aert war nicht frei von Zweifeln, aber er richtete sich nie danach. »Meine Stärke ist, dass ich nichts für unmöglich halte«, sagte er mir. »Und wenn andere etwas für unmöglich halten, motiviert mich das erst recht, zu zeigen, dass man es schaffen kann. Wenn ich daran glaube, kann ich viel erreichen.«

In der Gesamtwertung lag er mit einem Rückstand von einer knappen halben Stunde auf Platz 20, so dass das Team UAE ihm einige Freiheiten lassen würde. Er würde die Teamleitung fragen, ob er sich der Ausreißergruppe anschließen dürfte. »Das Ziel lag unten im Tal«, sagte Van Aert, »und ich dachte: Wenn ich allein über den Gipfel komme, habe ich eine Chance.«

Bei der Teambesprechung im Bus sahen sie sich das Video an, das Grischa Niermann bei der Erkundung zu Beginn der Saison gedreht hatte. Die erste Auffahrt auf den Ventoux von der »leichten Seite« aus, ab Sault, vorbei am

Chalet Reynard und die kahlen Hänge entlang zum Gipfel, von dort aus die Abfahrt zum Zielort Malaucène und weiter nach Bédoin und wieder hinauf auf den Ventoux, diesmal auf der schwierigen Seite, durch den unerbittlichen Wald, wo die Länge des Anstiegs und die damit verbundenen Steigungen jeden Fahrer zermürben können. Nach dem Gipfel dann wieder die Abfahrt nach Malaucène, wo das Ziel lag. »Das Hauptziel für heute«, sagte Niermann, während der Bus Richtung Start fuhr, »ist es, Jonas in einer guten Position in der Gesamtwertung zu halten. Mike und Wout werden versuchen, sich der Ausreißergruppe anzuschließen. Jonas, bleib an den Führenden dran, das ist das große Ziel, vor allem bei dem Wind, der auf dem Ventoux immer weht.«

Vingegaard ging davon aus, dass Pogačar auf der ersten Auffahrt zum Ventoux nicht angreifen würde. Kruijswijk wies ihn darauf hin, dass man an Tagen wie diesem immer wachsam sein und mit dem Unerwarteten rechnen müsse. »Man weiß nie, wann er einen schlechten Tag hat«, sagte Kruijswijk. »Und wenn das heute der Fall ist, ist er am Arsch.«

Als sich die Ausreißergruppe des Tages gebildet hatte, war Van Aert mit dabei. Er fühlte sich gut, sah, wie alle um ihn herum litten, und hörte über Funk, dass alles unter Kontrolle war und es Vingegaard ebenfalls gut ging. Er wusste, dass er um den Etappensieg mitfahren konnte. Als er seinen letzten Begleiter Kenny Elissonde abhängte und allein an der Spitze fuhr, war er nicht mehr zu stoppen.

Später sagte Van Aert, dass er fünf Kilometer vor dem Gipfel des letzten Anstiegs bereits »in einer anderen Welt« war. »Ich will nicht sagen, dass ich im Himmel war«, sagte er, »denn dafür tat es zu sehr weh, aber ich hatte insgeheim das Gefühl, dass nichts mehr schiefgehen konnte.«

Er überquerte den Gipfel und beugte sich nach vorne, legte seine Brust auf den Lenker und sauste talwärts. »Du denkst nicht daran, dass du bei 100 km/h auf dem Oberrohr liegst«, sagte er, »Du fährst einfach. Schnell runter Richtung Ziel, etwas Einmaliges erreichen.«

Seine Leistung erregte international Aufsehen, und einige sahen in Van Aert von nun an einen zukünftigen Tour-de-France-Sieger. In Belgien gab es einen Mann, der die Euphorie bremste. Marc Lamberts hatte nachgerechnet und kam – für ihn nicht überraschend – zu dem Schluss, dass Van Aert nicht der schnellste Kletterer des Tages gewesen war. Er hatte 5,5 W/kg auf die Pedale gebracht, während die besten Bergfahrer 6,1 W/kg erreichten. »Hätten die Klassementfahrer durchgezogen« sagte Lamberts, »hätte er es verdammt schwer gehabt.« Er wusste, wozu Roglič und Vingegaard am Berg fähig waren, und daran reichte Van Aert nicht heran. »Wout wiegt 80 Kilo«, sagte Lamberts. »Wenn er 6 W/kg treten will, muss er eine Stunde lang 490 Watt bringen.« Das könne niemand.

Während Van Aert Richtung Tal raste, entfaltete sich hinter ihm ein interessanter Kampf. Als Vingegaard einen Kilometer vor dem Gipfel aus der Gruppe der Klassementfahrer heraus angriff, reagierte Pogačar sofort und schien zunächst dranbleiben zu können. Aber dann konnte er nicht mehr folgen und 200 Meter weiter lag er bereits fast zehn Radlängen zurück. Auf dem Gipfel des Ventoux, 1.900 Meter über dem Meer, hatte Vingegaard fast eine halbe Minute Vorsprung auf Pogačar, der die Südamerikaner Urán und Carapaz bei sich hatte. Am Fuße der Abfahrt hatten die drei Vingegaard wieder eingeholt, und sie kamen zu viert ins Ziel.

Niermann fand es »schade«, dass es nach dem Gipfel noch eine Abfahrt gab, aber er freute sich, dass es ihnen zum ersten Mal gelungen war, Pogačar am Berg abzuschütteln. »Ich hoffe, dir geht es genauso, Jonas«, sagte Niermann.

»Ja«, meinte Vingegaard, »das war definitiv nicht schlecht.«

Niermann verwies auf den dritten Platz in der Gesamtwertung, warnte Vingegaard aber auch vor dem Medienrummel, der sich nun anbahnte. »Du bist immer noch nur ›Jonas aus Dänemark, der keine Ahnung hat‹, kapiert? Wir schauen von Tag zu Tag und hoffentlich kommen noch ein paar Tage, an denen du gute Beine hast.«

* * *

Unterdessen forderte die Tour weiter ihren Tribut. Tony Martin war erneut gestürzt, diesmal so schwer, dass er das Rennen aufgeben musste – ein paar Monate später hörte er mit dem Radsport auf, weil es ihm allmählich zu gefährlich wurde. Die Teamleitung bläute den verbliebenen Fahrern ein, sich weiter auf das Rennen zu konzentrieren. Sepp Kuss gewann einige Tage später die Etappe nach Andorra.

Als Kruijswijk in den Pyrenäen krank aufgeben musste, waren sie nur noch zu viert. Auf der Etappe mit Ziel am Col de Portet-d'Aspet kletterte Vingegaard, der sich »nicht besonders gut fühlte«, aber sah, dass alles »perfekt« gelaufen war, auf den zweiten Platz der Gesamtwertung. »Es ist immer schön, wenn Wout vor einem fährt«, sagte Niermann zu Vingegaard. »Dann weiß man: Es kann nichts passieren. Und für die Zukunft: Jonas, wenn du zweifelst, denk daran, dass andere sich in dem Moment auch nicht wohl im Sattel fühlen. Wenn du leidest, leiden die anderen mindestens genauso sehr.«

Die Tour 2021 mochte entschieden sein, aber die Tour 2022 warf bereits ihre Schatten voraus. Van Aert gewann das Zeitfahren am Samstag – Vingegaard wurde Dritter – und den Sprint auf den Champs-Élysées am Sonntag. Sein Ziel für das nächste Jahr: das Grüne Trikot für den Punktbesten. Eine Stunde nach seinem Sieg fuhr er mit einem Kleinbus zum Flughafen, wo sein Flieger nach Tokio wartete. Nächstes Ziel: die Olympischen Spiele.

Und was tat Vingegaard am Sonntagmorgen, bevor er sich für die Schlussetappe durch Paris auf sein Rad schwang? Er wandte sich an Martijn Redegeld und fragte, ob sie vorher eine Hautfaltenmessung vornehmen könnten. Dann wüssten sie, wie hoch sein Gewicht nach drei Wochen großer körperlicher Anstrengung sei. Redegeld bewunderte die Disziplin, die Vingegaard an den Tag legte. Der Luftikus von einst war zu einem jungen, disziplinierten Rennfahrer gereift.

Kapitel 21

Die Zukunft des Radsports

Vor der vierten Etappe der Tour de France war Richard Plugge in den Teambus gestiegen. Ihnen war genau das passiert, was sie auf den engen Straßen, auf denen es so hektisch zuging, befürchtet hatten. Plugge hatte den Fahrern mitgeteilt, dass er sich »zutiefst schäme«. Es tue ihm leid, dass sie nun mit Verbänden und Prellungen hier säßen, und er erzählte von seinen Anstrengungen, diesen »unglaublich politisierten Sport« für die Fahrer sicherer zu machen. Er werde jedoch von der UCI und vom politischen Prozess, der immer daraus gemacht wurde, ausgebremst. Den Sponsoren, Organisatoren und Fahrern gefalle diese Situation nicht. »Das muss sich ändern, das macht unseren Sport kaputt«, sagte er. Wout van Aert bedankte sich bei Plugge für seine Worte.

Als die Fahrer zur Sprintetappe nach Fougères aufgebrochen waren, rief ich Plugge an. Er kritisierte die UCI, die die Schuld immer wieder auf die Fahrer abwälzte und sie »in den Graben« schubste, so wie sie es auch mit Dylan Groenewegen nach dem Unfall in Polen mit Fabio Jakobsen getan hatte. Der Gedanke, dass dieser Sturz einen Wendepunkt markieren und der Radsportweltverband sich von seiner »verzagten« Haltung verabschieden werde, schien eine Illusion zu sein.

Die Hoffnung auf Besserung sei vergeblich, solange der Mangel an Professionalität nicht angegangen werde, und dieser Mangel herrsche auf allen Seiten, räumte Plugge ein. Sie alle müssten aufhören, mit dem Finger aufeinander zu zeigen: der internationale Radsportverband UCI, die Rennveranstalter wie die ASO (Tour und Vuelta), Flanders Classics (Flandern-Rundfahrt) und RCS (Giro), die Fahrer und Teams. »Die WorldTour«, sagte Plugge, »ist ein 500-Millionen-Business, das, wenn man so will, von vier Männern mit juristischer Ausbildung geführt wird. Das ist viel zu wenig.« Der Radsport, so Plugge, werde sich nur ändern, wenn sich das Geschäftsmodell des Sports ändern würde.

Ich dachte zurück an die Autofahrt mit Plugge nach Tignes im Juli 2020. Damals kamen wir wegen der Kollision zwischen Groenewegen und Jakobsen und der Art und Weise, wie der Radsport mit der Corona-Pandemie umging, auf die UCI und die Rennveranstalter zu sprechen. »Das sind einfach keine Leader«, sagte Plugge unter anderem über UCI-Präsident Lappartient. Das größte Problem sei, dass es im Radsport überhaupt kein »Wir« gebe.

Er hatte vor kurzem darüber gelesen, wie sich in der Formel 1 in den 1970er Jahren ein Wandel vollzog, als Bernie Ecclestone als Chef der Teamgewerkschaft anfing, die TV-Rechte zu erwerben. Er bekam schließlich die Vermarktungsrechte in die Hände, gab dem internationalen Motorsportverband einen Sack voll Geld und überließ dessen Direktoren die gesetzgeberische, regulierende Seite des Sports. »Das ist auch mein Idealmodell«, sagte Plugge. »Dass wir einen Haufen Geld auftreiben – zum Beispiel durch einen Investor – und dann eine ganze Reihe von Rennen mit ein paar Teams oder so kaufen und dann loslegen.«

Er rechnete vor, dass man für die TV-Rechte für den Anfang etwa 25 Millionen Euro brauche, aber noch besser wäre es, mit 600 Millionen ein richtig großes Paket zu schnüren, um die Rennen, Rechte und Mannschaften unter einen Hut zu bringen. Die Übernahme der ASO sei gar nicht nötig, auch wenn Plugge schätzte, dass sie unter anderem mit der Organisation der Tour de France einen jährlichen Gewinn von rund 90 Millionen einfuhren. Wenn man die Italiener von RCS und die Belgier von Flanders Classics auf seiner Seite hätte, könnte die ASO gar nicht anders, als sich mit an den Tisch zu setzen, immerhin klopften die großen Radsportteams mit einem Sack voll Geld an. Mit 600 Millionen ließe sich auch ohne die ASO eine Rennserie organisieren, und diese Drohung würde ausreichen, um die ASO zu Gesprächen zu bewegen. »Aber das Wichtigste ist, dass wir alle an einem Strang ziehen«, sagte er.

Er wies darauf hin, dass er, die Teams und die potenziellen Investoren nicht den Fehler machen sollten, zu glauben, dass sie das alles ohne die Tour de France auf die Beine stellen könnten. Aber bei der ASO sollten sie auch nicht denken, sie seien größer als der Radsport. »Deshalb sage ich«, so Plugge, »dass man mit der Tour zusammenarbeiten muss. Zusammen etwas aufbauen, zusammen Geld verdienen.«

Plugge hatte sich bereits im April 2021 mit ASO-Direktor Yann Le Moenner getroffen. »Ihr seid der Schlüssel«, hatte er gesagt, »denn ihr seid Monopolist. Lasst uns gemeinsame Sache machen.« Sie sprachen über Nachhaltigkeit und Sicherheit, über die Probleme der ASO, Großstädte als Zielorte zu gewinnen.

Wegen der Umweltverschmutzung durch den Sport (all diese Fahrzeuge) und der Störung des gesellschaftlichen Lebens (Straßensperrungen und Umleitungen) hatte die Begeisterung erheblich nachgelassen.

Plugge schickte mir per E-Mail einen Plan, den er auf drei DIN-A4-Seiten ausgeführt hatte, und sagte, er wolle sich mit Lappartient zusammensetzen. Am Tag der fünften Etappe sprachen sie drei Stunden lang miteinander.

Sie saßen als Einzige im Inneren eines großen Cafés in Vannes. Die übrigen Gäste mussten wegen der strengen Corona-Maßnahmen mit der Terrasse vorliebnehmen. Lappartient gab zu bedenken, dass es sich bei der UCI um eine politische und nicht um eine kommerzielle Organisation handele und dass die Teams und Veranstalter in dieser Hinsicht besser aufgestellt seien. Le Moenner berichtete von den Problemen der ASO. Plugge wies darauf hin, dass die ASO zwar mit der Tour Gewinn machte, mit Paris–Nizza und Lüttich–Bastogne–Lüttich aber Geld verlor.

Plugge erzählte, dass er der ASO und der UCI vorgeschlagen habe, den Rennkalender zu überarbeiten. »Weniger Rennen und weniger Teams in der Königsklasse«, sagte Plugge. »Es wird eine Umstrukturierung sein, die wehtun wird.« Wenig später sagte er: »Es herrscht im Radsport ein Mangel an Klarheit darüber, was Radsport ist, was er darstellt und was er wert ist.«

Am nächsten Tag sprach ich erneut mit Plugge. Sie waren sich weitgehend einig: Sponsoren wollten keine blutüberströmten Athleten im Bild haben, denn dann schickten Mütter ihre Kinder lieber zu einem anderen Sport. Plugge: »Wir können nicht ständig sagen: ›So ist der Radsport nun mal.‹ Allen ist klar, dass uns die Kundschaft wegläuft, wenn es so weitergeht. Lappartient sieht ein, dass ich recht habe. Ineos ist ein Multimillionen-Dollar-Unternehmen, aber sie bestreiten Rennen, die mit besten Absichten von der örtlichen Feuerwehr organisiert werden. Wir müssen uns drastisch und radikal verändern. Unser Business geht den Bach runter. Und gib diese DIN-A4-Seiten nicht weiter«, sagte er eindringlich, »denn wenn das nach außen dringt, wird es nur noch schwieriger werden.«

Als Erstes musste Plugge die ASO und die UCI dazu bringen, grünes Licht für die Pläne zu geben. Sollte das gelingen, würde etwas »Historisches« entstehen: eine Zusammenarbeit zwischen Teams und Rennveranstaltern.

Unter der Überschrift »Sicherheit« hieß es in dem Dokument: »Alle Unglücksfälle ließen sich vermeiden.« Es bestünde die Möglichkeit, Experten hinzuzuziehen. New Co – der vorläufige Name eines noch zu gründenden Unternehmens – würde je zur Hälfte von »Gründerteams« und »Gründerorganisatoren« finanziert werden, mit einem Vetorecht für die UCI bei einigen Themen. Es sollte einen Aufsichtsrat geben, der aus fünf Personen bestünde: aus zwei Vertretern der Teams, zwei der Veranstalter und dem Präsidenten der UCI. Unterhalb dieses Gremiums würden Direktoren für das Tagesgeschäft zuständig sein.

Ich fragte Plugge, wie seine Suche nach einem Investor verlaufen sei, seit wir im vergangenen Jahr im Auto auf der Fahrt nach Tignes darüber gesprochen hatten. Er sagte, dass sich mittlerweile die Frage stelle, ob ein Investor überhaupt notwendig sei. Denn wenn man die ASO mit im Boot habe, warum sollte man dann noch investieren? Plugge war derweil der Meinung, dass sie die neue Struktur und den damit verbundenen Businessplan selbst aufstellen müssten. »New Co ist auf dem Weg«, sagte Plugge. »Und es kann historisch sein, wenn die UCI einem neuen kommerziellen Unternehmen erlaubt, den Sport wirtschaftlich zu betreiben, wie in der Formel 1.«

Sechs Tage später fanden erneut Gespräche statt. Plugge sagte, man sei sich weitgehend einig, es seien nur noch Details zu klären. Die nächsten Gespräche sollten zehn Wochen später stattfinden, bei der WM in Leuven.

Drei Monate später fragte ich Plugge, wie es seither gelaufen sei. Er erzählte mir, dass noch eine Absichtserklärung unterschrieben werden müsse, New Co einen Aufsichtsrat brauche und im Grunde alle Teams mit von der Partie seien.

Ihm schwebte eine »Top League« vor, mit 100 bis 120 Renntagen, ohne Überschneidungen bei den wichtigsten Terminen, wie es heute oft der Fall war. Die Top-League-Rennen sollten immer sonntags stattfinden, und 80 Prozent der besten Fahrer sollten an den Start gehen. »Die Fans«, so Plugge, »müssen den Radsport besser verstehen. Er sollte übersichtlicher sein, damit die Leute wissen, welche Art Rennen sie sehen. Dauert Paris–Nizza sieben Tage? Oder sechs? Warum findet Tirreno–Adriatico zeitgleich statt? Und warum fängt es mitten in der Woche an? Und die Benelux Tour? Wie viele Tage dauert die?«

Es müsse »eine klare Formel« geben, argumentierte er. Ansonsten würden die Veränderungen, beispielsweise bei der Sicherheit, ins Leere laufen. »Die Fragmentierung ist derzeit zu groß«, sagte er. »Das einzige Rennen, über das Klarheit herrscht, ist die Tour de France.«

Kapitel 22

Medaillen in Tokio

»Ich mach mich vom Acker«, sagte er. Es war fünf Stunden nach dem Einzelzeitfahren bei den Olympischen Spielen, und Mathieu Heijboer antwortete, dass er gerade den Fuji International Speedway hinter sich gelassen habe. Er war in einem kleinen silbernen japanischen Auto unterwegs zu einem Flughafen in Tokio. Er sagte, dass er auf einer Schnellstraße mitten durch die Stadt fahre. Es werde dunkel, und in der Ferne ziehe ein Gewitter auf.

Heijboer erzählte, er sei mit dem Ergebnis des Zeitfahrens sehr zufrieden, aber es sei erst vorbei, wenn er am Gate wäre. »Ich habe heute Morgen auch nicht den obligatorischen Corona-Test gemacht, die können mich mal. Wird am Flughafen eh gemacht.«

Als Heijboer fünf Tage vorher in Tokio angekommen war, erfuhr er, dass bei seinen Kindern daheim Panik ausgebrochen war, weil sie in den Kindernachrichten gesehen hatten, dass ein niederländischer Taekwondo-Kämpfer in einem Quarantäne-Hotel eingesperrt war.

Wout van Aert, der schon eine Stunde nach seinem Sprintsieg in Paris in einem Transporter saß, um einen Flug nach Tokio zu erwischen, hatte Heijboer gebeten, ihn als Coach zu den Spielen zu begleiten. Heijboer hatte zugesagt, weil Van Aert eine Chance auf Gold hatte. Er stand auch in Kontakt mit Dumoulin, Roglič, Foss und Bennett, die für ihre jeweiligen Länder in Tokio am Start waren. Wenn man Heijboer zuhörte, waren diese Olympischen Sommerspiele eine ziemlich freudlose Angelegenheit.

Wout van Aert und Primož Roglič hatten einen Vorteil gegenüber den anderen Fahrern. Das Team hatte im Februar beim Höhentraining auf Teneriffa zum ersten Mal ein neu entwickeltes Nahrungsergänzungsmittel getestet, das laut Mathieu Heijboer in seiner Urform so alt sei »wie der Weg nach Rom«, dessen

Verabreichung in seiner alten Form aber einige Probleme mit sich bringen konnte, nämlich Gasbildung.

Es handelte sich um Hydrogencarbonat, also einfaches Backsoda oder Natron. Denn Natron wirkt sich positiv auf die Bildung von Laktat in den Muskeln aus. Es bindet das Laktat und neutralisiert es, so dass die negativen Auswirkungen verzögert werden, was sich bei den Fahrern in einer später einsetzenden Ermüdung während Anstrengungen bemerkbar macht, die zwischen 90 Sekunden und zehn Minuten dauern.

Der Vorteil, den Wout van Aert und Primož Roglič in Tokio hatten, bestand darin, dass der Sportnahrungshersteller Maurten, einer der innovativen Partner von Jumbo-Visma, als Erstes einen Weg gefunden hatte, Natron in einer Mikromembran einzukapseln, die dafür sorgte, dass es leicht durch den Magen ging. »Das Ergebnis ist, dass der Körper das Natron nicht nur schneller aufnimmt«, erklärte Heijboer, »sondern vor allem, dass man mehr davon zu sich nehmen kann.«

Außerdem hatten die Fahrer durch die neue Art der Einnahme nicht mehr unter Gasbildung zu leiden, die zu Rülpsen und Blähungen führte und sich auf dem Rad sehr unangenehm bemerkbar machte. Die Fahrer konnten nun die gesamte benötigte Menge an Natron zu sich nehmen, indem sie beim Frühstück eine Art breiigen Pudding löffelten. Das Schlucken von Kapseln während des Rennens gehörte der Vergangenheit an.

Heijboer berechnete, dass ein Fahrer etwa 0,3 Gramm Natron pro Kilogramm Körpergewicht benötigte, was bei einem 80-Kilo-Athleten immerhin 24 Gramm entsprach, umgerechnet 12 bis 15 Kapseln. »Auch nicht die wahre Freude, wenn man die nacheinander einnimmt«, sagte Heijboer.

Ich fragte Heijboer, ob er angeben könne, um wie viel Prozent die Leistung durch das eingekapselte Natron verbessert wurde. Er schätzte es auf zwei bis drei Prozent. »Das ist viel, ja«, sagte er. »Aber genau wie bei Ketonen gilt: Es ist kein Wundermittel, bei dem man einen Unterschied wie Tag und Nacht feststellt.«

Heijboer widersprach meiner Vermutung, dass das ganze Team es benutzen würde, wenn es einen so großen Unterschied machte. »Jonas zum Beispiel schmeckt es nicht«, sagte Heijboer.

Ich wunderte mich über diese Begründung, denn es gab ja viele Dinge, die einem Radprofi »nicht schmeckten« und die er trotzdem nahm. Und doch war es so, sagte Heijboer. »Jonas nimmt auch keine Ketone.«

Er wies darauf hin, dass das Team niemandem die Verwendung von Ketonen vorschreibt. »Wir überlegen uns diese Dinge gut«, sagte Heijboer. »Wir geben die richtigen Informationen an die Fahrer weiter und ermutigen sie, es auszuprobieren, weil wir glauben, dass etwas funktioniert. Aber wenn sie sagen, dass sie sich damit nicht wohlfühlen, werden wir sie nicht zwingen. Darauf lasse ich mich gar nicht erst ein. Ich möchte nicht, dass unsere Fahrer später sagen: ›Ja, wir mussten das nehmen.‹ Das ist wie mit den Ketonen, die manche Leute in einer Grauzone verorten. Wir klären alles so gut wie möglich mit Experten ab und geben die Infos an die Fahrer weiter, aber wenn einer der Fahrer das nicht will, ist es seine Entscheidung und damit basta.«

Heijboer hatte die Jumbo-Visma-Fahrer in Tokio unterstützt, so gut es ihm möglich und erlaubt war, unter Beachtung der jeweiligen Team-Blase. Er erstellte individuelle Aufwärm- und Pacingpläne und sagte ihnen, welches seiner Meinung nach die beste Strategie und Ausrüstung sei. Per WhatsApp teilte er den Athleten mit, dass sie sich für das entscheiden sollten, womit sie am besten klarkämen. Roglič schickte einen »Daumen hoch« zurück. Er würde das Zeitfahren nach Gefühl angehen, die Ratschläge aber im Hinterkopf behalten.

Heijboer, wie auch Marc Lamberts, zweifelten am Sinn von Rogličs Start in Tokio. Sie hatten das Gefühl, dass er sich noch nicht von seinem Sturz bei der Tour erholt hatte. Aber sie wussten auch, dass sie ihn nicht zurückhalten konnten. Die Olympischen Spiele waren eines seiner großen Ziele gewesen, und er hatte hart auf dem Zeitfahrrad trainiert.

Lamberts erzählte mir, wie sich Rogličs Vorbereitung im Vergleich zu 2020 verändert hatte. Damals hatte er in den sieben Wochen vor der Tour fünfmal auf dem Zeitfahrrad gesessen und Einheiten von 4 x 8 Minuten absolviert. Ein Jahr später saß er beim Höhentraining in der Sierra Nevada fünfmal pro Woche für eine halbe Stunde auf dem Zeitfahrrad. Meist war es die zweite Trainingseinheit des Tages. In Tignes absolvierte er ein ähnliches Pensum. Eine halbe Stunde pro Tag, fast täglich.

»Letztendlich«, so Heijboer, »wollte Primož das Risiko eingehen. Er ist stolz darauf, für sein Land anzutreten. Wir können das nicht ignorieren und sagen: Wir bereiten uns auf die Vuelta vor, lass die Spiele mal aus.«

Heijboer schickte mir den Pacingplan. Es handelte sich um eine Tabelle, die die Strecke in fünf Abschnitte unterteilte (Abfahrt, Anstieg, Abfahrt, Anstieg, Motorsport-Circuit). Es gab eine Grafik, auf der die Höhenmeter der Strecke angegeben waren und die Schwierigkeit der einzelnen Abschnitte farblich gekennzeichnet war, sowie auf der rechten Seite die Borg-Skala, die das Maß der gefühlten Anstrengung abbildet. In der Excel-Tabelle war außerdem Platz für Ratschläge von Heijboer:

Abschnitt 1 (Abfahrt): Fahre hier technisch sauber, halte ein gleichmäßiges Tempo und bereite dich auf den langen Anstieg vor.
Abschnitt 2 (Anstieg): Wichtig ist hier, in der Aero-Position zu bleiben. Der Schnitt wird über 33 km/h liegen. Das letzte Stück drückst du aufs Tempo (1 Minute).
Abschnitt 3 (Abfahrt): Technisch sauber fahren, für den Anstieg erholen.
Abschnitt 4 (Anstieg): Schneller Teil! Konzentriere dich auf deine Position, fahre eine enge Linie und stell dich darauf ein, in diesem Abschnitt dreieinhalb Minuten Vollgas zu geben.
Abschnitt 5 (Circuit): Versuche, auf der ersten Runde ein konstant hohes Tempo zu fahren und auf der zweiten Runde noch einmal alles zu geben.

Van Aert ging nach Roglič und Dumoulin auf die Strecke. Heijboer hatte den belgischen Nationaltrainer und den Mechaniker auf dem Rücksitz des Begleitwagens gebeten, ihm nur dann Informationen zu geben, wenn sie relevant waren. Da Van Aert letztlich nicht in der Lage war, mit Roglič und Dumoulin mitzuhalten (»mehr war nicht drin«), begann Heijboer, mit einem Auge das Rennen im Fernsehen zu verfolgen. Als er hörte, dass Roglič die schnellsten Zwischenzeiten fuhr, konnte er es nicht glauben. Beim Straßenrennen zu Beginn der Woche hatte er noch wie ein gerupftes Huhn ausgesehen.

Eine halbe Stunde nachdem Van Aert auf der Anzeigetafel gesehen hatte, dass er am Ende Sechster geworden war, 1:41 Minute hinter Roglič, machte sich bei Heijboer Freude über Rogličs Sieg breit. Er erinnerte sich an die langen Tage im Windkanal in Eindhoven und dachte wieder daran, was Roglič auf sich genommen hatte, als er jeden Morgen vor dem regulären Training auf sein Zeitfahrrad gestiegen war.

Er wies auf die »anspruchsvolle Sitzposition« hin, die Roglič einnehmen musste, um zu verhindern, dass der böige Wind sich hineinschlich: Hände, Kinn und Kopf lagen so vor der Brust, dass sie quasi den »Eingang« versperrten. Sie hatten berechnet, dass sie sechs bis 15 Watt zulegen könnten und müssten, wenn sie Pogačar, der in Tokio nicht am Start war, im Zeitfahren einholen wollten. Er erklärte, wie schwer es für die Arm- und Brustmuskeln sei, auf diese »ausgestreckte« Weise zu fahren. »Man muss also nicht nur mit den Beinen arbeiten und bequem liegen«, sagte Heijboer, »sondern auch den Oberkörper stabil in seiner Position halten. Mach einfach mal zwei Minuten lang einen Unterarmstütz mit den Ellbogen zwei Zentimeter vor deiner Nase, dann verstehst du, was ich meine. Dann weißt du, wie toll diese Leistung war.«

Er betonte noch mal, dass Rogličs Zeitfahr-Gold in der Tat eine schöne Bestätigung mit Blick auf die Tour 2022 sei. »Wir haben heute in Tokio bewiesen, dass wir die Lücke zu Pogačar schließen können«, sagte er.

Heijboer war auf dem Weg zum Flughafen. Ich fragte ihn noch, wie ihm Dumoulin gefallen habe, der Zweiter hinter Roglič geworden war und die Glückwünsche mit Tränen in den Augen entgegengenommen hatte. Das zeigte nur, welche Last er getragen hatte, dachte Heijboer. »Tom ist erleichtert, dass er das wieder kann«, sagte er. »Ich war vor allem erleichtert, als er anrief und sagte, dass er wieder aufs Rad steigen will und dass es ihm wieder Spaß macht. Ob er hier Zweiter oder Achter wird, hat für mich keine Rolle mehr gespielt. Er musste vor allem einen Weg finden, wieder Spaß daran zu haben.« Heijboer schwieg einen Moment lang und sagte dann: »Bizarr eigentlich, diese widersprüchliche Situation mit Tom. Dass man bei etwas, das man nicht mag, so gut sein kann.«

Dumoulin erzählte mir am Abend am Telefon, dass er das Zeitfahren in Tokio von der ersten Bergab-Passage an genossen und sich von Anfang an wohlgefühlt habe. Er sprach von einem Adrenalinrausch und sagte, dass ihm diese Art von Zeitfahren am meisten Spaß mache.

Die größere Neuigkeit aber war, dass Dumoulin zwei Tage vor dem Straßenrennen bei Merijn Zeeman angerufen und ihm mitgeteilt hatte, dass er seine Auszeit beenden und zum Team zurückkehren wolle. Er wollte nicht länger warten. Ich fragte Dumoulin, ob er auch darüber nachgedacht habe, was er in seiner Zeit als Radprofi noch erreichen wolle? Die Antwort kam zögernd. »Nicht so richtig«, sagte er. »Erst einmal möchte ich weitermachen, weil ich wirklich Lust darauf habe. Alles andere wird sich finden.«

Kapitel 23

Eigenverantwortung

Alle Coachs und Trainer von Jumbo-Visma hatten sich in der neuen Teamzentrale in einem Industriegebiet in Den Bosch versammelt. Eine ganze Flotte aus schwarz-gelben Teamwagen stand vor der Tür. Das weiße dreistöckige Gebäude trug den Namen De Meet. Die offizielle Einweihung hatte noch nicht stattgefunden.

Es war Anfang Oktober und eine Woche zuvor hatte Tadej Pogačar den letzten Klassiker der Saison 2021, die Lombardei-Rundfahrt, gewonnen. Primož Roglič war Vierter und Jonas Vingegaard 14. geworden. Es war ein wichtiges Rennen gewesen. Der taktische Plan, den die Coachs ausgearbeitet hatten, hatte Merijn Zeeman ins Grübeln gebracht. Das reicht nicht mehr, hatte er gedacht: Der Plan musste innovativer werden. Zudem berücksichtigte er noch zu wenig die Konkurrenten und die Qualitäten, die die eigenen Fahrer besaßen.

Von dem Raum, in dem sich die Trainer und Sportlichen Leiter eingerichtet hatten, konnte man auf die Werkstatt im Erdgeschoss blicken. Dort hingen wohl Hunderte von Fahrrädern in Gestellen. Zudem standen dort die Mannschaftsbusse und verschiedene Service-Trucks, die während der Saison kreuz und quer durch Europa unterwegs waren. An der Wand hing ein großer Fernsehbildschirm, an den Computer für verschiedene Präsentationen angeschlossen werden konnten. Hier saßen sich die Coachs und Trainer drei Tage lang gegenüber, um die Saison zu besprechen, das Training zu evaluieren, Leistungen zu analysieren und Verbesserungsvorschläge zu machen. Am letzten Tag der Evaluation würde Wietske Idema von De Talentenacademie einen Workshop abhalten.

In diesen drei Tagen wurden die bestehenden Ideen und Leitlinien von Jumbo-Visma unter die Lupe genommen und bei Bedarf aktualisiert. Sie suchten unermüdlich nach Verbesserungen. Das war es, was den modernen Spitzensport ausmachte. »Kommt schon, Jungs, fahrt einfach!«, gehörte der Vergangenheit an.

Auf dem Bildschirm war zu lesen: *Vom Keller an die Spitze*. Zeeman begrüßte alle und blickte dann auf die Leinwand. »Das ist unsere Geschichte«, sagte er. »In den kommenden Tagen werden wir eine Menge Steine umdrehen.«

Nachdem er einen neuen Kollegen, den ehemaligen Sportlichen Leiter von Sunweb/DSM Marc Reef, vorgestellt hatte, stieg Zeeman mit einem kurzen Überblick über die verschiedenen Phasen der Entwicklung des Teams ein. Alles habe vor allem einen Ursprung: den enormen Frust über 2015/16. »Das Jahr war der Wegweiser«, sagte Zeeman. »Darauf wurde dieses Team aufgebaut.«

Zeeman frischte ihrer aller Gedächtnis auf: die Regeln von »Der Blanco-Kurs« aus dem Jahr 2016, Dylan Groenewegens Sprintsieg auf den Champs-Élysées ein Jahr später, Kruijswijks und Rogličs Fortschritte bei den Grand Tours, Rogličs Sieg bei der Vuelta 2019, das verbesserte Scouting, der Fokus auf Ernährung, die Materialentwicklung, Kruijswijks dritter Platz bei der Tour 2019, der »Schmerz« der Niederlage an der Planche des Belles Filles 2020, Rogličs Zeitfahr-Gold in Tokio. Über 2022 hieß es: *Wer weiß, was das Jahr bringen wird.*

Abschließend sagte Zeeman: »Bleibt eurer DNA und eurer Kultur treu. Und werdet nicht müde, sie auszusprechen. Keine Zukunft ohne Geschichte, denn wir wollen noch besser verstehen, was der Kern unseres Sports ist. Und wenn wir das besser verstehen, werden wir noch schneller Rad fahren.«

Das Ziel für die kommenden Jahre war klar: strukturell das beste Team der Welt zu sein. Aber wie stellt man das an, fragte Zeeman. »Was macht unsere Kultur aus? Der Wunsch, jeden Tag besser zu werden. Darauf hinarbeiten. Einen Unterschied machen. Sich engagieren. Zusammenwachsen. Sich weiterentwickeln. Aufmerksamkeit. Wertschätzung und persönliche Entwicklung. Wir suchen Menschen, die zu unserem Club passen.«

Er fuhr fort mit der Strategie. »Wo haben wir einen Unterschied gemacht?«, fragte er seine Kollegen. »Was ist der Kern? An welchen Reglern müssen wir drehen?« Er führte ein berühmtes Zitat an. »Kultur«, sagte Zeeman, »frisst Strategie zum Frühstück.«

Auf der Leinwand erschienen die Porträts von vier niederländischen Fußballtrainern: die beiden letzten Trainer von Feyenoord, Dick Advocaat und Arne Slot, und die beiden letzten Trainer der niederländischen Nationalmannschaft,

Frank de Boer und Louis van Gaal. Zeeman legte allen ans Herz, sich den Dokumentarfilm *Dat ene woord – Feyenoord* anzuschauen, und sagte, ihm kämen die Tränen, wenn er die Methoden von Dick Advocaat sehe. Über den neuen Trainer Arne Slot sagte er: »Heute erzielen sie mit dem gleichen Material ein besseres Ergebnis.«

Später blickten wir in die Gesichter von Erik ten Hag, Pep Guardiola und Thomas Tuchel, den Trainern von Ajax Amsterdam, Manchester City und Chelsea. Zeeman betonte, wie wichtig es sei, intern kritisch zu bleiben und weiter dazulernen zu wollen. »Was heute gut ist«, dozierte Zeeman, »kann morgen schon zu wenig sein. Vergesst nie, wie es war und wie wir Verbesserungen erreicht haben. Zielorientiert, werteorientiert. Und diese Trainer blicken zehn Ebenen tiefer in das Spiel hinein«, sagte Zeeman. »Sie bereichern es wirklich um etwas Neues.«

Einer der Coachs fragte Zeeman, warum er glaube, dass diese Trainer den Unterschied ausmachten. »Ich höre mir ihre Geschichten an«, sagte Zeeman, »und manchmal spreche ich mit Ten Hag. Diese Trainer sehen, dass sich der Fußball enorm verändert hat, sie sehen das an den Daten. Es ist immer noch derselbe Sport, aber er wird auf eine andere Weise gespielt. Und unser Sport wird sich in den nächsten Jahren ebenfalls unwiderruflich verändern. Wir werden uns bald auch eine Strategie einfallen lassen müssen, an die wir jetzt noch nicht gedacht haben.«

Wieder erschien ein neues Foto auf der Leinwand: eine Rennszene von der Baskenland-Rundfahrt mit Jonas Vingegaard, Tadej Pogačar und Primož Roglič. »Das habe ich eingefügt, weil es taktisch genial war.«

Als sie später die Tour de France 2021 auswerteten, ergab sich ein durchwachsenes Bild. Vingegaard hatte es auf den ersten Bergetappen ein wenig an Selbstvertrauen gefehlt, aber in den Wochen zwei und drei war er richtig stark gewesen. Der Ansatz, nach den Ausfällen von Gesink und Roglič von Tag zu Tag zu schauen, hatte recht gut funktioniert. Sie hatten ihre Ziele verfehlt, und dadurch hatte Verunsicherung in der Mannschaft geherrscht. Trotzdem hatten sie am Ende die »beste Tour *ever*« bestritten, mit vier Etappensiegen und dem zweiten Platz in der Gesamtwertung für Vingegaard, der sich »auf absolutes Topniveau« entwickelt hatte.

Sie sprachen über die Stürze, durch die drei ihrer acht Fahrer verletzt aufgeben mussten. Zeeman fragte sich, ob es eine denkbare Strategie gäbe, mit der sie von Stürzen verschont bleiben könnten. Heijboer stufte daraufhin Pogačars Fahrkünste höher ein als die von Roglič. In der Bretagne hatte er Mühe gehabt, das Hinterrad von Wout van Aert zu halten, der ihn in den ersten hektischen Tagen bravourös durch das Feld gelotst hatte. Niermann gab zu bedenken, dass es vielleicht keine gute Idee gewesen sei, Roglič vor einer so wichtigen Rundfahrt wie der Tour nicht bei kleineren Rennen an den Start geschickt zu haben. »Das Gefühl für das Peloton«, sagte Niermann, »das ihm deswegen fehlte, könnte eine Rolle gespielt haben.«

Sie sprachen über den Effekt von *How Bad Do You Want It?*. Zeeman zeigte das Cover des Buches auf der Leinwand und sagte, Niermann, Van Aert und Kruijswijk hätten es ebenfalls gelesen. »Wir müssen wirklich zu der Erkenntnis kommen«, sagte Zeeman, »dass Radrennsport psychologische Kriegsführung ist. Wir haben uns mit Primož auf der mentalen Ebene sehr intensiv beschäftigt. Er hat gelernt, besser Feedback zu geben. Mental ist er fantastisch, aber er kann noch besser werden.«

Danach ging es um die Strategie, die sie im nächsten Jahr anwenden wollten, um Pogačar von einem dritten Tour-Sieg in Serie abzuhalten. Niermann wünschte sich, dass sie »taktisch unberechenbar« sein würden. »Ich weiß«, sagte Niermann, »dass wir nicht beim Fußball sind. Wir kommen aus einer archaischen Sportart, in der es oft noch heißt: ›Wir schauen mal, was im Rennen geht.‹ Das ist unser Vorteil, dass es noch Teams gibt, die Rennen fahren wie vor 20 Jahren. Viele Fahrer kriegen immer noch zu hören: ›Männer, das Rennen ist 270 Kilometer lang, da ist das Ziel, viel Glück!‹«

Für die Coachs stellte sich anschließend die Frage: Wie setzte man Pogačar und UAE unter Druck? Das Fazit lautete, dass UAE bei der vergangenen Tour nie wirklich in größere Schwierigkeiten geraten war. Die Mannschaft hatte genug Qualität, um die Ausreißer zu kontrollieren, Pogačar hatte das Glück, allen Stürzen aus dem Weg zu gehen, und war am Berg der Stärkste, aber das hätte anders aussehen können, wenn Kruijswijk und Kuss zu Beginn besser gewesen wären. Eine wichtige Erkenntnis war außerdem: UAE wurde geschwächt, wenn die Mannschaft durch die Arbeit an der Spitze ausgedünnt wurde.

»Ein langes Solo zu starten, ist sinnlos«, sagte Zeeman, »aber wir haben Chancen, wenn Pogačar keine Helfer mehr hat. Also: Wie ist UAE in den kommenden Jahren zu knacken? Indem sie die Kontrolle verlieren. Deshalb ist es von großem Wert, mehrere Fahrer vorne im Rennen zu haben.« Er verwies erneut auf die Baskenland-Rundfahrt.

»Meiner Meinung nach«, betonte Zeeman, »fängt es damit an, physisch noch besser zu werden. Dann auf dem Rad sitzen zu bleiben und eine Strategie zu entwickeln, damit wir Pogi in eine Position wie im Baskenland bringen.«

Als sie länger über Pogačar sprachen, entstand eine Diskussion darüber, ob das überhaupt gerechtfertigt sei. Sie schonten sich gegenseitig nicht, so wie es die Intention war, wenn man einander wertvolles Feedback geben wollte. Der ehemalige Schwimmtrainer Martin Truijens, der wegen seiner Expertise in Sachen Talentförderung ins Team geholt worden war, fragte, ob sie Pogačar nicht unnötig auf ein Podest hoben. Mathieu Heijboer wies darauf hin, dass Pogačar in jedem Rennen, in dem er an den Start ging, einfach besser war als Jumbo-Visma. »Im Eins-gegen-Eins ist er der Beste«, bestätigte Zeeman.

Als Truijens meinte, dass er diese Aussage »gefährlich« finde, reagierte Merijn Zeeman ein wenig gereizt. »Es ist halt so«, sagte Zeeman, »dass er im Moment mehr draufhat als wir. Das ist kein 100-Meter-Schwimmen, denn wir können ihn auch taktisch besiegen. Aber im direkten Duell werden wir ihn nicht schlagen können.«

Truijens: »Ich habe noch nicht gehört, wie wir ihn dann schlagen können.«

Zeeman: »Nun, das steht auf diesem Blatt. Wir können ihn schlagen, wenn Primož unser Kapitän ist und Stevie und Sepp in einer Ausreißergruppe dabei sind. Dann muss sich Pogačar entscheiden. Aber unser Fazit lautet: Damit hat er keine Probleme. Es gibt aber Chancen an den flachen Tagen. Es ist nicht richtig, Martin, wenn wir sagen, Pogi wäre nur durch Trickserei zu schlagen. Primož hat jeden Tag auf dem Zeitfahrrad gesessen. Wir hissen nicht die weiße Fahne. Wir setzen alles daran, ihn zu knacken. Wir müssen ihn bis in die letzte Faser analysieren, denn er ist der Beste! Die Realität ist, dass er fast alle Rennen gewonnen hat.«

Marc Lamberts zufolge, dem Trainer von Van Aert und Roglič, war Pogačars VO_2max unglaublich hoch und er konnte »verdammt gut« sprinten. »Wir haben es hier mit dem physisch stärksten Fahrer zu tun«, sagte er.

Etwas später sagte Zeeman: »Nun gut, wir haben also noch nicht herausgefunden, welches die richtige Strategie ist, um Pogi zu schlagen. Wir sind alle gefragt.«

* * *

Es gab noch ein weiteres großes Thema, mit dem sich die Coachs in Den Bosch beschäftigten: Tom Dumoulin. Der Silbermedaillengewinner von Tokio hatte auch in seinem zweiten Jahr beim Team die Gemüter erhitzt. Es hatte Stress gegeben und dann Erleichterung, als er im Januar eine Auszeit nahm. Nach dem erfolgreichen Olympia-Auftritt in Tokio kündigte er an, ins Team zurückkehren zu wollen. Zum Abschluss eines für ihn ereignisreichen Jahres bestritt er die Benelux-Rundfahrt, bei der er Neunter wurde. Auf der Schlussetappe wurde er Dritter hinter Matej Mohorič und Sonny Colbrelli, aber vor Christophe Laporte, den Jumbo-Visma für 2022 angeworben hatte. Laut Arthur van Dongen war Dumoulin in diesen Tagen mit »großer Freude« gefahren.

Auch Dumoulin hatte das Gefühl, dass »der alte Tom« wieder zum Vorschein kam. Am 9. September hatte er in den Ardennen eine Trainingsfahrt von rund 180 Kilometern absolviert und war an den Steigungen »bis ans Maximum« gegangen. Er hatte sich auf den letzten Monat der Saison gefreut.

Doch als er nach einem Anstieg auf eine Autoschlange zufuhr, die wegen Straßenbauarbeiten an einer provisorischen Ampel wartete, übersah Dumoulin leider, dass eines der Autos eine Lücke gelassen hatte, um ein Auto von rechts hineinzulassen. Gerade als Dumoulin das letzte Auto überholte, schoss das Auto von rechts heraus. Dumoulin prallte mit voller Wucht auf die Motorhaube. Er fing sich mit ausgestreckten Armen ab und brach sich das rechte Handgelenk. »Ich hatte noch nie so starke Schmerzen«, erzählte er eine Woche später. »Ich habe wirklich gestöhnt vor Schmerzen.«

Er sagte, er habe Glück gehabt, dass an diesem Tag ein Fotograf auf einem Motorrad mit ihm unterwegs war, um ein paar Promofotos für seine Radtouristik-Veranstaltung später im Jahr zu schießen. Ein Krankenwagen wurde gerufen, und nach ersten Aufnahmen in einem Krankenhaus in der Nähe von Lüttich begab sich Dumoulin in die Universitätsklinik Maastricht, wo sich herausstellte, dass eine Operation notwendig war.

Er bedauerte das vorzeitige Ende seiner Saison, sagte aber, er könne den Rückschlag wegstecken. »Ich gehe mit viel Zuversicht in den Winter«, sagte er. »Ich werde die Freude der letzten Monate mitnehmen.« Er sei »einigermaßen guter Dinge« und betonte, er habe sich noch nie so sehr auf das erste Trainingslager des Jahres im Dezember in Sant Feliu de Guíxols gefreut.

Einer der Gründe für seinen Optimismus war ein Gespräch mit der Teamleitung nach seiner Rückkehr aus Tokio. Er gab zu, dass er gezögert hatte, weil er nicht wusste, was das Team von ihm erwarten würde. Er hatte Angst, dass sie denken würden: Jetzt bist du wieder da, und alles ist wie früher. Aber genau das wollte er ja nicht.

Ich fragte ihn, wie er von der Mannschaft aufgenommen worden sei. Er meinte, dass er keine echte »Wärme« gespürte habe, räumte aber sofort ein, dass das auch an ihm liegen mochte und dass es etwas sei, was er nachvollziehen könne. »Es ist natürlich auch für die Mannschaft eine komische Situation.«

Er hatte sich gefragt, ob man ihn im Team noch wertschätzen würde, wenn er ihnen erklärte, wie er sich den neuen Weg für sich vorstellte. Wäre das alles überhaupt vereinbar mit der Art und Weise, wie das Team arbeiten will? »Davor hatte ich Bammel«, sagte er. »Würde ich damit nicht gleich wieder anecken?«

Er war sich bewusst, dass es Fahrer im Team gab, die Probleme damit hatten, wenn jemand die Extrawurst einer an seine Wünsche angepassten Vorbereitung bekam. Aber er kannte auch viele, denen es »scheißegal« war, wie die Kollegen ihre Saison gestalteten, wie sie trainierten, ob sie ein eigenes Zimmer wollten und ob ein Fahrer ein Trainingslager allein oder mit dem Team absolvierte. Hauptsache, man hängte sich im Rennen voll rein.

Ich fragte ihn, ob er in Betracht gezogen hatte, dass sich ihre Wege nach dem Gespräch trennten. »Ja«, sagte er, »die Möglichkeit habe ich durchaus gesehen. Dann hätte ich mit einem anderen Team weitergemacht. Aber ich hatte in dem Gespräch sofort ein gutes Gefühl und spürte eine gewisse Wärme, und so war das nie ein Thema. Ich hatte den Eindruck, dass man mich schätzt, als Fahrer und als Mensch.«

Er gab zu, dass er befürchtet habe, dass die Sponsoren ihn als bekanntesten niederländischen Radsportler wegen der medialen Aufmerksamkeit im Team behalten wollten, die Teamleitung aber keine Lust mehr auf ihn hatte. Das sei aber nicht der Fall.

Sie hatten sich darauf geeinigt, dass er auf die Tour 2022 verzichten würde und somit die straffe Vorbereitung mit Höhentrainingslagern nicht mitmachen würde. Dumoulin meinte, dass diese Aufenthalte ihn »kreuzunglücklich« gemacht hätten. »Für die Tour sind sie mit Primož und Jonas schon ziemlich gut aufgestellt, und ich habe inzwischen herausgefunden, dass ich durchaus in der Lage bin, für andere zu fahren, aber ich ziehe es immer noch vor, selbst zu punkten.« Er hielt es für das Beste, 2022 den Giro zu fahren. »Danach werden wir sehen«, sagte er. »Mein Lebensglück hängt nicht mehr nur von sportlichen Erfolgen ab.«

* * *

Zeeman sah sich im Raum um und fragte dann, ob jemand etwas zum Thema Dumoulin sagen wolle. Es blieb eine Weile still. Schließlich meldete sich Heijboer zu Wort. »Was soll man über ihn sagen?«, überlegte er laut. »Tom hat uns zu verstehen gegeben, dass er weiter Rennen fahren will. Aber ehrlich gesagt halte ich das alles für sehr fragil.«

Zeeman: »Aber es gibt auch Positives.«

Heijboer: »Auf jeden Fall. Tom fühlt sich willkommen im Team. Er hat keine Schmerzen mehr. Aber er ist immer noch auf der Suche und sondert sich ab. Man muss ihn im Blick behalten. Marc wird ihn dieses Jahr anleiten.«

Zeeman: »Du hast letzte Woche mit ihm gesprochen, oder?«

Lamberts: »Richtig. Ich denke, er ist noch weit davon entfernt, sich auf unsere Arbeitsweise einzulassen. Wir müssen einen Kompromiss finden. Das ist ein wackliges Konstrukt, und ich weiß nicht, ob er noch Rennfahrer auf dem Niveau sein will. Ich weiß nicht, ob er sein Rad wirklich noch mag.«

Als ich mich später mit Lamberts über die Zusammenarbeit mit Dumoulin unterhielt, erzählte er, dass er ihn für einen »unglaublich lieben Burschen« hielt, einen Kameraden sogar, und dass er trotz seines anfänglichen Zögerns froh war, dass sie sich zusammengetan hatten. Lamberts: »Ich finde, Tom hat unheimlich viel Mut und Willen bewiesen, um noch einmal zu zeigen, wozu Tom Dumoulin fähig ist.«

Zeeman teilte den Coachs mit, dass Dumoulin wieder zum Team gestoßen sei und an den Trainingslagern in Spanien teilnehmen werde. Eines jedoch hatte sich in der Zwischenzeit geändert. »Der Weg, der Tom vorschwebt, macht die Tour für ihn unmöglich. Das kommt nicht in Frage. Das kann und will er nicht.« Es stand fest: Dumoulin würde 2022 den Giro fahren.

Marc Reef, der mit Dumoulin in den Erfolgsjahren zusammengearbeitet hatte, meinte, bei Jumbo-Visma habe man gut daran getan, Dumoulin Freiräume zu geben. »Das ist in der Tat ziemlich glatt gelaufen«, sagte Zeeman, der sogleich hinzufügte, dass Dumoulin seinen früheren Arbeitgeber Sunweb mit »vielen Narben« verlassen habe.

Reef fuhr fort, dass Dumoulin im Winter 2017/18 praktisch »gebrochen« wurde. Zwar habe er im Sommer darauf fantastisch ausgesehen, als er Zweiter beim Giro und bei der Tour wurde, »aber Tom wusste danach nicht mehr, wie es weitergehen sollte. Alles wurde negativ. Der Tom von 2017 war verschwunden. Nach seinem Giro-Sieg wollte jeder was von ihm, und damit kam er nicht klar. Bei uns hat er sich dann damals auch abgesondert. Bei euch konnte er machen, was für ihn nötig war.« Reef nannte es »klug«, dass das Team ihm diesen Freiraum gewährt hatte.

Auch am letzten Tag, als sie alle sich im Workshop von Wietske Idema mit Begriffen wie Eigenverantwortung und damit zusammenhängenden Dingen wie Feedback, Selbstregulierung und Kontrolle beschäftigten, waren die Probleme, mit denen Tom Dumoulin zu kämpfen gehabt hatte, wieder ein Thema.

Wietske Idema war Coach und Miteigentümerin von De Talentenacademie, einem Unternehmen, das sich auf das Mentaltraining im Bereich Spitzensport, Entertainment und Wirtschaft spezialisiert hat. Als sie am dritten Tag vor der Gruppe aufmerksam zuhörender Männer stand, referierte sie über »Eigenverantwortung«, ein Konzept, mit dem die Sportlichen Leiter und Trainer von Jumbo-Visma immer besser vertraut wurden.

Idema, eine energische Frau, sprach aus eigener Erfahrung, die sie mit anderen Athleten wie zum Beispiel den Spielern der niederländischen Eishockey-Nationalmannschaft und den Fußballern von PSV Eindhoven gemacht hatte. Hin und wieder zeigte sie ihren Zuhörern den Mittelfinger, um die Haltung zu verdeutlichen, mit der ihr Sportler manchmal begegneten, wenn es um Mentaltraining ging. Sie gebrauchte häufig das Wort »kacke«, einfach weil es sehr deutlich machte, wie es um die Dinge stand. »Wenn etwas kacke ist«, sagte Idema, »dann ist es kacke.«

»Was braucht ihr?«, fragte sie. »Sagt es mir.«

Zeeman: »Wie stimulieren wir Eigenverantwortung?«

Idema ließ ein Zitat von Jim Rohn auf dem Bildschirm erscheinen. Rohn war ein Unternehmer, der später viel Geld mit der Erzählung seiner »Entwicklungsgeschichte« verdient hatte. Er war außerdem der Mentor von Tony Robbins, dem Guru, den Richard Plugge als großen Einfluss betrachtete.

»Wenn du nicht deinen eigenen Lebensplan entwirfst, ist die Wahrscheinlichkeit groß, dass du in den Plan eines anderen gerätst. Und rate mal, was der für dich geplant hat? Nicht viel.«

Idema erklärte, dass Eigenverantwortung mit Unabhängigkeit und Selbstbestimmung zu tun habe. Einige Coachs griffen zu ihren Handys und machten ein Foto von dem Zitat. »Fühlt jemand diese Verantwortung«, sagte Idema, »und übernimmt jemand diese Verantwortung? Wenn das gegeben ist, kann der Sportler sich schnell weiterentwickeln und lange an der Spitze bleiben.

Eigenverantwortung ist daher meiner Meinung nach das Werkzeug für ultimative Anpassungsfähigkeit.«

Idema erläuterte die fünf Fähigkeiten im Gehirn, die man im Hinblick auf die Entwicklung von Eigenverantwortung trainieren könne. Sie empfahl, mit Reflexion (»die Grundlage«) zu beginnen, der urteilsfreien Analyse des eigenen Selbst. »Reflexion«, so Idema, »ist das Herzstück. Denn ohne Reflexion gibt es kein Ziel und damit keine Selbstregulierung.« Die weiteren Punkt seien dann: 2. Ziele setzen, 3. Planen, 4. Überwachen und 5. Evaluieren. »Das«, sagte Idema, »ist die Reihenfolge.«

Dann fragte sie, ob und wie das Konzept »Eigenverantwortung« für die Coachs funktioniere, ob sie es begriffen und umgesetzt hätten. Zeeman erklärte, dass es seiner Meinung nach nicht bei allen Beteiligten funktioniere. Er selbst sei an seine Grenzen gestoßen, sagte er. Manchmal sei es auch »viel Gerede, ohne dass ein konkreter Handlungsplan gefunden wird«.

Frans Maassen fragte, wie man mit Fahrern umgehen könne, die ständig am Setup und den Maßen ihrer Räder herumtüftelten. Davon hatten sie einige in der Mannschaft. »Manche Fahrer«, sagte Zeeman, »haben in vielen Bereichen Probleme und sind im Grunde vielleicht unglückliche Menschen.« Er räumte ein, dass dies bei den Coachs und Trainern verständlicherweise für Frustration sorgte, und erklärte, dass sich die betreffenden Fahrer dessen auch bewusst seien. Heijboer: »Sie trauen sich nicht, sich selbst zu konfrontieren.«

»Aber was ist eure Frage?«, warf Idema ein.

»Wir haben darüber schon oft gesprochen«, sagte Niermann. »Gestern erst, aber es gibt nun mal keine hundert möglichen Positionen auf dem Rad. Das spielt sich alles im Kopf des Fahrers ab, da geht es ab wie in einem Hamsterrad.«

Zeeman sagte, er würde sich fragen, was während einer vierstündigen Trainingseinheit im Kopf eines Fahrers genau vorging, dass er ernsthaft das Gefühl hatte, sein Sattel müsse einen Millimeter höher sein. »Neurologisch gesehen sollte er das nicht spüren, oder?«, meinte Zeeman. »Was sagt er dann zu sich selbst, das ihn dazu bringt, es zu glauben?«

Niermann warf ein, dass die Fahrer vielleicht nach einem Gefühl suchten, das einmal da war – oder vielleicht sogar nach einem Gefühl, das nie existiert hat.

»Aber«, entgegnete Zeeman, »was passiert, wenn dieses Gefühl nicht da ist? Was machen diese Jungs dann? Sie sagen nicht, dass sie unsicher oder panisch sind, sondern dass es am Rad liegt. Das Rad ist nicht gut. Punkt, aus, basta.«

»Ich würde diesen Fahrer fragen«, sagte Idema, »was gut funktioniert und was nicht. Dann kannst du mit ihm in seine Black Box schauen. Da findet ihr die Antworten.«

»Wir glauben, dass die Fahrer es selbst nicht wissen«, sagte Maarten Wynants, der in diesem Jahr nach einer langen Profikarriere als Domestik den Wechsel in die Sportliche Leitung des Teams vollzogen hatte. »Wir glauben, dass sie ihre Box nicht öffnen können.«

»Hat Tom das auch bei dem Giro gemacht, den er damals gewonnen hat, Marc«, fragte Maassen. »Hat er auch da jeden Tag am Rad herumgeschraubt?«

Reef schüttelte den Kopf.

»Erinnerst du dich«, sagte Maassen zu Niermann, »wie Tom zu mir sagte: ›Ja, aber Eddy Merckx hat das auch jeden Tag gemacht, oder?‹«

»Alles Unsicherheit«, betonte Arthur van Dongen, der mit Dumoulin und Reef bei besagtem Giro zusammengearbeitet hatte.

»Das ist Zwang«, unterstrich Idema. »Und warum zeigt jemand ein zwanghaftes Verhalten? Er ist auf der Suche nach Halt. Und das kann man wirklich sehr schnell lösen. Zwang ist beinahe Routine«, fuhr sie fort. »Es beginnt mit der Einsicht, dass man die Kontrolle verloren hat. Das ist natürlich traurig für ihn. Und auch die Coachs verlieren den Zugriff. Meine Vermutung ist: Der Fahrer fühlt sich nicht verstanden. Wenn man dann sein eigenes Urteil über Bord wirft, kann man dem Fahrer mit kleinen Schritten wieder in die Spur helfen. Zum Beispiel: Er darf zweimal pro Woche seine Sattelposition ändern. Ihr müsst einsehen, dass dieser Fahrer nach Halt sucht. Er denkt: Es liegt an der Satteleinstellung. So äußert er sich, und das ist traurig.«

Zeeman: »Er zweifelt an allem.«

Idema: »Ziemlich kacke für ihn, dass er meint, sich damit zu helfen. Gebt ihm ein anderes Ziel, was wollt ihr von ihm?«

Heijboer: »Wir wollen, dass es aufhört.«

Idema: »Der Fahrer mag das auch nicht, diesen Zwang. Er spürt, dass er feststeckt, und merkt, dass alle um ihn herum es wissen – und er spürt auch, dass alle um ihn herum es irritierend finden. Daher: Verständnis zeigen. Geht es zusammen an. Geht aber behutsam vor, das ist ganz wichtig. Stellt die richtigen Fragen, ohne zu urteilen. Das ist eine Kunst, aber es hilft dem Fahrer zu erkennen, dass er verstanden wird. Reagiert auch auf seine Antwort, ohne zu urteilen. Denkt nicht: was für eine beschissene Antwort. Stellt euer eigenes Urteil und euer eigenes Ego zurück.«

Zeeman erklärte, dass er oft glaube, die Lösung schon zu kennen, und dann dazu neige, den Weg abkürzen zu wollen, ohne den Fahrer mitzunehmen.

Idema zufolge bestand die Kunst darin, den »Zyklus« der fünf Schritte zu beherzigen. »Das ist der Schlüssel«, sagte sie. »Diesen Zyklus aus fünf Schritten findet das Gehirn logisch. Dies ist wirklich der schnellste Weg. Wenn ihr das fünfmal im Jahr macht, habt ihr das schon verinnerlicht.«

Sie kamen auf das Konzept der Selbstregulierung zurück. Idema erklärte, dass man natürlich sehen möchte, dass ein Athlet sich ganz und gar auf einen Plan einlasse. »Es gibt ein paar«, sagte Zeeman, »unter anderem Roglič. Aber es gibt auch Fahrer, bei denen es eher nicht der Fall ist.«

Idema: »Und dann?«

Zeeman: »Ich will alle mitnehmen. Die erfolgreichen Fahrer legen dieses Verhalten von sich aus an den Tag, aber ich möchte auch an die Jungs rankommen, die damit zu kämpfen haben.«

»Öffne die Black Box«, riet Idema. »Häng dich nicht an ihrem Verhalten auf. Trau dich, die Richtung zu ändern. Du musst versuchen, sie auf etwas anderes zu triggern. Du musst sie aus ihrer misslichen Lage herausholen. Sprich das Muster an, ohne zu urteilen. Bring Respekt für sie auf. Vielleicht reicht es, ihnen zu sagen, dass man es faszinierend findet.«

Zeeman: »Wir finden es schwierig, mit Sportlern umzugehen, die enttäuscht sind, aber es bleibt uns auch keine andere Möglichkeit.«

»Ja«, sagte Idema. »Oder die Sache ist erledigt, und dann heißt es: *exit.*«

Zeeman: »Kann man sie auch an einem anderen Punkt triggern?«

»Macht es, wo ihr es könnt«, sagte Idema, »damit die Selbstregulierung einsetzt. Ihr müsst das wirklich sehr ernst nehmen. Findet heraus, warum das alles so ist. Und ja, wenn dann jemand immer noch die Tür zumacht, dann hat es sich erledigt.«

Kapitel 24

Eine neue Taktik

Die Straße schlängelte sich hinauf. Es war der 15. Dezember 2021 und ein klarer Morgen. In dieser Woche fiel für das WorldTour-Team Jumbo-Visma der Startschuss für die Saison 2022.

Wir fuhren noch an der Küste entlang Richtung Süden und hatten das katalanische Dorf Sant Feliu de Guíxols hinter uns gelassen. Dies war die Straße nach Tossa de Mar und weiter Richtung Blanes. Unser Ziel war der Abzweig ins Landesinnere, eine Straße, die mitten durch das Naturschutzgebiet Massís de Cadiretes führte. Dort sollten die Fahrer rechts abbiegen und dann an der ihnen bekannten Einfahrt kurz aufeinander warten. Dort würden sie mit dem Test beginnen. Dem ersten Test der neuen Saison. Von besagter Einfahrt an führte die Straße bergauf.

Alle acht Fahrer, die vor uns fuhren, hatten ihre Ohren vor der morgendlichen Kälte geschützt. So konnte Mathieu Heijboer nach einem kleinen Piekser leichter einen Tropfen Blut aus ihren warmen Ohrläppchen drücken, um am Fuße des Anstiegs die Laktatmenge im Blut zu messen. Oben am Gipfel würde Gerard Rietjens das gleiche Prozedere wiederholen. Das Ohrläppchen war die beste Stelle für die Blutentnahme, da sich andere Blutgefäße, zum Beispiel jene in den Fingerspitzen, durch den Griff am Lenker verengten. Und das hat Auswirkungen auf den Laktatspiegel.

Dies war bekanntes Terrain für sie. Alles hier war bekanntes Terrain, für jeden im internationalen Radsport, für all die Fahrer, die in den letzten Jahrzehnten das Peloton mit ihren Träumen, Ambitionen und Ängsten gefüllt hatten. Auch die Fahrer von Jumbo-Visma hatten hier zahllose Wochen trainiert. Manche Fahrer, wie Kruijswijk und Gesink, lebten schon seit einiger Weile in Girona. Andere suchten die spanische Küstenstadt während der Wintermonate auf und mieteten sich dort eine Wohnung. Einige waren diese Art von Trainingslagern leid, wie Tom Dumoulin, der seit mehr als einem Jahrzehnt Profi war. Er hatte sich inzwischen einfach damit abgefunden. Für ihn war das Ganze einfach Arbeit. Für andere, wie Nathan Van Hooydonck, war es wie Urlaub.

Ein Fahrer war nicht mehr da. Dylan Groenewegen war zwar in der Gegend unterwegs, aber der australische Rennstall BikeExchange hatte ihn vor ein paar Tagen aus seinem laufenden Vertrag heraus verpflichtet. Der Sprinter war für das Team Jumbo-Visma sehr wichtig gewesen und hatte in sechs Saisons mehr als 50 Etappen gewonnen, aber es war der Zeitpunkt gekommen, an dem es für beide Seiten besser war, sich zu trennen. Grund dafür waren (unter anderem) die Folgen der Kollision mit Fabio Jakobsen und das Ziel des Teams, bei der Tour den Gesamtsieg zu erringen, was bedeutete, dass kein Platz mehr für einen Sprinter war, der auf den Bergetappen nicht helfen konnte. Für Zeeman, der ein enges Verhältnis zu Groenewegen hatte, war es »eine schwierige Entscheidung«, ihn ziehen zu lassen, aber er sah auch, dass es unter den gegebenen Umständen die beste Lösung für alle war.

Die Fahrer sollten viermal zum Dorf Sant Grau hinauffahren und dabei rund 350 Watt treten. Die Trainer unter der Leitung von Heijboer wollten »Referenzwerte« ermitteln, damit sie ungefähr wüssten, welche Leistung die einzelnen Profis bei vier Millimol Laktat traten. Diese vier Millimol, so Heijboer, sind in der Regel der Wert, bei dem die Übersäuerung einsetzt und der Körper nicht mehr in der Lage ist, die gesamte Milchsäure abzubauen, die er während des Trainings produziert. Dann geht die Balance aus Laktatproduktion und -abbau verloren, und die Ermüdung setzt ein. Dies war sozusagen der Tag der Nullmessung und gleichzeitig der erste Hinweis darauf, wie die Fahrer den Winter überstanden hatten.

»Mit dieser Art Messung«, so Heijboer, »können wir den aktuellen Fitnessstand der Fahrer bestimmen. Diese Werte sind ihre Marker, mit denen wir anschließend die Trainingszonen festlegen können. Wenn wir dann zum Beispiel mit VO_2max-Intervallen beginnen, wissen wir, wie schnell der Fahrer sein muss, um diese Werte zu verbessern.«

Als alle Fahrer nacheinander den letzten Anstieg in Angriff nahmen, wurde Heijboer anhand der Zahlen bereits einiges klar. Neuzugang Christophe Laporte, der von Cofidis gekommen war, war in guter Form, und auch von Roglič war Heijboer überrascht. »Dass man aus einer Ruhephase heraus ein solches Niveau erreichen kann ... Wer auch sehr stark ist, ist Jonas. Weißt du, die

Erfahrung zeigt: Zahlen lügen nicht. Wenn man bei diesem Test jetzt gut drauf ist und kein Pech hat, dann wird man einfach ein gutes Frühjahr haben.«

Nachdem den Fahrern auch am Gipfel Blut abgenommen worden war, ging es weiter landeinwärts. In der Ferne waren die schneebedeckten Gipfel der Pyrenäen zu sehen. Wir hatten Heijboer zurückgelassen; er würde mit anderen Trainern zum Hotel zurückfahren, um die Zahlen einzugeben und sie schon mal auszuwerten. Ich hatte neben Marc Reef Platz genommen, einem neuen Mann in der Sportlichen Leitung von Jumbo-Visma.

Nach einer Weile fragte ich ihn nach der Taktik im Radsport. Merijn Zeeman hatte mir Anfang der Woche am Strand erzählt, dass sich das Team seiner Meinung nach an die neue Ära der früh attackierenden Fahrer anpassen müsse, die mit ihrer furchtlosen Fahrweise die ehernen Gesetze im Radsport beerdigt hatten. Zeeman hatte erzählt, dass Reef einer der Coachs war, die er in eine Brainstorming-Gruppe aufgenommen hatte, die sich mit der Renntaktik befassen sollte.

»Wir sind auf der Suche nach neuen Möglichkeiten«, erzählte Reef. »Im Radsport gibt es eine Menge festgefahrener Muster. Wenn man sie ändern will, muss man zuerst wissen, wo das Potenzial der Fahrer liegt.« Er dachte einen Moment nach und sagte dann: »Eigentlich muss man in der Lage sein, taktische Aufgaben unmittelbar im Rennen zu lösen.«

Reef war seit seinem 25. Lebensjahr Sportlicher Leiter, angefangen hatte er 2011 bei Skil-Shimano. 2017 war er Coach des Teams gewesen, das mit Dumoulin die Italien-Rundfahrt gewann. Reef zufolge spielte die Taktik im Rennen »eine ziemlich große« Rolle. Es ging darum, mit den verfügbaren Fahrern das beste Ergebnis zu erzielen, ausgehend von der Strecke und den Kontrahenten. »Aber ich denke, das Wichtigste ist: Welche Fahrer hast du zur Verfügung?«

Damit meinte er nicht so sehr die physischen Qualitäten, sondern die mentalen Fähigkeiten. Reef argumentierte, dass der Einfluss der Coachs auf die Fahrer in solchen Momenten, wenn sie im Trainingslager am Teambuilding arbeiteten, viel größer sei als im Rennen. Es wäre ihm sogar am liebsten, auf das Geschehen im Rennen so wenig wie möglich einwirken zu müssen. Er wünschte sich Fahrer, die immer den Überblick behalten und zudem gut kommunizieren können. »Man braucht Fahrer, die über sich selbst nachdenken und sich trauen, eigene Entscheidungen zu treffen. Kommunizieren ist im Rennen sehr wichtig. Vor allem weil man zwar Pläne schmieden kann – es gibt tausendundeins denkbare Szenarien –, aber wenn sich die Situation im Rennen durch Aktionen von anderen, mit denen man nicht gerechnet hat, verändert, braucht man Fahrer, die selbst imstande sind, sich Übersicht zu verschaffen.«

Er wies darauf hin, dass dies gar nicht so einfach sei, wenn man bei Puls 180 und mit fast 200 anderen Fahrern um einen herum unterwegs ist. »In solchen Momenten gibt es immer Stress, und dann kommt von den Fahrern häufig die Frage: Was machen wir jetzt?«

Damit stößt man sofort auf ein großes Problem im Radsport. Er blickte auf die Fahrer, die vor uns auf der öffentlichen Straße zwischen dem spanischen Verkehr fuhren. Im Rennen war die Sicht noch schlechter, mit all den Fahrern im Peloton vor einem und einer Kolonne von Autos hinter einem. Die Straße schlängelte sich durch die Landschaft, manchmal flach, oft aber auch hügelig oder direkt durch die Berge. Was sieht man also vom Rennen? Nichts. Reef: »Und dann funktioniert Radio Tour mal wieder nicht, das Internet bricht zusammen, so dass man keinen Zugriff auf die Fernsehbilder hat, die das, was sich vor einem abspielt, ohnehin verzögert zeigen.«

Er erinnerte sich an ein Rennen im vorigen Jahr, bei dem er den Überblick verloren hatte. Er rief seinen Bruder Peter an, der damals noch Pressesprecher bei Sunweb war. Sie stellten per Microsoft Teams eine Verbindung her, und Peter berichtete Marc, was er im Fernsehen sah, so dass Marc im Rennen auf sein iPad schauen und so seinen Fahrern, die er nicht sah, dafür aber sein Bruder, rechtzeitig Anweisungen geben konnte.

Reef regte an, einen Kontrollraum in der Teamzentrale einzurichten. Oder im Teambus, wo jemand, der sich mit Radsport auskannte, die Fernsehschirme im Auge behalten und während der Rennen bei Bedarf Informationen an die Autos weitergeben könnte. Auch sein früherer Teamchef hatte Überlegungen in diese Richtung angestellt, ohne sie allerdings umzusetzen. Wahrscheinlich war es zu teuer.

Schließlich fragte ich Reef, wie man seiner Meinung nach taktisch vorankommen könne. Er antwortete, ohne lange nachdenken zu müssen: »Indem man versteht, was nötig ist, um ein Rennen zu gewinnen. In diesem Prozess befinden wir uns gerade.« Er ging noch einmal in sich und sagte dann: »Man muss als Fahrer physische Qualitäten haben, aber vor allem muss man sich etwas trauen. Du darfst keine Angst haben, zu verlieren.«

* * *

Am nächsten Tag spazierte ich mit Mathieu Heijboer auf einem Pfad die Küste entlang. Wir gingen bis S'Agaró und zurück. Bevor wir auf die Rennstrategie zu sprechen kamen, erzählte er mir von seiner eigenen Zeit als Radprofi. Er hatte es nicht leicht gehabt. »Ich hatte Jahre«, sagte er, »in denen ich das Gefühl hatte, das Beste aus mir herausholen zu können. Aber von dem Moment an, als ich Profi wurde, hat es nicht mehr funktioniert, und ich habe überhaupt nicht verstanden, woran es lag. Später habe ich begriffen, dass ich mich zu sehr unter Druck gesetzt und den Kern des Radsports aus den Augen verloren hatte.«

Heijboer war von 2005 bis 2008 Profi, zunächst bei Rabobank und später bei Cofidis. Er nahm 2007 einmal am Giro teil, erreichte aber auf der 14. Etappe nicht das Ziel in Bergamo. Der lange Anstieg nach etwa der Hälfte der Etappe hatte ihm den Zahn gezogen.

Genau wie Dumoulin hing auch Heijboer als aktiver Rennfahrer dem Glauben an, dass wenige Millimeter im Setup den Unterschied ausmachten. Er suchte die Ursache für alle körperlichen Beschwerden immer am Rad. »Und auf diese Weise«, erzählte Heijboer, »redet man sich ein, dass es eine ideale Position gebe. Und dass man keine Leistung bringen kann, solange man diese Position nicht gefunden hat.«

Die Suche nach dieser idealen Position sei ohnehin vor allem ein mentales Problem gewesen. »Wenn ich auf das zurückblicke, was ich damals gemacht habe, wird mir klar, dass ich mich dafür entschieden habe, meine ganze Aufmerksamkeit auf ein Detail zu richten, statt mich dem eigentlichen Problem zu stellen, nämlich dass ich unglücklich war, weil ich nicht die Leistung gebracht habe, die ich dachte, bringen zu müssen. Ich hätte bessere Resultate abgeliefert, wenn ich das Ganze etwas lockerer genommen hätte.«

Als wir auf die Strategie zu sprechen kamen, fragte ich, in welche Richtung es gehen müsse, wenn sie das Rennen dominieren wollten. Heijboer hatte eine klare Vorstellung und führte Sky/Ineos an, das letzte Team, das in diesem Bereich innovativ gewesen war. Der britische Rennstall hatte die Tour sechsmal mit drei verschiedenen Fahrern gewonnen.

»Sky«, so Heijboer, »kam zu dem Schluss, dass man gewinnen kann, wenn man an der Spitze so schnell fährt, dass einen bergauf niemand angreifen kann. Das kann man langweilig finden oder widersinnig, aber es ist eine verdammt gute Strategie.«

Doch dieser Ansatz wurde mittlerweile von den jungen, enthusiastischen Fahrern, die sich nicht an die Konventionen hielten, zunichte gemacht. »Wenn wir es die Kapitäne unter sich ausfechten lassen«, sagte Heijboer, »werden wir verlieren. Unsere Analyse lautet: Primož ist in keiner Disziplin so viel besser als Pogačar, dass er einen Unterschied machen könnte. Wenn man es also auf einen Kampf eins gegen eins ankommen lässt, müssen wir davon ausgehen, dass wir nicht gewinnen werden. Deshalb müssen wir strategisch und taktisch anders vorgehen.«

Heijboer zufolge war Jumbo-Visma in der Breite besser aufgestellt als das Team UAE. Die Konkurrenz hatte zwar Pogačar, der in der Lage war, eine Grand Tour zu gewinnen, aber Jumbo-Visma hatte mit Roglič und Vingegaard gleich zwei Fahrer, die für den Gesamtsieg in Frage kamen. »Also müssen wir uns etwas Listiges einfallen lassen, womit wir unsere Jungs in eine Position bringen, dass Pogačar sich entscheiden muss: Wem soll ich folgen? Denn schließlich ist auch er kein Supermann, der alle gleichzeitig in Schach halten kann und auf alle Attacken eine Antwort hat.« Dann wies er auf ein weiteres Eisen im Feuer hin: Wout van Aert. Heijboer räumte ein, dass Van Aert, wenn alles normal lief, nicht die Tour gewinnen würde, aber andere Teams würden ihm auch nicht einfach zehn Minuten schenken.

»Wenn Wout zehn Minuten wegfährt«, sagte Heijboer, »dann werden die anderen auch nervös. Das hat man letztes Jahr am Ventoux gesehen.«

Ich fragte, ob sie es mit diesem Ansatz auch demnächst bei der Tour versuchen würden. War es ihr Plan, Verwirrung zu stiften? Heijboer räusperte sich und bejahte die Frage. »Was wir im Grunde vorhaben«, sagte er, »ist, den Spieß umzudrehen: nicht Probleme vermeiden, sondern Chaos stiften. Probleme schaffen. Radrennen auf die undurchschaubare Art.«

Einige Tage zuvor hatte ich auch mit Merijn Zeeman über das Thema gesprochen. Zeeman hatte im Vorfeld der Tour de France 2020 viel Zeit mit der Analyse von Ineos verbracht, und im Laufe des Jahres 2021 wurde ihm klar, dass künftig alles anders werden musste. Zwei bestimmte Momente waren ihm noch gut in Erinnerung: der taktische Plan des Teams bei E3 Harelbeke und jener, den sie beim italienischen Herbstklassiker Il Lombardia verfolgt hatten. Sie müssten in Zukunft anders vorgehen, fand er. Zeeman: »Die Coachs beim E3-Prijs haben drei Tage vor dem Rennen beschlossen, dass sie es anders angehen wollen. Nicht mehr kontrollieren, sondern einfach angreifen. Ich kann das nur als einen unkontrollierten Schnellschuss bezeichnen, etwas, das nicht richtig durchdacht war.«

Klar, sie hatten es im vorigen Jahr im Baskenland einmal geschafft, Pogačar taktisch zu besiegen, aber Zeeman hatte das Gefühl, dass in diesem Bereich noch viel mehr herauszuholen war. Er selbst war bereits zum Schluss gekommen, dass es im Radsport nur einen sehr kleinen Kreis von Fahrern gab, die sich mit Taktik beschäftigten. Kein Wunder, wenn man sich überlegte, dass es auf einer Bergetappe in einem WorldTour-Rennen für die meisten der rund 200 Fahrer im Feld nur darum ging, nicht »abzusaufen«, wie Zeeman es nannte.

»Somit zwingen dir die anderen ein Tempo auf«, sagte Zeeman. »Ein Tempo, das dich so fertigmacht, dass ans Gewinnen an diesem Tag überhaupt nicht zu denken ist. Es geht nur ums Überleben.«

Er fing an, über die NFL zu sprechen und über seine Pläne, sich demnächst ein Team aus der großen amerikanischen Football-Liga aus der Nähe anzusehen – im Versuch, besser zu verstehen, was Taktik genau war. Er hatte erst kürzlich auf einem Sportsender eine Doku über einen dieser Clubs gesehen. Zeeman verstand zwar nicht viel vom Regelwerk, glaubte aber erkannt zu haben, dass das, was dort auf dem Spielfeld geschah, ein Geheimnis des Radsports lüften könnte.

Merijn Zeeman war beeindruckt davon, wie viele Trainer und Coachs ein American-Football-Team beschäftigte, wie alle Facetten des Spiels in Mustern und Spielsituationen durchdacht und analysiert wurden und wie die ganzen »Special Teams« zusammenarbeiteten. Der Head Coach ging hin und her, hatte nur Kontakt zu anderen Trainern und sprach kaum mit seinen Spielern. Das Spiel war fast wie ein Krieg, bis ins kleinste Detail vorbereitet und taktisch auf hohem Niveau. »Ich bin überzeugt davon«, sagte er, »dass wir etwas von der NFL lernen können.«

Zeeman erzählte, dass er auch bei Ajax Amsterdam zu Besuch gewesen sei. Er habe einen Tag mit Trainer Erik ten Hag verbracht. In letzter Zeit tauschten sie sich vor allem per WhatsApp aus. Er sagte, dass er immer wieder bei Ten Hag nachgefragt habe, um die Essenz von dessen Taktik zu ergründen. Ten Hag hatte ihm erzählt, dass es eine Stelle auf dem Spielfeld gibt, von der aus die meisten Tore erzielt werden. Die gesamte Strategie von Ajax basierte nun darauf, den Ball an diese Stelle zu bringen. Dort mussten sie versuchen, einen Mann frei zu bekommen.

»Wenn wir also mit Wout an den Start gehen«, so Zeeman, »müssen wir die Chance maximieren, dass er das Rennen tatsächlich gewinnen kann. Dafür müssen wir wissen, welcher Rennverlauf für ihn der günstigste ist. Welche taktischen Züge sind nötig? Wo führen wir diese Manöver aus? Zu Beginn eines Anstiegs? Am Gipfel? Dazwischen?«

Er fuhr fort: »Aber wir müssen auch wissen, ob Jonas es körperlich verkraften kann, genau zu diesem Zeitpunkt des Rennens zu attackieren, und wir müssen wissen, wie es dem Gegner geht und wozu er in der Lage ist.«

Ich fragte Zeeman, wie er glaubte, darin besser werden zu können. Er lachte. Indem man darüber rede, antwortete er, und indem man Leute zusammenbringe, die die Qualität haben, sich nicht von kurzlebigen Trends blenden zu lassen, sondern die Fähigkeiten haben, sich in die Materie zu vertiefen. »Ich möchte unsere Coachs herausfordern und ich möchte, dass sie anfangen, auf vergangene Rennen zu schauen und Muster zu entdecken.«

Er habe Erik ten Hag auch gefragt, wie man sich taktisch verbessern könne. Dieser hatte ihm erzählt, dass Steve McClaren, dessen Assistenztrainer er beim FC Twente war, als der Verein aus Enschede 2009 seine erste Meisterschaft gewann, ihm gesagt habe: »Du musst das Spiel studieren.«

Wenn Heijboer der Meinung war, dass man Chaos stiften und den anderen Teams Probleme bereiten müsse, lag im Hinblick auf die kommende Tour die Frage nahe, ob Jumbo-Visma schon einen Plan für die fünfte Etappe hatte, die über etliche Kopfsteinpflaster-Passagen führte. Roglič hatte die Etappe schon einmal erkundet, zusammen mit Van Aert und Mike Teunissen, einem anderen Spezialisten. Heijboer sagte, dass Vingegaard im Anschluss an das Trainingslager nach Nordfrankreich reisen würde, um sich mit Van Hooydonck die Strecke anzusehen. »Das wird ein echt harter Ritt«, sagte Heijboer. »Das sind nicht nur ein paar Sektoren rund um Roubaix, nein, echt viele *Pavé*-Passagen in kurzer Zeit, darunter ein paar richtig harte Brocken.«

Er überlegte einen Moment. »Das ist jetzt streng vertraulich, verstanden? Was ich dir jetzt sage, ist geheim. Okay, gut. Weil Primož und Jonas die Baskenland-Rundfahrt fahren, scheidet die Flandern-Rundfahrt für sie aus. Wir sind deswegen Anfang März bei einem kleineren Rennen dabei, dem GP Denain. Mit Primož und Jonas. Wir werden das nicht an die große Glocke hängen, denn es ist Teil des Masterplans. Wir wollen versuchen, uns das Chaos zunutze zu machen, und deshalb werden wir ein Tour-Team zusammenstellen, mit dem wir diese Chancen maximieren. Wir nehmen Jungs mit, die auf Kopfsteinpflaster gut zurechtkommen, denn wir wollen mit einem Vorsprung in die zweite Woche der Tour gehen und nicht mit einem Rückstand.«

Auch Zeeman hatte sich schon sehr konkret mit der anstehenden Tour de France und ihrem Parcours auseinandergesetzt. Während der Evaluierung Ende Oktober hatte er nach dem Training allein an einem Tisch gesessen und sich die Strecke zum ersten Mal auf dem Handy angesehen. Start in Dänemark, 1. Juli 2022.

Auf einer Steinmauer am Strand von Sant Feliu de Guíxols sitzend, erzählte er mir, dass es in der ersten Tour-Woche gar nicht so sehr auf die Taktik ankommen würde. Es würde auf die Mentalität ankommen, das Mindset sozusagen. Es würde darauf ankommen, einen Plan zu haben und diesen Plan auch umzusetzen. Komme der Wind von dieser Seite, werde man bei Kilometer soundso attackieren, und wenn er von der anderen Seite komme, greife man bei Kilometer soundso an und so weiter. »Wir werden nicht viele Worte darüber verlieren«, betonte Zeeman. »Wir gehen es nicht nach dem Motto ›Mal gucken, wie es läuft‹ an. Nein, wir ziehen es einfach durch. Jonas wird nächste Woche nach Nordfrankreich reisen, damit er die Skills entwickelt, auf Kopfsteinpflaster zu fahren. Darauf können wir aufbauen, wenn wir am Start der Etappe stehen und sagen: Wir werden heute 75 Prozent des Pelotons ausschalten.«

Zeeman blickte auf die Bucht hinaus und begann, über die zweite Woche der Tour zu sprechen. Die Alpen, so Zeeman, seien »ein ganz anderes Kaliber«. Bis dahin war noch ein halbes Jahr hin, aber er wollte herausfinden, wie sie dort eine Situation schaffen könnten, in der Pogačar gezwungen wäre, in Panik an der Spitze zu fahren, weil er das Gefühl hat, zu verlieren. Dann könnten Roglič oder Vingegaard sich in aller Ruhe die Arbeit des Slowenen zunutze machen.

»Das ist der Kern des Ganzen«, sagte Zeeman. »Wenn ich bei jemandem am Hinterrad sitzen kann, muss er immer härter arbeiten, um das gleiche Tempo wie ich zu fahren. Dann bin ich immer im Vorteil. Vor allem im Flachen, wie in diesem Scheißtal hinter dem Col du Galibier, auf dem Weg zum Col de Granon. Wenn Pogačar da arbeiten muss, um irgendwen zurückzuholen, und wir Energie sparen können, hast du ihn am Boden, dann kannst du ihn packen. Das ist zusammengefasst das, was meiner Meinung nach passieren muss.«

Kapitel 25

Das Kopfsteinpflaster von Denain

Ich ging zu Fuß aus Denain heraus. Die Wolkendecke hing tief an diesem Tag. Es war kühl, es war März, und die Häuser standen eng beieinander und waren baufällig. Die Menschen hingen in ihren Hauseingängen herum, denn es würde etwas zu sehen geben: Die Fahrer des 63. Grand Prix de Denain würden hier heute durchkommen. Weiter hinten befand sich das Vertriebszentrum des Stahlkonzerns ArcelorMittal. Das heiterte die Stimmung nicht gerade auf.

Nach ein paar Kilometern erreichte ich das Dorf Lourches. An einem Pfosten des Schildes, das die Gemeindegrenze anzeigte, war ein Strohballen mit einem Stück rot-weiß kariertem Absperrband befestigt. Wenn man bei voller Fahrt mit dem Rad dagegenprallte, bestand vielleicht die Chance, sich zumindest nicht sämtliche Knochen zu brechen. Wenn es heute Nachmittag einen Sprint um den Sieg geben sollte, dann würde er ungefähr hier beginnen.

So weit war es noch nicht. Die Fahrer hatten sich erst vor einer halben Stunde auf die 200 Kilometer lange Strecke auf nordfranzösischen Straßen gemacht, die mit einigen Kopfsteinpflaster-Sektoren bestückt war. Das Peloton bestand hauptsächlich aus Profis der zweiten und dritten Kategorie, vor allem aus Frankreich und Belgien. Auch ein paar groß gewachsene Skandinavier waren am Start. Viele von ihnen fuhren für das norwegische Uno-X Pro Cycling Team.

Für diese Fahrer war der GP Denain ein sehr wichtiges Rennen, und bei Jumbo-Visma wusste man, dass der heutige Tag für ihre beiden mitgebrachten Top-Fahrer kein sorgenfreier Tag werden würde. »Der Stress hier ist derselbe wie immer«, hatte Marc Reef vor dem Start am Bus gesagt, »aber das Chaos ist größer, weil die Fahrer ihre Unerfahrenheit mit Enthusiasmus kompensieren. Sie stoßen in jede Lücke rein, die sie sehen.« Somit hieß es Aufpassen für Primož Roglič und Jonas Vingegaard.

* * *

Am Abend vor dem Rennen hatte ich mit Grischa Niermann telefoniert, der ein paar Kilometer entfernt im hermetisch abgeriegelten Teamhotel wohnte, in dem auch die Fahrer von Ineos und Cofidis untergebracht waren. Anders als bei fast allen anderen Rennen, bei denen die Mannschaft am Start stand, ging es in Denain nicht um den Sieg, so Niermann. »Das Ergebnis ist für mich nicht wichtig«, sagte er. »Die Hauptsache ist, dass wir jedes Mal, wenn es in eine Kopfsteinpflaster-Passage geht, ganz vorne im Feld sind.« Das sei wichtig, weil man dort in der Regel weniger Gefahr lief, aufgrund von Chaos, Pech und anderen Missgeschicken ins Hintertreffen zu geraten. Auch bei der Tour wollte man dann vorne dabei sein, und bei einem Rennen wie dem GP Denain konnte man die dafür nötige Geschicklichkeit gut trainieren.

Niermann, der auf eine Tour-Etappe über Kopfsteinpflaster gut hätte verzichten können (»es ist eine einzige Lotterie«), war sich des Risikos bewusst, mit den beiden wichtigsten Fahrern für die Tour an diesem Ort über einen gnadenlosen Untergrund zu rattern. Aber, wie er sagte: »Es ist besser, hier Lehrgeld zu zahlen als bei der Tour. Auf Nummer sicher gehen zu wollen und dann bei der Tour ins kalte Wasser zu springen, ist auch keine gute Idee. Das gehört einfach dazu.«

Die Zuversicht im Team war indes groß. Vingegaard war zehn Tage zuvor beim italienischen Etappenrennen Tirreno–Adriatico Zweiter geworden, hinter Pogačar, der am Berg zweimal knapp die Nase vorn hatte. Daraus hatte der Däne Zuversicht geschöpft. Er war noch nicht in Topform und dennoch war er in Schlagdistanz gewesen.

Den größten mentalen Schub hatte das Team in der gleichen Woche in Frankreich bekommen. Roglič hatte nicht nur ein weiteres Etappenrennen, diesmal Paris–Nizza, gewonnen, sondern sie waren auch intern mit den ersten beiden Etappen sehr zufrieden gewesen. Dort nämlich hatten sie ihre Taktik, »Randale zu machen«, wie Niermann es nannte, genauso umgesetzt, wie sie es in den Planungen besprochen hatten, und damit auch den gewünschten Effekt erzielt. Auf der ersten Etappe hatte Jumbo-Visma alle Klassementfahrer an der Côte de Breuil-Bois-Robert abgeschüttelt, einem knapp über einen Kilometer langen Anstieg mit einer durchschnittlichen Steigung von fast sieben Prozent. Sie hatten das Tempo lange vor dem kleinen Hügel erhöht, um alle Kontrahenten an ihren Maximalpuls heranzutreiben. Roglič, Laporte und Van Aert gingen als Erste über die Kuppe und hatten im Ziel 19 Sekunden Vorsprung auf alle anderen Fahrer. Laporte durfte die Etappe vor Roglič und Van Aert gewinnen.

Einen Tag später hatten sie bei Seitenwind das Feld gesprengt und waren auch damit erfolgreich gewesen. »Sehr wichtig fürs Selbstvertrauen«, sagte Niermann. »Das hatten wir noch nie geschafft, in einer Windkantenetappe zu bestimmen, wo es langgeht.« Dann vereinbarten wir, uns am nächsten Morgen im Hotel zu treffen.

* * *

Ende Februar hatte ich mich mit Merijn Zeeman über die taktischen Entwicklungen und die anhaltenden Probleme mit Tom Dumoulin unterhalten. Bei der UAE Tour in den Vereinigten Arabischen Emiraten, so Zeeman, habe Dumoulin wieder einmal »bis zum Abwinken« mit Sitzposition und Sattelhöhe herumgedoktert. Eigentlich hatte er gehofft, dass das »saustarke« Zeitfahren, bei dem Dumoulin Dritter geworden und vor Pogačar geblieben war, sein Selbstvertrauen stärken würde. Doch Dumoulin hatte Rückenprobleme bekommen und darüber geklagt, dass er seine Kraft nicht mehr auf die Pedale bringen konnte. Er hatte die Hilfe eines Osteopathen in Anspruch genommen, der ihn fit für Strade Bianche machen sollte. Zeeman äußerte nach Dumoulins enttäuschendem 41. Platz im Schlussklassement der UAE Tour die Erwartung, dass beim Giro ein »ganz anderer Tom« am Start stehen würde.

Fünf Tage später telefonierte ich erneut mit Zeeman. »Dieser gottverdammte Zirkus: Tom hat Covid. Schöne Bescherung, kein Strade Bianche für ihn. Und ich habe jetzt Stress. Hat er den Rest der Mannschaft angesteckt? Tiesj Benoot ist da unten in der Toskana, Milan Vader auch.« Zeeman sagte, er sei froh, dass »die großen Kaliber« alle bei Paris–Nizza seien. Er hoffte, dass Dumoulin für die Katalonien-Rundfahrt Ende März wieder fit wäre.

Wesentlich optimistischer klang Merijn Zeeman, als er auf ein anderes Thema zu sprechen kam und von zwei Videoanalysten erzählte, die er angeheuert hatte. Zeeman: »Der Einfachheit halber nenne ich sie unsere *›Moneyball Boys‹*.«

Der Spitzname war eine Anspielung auf das berühmte Buch von Michael Lewis über Billy Beane, den General Manager des US-Baseballteams Oakland

Athletics, dem es durch die Nutzung statistischer Daten gelungen war, sich gegen reichere Teams zu behaupten. Das Buch, das mit Brad Pitt in der Hauptrolle verfilmt wurde, hatte in der Welt des Profisports mächtig Eindruck hinterlassen.

Zeeman erzählte, dass die beiden Jungs in einer Männerhöhle voller Computer, Fernseher und Aufnahmegeräte so ziemlich alle Radrennen von A bis Z verfolgten und dabei jede Menge Daten sammelten. Sie kannten sich außerdem gut mit technischer Ausrüstung aus. Zeeman hielt das alles für sehr wichtig, denn er hatte gesehen, dass Erik ten Hag bei Ajax ebenfalls Co-Trainer hatte, die sich mit fast nichts anderem als Videoanalyse beschäftigten. Bilder waren für diese Generation von Sportlern aussagekräftiger als Worte.

Die beiden Jungs waren ein Tipp von Niermann gewesen. Er hatte sie in einem Podcast gehört und war von ihren Kenntnissen und ihren Analysen beeindruckt gewesen. Niermann verstand inzwischen, was Zeeman in Gang setzen wollte, und glaubte, dass diese beiden jungen Männer dem Team helfen könnten, die taktischen Möglichkeiten im modernen Radsport zu erweitern. Es war der Schritt, der auf Zeemans Analyse folgte, dass sie in taktischer Hinsicht noch keine große Nummer waren und nicht sicher sein könnten, ob sie eventuell wichtige Chancen übersahen. Gab es etwas, das sie bisher bei der Ausarbeitung ihrer taktischen Pläne nicht auf dem Schirm hatten? Sie kamen zu dem Schluss, dass sie Menschen von außerhalb der Organisation brauchten, die sich im internationalen Radsport auskannten und somit Rennsituationen interpretieren konnten: Kenner der Materie, die unabhängig waren, sich trauten, kritisch zu sein, und auch ihre Meinung sagen würden. »Ich brauchte junge Leute in den Zwanzigern«, sagte Zeeman, »die sehr modern beobachten und analysieren können und die verstehen, wie moderner Spitzensport aufgebaut ist, und sehen, was passiert.« Sie würden vor allem in der Vorbereitung auf die flämischen Rennen und die Tour de France eingesetzt.

Die Zusammenarbeit lief mittlerweile seit ein paar Wochen, und die Informationen, die sie auf diesem Wege erhalten hatten, hatten bereits zur Erstellung eines taktischen Leitdokuments geführt. Außerdem hatten sie Videoanalysen von früheren Rennen bekommen, die sie zur weiteren Optimierung ihrer Vorbereitungen nutzen konnten. »Der springende Punkt«, so Zeeman, »ist, dass wir jetzt Daten erhalten und kombinieren können, so dass wir wissen, wo Pogačars Schwachstelle liegt. Das alles komprimiert in einem fünfminütigen Video. Ich kann zu Jonas sagen: ›Hier, guck dir das an.‹«

Zeeman war begeistert. Er blickte zurück auf die inoffizielle Eröffnung der Profisaison in Mitteleuropa, den traditionsreichen Omloop Het Nieuwsblad, den Wout van Aert Ende Februar für sich entschieden hatte. »Die Art und Weise, wie wir dort gefahren sind, war ein Riesenunterschied zu früher«, sagte Zeeman. »Man konnte das wirklich sehen. Man konnte erkennen, was wir vorhaben. Und wir haben es umgesetzt. Ja, die Moneyball Boys fügen unserer taktischen Entwicklung eine neue Dimension hinzu.«

Er hatte sich das Rennen im Fernsehen angesehen und sich besonders darüber gefreut, dass sie anfingen, dieselbe Sprache zu sprechen, dass sie das Rennen auf dieselbe Weise betrachteten und es mit der gleichen Brille beobachteten und analysierten. Er sah »die Konturen des neuen Jumbo-Visma«. »Beim Omloop wurde mir klar, dass wir es geschafft haben, dies unseren Fahrern zu vermitteln«, sagte er. »Ich habe Fahrer gesehen, die dasselbe dachten, dasselbe glaubten und die genau das taten, was sie zuvor miteinander abgesprochen hatten. Sie setzten einen taktischen Plan um. Aus meiner Warte ein echter Durchbruch.«

Zeeman versprach, mir das Dokument und ein paar Videos zu schicken. »Aber nur, um dir einen Einblick zu geben, nicht um es im Detail öffentlich zu machen. Ich arbeite hier nicht zum Spaß.«

* * *

Die Kopfsteinpflaster-Abschnitte rund um Denain schienen sich durch eine Art große Gräben zu ziehen. Schmale Straßen, die von höher gelegenen Ackerflächen umschlossen waren. Die gepflasterten Pfade schnitten sich durchs platte Land. Auf dem Randstreifen gab es heute mehr Brennnesseln als Radsportfans. Fernsehhubschrauber kreisten über den Feldern. Als die Fahrer vorbeikamen, schwebte der Helikopter tief über den Äckern.

Mit einem verbissenen Zug um den Mund ratterten die Fahrer kurz darauf vorbei; es waren noch 60 Kilometer bis zum Ziel. Im Peloton konnte ich gerade noch Roglič ausmachen, der Rest war ein Gewirr aus Farben und Geräusch. Vingegaard kam eine halbe Minute später vorbei, ganz allein. Er hatte nach einem Defekt ein Laufrad wechseln müssen.

Zurück in Denain erfuhr ich von einem Betreuer, den sie »Rocker« nannten, dass Roglič mit drei Fahrern von Ineos und einem von AG2R in einer Ausreißergruppe war. Rocker und ich eilten Richtung Ziel und schauten uns den Rest des Rennens auf einer großen Leinwand an, während ein Sprecher mit merkwürdigem Akzent hysterische Phrasen über die Zuschauer erbrach, die sich seit Mittag mit Bier, Rosé und Fritten versorgt hatten. »Gestern lag er noch bei mir auf dem Massagetisch und jammerte, wie kaputt er sei«, lachte Rocker.

Kurz vor dem Ziel wurde die Spitzengruppe eingeholt, und Roglič nahm die Beine hoch. Als er geduscht und mit noch immer rotem Gesicht aus dem Bus stieg, stellte er sich als Erstes der Presse. »Ein besonderer Tag«, sagte er in die Aufnahmegeräte, die sie ihm vor den Mund hielten. »Superhartes Rennen, nicht wahr?« Ohne ins Detail zu gehen, erklärte er, dass er viele neue Erfahrungen gemacht habe, dass dies »eine ganz andere Art Radrennen« gewesen sei, dass es »nervös« gewesen sei und jeder um seine Position habe kämpfen müssen. »Das war gefährlicher als die Pflastersteine selbst«, sagte er. »Heute konnten wir noch am Rand fahren, auf dem Sommerweg, aber später bei der Tour, wenn die Zuschauer da sind, wird das anders sein.«

Marc Reef lehnte sich gegen Bus, sah, wie Vingegaard sein Rad an ein Teamfahrzeug anlehnte und schwer schnaufend und mit staubigem Gesicht in den Bus stieg. »Gib mir einen Moment«, sagte Vingegaard ruhig. Er wollte erst duschen und dann über die Generalprobe sprechen.

Reef war mit dem Rennen zufrieden, sagte er. Roglič habe sich nicht abdrängen lassen und sich schließlich gedacht: Wenn ich schon hier bin, kann ich auch was probieren. Aber es gab auch Sorge, räumte Reef ein. Als Vingegaard im fünften Sektor einen Defekt hatte, lief der Laufradwechsel nicht reibungslos ab. Wegen der Scheibenbremsen dauerte ein solcher Wechsel heutzutage viel länger, und diese halbe Minute sei eine enorme Belastung, da es sehr schwierig war, wieder den Anschluss zu finden. Reef dachte darüber nach und meinte, man müsse eine Lösung finden, vielleicht müsse ihm ein anderer Fahrer sein Rad überlassen. Andererseits planten sie für die Tour vor allem mit großen Fahrern, und wer hatte schon ein Rad, auf das der kleine Vingegaard passen würde, wenn er einen Reifenschaden hatte?

Mathieu Heijboer hatte das Geschehen in Rotterdam am Fernseher verfolgt und auch ihm war klar, dass es noch viel Raum für Verbesserungen gab. Es beunruhigte ihn, dass »so viel« schiefgelaufen war. Er überlegte, den Fahrern bei der Tour einen Inbusschlüssel mitzugeben, damit sie den Sattel eigenhändig auf die gewünschte Höhe für Roglič und Vingegaard einstellen könnten. Auch »Dropper Posts« waren denkbar, absenkbare Sattelstützen, wie sie beim Mountainbiken verwendet werden. »Wir müssen uns auf das schlimmste denkbare Szenario vorbereiten«, sagte Heijboer. »Diese Dringlichkeit ist jetzt klar.«

Als Roglič wieder aus dem Bus stieg, schrieb er Autogramme auf Mützen und Trikots von Fans. Seine Stimme klang müde, und außerdem musste er zügig los, um den Flieger nach Mailand zu erwischen, wo in zwei Tagen der erste große Klassiker der Saison anstand: Mailand-Sanremo. Er und Van Aert würden als zwei der Mitfavoriten an den Start gehen. Er sagte, dass es »superhart« gewesen sei, dass er auf dem Pflaster gut zurechtgekommen sei und dass es immer etwas zu verbessern gebe, wenn man ein Laufrad wechseln müsste. »Da kann man nicht viel machen, oder? Wenn es passiert, ist es eh ein Riesenmist, nicht wahr?«

Kurz bevor er Richtung Flughafen Brüssel aufbrach, fragte ich ihn nach dem Unterschied zwischen heute und 2018, als er bei der Tour de France zum ersten Mal über Kopfsteinpflaster gefahren und in Roubaix in einer großen Gruppe eine halbe Minute nach Etappensieger John Degenkolb angekommen war. »Damals ging es ums Überleben. Heute war es ein Rennen. Es war ein Kampf. Okay? Ciao. Man sieht sich.«

Vingegaard war inzwischen auch herausgekommen. Er trug einen schwarzen Kapuzenpulli und eine Trainingshose. Um ihn herum luden Mechaniker und Betreuer eilig ihre Sachen ein. Alle wollten so schnell wie möglich von diesem windigen Parkplatz verschwinden.

Vingegaard blieb hinter der Absperrung stehen und sagte, dass der heutige Tag mental hart gewesen sei. Er vermutete, dass es bei der Tour vor allem ein Kampf um die Positionen von einem Sektor zum nächsten sein würde. »Heute war sehr lehrreich«, sagte er. »Ich hatte auch den Eindruck, dass da nach dem Laufradwechsel ein leichtes Schleifen der Bremse war. Das müssen wir uns genau ansehen.« Ein Rad mit absenkbarer Sattelstütze, wie Reef es vorgeschlagen hatte, sei eine gute Idee, über die man vor der Tour nachdenken sollte, die ja nun allmählich näher rücke, gab er zu. Er blickte sogleich wieder voraus und sagte, dass »die wirkliche Vorbereitung« in sechs Wochen beginnen würde. »Wenn wir beim Höhentraining in der Sierra Nevada sind. Aber erst kommt noch das Baskenland.«

Kapitel 26

Wie fährt man ein Finale?

Es gab etwas, über das ich nur mit Wout van Aert sprechen konnte. Er war das Gesicht der Mannschaft, der Mann, dem sie Millionen zahlten, in den Rennen ihr natürlicher Anführer und der Fahrer, der am häufigsten gewann. Er war also der Mann, der am besten erklären konnte, wie man das Finale eines großen Rennens fährt. Und von diesen Rennen standen in den kommenden Wochen einige auf dem Programm: die Flandern-Rundfahrt, E3 Harelbeke, Paris–Roubaix, das Amstel Gold Race.

Wir haben ihn gesehen, meist im Fernsehen, wie er auf dem Rad saß. Er spürte die Straße, den Schotter, die Elemente, die Hügel, seine Beine und die Kraft seiner Gegner. Er hörte sie schnaufen und keuchen, er spürte seine eigene Müdigkeit und an guten Tagen seine Kraft. Er dachte nach, zögerte, überlegte und entschied.

Attackieren oder doch abwarten?

Von allen Fahrern des Teams war es Wout van Aert, der am häufigsten Entscheidungen treffen musste, die direkt über Sieg und Niederlage entschieden. Er hatte schmerzhafte Niederlagen erlitten und dominante Siege errungen, und das waren nicht irgendwelche Kirmesveranstaltungen gewesen. In den letzten drei Saisons hatte er 23 Rennen gewonnen. Eine Handvoll Tour-de-France-Etappen, Belgische Meisterschaften, Tagessiege bei Etappenrennen wie Tirreno–Adriatico und dem Critérium du Dauphiné, dazu die Klassiker Mailand–Sanremo, Strade Bianche, Amstel Gold Race und Gent–Wevelgem. Es gab nur wenige Fahrer, die ein solches *Palmarès* vorweisen konnten.

Van Aert schob den Stuhl zurück und setzte sich an den Tisch. Er hatte sich einen Cappuccino vom Büfett geholt. Ich fragte ihn nach der Taktik im Radrennsport. Er fing an über die ehernen Gesetze des Radsports zu sprechen, die über Bord geworfen worden waren. Er vermutete, dass die zunehmende wissenschaftliche Expertise im Radsport der Grund dafür war. Jeder Fahrer wisse, wozu er physisch in der Lage sei; deshalb könne man es sich nicht mehr leisten, bei der Vorstellung zu verharren, dass die Entscheidung auf den letzten fünf Kilometern des Schlussanstiegs fallen wird. »Wenn Pogačar auf seinen 70 Jahre alten Teamchef hört«, fuhr Van Aert fort, »und der zu ihm sagt: ›Warte auf die letzten fünf Kilometer‹, dann holt Pogačar eine Minute weniger an Vorsprung heraus, als wenn er schon früher attackiert hätte. Er weiß doch, wie viel Watt er treten kann, und er weiß auch, dass ihm dann niemand folgen kann. Deshalb sollte er früher angreifen.«

Dann verwies Van Aert auf seinen eigenen größten Rivalen, Mathieu van der Poel, der ihn im Frühjahr 2020 bei der Flandern-Rundfahrt im direkten Duell besiegt hatte. Van der Poel habe nicht immer das stärkste Team und das wisse er, sagte Van Aert. Er wisse aber auch, dass nur die Kapitäne übrig blieben, wenn er das Feld frühzeitig sprengt. »Indem er zu Beginn des Rennens so aggressiv fährt, zieht Van der Poel den stärkeren Mannschaften den Zahn. Das ist ziemlich clever, finde ich.«

Diese Ausgabe der Flandern-Rundfahrt zu verlieren, wurmte Van Aert noch immer. Von allen Niederlagen, die Mathieu van der Poel ihm bislang beigebracht hatte, sei diese »die bitterste«. Beim größten belgischen Rennen im direkten Duell so knapp das Nachsehen zu haben, würde er wohl sein Lebtag nicht vergessen, vermutete er.

Danach fragte ich Van Aert, ob er sich in einem solchen Finale hauptsächlich mit den Konkurrenten oder mit sich selbst beschäftige. In der letzten Stunde, auf den letzten fünfzig Kilometern, habe er vor allem an sich selbst gedacht, erzählte er. Er gehe die Strecke im Kopf durch und habe auch immer einen Blick auf die Uhr. Da war der Oude Kwaremont, da muss ich jetzt hin. Eine halbe Stunde ist um? Ich muss etwas essen. »Aber«, stellte Van Aert klar, »das ist einfacher, wenn man sich gut fühlt. Wenn man einen schwächeren Tag hat, dann denkt man eher: Fuck, wir waren am letzten Anstieg so schnell und jetzt müssen wir da schon wieder rauf. Solche Gedanken hat man dann.«

Im Nachhinein, so Van Aert, habe er an guten Tagen immer das Gefühl gehabt, im Rennen einen sehr klaren Kopf gehabt zu haben. »Wenn ich gewonnen hatte und zurückblickte«, erzählte er, »schien alles so selbstverständlich zu sein. Dass ich in diesem Moment dieses und in jenem Moment jenes getan hatte. Dass ich es geschafft hatte, ruhig zu bleiben, obwohl die Lage alles andere als rosig aussah. An einem schlechten Tag ist es mit dieser Gelassenheit dahin. Da denkst du hinterher: Fuck, ich habe alles versucht, aber ich war zu nervös, oder andersherum, ich war einfach zu weit weg. Ich war nicht wach genug, um vorne um den Sieg mitzufahren.«

Ich fragte ihn, ob er auch das Gefühl habe, dass die Zeit langsamer vergeht, wenn es gut läuft. In gewisser Weise schon, sagte er. »Es ist schon so, dass man alles in Ruhe durchdenken kann. Dass man denkt: Gleich kommt der Cauberg, und dann mache ich dieses oder jenes. Sonst heißt es: Fuck, da ist schon der Cauberg!«

Bei einem Klassiker müsse man immer auf den Punkt da sein, fuhr er fort. Das scheine auf der Hand zu liegen, aber bei einem Etappenrennen könnte man es sich manchmal leisten, einen schlechten Tag zu haben, und es trotzdem im Sprint wieder geradebiegen, während man bei einem Klassiker wirklich die ganze Zeit bei hundert Prozent sein müsse. Und das nicht nur am Tag des Rennens, sondern auch in den Tagen zuvor. »Ab dem Montag nach Gent-Wevelgem ist man die ganze Woche auf Flandern fokussiert.«

Oft, so Van Aert, sei es eine Sache des Abwartens, wann das Finale des Rennens beginnt. Es gebe keinen vereinbarten Zeitpunkt, keine feste Vorgabe, dass es fünfzig Kilometer vor dem Ziel losgeht. Das Finale entwickele sich, es werde durch die Umstände, die Situationen, die Tagesform und die Überlegungen der Fahrer gestaltet. Zu einem bestimmten Zeitpunkt sei es so weit, das Finale war da, und dann musste man einfach damit umgehen. »Die Flandern-Rundfahrt«, betonte er, »ist ein Rennen, bei dem man weiß: Wenn es bei Kilometer 150 erstmals über den Oude Kwaremont geht, da wird noch nichts passieren. Aber man will den Anstieg trotzdem an der Spitze des Feldes hochfahren. Und die Anstiege danach auch. So geht es dann noch zwei Stunden lang weiter. Und am Ende passiert es früher oder später, als man vorher gedacht hätte.«

Ich fragte ihn, wie es sich anfühlte, bei solchen Rennen an der Spitze zu fahren. »Supercool«, sagte er. Waren es diese Situationen, in denen er wirklich spürte, dass er Rennfahrer war, wollte ich von ihm wissen. Hatte er das Gefühl, dass es diese Momente waren, deretwegen er sich für diesen Beruf entschieden hatte? Die Antwort war ein eindeutiges Ja. Er fing an, über den Adrenalinschub zu erzählen, den man erhielt, wenn man die vielen Menschen am Straßenrand erlebte, wenn man sich vor der Einfahrt in eine *Helling* in eine gute Position gebracht hatte und dann über die Pflastersteine ratterte, um so schnell wie möglich oben zu sein. »Es geht so viel in deinem Kopf vor«, sagte er, »dass du nicht einen Moment verschnaufen kannst. Die mentale Belastung ist so groß, dass man nach der Flandern-Rundfahrt dreimal so kaputt ist wie nach jedem anderen Rennen. Deshalb muss man am Start mental frisch sein. Ich glaube nicht, dass man bei diesem Rennen mit irgendwelchen Struggles im Kopf etwas reißen kann.«

Im Finale gab es immer diese zwei Momente: Soll man jetzt attackieren oder nicht, und wenn lieber man noch abwarten soll, wann ist dann der richtige Moment gekommen? Ich fragte ihn, ob er sich selbst eher als angriffslustigen oder als abwartenden Fahrer sehe. »Hmmm«, antwortete Van Aert, »das ist eine gute Frage. Ich bin eher konservativ, würde ich sagen. Ich wäge ab. Ich bin keiner, der an einem Anstieg aus dem Nichts heraus plötzlich denkt: Mensch, ich habe gute Beine, ich greife einfach mal an.«

Ich musste an ein Gespräch denken, dass ich einmal mit Niki Terpstra geführt hatte, der 2014 Paris–Roubaix gewonnen hatte und vier Jahre später die Flandern-Rundfahrt. Van Aert war damals zum ersten Mal dabei und wurde im Trikot einer belgischen Mannschaft Neunter. Terpstra fragte sich, was im schlimmsten Fall passieren könnte, wenn man attackierte. »Nun, dass man wieder eingeholt wird«, beantwortete er seine eigene Frage. »Und wenn schon, was soll's«, hatte er darauf gesagt. »Denn was ist das Beste, was passieren kann? Dass man nicht wieder eingeholt wird und das Rennen gewinnt.«

Vermutlich betrachte er die Dinge etwas anders als Terpstra, meinte ich zu Van Aert. Wenn er in einer Spitzengruppe ins Finale gehe, habe er immer noch die Hoffnung, den Sprint zu gewinnen. »Genau«, sagte er. »Niki hat im Sprint keine Chance, also muss er attackieren, um zu gewinnen. Und ich? Solange sie mich nicht abhängen, gewinne ich wahrscheinlich. Das macht mich ein bisschen konservativ.«

Er gab sofort zu, sich deshalb bisweilen weniger Gedanken machen zu wollen. Damit es zum Sprint kam, musste er das Tempo in der Spitzengruppe hochhalten, er war also derjenige, der vorne Dampf machte und im Wind stand. Das war harte Arbeit, die Kraft kostete und von der oft genug auch andere profitierten.

Um seine Fahrweise im Finale zu erläutern, kehrte Van Aert zum 1. August 2020 zurück, als der internationale Radsport nach dem Corona-Lockdown mit Strade Bianche wieder den Betrieb aufnahm. Dort, in der Toskana, hatte er nicht abgewartet. »Wenn ich mich gut fühle«, sagte Van Aert, »kann ich auch denken: Ich greife an. Das habe ich auch getan, als ich bei Strade Bianche gewann.«

Zwei Tage vorher hatte er die Strecke rund um Siena erkundet. Etwa 15 Kilometer vor dem Ziel sah er eine Passage, bei der er dachte: Das ist eine gute

Stelle. Wenn ich hier mit einer Gruppe ankomme und die Situation es zulässt, greife ich an. »Eine Attacke ist am stärksten«, sagte Van Aert, »wenn man wirklich im Kopf hat: Hier ziehe ich es durch.«

Er erzählte von den letzten fünfzig Kilometern. Er selbst habe es »ziemlich schwer« gehabt, erinnerte er sich. Es war ein unglaublich heißer Tag, aber mit ein paar erfrischenden Flaschen Wasser und Eis im Nacken konnte er »den Druck abbauen«. Er sah sich die anderen an und stellte fest, dass sie müde aussahen, obwohl das Tempo »nicht besonders hoch« war. »Da wusste ich, dass ich es an der Stelle probieren würde«, sagte er.

Sie näherten sich der Stelle, und er ermahnte sich selbst, dass er nicht schon einen Kilometer vorher an die Spitze gehen durfte, dann würden die anderen merken, was er vorhatte. Er wollte seine Kontrahenten in die Irre führen. »Aber so richtig gut schauspielern kann ich nicht«, sagte er. »Ich würde das gerne besser können, einfach so tun, als wäre man kaputt, und sich trotzdem nicht abhängen lassen und dann die anderen überraschen.«

Die Gruppe erreichte die letzte Schotter-Passage. Der Staub, der von einem vor ihnen fahrenden Wagen der Rennleitung aufgewirbelt wurde, war beträchtlich. »Ich bin blind in diese Staubwolke hineingefahren, hatte mir vorher eingeprägt, dass ich die Abfahrt ohne zu bremsen nehmen konnte, um dann mit hohem Tempo in den Anstieg reinzubeschleunigen. Und ich wusste: Niemand sonst aus der Gruppe wird sich das trauen. Als ich unten ankam, hatte ich fünfzig Meter Vorsprung. Ich bekam einen Kick, als ich zurückblickte und sah, dass ich alle abgehängt hatte.«

Mit Blick auf das Frühjahr 2022 befand er, dass sich das Team im Vergleich zu 2020 und 2021 qualitativ spürbar verbessert hatte, insbesondere durch die Verpflichtungen des DSM-Fahrers Tiesj Benoot, der 2018 Strade Bianche gewonnen hatte, und von Christophe Laporte, vormals Cofidis, dem Zehnten der Flandern-Rundfahrt 2021. Das Team hatte seine Forderung nach Verstärkungen erhört. »Ich denke«, so Wout van Aert, »dass wir jetzt erst die Qualität haben, um bei großen Rennen auf diese Weise anzugreifen. Wir haben jetzt Jungs, die den Ehrgeiz haben, im Finale dabei zu sein, wir müssen nur noch an dem Vertrauen arbeiten, dass wir das draufhaben. Außerdem müssen wir uns als Teamkollegen auch gegenseitig vertrauen. Wir müssen einander Siege gönnen.«

Bei den Verhandlungen über einen neuen Vertrag hatte Van Aert gegenüber Zeeman und Plugge deutlich gemacht, welches seine Idealvorstellung war.

Nach der Unterschrift sprach Zeeman am 4. Januar 2021 in einer Online-Videokonferenz mit den anderen Sportlichen Leitern darüber.

Er wies darauf hin, dass die Wünsche von Van Aert Auswirkungen hätten. So habe Van Aert sich bereits zusichern lassen, dass das Team ihn im Juli 2022 bei seinem Versuch unterstützen werde, das Grüne Trikot bei der Tour zu erobern, das dem Sieger der Punktewertung zusteht.

Zeeman wusste, dass er vor einem Luxusproblem stand. Er sah, dass Van Aerts Entwicklung nicht nur der Teamplanung voraus war, sondern dass der belgische Klassikerspezialist auch ungeahnte Seiten an sich entdeckte, zum Beispiel am Berg. Zeeman vermutete sogar, dass Van Aert bei der Tour zu den zehn besten Kletterern gehören könnte. Und weil er davon überzeugt war, dass man Athleten wie Van Aert herausfordern musste, hatte Zeeman ihm bei den Vertragsgesprächen »einen Samen eingepflanzt«: Wie wäre es, wenn er sich irgendwann in einen Klassementfahrer verwandeln könnte?

»Wout bringt alle physischen Qualitäten mit, um die Tour zu gewinnen«, sagte Zeeman, als ich ihn darauf ansprach.

Zwei Dinge stellte er gleich klar, als er mir das eröffnete. Erstens würde er das auf keinen Fall in der Öffentlichkeit sagen, denn dann würden sie in Belgien alle »durchdrehen«, und zweitens müsste Van Aert drei Kilo leichter sein als bei der Tour 2020. »Er kann das Gleiche schaffen wie Bradley Wiggins, der 2012 gewonnen hat«, sagte Zeeman. »Er muss nur ein bisschen Verzicht üben und Flandern und Roubaix auf seiner Prioritätenliste weiter nach hinten rücken.«

Van Aerts Trainer Marc Lamberts – die beiden arbeiteten bereits seit acht Jahren zusammen – war von der Machbarkeit von Zeemans Plan weniger überzeugt. Er rechnete vor, dass Van Aert sein Gewicht auf 74 Kilo reduzieren müsste, was bedeutete, sechs Kilo abzunehmen, und nicht nur drei, wie Zeeman dachte. »Und dann darf er auch nicht an Kraft verlieren«, sagte Lamberts.

Ich hatte Lamberts im Februar 2020 auf Teneriffa kennengelernt und war von seiner direkten Art beeindruckt. »Ich kenne keine andere Art zu coachen«, sagte er über seine Manier, mit seinen Schützlingen umzugehen und zu kommunizieren.

»Ich baue ein Vertrauensverhältnis auf. Für mich beruht die Beziehung zu einem Fahrer nicht nur auf Wissenschaft. Meine Herangehensweise bringt eine Menge Stress und Emotionen mit sich.«

Die Rennen verfolgte Lamberts im Fernsehen. Zu Beginn ging es ihm noch gut, aber je näher das Finale kam, desto nervöser wurde er. Oft stand er vom Sofa auf, lief im Zimmer umher und ging schließlich nach draußen. »Ein bisschen spazieren gehen«, sagte er.

Er erzählte, dass es in Kooperation mit De Talentenacademie für die Mitarbeiter von Jumbo-Visma auch Kurse zum »Stressmanagement« gegeben habe und dass er versucht habe, seine Nervosität abzulegen – doch vergeblich. Vor ein paar Jahren hatte Zeeman ihm nahegelegt, dass es vielleicht besser wäre, ein bisschen Abstand zwischen sich und seine Fahrer zu bringen. »Aber das ist es ja gerade«, sagte Lamberts. »Für mich ist das keine Arbeit. Das ist mein Hobby. Ich verstehe Merijn, wenn er sagt, dass es besser sei, die Athleten mit ein wenig Abstand zu betrachten, und ich behaupte auch nicht, dass meine Herangehensweise die gesündeste ist, aber es ist eben meine.«

»Ich bin 59 Jahre alt«, fuhr er fort, »und ich werde mich nicht mehr ändern. So bin ich nun mal und damit basta. Ich bin ein grüblerischer Mensch. Ich hatte 59 Jahre Zeit, um zu lernen, damit zu leben, und es geht mir gut. Ich bin mit mir im Reinen.« Dann lachte er über seine eigenen Worte.

Eine Woche nach unserem Gespräch, nachdem Wout van Aert die 83. Ausgabe von Gent-Wevelgem gewonnen hatte, schickte ich Lamberts mit dem Handy eine Nachricht. Er antwortete: *Alt werde ich nicht!*

Ich kam auf die Frage zurück, ob Van Aert jemals eine Chance auf einen Tour-de-France-Sieg haben würde. »Bradley Wiggins hat es auch geschafft, oder?«, antwortete er. Aber Lamberts klang nicht glücklich. »Wie du ja weißt, bin ich 59«, sagte er, »und ich hoffe, dass ich noch ein paar Jahre mit Wout zusammenarbeiten kann. Ich hoffe, dass er es erst versucht, wenn ich aufgehört habe.«

Ich fragte ihn, warum er das sage. Langfristig, so Lamberts, bleibe die Leistung, die ein Fahrer treten könne, die gleiche. »Und das Einzige, was man tun kann, um auf mehr Watt pro Kilo zu kommen, sei abzunehmen. Und das ist verdammt gefährlich, denn es kommt der Zeitpunkt, an dem man es übertreibt, und dann ist es vorbei. Und das wollen wir nicht erleben, oder? In dem Moment, in dem wir auf die Trainingsdaten schauen und sehen: ›Wout, du hast drei Kilo abgenommen, aber du trittst auch nicht mehr deine alte Leistung‹, ist es auch schon zu spät. Dann ist der Schaden irreparabel. Die sicherste Weise, ins Übertraining zu geraten, ist, ständig mit einer negativen Energiebilanz zu trainieren.«

Lamberts gestand, dass er nicht wisse, wie er Van Aert auf 74 Kilo bringen könne, wenn 78 Kilo sein optimales Gewicht seien. Pogačar, erklärte Lamberts, war von Natur aus zehn Kilo leichter als Wout. Das konnte Van Aert drehen und wenden wie er wollte. »Ich glaube nicht daran, dass es klappen würde«, sagte Lamberts. »Und ich denke, dass man es auch nicht wollen sollte. Und das habe ich auch Merijn gesagt.«

Aber sollte Zeemans Saat doch auf fruchtbaren Boden fallen, hatte Lamberts einen Rat für Van Aert: Warte noch drei Jahre. Die Explosivität eines Fahrers, erklärte er, nehme mit dem Alter automatisch ab. Wenn er jetzt damit anfinge, Anpassungen vorzunehmen, anders zu trainieren und sich anders zu ernähren, würde er an Kraft verlieren. »Nun, Wout wird bald 31 und vielleicht sagt er sich, dass er es gern mal versuchen würde. Klar, warum nicht? Versuch es. Aber wenn du mich fragst, ob Wout bei einer Tour aufs Klassement fahren kann, sage ich: Klar, die Top Ten ist drin. Aber mehr auch nicht. Pogačar nimmt ihm an einem Berg 45 Sekunden ab. Das ist die Realität.«

Kapitel 27

Taktik in Aktion

Seit dem ersten Trainingslager 2022 in Sant Feliu de Guíxols war das Team nicht untätig gewesen. Eine Woche nach dem Brainstorming mit den Moneyball Boys im Januar war bereits ein Dokument mit den »Wett*kampf*prinzipien« ausgearbeitet worden, das mir Merijn Zeeman nun zukommen ließ. Am Tag nach dem Rennen schickte er mir außerdem den »E3-Rennplan« und ein dazugehöriges Video, das die Moneyball Boys für die Sportlichen Leiter erstellt hatten. Die Jungs hatten bei der Teamleitung beantragt, ihre Identität geheim zu halten, um nicht mit ihren »anderen Radsportaktivitäten«, wie das Team es nannte, in Konflikt zu geraten. So transparent Jumbo-Visma auch sein wollte, diese Information wollte man nicht weitergeben.

Im März war die neue Herangehensweise bereits voll im Einsatz. *Ist ja ganz nett aufgegangen, diese Taktik*, schrieb mir Zeeman. Van Aert hatte eine Woche vorher das Eintagesrennen E3 Harelbeke gewonnen. Als ich Zeeman fragte, ob sich die neuen Erkenntnisse und die angepasste Arbeitsweise bereits im Rennen niedergeschlagen hätten, antwortete er mit einem vollmundigen »Ja«.

Das Dokument, das er mir geschickt hatte, bestand aus zwei DIN-A4-Seiten und handelte von der »Einheit des Denkens«, die dafür sorgen sollte, dass die Fahrer im Rennen selbstständig Lösungen für verschiedene Szenarien finden. Die Strategie müsse auf Vertrauen und Teamerfolgen beruhen, »was uns unberechenbarer machen sollte«. Sie mussten weiter vorausdenken. Sie mussten Schlüsselmomente erkennen und entscheiden, wo sie die Initiative ergriffen, um stärker zu sein als die Konkurrenz.

Im Rennplan für E3 Harelbeke hieß es, man habe das Rennen in Phasen unterteilt. Für jede Phase wurde angegeben, welche Fahrer welche Aufgaben zu erfüllen hatten, welche anderen Teams im Auge zu behalten waren und welches Ziel in der jeweiligen Phase erreicht werden sollte.

Das Video dauerte sechs Minuten. Gezeigt wurde der E3-Prijs von 2021, begleitet von Erklärungen zum Geschehen. An bestimmten Stellen hielten die Analysten das Bild an, um Anmerkungen zu machen. Über dem Fernsehbild erschienen rote Textblöcke: *Wir formieren uns in der Nähe der Spitze und bereiten die Anfahrt auf den Taaienberg vor. [...] Letztes Jahr hat Quick-Step diesen Teil genutzt, um ihre Fahrer nach vorne zu bringen. [...] Wout sollte nicht so isoliert sein wie hier, er braucht Teamkollegen, die ihn aus dem Wind nehmen. [...] Wir wollen das Feld auf eine Weise teilen, die uns zugutekommt. Letztes Jahr musste Wout* (man sieht im Bild einen Pfeil, der anzeigt, wo Van Aert sich befindet) *sich von hinten nach vorn arbeiten.*

* * *

Fünf Tage nach E3 Harelbeke, am Mittwoch von Dwars door Vlaanderen, fuhr ich auf der E17, der Lebensader des flämischen Radrennsports, in Richtung Gent. Ich war auf dem Weg zu einem Treffen mit Grischa Niermann. Gesprächsthema: die neue taktische Ausrichtung des Teams.

Im belgischen Radio schalteten sie live zum Rennen um. Es war die alljährliche, heilige Hochphase der flämischen Radsportsaison: Vor fünf Tagen fand E3 Harelbeke statt, vor drei Tagen Gent–Wevelgem, heute Dwars door Vlaanderen und in drei Tagen die Flandern-Rundfahrt, für die Dwars door Vlaanderen die Generalprobe war. Ich lauschte der Stimme im Radio und fuhr weiter auf der E17, von der Straßen zu allen relevanten Start- und Zielorten abzweigten: Oudenaarde, Brügge, Kortrijk, Harelbeke, Roeselare, Waregem, Wevelgem.

Das Finale stand unmittelbar bevor, und der Radiokommentator, der während des Rennens auf dem Motorrad mitfuhr, informierte die Hörer über die Entwicklungen. Wie üblich war es ebenso schillernd wie unverständlich. Wenn es um Radrennen ging, schien es in Belgien keine Nuancen mehr zu geben. In diesen Wochen war jedes Radrennen lebenswichtig für die Fahrer, für die Teams, für die ganze Bevölkerung, so schien es.

Sie fuhren in Flandern gerne über Karrenwege, über kurze, giftig steile Anstiege mit Kopfsteinpflaster. Die Bäume am Wegesrand waren noch kahl, die Straßen fahl, das Feld raste vorbei an Bauernhöfen mit durchhängenden Dächern und einsamem Vieh auf den Weiden. Erschöpfte Fahrer mussten an Partyzelten abreißen lassen, wo es nach Burgern, Würstchen und Bier roch. Die Fans ballten ihre Fäuste, wenn die Fahrer vorbeikamen, und grölten sich die

Kehlen wund. Man nahm Anteil an den Träumen und den Siegen und weinte bei den Niederlagen.

Der Reporter auf dem Motorrad sprach mit sich überschlagender Stimme und betete die Namen von Straßen und Hügeln herunter, die jedem Flamen das Herz aufgehen ließen und jeden Nicht-Flamen das Fürchten lehrten. »Der Nokereberg liegt hinter uns, nur noch ein paar Kilometer bis zur Holstraat!« Van der Poel gewann, Tiesj Benoot wurde Zweiter, er musste sich im Sprint geschlagen geben. Pogačar hatte an einem kleinen Hügel den Anschluss verloren, war schlecht positioniert und hatte »Kartoffeln gejagt«, wie sie hier sagen, einer dieser wunderbaren Ausdrücke, bei dem man sich fragt, wie sie darauf gekommen sind und der so viel bedeutet wie: Er ließ sich auf ein aussichtsloses Unterfangen ein, ein Fahrer, der irgendwo zwischen der Spitzengruppe und dem Peloton strandet und mannhaft versucht, wieder den Anschluss nach vorn herzustellen, es aber nicht schafft, weil er zu spät reagiert hat.

Als ich Niermann in der Lobby des Hotels in Gent gegenübersaß, erzählte er mir, wie toll er es finde, dieses Drumherum beim Rennen, all die Menschen am Straßenrand, die VIP-Zelte, die bereits für den Sonntag aufgebaut waren, wenn sich all die Würdenträger, Geschäftsleute, Berühmtheiten und dergleichen am Rande der Strecke an den köstlichsten Bieren, Weinen und lokalen Spezialitäten gütlich taten.

Als Fahrer hatte Niermann die Rennen in Flandern allerdings gehasst. 2011 musste er unerwartet bei E3 Harelbeke antreten. All diese Kehren und Kurven, rein in Dörfer, raus aus Weilern, Kopfsteinpflaster und *Hellingen*, all die Positionskämpfe, all die Nervosität, das ständige Ausweichen vor Bordsteinen, Kreisverkehren, Pollern, Blumenkästen und so weiter.

An sich sei das ja alles sehr überschaubar, so Niermann. All diese Rennen hier finden auf einer Fläche von 20 Quadratkilometern statt. Sie schlängeln und winden sich durch die immer gleichen Dörfer und über die immer gleichen Hügel der flämischen Ardennen. Berendries? Ist Teil der Flandern-Rundfahrt, des Omloop und auch von Dwars door Vlaanderen. Taaienberg, Eikenberg? Paddestraat? Paterberg? Die Muur? Man begegnet ihnen immer und überall. »Das ist Radsportgeschichte«, sagte Niermann, »das ist echt Radrennen pur. Das Herz dieses Sports.«

Vor drei Jahren war er hier zum ersten Mal als Sportlicher Leiter dabei. Er war in dieser Saison für alle Frühjahrsklassiker verantwortlich und als er sich in den Monaten zuvor die Strecken ansah, wurde ihm wieder klar, wie schwer es war, hier zu fahren. Tiesj Benoot hatte daher schon in dieser Woche seinen jungen Teamkollegen geraten, die Zeit und Energie zu investieren, um die Strecke kennenzulernen. »Trainiert hier eine Woche lang«, hatte er gesagt, »fahrt hier ein paar Tage, dann wisst ihr, was auf euch zukommt. Das erspart euch eine Menge, wenn ihr später zum Rennen hierherkommt.«

Niermann hatte sich 2019 einfach selbst sein Rad geschnappt und war drei Tage lang alle Strecken abgefahren. Das war einer der Hauptgründe für ihn, sich immer noch jeden Tag – am liebsten um sieben Uhr morgens – aufs Rad zu schwingen und eine Stunde lang in die Pedale zu treten. Vor allem, wenn er mit dem Team unterwegs war. Er glaubte, dass er seine Arbeit besser machte und sich den Fahrern besser verständlich machen könnte, wenn er die Strecke oder zumindest einen Teil davon selbst mit dem Rad abgefahren war.

Niermann hatte im Januar dieses Jahres begonnen, die Rennen, bei denen er als Sportlicher Leiter im Auto gesessen hatte, noch einmal zu analysieren. Er erinnerte sich an die Rennen, wie sie gelaufen waren und wie er danach darüber gedacht hatte. Das verglich er anschließend mit den Eindrücken, die ihm die Fernsehbilder Monate später vermittelten. Dabei konzentrierte er sich meist auf die letzten hundert Kilometer des Rennens. Wie auch sein Kollege Marc Reef schon im Trainingslager in Sant Feliu de Guíxols erzählte hatte, musste auch Niermann mit den Einschränkungen hinter dem Lenkrad zurechtkommen: kein 3G-Netz in den Bergen, weil alle Fans das Rennen auf ihren Handys streamen, und damit kein Fernsehempfang. Bis auf das knisternde Rennradio war nichts mehr zu hören. Er betonte daher auch die Bedeutung der Eigenverantwortung der Fahrer. Es sei sehr wichtig, schnell eigene Entscheidungen treffen zu können.

Niermann zeigte sich zufrieden mit dem Beitrag der Moneyball Boys. Er hatte im Dezember vergangenen Jahres das Trainingsgelände des AZ Alkmaar besucht und sich mit ihren Video-Scouts unterhalten. Er hatte erkannt, dass der Einsatz von Videomaterial für Jumbo-Visma von großem Nutzen sein konnte. »Für uns ist aber auch wichtig, dass unsere Video-Jungs einen frischen Blick auf das Rennen haben«, sagte Niermann über die Moneyball Boys. »Wir haben ihnen auch gesagt: Haltet euch nicht zurück, wenn ihr denkt, dass wir Mist gebaut haben.« Seiner Meinung nach erweiterte es den Blickwinkel, wenn man von Außenstehenden aus der Komfortzone geholt wird. Außerdem wies er darauf hin, dass seine Aufgabe in diesen Tagen mit vier Rennen in zehn Tagen und hundert Leuten, die er managen musste, doch sehr umfangreich sei. Niermann: »Da ist es sehr gut, wenn man Einsichten von außen bekommt.«

Niermann sagte, dass es sicherlich auch der Einfluss von Van Aert gewesen sei, der sie animiert habe, sich Wissen und Expertise von außen zu holen. Van Aert wollte die Klassiker auf die gleiche Weise vorbereiten wie die Tour, und dazu gehörte eine bessere Analyse der Rennen. »Der Vorteil eines Klassikers ist, dass er jedes Jahr auf ähnlicher Strecke ausgetragen wird«, sagte Niermann. »Es ist praktisch jedes Jahr der gleiche Parcours. Man kennt die Schlüsselstellen. Dass die Entscheidung bei E3 Harelbeke am Taaienberg fällt, ist natürlich keine Raketenwissenschaft. Die Baskenland-Rundfahrt in zwei Wochen ist in dieser Hinsicht viel kniffliger.«

Ich fragte ihn nach den Plänen für die Flandern-Rundfahrt. Im Großen und Ganzen würde der Plan bereits stehen, sagte Niermann. Er habe ihn gestern an die Video-Jungs geschickt und warte noch auf eine Antwort. Weiter wollte er sich nicht äußern.

Ich hatte noch eine letzte Frage an ihn, bevor er sich wieder an die Vorbereitung der taktischen Besprechung machte. Van Aert würde morgen früh zum Team stoßen. Oft ging es in solchen Rennen ja auch um die Tagesform, darum, »gute Beine« zu haben, und um Pech oder Glück. Wie wichtig war also im Radsport letztlich die Taktik? »Ziemlich wichtig«, sagte Niermann, »denn nicht immer gewinnt der beste Fahrer.«

* * *

Am nächsten Tag kam eine Nachricht von Merijn Zeeman. Van Aert hatte sich am Morgen positiv getestet, bevor er zum Hotel in Gent fuhr. Damit hatte sich die *Ronde* für ihn erledigt, denn Sport mit Corona, das kam nicht in Frage – erst recht nachdem Sonny Colbrelli drei Monate nach seinem Sieg bei der Katalonien-Rundfahrt einen Herzstillstand erlitten hatte. »Und«, so Zeeman, »wenn du Covid hast, wirst du auch nicht die Flandern-Rundfahrt gewinnen.«

Zeeman sprach von einem »schweren Schlag«, seufzte, dass Van Aert in »der Form seines Lebens« sei und er »sein bestes Gewicht überhaupt« habe, aber ja, nun galt es, den Schalter umzulegen. Van Aert würde nicht dabei sein, aber sie hatten noch zwei Männer, die in der Lage waren, das Rennen zu gewinnen: Benoot und Laporte.

Wie sich dies auf ihre taktischen Pläne auswirken würde, war noch unklar. Würden sie noch die Initiative ergreifen können, wie sie es geplant hatten, oder hatte sich das erledigt? Man könne die Initiative ergreifen, meinte Zeeman, aber das brauche Kraft, und wenn Mathieu van der Poel mitginge, müsse man sich darüber im Klaren sein, dass man ihn nicht so einfach abschütteln könne. »Und wenn wir mit Van der Poel nicht mithalten können, dann haben wir eine Taktik gewählt, die nicht zu den Stärken und Qualitäten unserer Fahrer passt, mit denen wir am Start waren. Wir müssen in den nächsten Stunden in uns gehen und unsere Ideen heute Abend mit den Fahrern durchgehen.«

Zeeman leitete mir seine Videobotschaft an das Team weiter.

»Leute, Scheiße«, begann er. »Was für schlechte Nachrichten, die ihr gerade erhalten habt, und was für schlechte Nachrichten für Wout selbst.« Er wies darauf hin, dass es jetzt »Klick« machen müsse und dass sie immer noch die stärkste Mannschaft des Frühjahrs hätten. »Versucht, die Enttäuschung zu verdrängen, und bewahrt den Glauben. Glaubt daran, dass ihr es am Sonntag schaffen könnt. [...] Wir haben einen Plan B und wie wir letztes Jahr bei der Tour gezeigt haben, sind wir in der Lage, den Schalter umzulegen. Also Jungs, schaltet durch.«

Er hob seine Faust ins Bild. »Auf geht's! Bleibt gesund, wir sehen uns am Samstag.«

Am Sonntagnachmittag gewann Mathieu van der Poel zum zweiten Mal in seiner Karriere die Flandern-Rundfahrt.

Kapitel 28

Am Rande des Todes

Es dauerte noch anderthalb Stunden, bis diese eine Kurve auf der Strecke kam. Die letzte Kurve, bevor wir Ea, ein Dorf im Norden der spanischen Region Baskenland, erreichen würden. Seit Jahren lag es friedlich in diesem Tal, von den umliegenden Hügeln vor den Winden geschützt, die vom Golf von Biskaya kamen und oft von heftigen Regenschauern begleitet wurden. Die Hügel auf dieser Seite von Ea waren bewaldet oder mit grünen Weiden bedeckt, auf denen Pferde, Schafe und Esel weideten. Unter dem Grün verbargen sich zahllose Felsbrocken. Es war das, was man eine unbarmherzige Landschaft nannte.

An diesem Freitagnachmittag im April würden etwa 150 der weltbesten Radfahrer durch Ea kommen, auf ihrem Weg vom Startort Zamudio über eine kurvenreiche, 164 Kilometer lange Strecke zum Ziel in Mallabia bei der fünften Etappe der Baskenland-Rundfahrt, einem Etappenrennen, das in der Vergangenheit auch von berühmten Tour-de-France-Siegern gewonnen worden war.

Der Sportliche Leiter Marc Reef hatte Ea bereits erkundet. Zu Hause in Twente hatte er die Strecke und die sieben Etappen gescannt, analysiert und dann die wichtigsten Fakten in den Veloviewer eingegeben, eine Art iPad, das am Armaturenbrett des Autos befestigt war. Auf dem Bildschirm wurde während der Etappe die Streckenkarte für den Tag angezeigt und zusätzlich alle größeren Hindernisse und Orte, die für das Team an diesem Tag von Bedeutung waren: ob es bergauf oder bergab ging, wo sich enge Passagen über Bäche in kleinen Dörfern befanden, wo offene Abschnitte waren, auf denen der Wind freie Bahn hatte und man vorsichtig sein musste, weil Seitenwind das Peloton auseinanderreißen könnte. Reef hatte auch eingetragen, wo die Betreuer am Straßenrand standen. Diese hatten ebenfalls Zugang zum Veloviewer und konnten am Tag des Rennens ihren Standort noch präziser angeben. Auf diese Weise konnte

Reef den Fahrern über den Teamfunk genau mitteilen, wo die Betreuer warteten und ob der erste Mann Wasser oder ein »High Carb«-Getränk anreichte, so dass jeder Fahrer wusste, welchen Bidon er nehmen musste, um seinen Vorrat wunschgemäß aufzufüllen.

Kapitän Primož Roglič war auf der vierten Etappe am Nachmittag zuvor in Zamudio der Beste des Teams gewesen: Vierter. Er hatte den Prolog am Sonntag gewonnen und führte weiterhin die Gesamtwertung an. Jonas Vingegaard war am Vortag als 22. ins Ziel gekommen und belegte den siebten Platz der Gesamtwertung, 19 Sekunden hinter Roglič. Als bestplatzierte Helfer waren Sepp Kuss und Milan Vader drei Minuten hinter dem siegreichen Kolumbianer Daniel Martínez von Ineos über den Zielstrich gerollt. Auch das waren Fahrer, die andere Teams nicht einfach ziehen lassen würden.

Da Roglič seine Führung in der Gesamtwertung hatte verteidigen können, saß Marc Reef im ersten Wagen ganz an der Spitze der langen Kolonne der Teamfahrzeuge, die sich hinter dem roten Auto der Rennleitung und dem weißen Auto des Rennarztes einreihten. Ich war an diesem Tag mit Reef im Auto unterwegs.

* * *

Am Vortag hatte ich auf der vierten Etappe neben dem Sportlichen Leiter Frans Maassen gesessen. Maassen steuerte im Baskenland das zweite Teamfahrzeug, und wir waren im Wesentlichen die Unterstützung von Reef, der vorne fuhr und dort die taktische Linie vorgab. Reef hatte einen besseren Blick auf das Feld als wir. Er konnte die Fahrer sehen. Wir waren so weit hinten in der Kolonne – die ersten 20 Autos waren die der federführenden Sportlichen Leiter –, dass wir die Fahrer nur auf offener Strecke in der Ferne sehen konnten, wenn sie um eine Kurve bogen oder unter uns Richtung Tal rasten, während wir noch hoch auf dem Berg waren und mit halsbrecherischem Tempo hinunterfuhren. Informationen erhielten wir via Bordradio von Reef und von den Fahrern, die in ihre Mikrofone sprachen, und über den Rennfunk der Wettkampfleitung. Später am Tag hatten wir auch Zugang zu Fernsehbildern, da es sich um ein WorldTour-Rennen handelte und der Sportsender Eurosport jede Etappe live übertrug.

Am Straßenrand sahen wir viele ältere Menschen, die am Zaun vor ihren Höfen standen und zuschauten, wie der bunte Tross vorbeizog. Erst die Motorräder, dann die Rennfahrer und schließlich eine Kolonne von Sportlichen Leitern, die Ersatzräder auf dem Dach hatten und kräftig hupten, wenn sie einander überholen wollten, weil einer ihrer Fahrer einen platten Reifen hatte oder am Ende des Pelotons andere Probleme mit dem Rad auftraten.

Vor dem Start der Etappe war ich zusammen mit Maassen und einer Reihe anderer Teamleiter vorausgefahren. Wir hatten alle das gleiche Ziel. Sah man sich die Strecke an, könnte es – je nachdem, wie die Wetterbedingungen waren – eine ziemlich nervöse Anfangsphase werden. Wir hielten oben auf einem Hügel an und stiegen aus. Frans Maassen blickte über das Tal, dann rief er Reef an, um ihn zu informieren, dass der Wind noch nicht stark genug wehte, um Einfluss auf das Rennen zu haben.

Er schaute auf eine Stelle in der Ferne im Tal, wo sich bereits die Motorräder der Rennjury, der Presse und der Polizei abzeichneten. Der Schwarm der Motorräder war das Zeichen, dass es so weit war: »Sie kommen!« Maassen sah mich an und grinste. »Ich finde das immer noch toll«, sagte er. »Ja, echt! Die Motorräder, die Autos. Sie kommen! Und dann die Hubschrauber am Himmel im Finale, *wappwappwappwappwapp*. Ist doch herrlich, oder?«

Jumbo-Vismas Plan für den Tag war, auf dieser Etappe nicht zu viel Energie zu verbrauchen. Rogličs Führung musste in dieser Phase der Rundfahrt nicht um jeden Preis verteidigt werden. Das würde zu viele Kräfte kosten. Die letzten beiden Etappen waren noch schwer genug und daher entscheidender für den Ausgang des Rennens als dieser vierte Tagesabschnitt.

Marc Reef leitete auch vor der vierten Etappe die Vorbesprechung und hatte gegen Mittag im Teambus im Gang gestanden, während die Fahrer ihre Startnummern ans Trikot hefteten oder noch eine Kleinigkeit aßen. Hin und wieder schauten die Fahrer von ihren bequemen Sitzen aus auf den Monitor, der oben im Bus hing. Ich saß unter dem Bildschirm, die Vorhänge vor den Fenstern waren geschlossen, um keine neugierigen Blicke zuzulassen.

Der Teambus war die Domäne der Fahrer und Coachs. Hinter den abgedunkelten Fenstern gab es niemanden, der sie störte, und nur wenn man unbedingt bei den Fahrern sein musste, weil man Sportlicher Leiter, Trainer, Teamchef oder Arzt war, ging man hier hinein. Kaffee trinken, bevor das Rennen losging, plaudern oder dergleichen tat man draußen.

Wenn Merijn Zeeman einen Ort benennen müsste, wo »der Spirit des Teams« wohnte, dann war es der Bus. Phil Jackson hatte bei den Chicago Bulls dafür gesorgt, dass die Kabine ein sicherer Ort war, wo die Mannschaft geschützt war und wo sie beispielsweise vor dem Spiel Yoga-Übungen machen konnte. So weit war Zeeman noch nicht, aber der Innenraum des Busses war gut bewacht. »Da kommst du nur rein«, sagte Zeeman, »wenn du zum inneren Zirkel gehörst.«

»Wir lassen heute die erste Fluchtgruppe fahren«, sagte Reef. »Kontrolliert das Peloton. Wir brauchen unsere Energie dringend in den letzten beiden Tagen. Nach dem Start geht es direkt nach Norden, behaltet also den Wind im Auge. Macht euch auf ein hohes Tempo am Anfang gefasst.«

Roglič nippte in aller Ruhe an seinem Kaffee, während die Sonne durch das Seitenfenster schien. Er schaute hinaus, während Reef sprach, und richtete dann das Zifferblatt seiner Uhr auf die einfallenden Strahlen. Das Licht reflektierte in mein Gesicht. Ich sah auf. Roglič grinste.

Reef fuhr fort und zeigte auf dem Monitor die Bilder, die sie sich von Streetview und Google Maps zusammengesucht hatten. »Die wichtigsten Punkte: Kilometer 145, 159 und 184.« An diesen Kilometermarken begannen verschiedene Anstiege, und es war wichtig, zu diesem Zeitpunkt an der Spitze des Feldes zu sein.

Anschließend zeigte Reef, in welche Abschnitte er die Etappe eingeteilt hatte. Unter Verwendung der neu eingeführten strategischen Terminologie, von der das Team nicht wollte, dass ich sie öffentlich machen würde, erklärte er, wie er sich den weiteren Verlauf des Rennens vorstellte. »In den Abfahrten fährt Sepp vor Primož und Jonas, dahinter Milan. Wir fahren nur mit und arbeiten nicht. Unser Ziel ist es, dass Primož und Jonas heute in der gleichen Gruppe wie die anderen Klassementfahrer ins Ziel kommen.«

Nachdem das Peloton uns oben auf dem Hügel passiert hatte, stiegen Maassen und ich wieder ein. Ich fragte Maassen, wie ihm die neue taktische Vorgehensweise gefiel. Er sei zufrieden damit, sagte er und erklärte, dass die »Racecoachs« (den Begriff »Sportlicher Leiter« hatte Jumbo-Visma inzwischen abgeschafft) durch die Einteilung in verschiedene Phasen die Taktik auch für die Fahrer verständlicher machen könnten.

»Auf diese Weise liegt es auch mehr in der Verantwortung der Fahrer. So sind sie außerdem schneller in der Lage, ihre eigenen Entscheidungen im Rennen zu treffen.« Und das, erklärte er, sei der beste Weg. Dann konnte man am schnellsten reagieren, und je schneller man weiß, was zu tun ist, desto günstiger wird der

Ausgang des Rennens sein. Er wies darauf hin, dass sich der neue Weg für sie bereits Anfang März, noch vor E3 Harelbeke, auf der ersten Etappe von Paris–Nizza bewährt habe, als Roglič, Van Aert und Laporte die Plätze eins, zwei und drei belegten und Roglič daraufhin den Gesamtsieg in Nizza holte.

Maassen verwies auf den Veloviewer. »Und wenn man sich so intensiv mit der Taktik beschäftigt, beschert einem das auch in der Vorbereitung eine gewisse Ruhe. Man braucht ein paar Stunden, um alles auszufüllen, und dann macht man noch einen Rennplan. So ist alles klar geregelt. Grischa gibt jetzt schon die Daten für die Tour-de-France-Etappen ein.«

Frans Maassen war der dienstälteste Mann im Team. Er war von 1987 bis 1995 Profi gewesen, hatte 1991 das Amstel Gold Race und Silber bei der WM gewonnen und war 1993 Zweiter bei der Flandern-Rundfahrt geworden. Dann erhielt seine Karriere durch den Einzug von EPO in das Peloton einen Knick. Maassen stieg 1995 mitten in der größten Doping-Epidemie im Radsport aus. In den folgenden Jahren arbeitete er zunächst als Teammanager bei Rabobank und anschließend bei dessen Nachfolgern Blanco, Belkin, LottoNL-Jumbo und nun Jumbo-Visma. Er hatte so ziemlich jeden Sturm überstanden und sich mit einer Mischung aus Gleichmut, Lebensfreude, Sarkasmus und vor allem Liebe zum Sport und zu den Fahrern behauptet. Maassen galt bei Jumbo-Visma als sehr wichtig für den Teamprozess.

Ich fragte ihn, was genau er den anderen Coachs in diesen Tagen im Baskenland über den Zustand der Fahrer, die Stärke der Gegner und die taktische Herangehensweise erzählte, damit sie in etwas mehr als zwei Monaten bei der Tour die besten Chancen hätten, das wichtigste Rennen der Welt zu gewinnen. Maassen nannte die Baskenland-Rundfahrt einen guten Test, »um sie zusammen stärker zu machen«. Er bezog sich damit auf die Zusammenwirken zwischen Roglič und Vingegaard, die normalerweise die stärksten Klassementfahrer des Teams waren. Er sagte, dass sie eine Chance hätten, Pogačar zu schlagen, wenn sie bei UAE nicht wüssten, auf welchen der beiden Jumbo-Visma-Fahrer sie im Rennen achten sollten. Wenn Roglič an einem Anstieg attackierte, müsste Pogačars Team reagieren und Kraftreserven investieren, während Vingegaard in aller Ruhe im Windschatten Energie sparen könnte. Wenn sich UAE dafür entschied, nicht zu reagieren, hätte Roglič die Chance, einen Vorsprung herauszufahren. Und die Namen »Roglič« und »Vingegaard« ließen sich in diesem Szenario beliebig durcheinander ersetzen. Der wichtigste Aspekt dieser Taktik: Roglič und Vingegaard mussten sich gegenseitig den

Sieg gönnen und das Interesse des Teams über ihr eigenes stellen – eine Grundvoraussetzung, die Merijn Zeeman schon seit Jahren bei jeder Teampräsentation betonte. Dennoch durften und sollten die Fahrer auch ihre persönlichen Ambitionen im Beisein der anderen äußern, denn dadurch wurde jedem bewusst, welche Opfer jemand brachte, wenn er sich in den Dienst eines anderen stellte. Diese Synergie stärkte den Zusammenhalt im Team.

»Das Rennen hier gibt uns auch weitere Hinweise darauf, wer für das Tour-Aufgebot in Frage kommt«, sagte Maassen. Drei Männer seien über jeden Zweifel erhaben und gesetzt: Roglič und Vingegaard und dazu Van Aert, einer der Top-Favoriten für die in Kürze anstehende Flandern-Rundfahrt. Für den Tour-Start in Dänemark am 1. Juli waren noch fünf Plätze zu vergeben. Maassen verwies auf Sepp Kuss und Steven Kruijswijk und sagte, dass sie beide noch Luft nach oben hätten, zumal Laporte in sehr guter Form sei. »Das Niveau der Mannschaft wird immer höher«, sagte er.

Die vierte Etappe ging weiter, und Maassen war genervt, weil sich eine Fluchtgruppe gebildet hatte, die so zusammengesetzt war, dass keines der anderen Teams ein Interesse daran hatte, an der Spitze des Feldes zu arbeiten, um die Ausreißer in Schlagdistanz zu halten. Da Roglič die Gesamtwertung anführte, war es also die Aufgabe von Jumbo-Visma, den Abstand nicht zu groß werden zu lassen, und sie mussten vorne Tempo bolzen, während die Konkurrenz gemütlich am Hinterrad mitfahren und Energie sparen konnte.

Maassen seufzte, dass dies halt die Gesetze des Radsports seien und dass man, wenn einem niemand helfen wolle, den Verfolgern halt allein nachfahren müsse. Heute Nachmittag würden sie sehen, was sie das alles gekostet hatte.

»Was meinst du?«, fragte Reef über das Bordradio.

Maassen: »Was glaubst du, wer sich freuen würde?«

Reef antwortete, dass er Milan Vader und Sepp Kuss lieber noch nicht einsetzen wollte. »Wir müssen akzeptieren, dass wir das Trikot vielleicht verlieren. Idealerweise sollten wir am letzten Anstieg zu viert sein und dann die Kontrolle haben.«

Sie trennten die Verbindung, und wir hörten, wie Reef zu den Fahrern sagte, sie sollten nicht mit vollem Tempo fahren. »Wir werden uns nicht umbringen. Wir fahren, aber nicht zu viel.«

Maassen grinste. »So ein Kackrennen aber auch! Die anderen werden uns nicht schonen. Zum Glück sind es nur noch 140 Kilometer.«

Er griff nach seinem Handy. »Ich werde Neil Stephens anrufen. Vielleicht schicken sie ja doch noch einen Mann nach vorne. Das würde schon einen Unterschied machen.« Der Australier war Teammanager von Bahrain und in derselben Generation als Profi gefahren wie Maassen.

»Neil, hörst du mich? Neil, ich bin's, Frans, von Jumbo-Visma. Willst du vielleicht auch einen Mann vorne mitfahren lassen?«

»Hi, Frans, sorry. Wir sehen dafür keinen Grund. Für uns ist niemand in der ersten Gruppe eine große Bedrohung.«

Maassen griff nach dem Bordfunkgerät. »Marc? Bahrain wird heute nicht fahren.«

Am Nachmittag kam es zum Sprint einer größeren Gruppe mit den besten Klassementfahrern, den Daniel Martínez von Ineos gewann, und bei Jumbo-Visma waren alle zufrieden. Sie hatten das wichtigste Ziel des Tages erreicht: Roglič und Vingegaard kamen in der Spitzengruppe ins Ziel und verteidigten ihre Positionen in der Gesamtwertung. Roglič würde auch am nächsten Tag als Führender an den Start gehen.

Als er an den Bus heranrollte, deutete Vingegaard mit einer nachdrücklichen Daumen-an-der-Gurgel-Geste an, dass er am Limit gefahren war und nicht schneller hätte fahren können. Maassen lobte ihn dafür, am letzten Anstieg auf die Attacke eines Konkurrenten reagiert und dafür gesorgt zu haben, dass die Spitzengruppe zusammenblieb. »Darüber denkt man nicht groß nach, weißt du«, meinte Vingegaard und blickte aus seiner gekrümmten Haltung auf. »Das ist Intuition. In so einem Moment reagiert man einfach.«

Inzwischen hatte sich Milan Vader eingefunden und auch er begann mit seinem Ritual nach dem Rennen. Er hörte Vingegaard zu. »Die Gruppe war heute sowieso ein bisschen zu groß«, sagte der Däne und schaute wieder von seinem Lenker auf. »Morgen ist ein neuer Tag. Dann heißt es wieder Hölle oder Paradies.«

Vader sah Vingegaard nach, wie er von seinem Rad abstieg und im Bus verschwand. Vader fand, dass er einen guten Tag gehabt hatte, zwar schwer, aber er hatte ihn genossen. »Für mich ist das hier das Paradies.«

Am nächsten Tag in Zamudio stieg Milan Vader nach der Teambesprechung aus dem Bus. Er würde noch einmal sein Rad checken, ob alles in Ordnung war, ob die Maße stimmten, ob der Sattel richtig saß, der Lenker gerade war und ob die Bremsen richtig eingestellt waren. Es war die Macht der Gewohnheit. Radsportler machen so etwas ständig, bevor sie losfahren, vor dem Training oder dem Start einer Etappe.

Die Räder standen neben dem Teambus in einem mobilen Radständer. Auf der einen Seite schirmte der eigene Bus, auf der anderen der von BikeExchange den Wind ab. Es war wieder bewölkt, sogar etwas kühl. Es könnte durchaus regnen.

Vader konnte sich ungestört seinem Rad widmen. Keiner der baskischen Radsportfans nahm Notiz von ihm. Sein schwarz-gelbes Trikot wies ihn zwar als einen der Rennfahrer aus, ebenso seine schlanke Statur und die braunen Unterschenkel, aber keiner der Basken hatte eine Ahnung, wer er war. Sie richteten ihre Aufmerksamkeit vor allem auf Roglič, der in Spanien nach seinen drei Vuelta-Siegen in Folge sehr populär war. Er ließ sich mit den Fans fotografieren und gab ein paar Autogramme, aber man konnte an seinem stoischen Blick erkennen, dass er bereits mit der heutigen Etappe beschäftigt war. Es würde ein wichtiger Tag werden.

Milan Vader hatte vor der fünften Etappe ganz andere Sorgen. Er stand in seinem Rennoutfit auf dem mit Teambussen und -autos gefüllten Parkplatz, nahm sein Rad vom Dachträger und klemmte es zwischen seine glattrasierten Beine. Er drückte das Vorderrad gegen den Bus und beugte sich nach vorn über den Lenker, sein Becken hinter dem Sattel. Für manche Fahrer war es akribische Millimeterarbeit, so einen Lenker richtig auszurichten. War er wirklich 100 Prozent gerade? Er schaute mich mit seinem unbefangenen Gesicht an und sagte: »Mein ›gerade‹ ist nicht dasselbe wie das ›gerade‹ von anderen Fahrern.«

Vader war erst seit kurzem Profi im Straßenradsport – die Etappe nach Mallabia war sein neunter Renntag im Peloton – und er hatte mir Anfang der Woche erzählt, dass er schon viel von Primož Roglič gelernt habe, der im ersten Trainingslager der Saison sein Zimmergenosse gewesen war. Im Baskenland genoss er es, Roglič als Helfer beistehen zu können und das Chaos im Peloton und rund um das Rennen herum hautnah zu erleben. »Wie eine Militäroperation. Das gibt mir einen Kick.«

Vader war ein starker Mountainbiker aus der niederländischen Region Zeeland, der sechs Monate zuvor bei den Olympischen Spielen in Tokio in dieser Disziplin den zehnten Platz belegt hatte. Seine Straßensaison hatte mit der Valencia-Rundfahrt begonnen, wo das Team wegen einer Corona-Infektion vor der vierten Etappe nicht mehr an den Start gegangen war. Kurz darauf wurde er selbst positiv getestet, aber die Symptome waren nur mild. Nach seiner Genesung wurde er vier Wochen später 50. bei Strade Bianchi, seinem ersten großen Klassiker. Einen Monat nach dem toskanischen Schotterrennen startete er nun im Baskenland bei seinem ersten mehrtägigen WorldTour-Rennen.

Als Roglič aus dem Bus kam, ging er zu seinem Rad mit der »1« am Rahmen. Letztes Jahr hatte er hier die Gesamtwertung gewonnen, nachdem er Tadej Pogačar mit einem klugen taktischen Schachzug düpiert hatte. Es war der wichtigste Tag für das Team seit dem Trauma der verlorenen Tour de France 2020. Es war der Tag, an dem das Selbstvertrauen zurückgekehrt war, der Tag, der die Richtung für das Jahr vorgegeben hatte.

Roglič war hochkonzentriert. Er schaute auf seine Reifen, die normalerweise einen Druck von 6,5 Bar hatten. Er hatte darum gebeten, den Druck heute um 0,4 Bar zu senken, da Regen drohte, und mit weniger harten Reifen hatte man mehr Grip. Vader und Vingegaard fuhren mit 0,2 Bar weniger.

»Joep?«, wandte sich Roglič an seinen Mechaniker. »Wie viel Druck hatte ich gestern auf den Reifen? 6,5? Ja, so sollte es dann okay sein jetzt, oder?« Er schaute sich noch einmal seinen Sattel an. Als er an mir vorbeiging, fragte ich ihn, ob er den Sattel höher oder niedriger haben wolle. »Tiefer«, sagte er im Vorübergehen und verschwand wieder im Bus.

Ich sah zu, wie Vader weiter an seinem mehr als 10.000 Euro teuren Hightech-Rad herumfummelte. Er und der zuständige Mechaniker sahen sich noch ein paar Mal gegenseitig an, wechselten ein paar Worte und dann klopfte Vader auf den Sattel. Er trug nun ein fröhliches Grinsen im Gesicht, und als er in den Bus stieg, sagte er: »Jetzt habe ich nichts mehr zu meckern. So ist es gut.«

Joep Verhees, der Mechaniker, der bei den Etappen bei Marc Reef im Auto saß und mit dem ich diesen Tag verbringen würde, schaute ihm hinterher. Zusammen mit zwei Kollegen kümmerte sich Verhees um die Räder der Fahrer. Er nickte und sagte, Vader habe seinen Lenker selbst ausgerichtet. Auch er musste grinsen. Vader hatte nicht bemerkt, dass seine Schalthebel ungleich montiert waren. »Wenn er es nicht merkt, werde ich nichts dazu sagen«, sagte Verhees.

Vader wusste, dass die fünfte Etappe zwischen Zamudio und Mallabia schwer sein würde, seine Coachs hatten es ihm gesagt. Unter all den kleinen, einwöchigen Etappenrennen war die Baskenland-Rundfahrt vielleicht das schwerste des ganzen Jahres. Keine Straße verlief gerade, es ging den ganzen Tag rauf und runter, und es waren nur starke Teams am Start.

Nachdem Marc Reef gecheckt hatte, ob die Kommunikationstechnik im Auto ordnungsgemäß funktionierte, und wir eingestiegen waren, erzählte er uns von seinem Plan. Er hoffte, dass sich eine passende Ausreißergruppe finden würde und dass sie als Team das Feld kontrollieren könnten und mit vier Mann über den vorletzten Anstieg kommen würden, Roglič und Vingegaard und dazu noch zwei Helfer, wahrscheinlich Vader, der 32. in der Gesamtwertung war, und Kuss, der 37. war, beide mehr als sechs Minuten hinter Roglič. »Dann können wir vorne um den Sieg mitfahren«, sagte Reef.

Er ahnte, dass es auf den ersten 26 Kilometern spannend werden würde. Wenn sich einige Fahrer frühzeitig vom Peloton lösen könnten und sich eine Ausreißergruppe formieren würde, könnte Jumbo-Visma zwischen Kilometer 17 und 22 »das Feld breit machen«, also mit vielen Fahrern an der Spitze fahren und ein gedrosseltes Tempo vorgeben, so dass sie quasi die Straße blockierten.

Reef griff nach dem Mikrofon, über das seine Stimme per Teamfunk in den Ohrhörern der Fahrer zu hören war. »Wer fährt?« Ein Fahrer antwortete sofort: »Ineos.« Reef gab die Order aus, sich an der Spitze des Pelotons zu gruppieren. »Jungs, wer hinten sitzt, jetzt aufrücken. Bremst es vorne aus.«

Wir hörten die Ansagen aus dem roten Wagen der Rennleitung vor uns, der wiederum in Kontakt mit den vor dem Feld fahrenden Motorrädern stand, die sehen konnten, welche Fahrer zu attackieren versuchten. Die Rennjury gab die betreffenden Trikotnummern weiter, die dann vom roten Auto über den Rennfunk an alle 40 Autos der Teamleiter weitergeleitet wurden. Wir hörten, dass Adam Yates von Ineos sich an die Spitze gesetzt hatte. »Aufrücken, Jungs«, rief Reef über das Mikrofon seinen über das Peloton verstreuten Fahrern zu. »Yates ist an der Spitze. Ineos legt ein hohes Tempo vor. In einer Minute kommt eine kurvige Abfahrt. Danach geht es wieder bergauf.«

Unterdessen fielen bereits die ersten Fahrer dem hohen Tempo zum Opfer und fielen aus dem Peloton zurück. Einer der ersten war Chris Harper, der Australier in Diensten von Jumbo-Visma. Als er immer weiter an Boden verlor, erkannte er, dass es aussichtlos war. Er stieg ab. In der ersten Rennstunde lag die Durchschnittsgeschwindigkeit bei 39 km/h.

Reef schaute auf den Veloviewer und gab weiter Anweisungen. Währenddessen lenkte er den Wagen mit großer Geschicklichkeit über die Strecke. Gerade bergab waren seine Steuerkünste beeindruckend. Radrennfahrer, die auf ihren dünnen Reifen in irrem Tempo an uns vorbeischossen, Motorräder mit Mitgliedern der Jury und Fotografen hinten drauf, die sich vorbeischlängelten, während wir zeitweise mit 90 km/h auf Abschnitten fuhren, auf denen der normale Verkehr nie schneller als 50 km/h war.

Dann ging es wieder bergauf, und wir sahen in der Ferne das Meer gegen die Klippen schlagen. Vor uns fuhren die Fahrer in einer langen Kolonne, bevor sie im nächsten Moment aus dem Blickfeld abtauchten, als die Straße eine weitere Kurve machte und das Peloton hinter einer Felswand verschwand. Den ganzen Tag ging es wie in einer Achterbahn rauf und runter. Reef erzählte mir später am Abend, dass ihn um diese Zeit »ein ungutes Gefühl« beschlichen habe, das Gefühl, er müsse wachsam sein.

Anhand der Meldungen, die über den Bordfunk kamen, konnten wir erkennen, dass das Rennen voll entbrannt war. Vingegaard forderte seine Teamkollegen auf, sich an die Spitze zu setzen. Kuss rief, dass er unterwegs sei, und Reef ermahnte sie, ruhig zu bleiben. Doch kurz darauf ergriff er das Mikrofon und rief ihnen zu, den Rückstand aufzuholen. »Kommt schon, Jungs! Ihr müsst die Lücke schließen.« Er klickte das Mikrofon wieder an den Magneten am Armaturenbrett und seufzte. »Kacke, macht schon Jungs, macht.« Er sah mich an. »Die anderen riechen jetzt Blut. Unser Blut.«

»Da liegt eins von unseren Rädern!«

Es war die Stimme von Pascal Eenkhoorn, der wegen des hohen Tempos ans Ende des Feldes zurückgefallen war und gerade in das Dorf Ea hineinraste. Reef trat auf die Bremse. Wir hielten an, die Karawane der anderen Teamfahrzeuge schoss links an uns vorbei. Sie fuhren weiter. Wir blieben stehen.

Vor uns lag ein Rad auf dem Asphalt, ein schwarzes mit gelber Gabel. Nicht weit entfernt saß ein Fahrer von Wanty auf dem Boden. Sein Gesicht war schmerzverzerrt.

Was dann geschah, schien sich in einer Dimension abzuspielen, in der die Zeit langsamer abzulaufen schien. Weiter unten auf der Wiese, 20 Meter von der Leitplanke entfernt, lag ein Fahrer. Inzwischen war ich ausgestiegen und stand an der Leitplanke. Er lag auf dem Bauch, in einer seltsamen Position. Ein Mann lief zu ihm hinab – er war aus dem weißen Auto vor uns gesprungen. Ein Polizist hob das kaputte Rad auf, wollte es mir reichen. Joep schnappte es sich, dann sah er den Fahrer auf der Wiese liegen und kletterte über die Leitplanke. Das Rad landete auf dem Wagen der Wanty-Teamleitung, wo noch Platz war. Dafür wäre später noch Zeit.

Der Mann aus dem weißen Auto vor uns war bereits beim Fahrer. Er zog sich blaue Latex-Handschuhe über. Der Fahrer atmete. Sein Rücken hob und senkte sich. Das war das Einzige, was sich bewegte. Ich blickte zurück. Reef lief zum Rettungswagen und rief die Sanitäter herbei. Sie stiegen aus und machten sich auf den Weg nach unten, Reef hintendrein. Er war erschrocken, musste ein paar Mal tief durchatmen, um zu sich zu kommen.

Der Mann neben dem gestürzten Fahrer versuchte nun, ihm ins Gesicht zu sehen. Joep lief hin und begann mit den Armen zu fuchteln und auf seine eigene Schläfe zu zeigen. Ich glaube, er wollte deutlich machen, dass der Fahrer im Gesicht verletzt war. Die Sanitäter eilten, so schnell sie konnten, über die holprige Wiese, unter der zahlreiche Felsen verborgen waren. Sie knieten sich neben den Fahrer und drehten ihn um. Er musste Luft bekommen, und sie mussten sehen, ob er selbstständig atmen konnte. Das war das Wichtigste.

Der Fahrer schrie vor Schmerzen. Sein ganzes Gesicht war blutverschmiert. Es war Milan Vader. Er schrie. Er war in Not. Ich spürte Panik. Mein Herz schlug wie wild.

Der Sanitäter, der neben Vader kniete, zog eine Spritze auf. Vader kreischte wie ein Tier. Ich sah auf sein blutverschmiertes Gesicht. Ich hörte Reefs Stimme, der jetzt auch bei Vader war. »Bleib ruhig, bleib ruhig.« Hinter mir stand der gelbe Rettungswagen. Die Sanitäter versuchten, Vader zu stabilisieren. Joep warf mir Vaders Helm zu. Ich hob ihn aus dem Gras auf und legte ihn vorsichtig in den Kofferraum zwischen die Kühlboxen mit Durstlöschern und gekühlten Kohlenhydrat-Drinks. Der Helm war blutverschmiert. Auf der Wiese wurden die Beine des Fahrers an der Trage festgeschnallt. Sie setzten ihm eine Sauerstoffmaske auf. Reef telefonierte mit dem Teamarzt.

»Krankenhaus Cruces. Bilbao«, hörte ich ihn sagen.

»Er ist in schlechter Verfassung«, fuhr Reef fort. »Rücken und Arm. Bekommt kaum Luft. Schreit vor Schmerzen. Gutes Zeichen, denke ich.«

Reef lief hinunter zu den Sanitätern, die Vader anhoben und zum Rettungswagen trugen. Seine Schreie waren markerschütternd. Reef am Telefon: »Doc, was sollen wir tun«? Unterdessen kam der Bus 3513 des regionalen Nahverkehrs, der in Richtung Leikeito unterwegs war, an der Unfallstelle vorbei.

Der Fahrer des Rettungswagens drehte, denn zum Krankenhaus ging es in die andere Richtung. Als der Wagen wieder anhielt, blieb mein Herz einen Moment stehen. Das konnte doch nicht sein, oder? Was ging da drin vor sich? Ich fluchte. Wenn das nur gut ginge.

Als sich der Rettungswagen nach ein paar Minuten endlich wieder in Bewegung setzte und um die Ecke verschwand, wurde uns bewusst, dass wir »aus dem Rennen« waren, dass wir Teil des normalen Lebens geworden waren. Ein Mann hinter dem Steuer eines alten Autos, das aus Richtung Ea kam, reagierte verärgert auf den Stau. Er schien dem Motorradpolizisten an den Kragen zu wollen, aber als der ihm einen strengen Blick zuwarf, setzte sich der Baske rasch wieder hinters Steuer. Wir stiegen wieder ein und setzten unseren Weg fort. Milan Vader fuhr in die eine Richtung, auf die Intensivstation, wir in die andere Richtung, zurück zum Rennen. Der Teamarzt war auf dem Weg zum Krankenhaus in Bilbao.

Wir fuhren weiter, wie benommen. Im Auto war es lange Zeit still. An Vaders Rad war nicht viel zu sehen gewesen. Einer der Schalthebel hatte sich gelöst, und der Carbonrahmen wies Kratzer auf. Reef schaute auf den Veloviewer und beschloss, in den Tross des Rennens zurückzukehren. Er schnappte sich das Mikrofon und suchte Kontakt mit Frans Maassen. Sie berechneten schnell, dass wir zehn Kilometer hinter der letzten Gruppe lagen. Vor uns hatte der normale Verkehr wieder Besitz von der Straße ergriffen. Die Strecke führte nach Süden, machte eine Kurve und führte dann wieder nach Norden. Wir konnten »quer durchfahren« und hörten irgendwann wieder den Rennfunk, was ein seltsames Gefühl war, so als ob wir in eine Traumwelt zurückkehrten, in der wir uns vor dem Sturz auch aufgehalten hatten.

Wir kamen vor dem Rennen wieder auf der Strecke heraus, und Reef parkte den Wagen mit allen Ersatzrädern auf dem Dach auf dem Seitenstreifen. Er meldete Maassen, wo wir waren, und sagte, er würde mit Trinkflaschen bereitstehen, um die Fahrer zu versorgen. Die Motorräder der Presse und der Rennleitung kündigten die Ankunft der Spitzengruppe an. Auch der Hubschrauber tauchte wieder über uns auf. Da waren die Führenden. Sie wussten nichts von dem Unfall. Kuss hatte gerade abreißen lassen müssen. Die breite Straße verlief bergauf. Er schnappte sich eine Trinkflasche und fuhr stoisch weiter. Reef wurde wütend, als er einen Movistar-Fahrer sah, der sich an den Wagen seines Teamchefs klammerte, um wieder Anschluss an die Spitzengruppe zu finden. Wütend beschwerte er sich später bei der Rennleitung. Dann tauchte das Teamfahrzeug mit Maassen aus. Er warf uns mit großen Augen einen fragenden Blick zu.

»Ja, schlecht«, rief Reef ihm zu.

»Fokus?«, fragte Frans.

»Ja«, sagte Reef, »das ist jetzt wohl das Beste.«

»Dann werde ich mal nach Sepp sehen. Bleibst du mit Primož hinter der Gruppe?«

»Okay.«

»Komm, wir versuchen, die Sache wieder anzupacken.« Bevor er das Fenster wieder schloss, rief Maassen noch, dass Vingegaard sehr gut aussehe. »Und Primož ist auch ruhig.« Dann raste er nach vorn. Der Veloviewer zeigte an, dass es noch 58 Kilometer bis zum Ziel waren. Reef schnappte sich das Mikrofon und gab erneut Anweisungen zur Verpflegung und zum Zustand der Strecke, die vor uns lag.

Mir wurde zum ersten Mal in all den Jahren richtig bewusst, wie nervös das alles war. Ich hatte schon dutzende Male bei Rennen mit Teamleitern im Wagen gesessen. Bei mehreren Etappen der Tour de France, bei großen Klassikern wie Paris–Roubaix und bei Etappen der Katalonien-Rundfahrt und der Tour de Romandie. Reef beobachtete die Straße vor ihm. Konzentration. Das Rennradio informierte rasselnd über die Situation im Rennen, man hörte die Fans schreien und applaudieren, der Hubschrauber gab sein nervöses Knattern von sich, da war das Quietschen der Reifen, das Kreischen der Bremsen, die Hupen der anderen Autos und Motorräder, die Sirenen von Rettungswagen und anderen Einsatzfahrzeugen, das Trillern der Polizisten, die darauf hinwiesen, dass etwas nicht in Ordnung war, Streckenposten, die mit lautem Pfeifen vor Hindernissen warnten, und die kaum zu verstehenden Fragen der Fahrer im Rennen. Währenddessen musste Reef die Taktik im Auge behalten und gegebenenfalls ändern, Anweisungen geben und das Auto auf der Straße halten, während auf der Abfahrt die Fahrer in halsbrecherischem Tempo an uns vorbeischossen und verzweifelt versuchten, den Anschluss an die vor ihnen fahrenden Kollegen wiederherzustellen.

Maassen berichtete, dass er mit Davide Bramati, dem italienischen Teamchef von Quick-Step, telefoniert habe und dass sie sich geeinigt hätten, gemeinsam die Verfolgung von Ineos zu organisieren. »Morgen sehen wir dann weiter«, sagte Maassen. »Dann kreuzen wir wieder die Klingen. Heute sind wir Freunde.« Reef schnappte sich das andere Mikrofon und teilte den Fahrern die neue Situation mit. »Quick-Step wird uns bei der Verfolgung unterstützen.« Auf dem kleinen Fernsehschirm, der neben dem Veloviewer befestigt war, sahen wir fast sofort, dass Rémi Cavagna im Trikot des Französischen Meisters begann, mit kräftigen Tritten die Pedale herumzuwirbeln. Die Rivalen Roglič und Remco Evenepoel hatten ihre Kräfte vereint. Wir fuhren die Abfahrt nach Durango hinunter.

Dann klingelte Reefs Handy. Es war Viertel vor fünf. Es lagen noch 20 Kilometer vor den Fahrern. Eine unbekannte Nummer. »Ja? Oh, so ein Glück.« Er legte auf und stieß einen Seufzer aus. Die Rennleitung. Sie hatten Nachricht aus dem Krankenhaus erhalten. »Milan ist stabil«, sagte Reef. »Einige Rippen gebrochen.« Er griff nach dem Mikrofon und nahm Kontakt zu Maassen auf.

»Er ist stabil.«

Maassen: »Gut.«

Inzwischen ging vor uns das Rennen weiter. Wir rasten durch Eibar, eine relativ große Stadt mit vielen Menschen am Straßenrand. Morgen würde hier die letzte Etappe enden.

Es ging auf den Schlussanstieg zu, die Fahrer von Jumbo-Visma sollten nur reagieren, wenn die direkten Konkurrenten etwas probierten. Enric Mas von Movistar und dann Evenepoel – der Nichtangriffspakt war schneller hinfällig als gedacht – attackierten, aber Vingegaard reagierte sofort. Reef forderte seine Fahrer an der Spitze auf, die Kontrolle zu behalten. »Ihr müsst nicht fahren, aber ihr dürft auch niemanden ziehen lassen. Primož, du weißt, was du zu tun hast.«

Wie sich herausstellte, hatte Vingegaard am Ende die besten Chancen auf den Etappensieg. Reef hob seine Stimme, schaltete einen Gang rauf und rief, dass Vingegaard sie heute alle aus den Schuhen fahren könne. »Mach sie am letzten Anstieg fertig, Jonas. Du auch, Primož, packt sie euch. Für morgen brauchen wir jede Sekunde, die wir kriegen können. Zieht durch bis zum Zielstrich, noch ist alles drin.« Es hatte zu regnen angefangen.

Nach dem chaotischen Zieleinlauf in Mallabia, wo Vingegaard kurz vor der Linie bei einer Kollision mit Aleksandr Vlasov zu Fall kam, lautete das Fazit, dass sich der Schaden in Grenzen hielt. Vingegaard hatte 20 Sekunden und Roglič über eine Minute verloren. Er war auf den achten Platz zurückgefallen und hatte sein Leadertrikot an Evenepoel verloren, der acht Sekunden Vorsprung auf Daniel Martínez von Ineos hatte. Vingegaard war Sechster.

Am Bus fuhr sich Vingegaard bereits locker auf der Rolle aus. Er hatte ein hellblaues Handtuch um den Hals und die Regenjacke geschlossen. Die Straßen von Mallabia glitzerten vom Regen. Er seufzte, ärgerte sich über Vlasov, mit dem er kollidiert war, und fluchte derb auf Dänisch, wollte aber die Hoffnung auf den Gesamtsieg nicht aufgeben. »Ich denke, ich werde morgen frühzeitig angreifen«, sagte er zu Maassen.

Vingegaard trat weiter in die Pedale, um so schnell wie möglich das Laktat in seinem Blut abzubauen und seine Muskeln zu erholen, um für die morgige

Etappe fit zu sein. Ich fragte ihn, ob er mitbekommen habe, was mit seinem Teamkollegen geschehen war. Er nickte und erklärte, Vader sei schnell abgefahren, habe sich nach vorn arbeiten wollen und die Kontrolle verloren. Er sei ein zu großes Risiko eingegangen, fand Vingegaard. »Milan hätte mich bei seinem Sturz fast mitgerissen«, sagte er.

Maassen sah uns an. »Milan hat Glück, dass er noch lebt.«

Im Hotel herrschte niedergeschlagene Stimmung. Marc Reef stand neben dem Bus, aus dem die Fahrer ausgestiegen waren, um sich vor dem Essen massieren zu lassen. Er erzählte, wie er ihn erlebt hatte, diesen Tag, den wir Seite an Seite, aber mit den Gedanken jeder für sich allein verbracht hatten. »Als ich bei Milan war, habe ich mit ihm geredet«, sagte Reef. »Ich sagte: ›Milan, ich bin hier bei dir, man wird dir helfen‹, und ich übersetzte, was er sagte, für die Ärzte, die ihn versorgten.«

Reef hatte sich wegen der seltsamen Position, in der Vader gelegen hatte, Sorgen über innere Verletzungen gemacht, aber er war etwas zuversichtlicher geworden, als der blutüberströmte Fahrer in den Rettungswagen gehoben wurde. Immerhin gab es dort mehr Geräte.

Auch er hatte sich erschrocken, als der Rettungswagen wieder anhielt. Warum fuhren sie nicht? Fahrt doch bitte, bringt ihn ins Krankenhaus. Als sich der Wagen wieder in Bewegung setzte, hatte Reef das Gefühl, mitten im Nirgendwo zu stehen. Er war hin- und hergerissen. Sollte er ins Rennen zurückkehren? Dem Krankenwagen hinterherfahren? Der Teamarzt brauchte in etwa so lange wie wir, um das Krankenhaus zu erreichen, damit war die Entscheidung gefallen: zurück ins Rennen, mit all seinen Zweifeln, denn was hätte er für seinen Fahrer jetzt wirklich noch tun können? Er fühlte sich verantwortlich und dachte: Fuck, jetzt bringen sie ihn weg, und wie und wann werden wir ihn wiedersehen? Werden wir ihn wiedersehen?

Reef spielte alles noch mal durch, schüttelte ein paar Mal den Kopf und sagte, in seinem Oberstübchen habe es ordentlich herumgespukt. Er fragte sich, ob er die richtigen Dinge getan hatte. Die bohrenden Gedanken hatten ein wenig nachgelassen, als er zum Rennen zurückkehrte und am Straßenrand stand, Trinkflaschen verteilte und auf Movistar fluchte, die einen Fahrer am Wagen mitzogen. »Das war eine andere Emotion, und das hat geholfen.« Er lachte höhnisch.

Die Strecke habe auch ihren Anteil gehabt, sagte ich. Es habe nicht nur an der Strecke gelegen, meinte Reef. Die Fahrer von heute seien besser trainiert, hätten mehr Ausdauer, führen leichtere Räder, wirklich alles sei heutzutage am Limit, was bedeute, dass jeder schneller fahren kann und länger durchhält. All diese Fahrer bereiten sich monatelang auf die Tour vor, und bei diesen Rennen wollen sie nicht durch den Fehler eines anderen oder einen Sturz in Mitleidenschaft gezogen werden, so dass jeder auf den wichtigen Streckenabschnitten an der Spitze des Feldes fahren will. »Wo Milan gestürzt ist«, sagte Reef, »war es nicht so extrem gefährlich, fand ich. Größeren Einfluss hatte, dass es heute sehr lange gedauert hat, bis sich eine Ausreißergruppe absetzen konnte, so dass alle immer erschöpfter und erschöpfter wurden.«

Reef überlegte. Klar, man könnte einen Anstieg zu Beginn der Etappe einbauen, um so gleich Bewegung reinzubringen, aber dann liefen alle Rennen gleich ab und letztendlich verhindere man damit auch nicht, dass die Abgehängten am Gipfel Kopf und Kragen riskierten, um wieder zur Spitzengruppe aufzuschließen. »Es bleibt ein gefährlicher Sport«, sagte Reef abschließend. »Auf 25 Millimeter breiten Reifen, nur mit Helm, Trikot und Shorts bekleidet … Aber so ist die Situation im Radsport nun mal.«

Kurz später kamen die Sportlichen Leiter im Bus zusammen. Die Fahrer lagen auf ihren Zimmern, während Maassen die Situation um Vader erläuterte. Die Gesichter waren angespannt, einige hatten ihren Blick auf den Boden gerichtet. Andere rührten in ihrem Kaffee. Jeder versuchte, seine Gedanken zu sortieren.

Das *Algemeen Dagblad* hatte nach einem Gespräch mit dem Vater von Milan Vader eine Meldung herausgegeben. Nach Informationen aus dem Krankenhaus stand es nicht gut um Milan. Er hatte sich nicht nur die Rippen gebrochen, sondern auch mehrere Wirbel, außerdem war die Halsschlagader in Mitleidenschaft gezogen. Er lag im Koma.

Im Bus sprach Maassen von einem »harten Tag« und sagte, Vader habe »einen wirklich schlimmen Unfall« gehabt, aber die Operation sei erfolgreich verlaufen. Ihm sei ein Stent in die Halsschlagader eingesetzt worden. »Wir hoffen das Beste«, sagte er. Reef berichtete, dass Vader bei Bewusstsein war, als man ihn in den Rettungswagen brachte. »Peter, unser Arzt, steht in Kontakt mit den Ärzten im Krankenhaus. Er ist einigermaßen optimistisch.«

Bei aller Sorge um Vader war zu spüren, dass auch das Rennen das Team beschäftigte. Am nächsten Tag stand die letzte Etappe an, dann würde die Entscheidung um den Gesamtsieg fallen. Sie waren sich darüber im Klaren, dass sie für ihren verletzten Fahrer nichts tun konnten und er sich in guten Händen befand, wie sie sich gegenseitig versicherten. So hart es klang, aber das Rennen ging weiter. Milan Vader bekam von all dem nichts mit.

Früher am Abend hatte ich im Zimmer der Betreuer und des Osteopathen gesessen, als Sepp Kuss mit der Massage dran war. Er sagte: »Morgen wird der Beste gewinnen. Alle werden Vollgas geben.« Dann stand er auf, wickelte sich ein Handtuch um die Hüfte und legte sich auf die Liege des Chiropraktikers. Noch mehr Arbeit für den schmächtigen, hageren Körper.

Später am Abend sagte Maassen, dass er glaube, dass Vingegaard morgen am stärksten sein werde und dass Roglič heute gezockt und verloren habe. »Wir werden alles daran setzen, doch noch zu gewinnen.« Reef hatte zu den Fahrern gesagt: »Ich glaube, wir können es morgen packen.« Und Roglič hatte unmittelbar nach der Zielankunft verkündet, dass er morgen angreifen werde.

Die Attacke kam mehr als 41 Kilometer vor dem Ziel in Eibar, aber die Konkurrenten reagierten und ließen Roglič auch später nicht mehr aus den Augen. Danach mischte sich Vingegaard in den Kampf an der Spitze ein und kämpfte mit Remco Evenepoel und Daniel Martínez um den Etappensieg. Vingegaard erreichte das Ziel in Eibar schließlich als Fünfter. Den Sieg in der Gesamtwertung holte sich Dani Martínez von Ineos.

Ich hatte neben dem Teamarzt im Bus gesessen. Robert Kempers wollte nicht viel über Milans Situation sagen. Das konnte er auch nicht, denn die medizinischen Informationen waren vertraulich. Er sagte aber, dass er seit den Olympischen Spielen in Rio bei jedem Rennen die Telefonnummern der Kontaktpersonen aller Fahrer in seinem Handy hatte. Das hatte er sich nach dem schweren Sturz von Annemiek van Vleuten angewöhnt, die damals Glück im Unglück gehabt hatte. »Viele Eltern schauen ihren Kindern im Fernsehen zu«, sagte Kempers. So konnte er ihnen notfalls direkt aus dem Krankenwagen ein Update geben. Dass der Fahrer noch atmet, zum Beispiel.

Nach der Zieleinfahrt kehrten die Fahrer einer nach dem anderen zum Teambus zurück, der unten im Tal an einer Hauptstraße in Eibar stand. Es dauerte eine Weile, bis Marc Reef Zeit fand, denn er musste nicht nur eine Nachbesprechung des Rennens abhalten, sondern auch eine Vorschau auf die kommende Trainingswoche geben, enttäuschten Athleten ein paar aufmunternde Worte sagen und sich mit anderen Coachs über die Leistungen der Fahrer beraten. Es gab viel zu erledigen, bevor alle abreisten.

»Wir sind auf dem richtigen Weg, was die Tour betrifft«, sagte Reef schließlich, an den Bus gelehnt. »Aber wir müssen vor allem darauf achten, dass wir im Rennen immer vorausschauen, auch wenn wir in einer idealen Position sind.« Er sagte, dass sie sich von nun an nicht mehr mit einer Situation zufriedengeben dürften, auch wenn diese Situation wunschgemäß aussah. Die Analyse des Rennens müsse ständig in Echtzeit weiter fortgesetzt werden. Man müsse weiter kalkulieren, abschätzen und die entsprechenden Schlüsse ziehen.

Neben dem Bus standen bereits die großen Rollkoffer. Einige Fahrer wie Gijs Leemreize und Pascal Eenkhoorn würden noch die Nacht in Bilbao verbringen, andere wie Sepp Kuss würden sofort nach Andorra aufbrechen, wo sie wohnten. Roglič fuhr mit einem Betreuer direkt nach Biarritz. Nach einer kurzen Übernachtung würden sie am Morgen mit der Erkundung der vorletzten Etappe der Tour de France beginnen, dem 40 Kilometer langen welligen Zeitfahren zwischen Lacapelle-Marival und Rocamadour. Danach reiste er weiter nach Monaco.

Beim Ausfahren saß Vingegaard kopfschüttelnd auf der Rolle und ärgerte sich über seinen heutigen fünften Platz und den sechsten in der Gesamtwertung. »Fuck«, sagte er. »Das ist nicht schön.«

Maassen legte ihm einen Arm um die Schulter. »Mach dir nichts draus«, sagte er, »wir haben alles getan, was wir konnten.«

Lucas, einer der Betreuer, sah, wie ich die Szenerie beobachtete, und fing an zu grinsen. »Wie der Auszug aus Ägypten«, sagte er. »Nach dem Rennen wollen immer alle so schnell wie möglich weg.« Ich lachte. Ja, so schnell wie möglich ins Ziel kommen und im Ziel so schnell wie möglich von dort verschwinden. Die frisch geduschten Roglič und Jernej kamen vorbei, grüßten kurz und stiegen ins Auto, machten sich auf den Weg zur Durchgangsstraße und verschwanden hupend in Richtung französischer Grenze. Wenige Augenblicke später fuhr der Teambus mit dem Ziel Flughafen ab. Dort würden wir essen, schlafen und am nächsten Morgen in aller Frühe die Heimreise antreten.

Nur einer war im Krankenhaus zurückgeblieben. Milan Vader hatte immer noch keine Ahnung, was ihm am Vortag passiert war.

* * *

Es dauerte lange, bis Milan Vader nach seinem Sturz im Baskenland wieder zu sich kam. Man hatte versucht, ihn nach vier Tagen aus dem Koma zu wecken, aber die Unruhe in seinem Körper nahm zu, je wacher er wurde. Er stellte dem Pflegepersonal sogar ein paar Fragen, aber davon wusste er später nichts mehr. Er kann sich an diesen Tag im April nicht erinnern. Sie versetzten ihn wieder in ein künstliches Koma, denn so würde die Genesung am erfolgreichsten sein.

Die ersten Tage im Krankenhaus in Bilbao waren kritisch. Ein Scan zeigte, dass sein Gehirn unter Sauerstoffmangel gelitten hatte und die rechte Seite seines Körpers nicht auf Reize reagierte. Es wurde eine halbseitige Lähmung befürchtet. »Das zu hören, war ziemlich hart«, sagte er später.

Am 19. April, elf Tage nach dem Unfall, erhielt ich von Merijn Zeeman die Nachricht, dass Vader wieder selbstständig atme und der Chefarzt sich am Freitag von der Familie des Fahrers verabschieden werde, da er davon ausgehe, dass Vader schon am Montag in die Niederlande zurückfliegen werde. Drei Tage später erhielt ich ein Foto, auf dem ein junger Mann mit entblößtem Oberkörper zu sehen war, an dem eine Menge Schläuche befestigt waren. Er reckte beide Daumen in die Höhe.

Dann klingelte das Telefon.

»Hallo, hier ist Milan. Milan Vader.« Er fragte, wie es mir ginge.

Ich war überwältigt davon, seine Stimme zu hören. Ich war zu perplex, um überhaupt etwas Sinnvolles aufschreiben zu können. Als ich nach ein paar Minuten auflegte, fielen mir nur die drei Fragen ein, die er seinem Vater gestellt hatte, als sie ihn das erste Mal aus dem Koma holen wollten: Wie hoch ist mein Puls? Hat Roglič gewonnen? Kann ich eine Cola haben?

Einen Monat später sah ich ihn von weitem auf der Gortstraat in Richtung Terrasse des Restaurants De Herberg in Middelburg gehen. Ich war baff von der Kraft dieses Körpers, der so zerstört gewesen war. Als er in Bilbao wieder zu sich gekommen war, hatte er nur noch 55 Kilo gewogen und sieben Kilo Muskelmasse verloren. Er hatte kaum Fett an seinem abgemagerten Körper. Als er im Krankenhaus einmal auf die Toilette schlurfte, kam er an einem Spiegel vorbei und dachte: eine wandelnde Leiche.

Auf der Terrasse bestellte Milan Vader einen Eistee und danach ein alkoholfreies Bier. Er war froh, eine Weile rauszukommen, und sprach darüber, was ihm passiert war und was vor ihm lag. Ende des Monats würde er wissen, ob er die schweren Blutverdünner absetzen könnte. Er rechnete damit, noch in diesem Jahr sein Comeback geben zu können.

Im Rotterdamer Erasmus-Krankenhaus wurde ihm Anfang Juni mitgeteilt, dass der Stent in seinem Hals gut eingepasst war, die Venen um ihn herum jedoch noch etwas schwach waren. Er müsse noch eine Weile warten, bis er auf leichte gerinnungshemmende Medikamente umsteigen könne.

Mit dem Radfahren durfte er bereits wieder beginnen, allerdings war es mit einem kleinen Risiko verbunden, das möglicherweise große Folgen haben könnte. Ein Sturz auf den Kopf oder innere Blutungen könnten dazu führen, dass sich sein Kopf irgendwann mit Blut füllte, weil die Medikamente das Blut nicht gerinnen ließen. Dieses Risiko würde immer bestehen, da er ohnehin weiter blutgerinnungshemmende Mittel einnehmen müsste.

»Gut«, hatte er dem Arzt gesagt, »wenn ich wieder Rennen fahren kann, werde ich es tun.« Der Arzt hatte ein wenig auf die Bremse getreten. Zuerst müsse er sich mit seinen Eltern und seiner Freundin beraten.

Seine Eltern sagten: »Wir werden dir das Fahrrad nicht wegnehmen«, und seine Freundin fragte: »Versprichst du mir, ein MRT von deinem Kopf machen zu lassen, wenn du stürzt?«

Er antwortete, dass im Falle eines Sturzes ein zusätzlicher Scan keine schlechte Idee wäre.

Aber ob er nach einem Sturz denn wisse, ob er mit dem Kopf auf dem Asphalt aufgeschlagen sei, fragte ich ihn. Würde er nach jedem Sturz mit dem Teamwagen ins Krankenhaus fahren? »Oje«, sagte er, »gute Frage.«

»Hattest du jemals Angst?«, fragte ich.

Er dachte einen Moment nach und sagte dann: »Nein, eigentlich nicht. Ich habe keine Erinnerung an den Unfall. Ich habe aber von meinen Eltern erfahren, dass ich bei der Einlieferung ins Krankenhaus einen Arzt gefragt habe: ›Werde ich das überleben?‹«

Kapitel 29

Der letzte Giro

Ein Stück weiter zurück in der Zeit. Dezember 2021, sechs Monate vor dem Start der Italien-Rundfahrt. Merijn Zeeman saß auf der kleinen Steinmauer an der Promenade von Sant Feliu de Guíxols und sagte, dass Tom Dumoulin und das Team einen »guten Modus« für die nächste Saison gefunden hätten. Nach den beiden schwachen Jahren war ein Neuanfang gemacht worden, und Marc Lamberts leitete inzwischen Dumoulins Training. Der Fahrer selbst hatte nun, wie Zeeman es ausdrückte, »das Steuer in der Hand« und er würde seine dritte Saison beim Team Jumbo-Visma ganz auf den Giro ausrichten. »Jetzt liegt es an Tom«, sagte Zeeman. »Es ist sein Plan, seine Arbeitsweise, an die er glaubt und mit der er sich gut fühlt. Nun ist es Toms Sache, dass dabei auch etwas herauskommt.«

Dumoulin wollte das Höhentrainingslager auf Teneriffa im Februar auslassen und stattdessen nach Kolumbien fliegen. Annemiek van Vleuten hatte ihn dazu angeregt. Die niederländische Zeitfahr-Olympiasiegerin war ein Jahr zuvor zum Training nach Südamerika gereist und mit begeisterten Berichten und neuer Energie zurückgekehrt. Dumoulin hatte sich mit ihr im vorigen Sommer unter der Leitung ihres gemeinsamen Trainers Louis Delahaije in den italienischen Dolomiten auf die Spiele in Tokio vorbereitet. Im Monat zuvor war Dumoulin in Thailand auf dem Rad unterwegs gewesen und nun spielte er mit dem Gedanken, später im Jahr in Ruanda zu trainieren. »Tom lebt vom Abenteuer«, sagte Zeeman. »Er ist der Überzeugung, dass ihm das am meisten hilft.«

Später an diesem Dezembernachmittag saß ich Tom Dumoulin im Hotel am Tisch gegenüber. Er erzählte mir, wie eintönig er diese Art von Trainingslagern schon immer gefunden habe, die jahrein, jahraus, egal von welchem Profiteam, an der immer gleichen spanischen Küste absolviert wurden. Girona, Calpe, Dénia, Alicante, Benidorm, all diese Orte waren für ihn austauschbar geworden, und auch diese Straßen war er gefühlt schon tausendmal gefahren. Er hatte eine gewisse Abneigung dagegen entwickelt, aber er wusste auch, dass es zu seinem Job gehörte: Kilometer machen. »Hier in Spanien«, sagte er nach dem späten Mittagessen, »ist es seit zehn Jahren dasselbe.«

Es war lange her, dass wir uns gegenübergesessen hatten, wegen Corona, wegen beruflicher Verpflichtungen und wegen seiner selbstgewählten Auszeit. Wir gossen uns Mineralwasser ein. Dann fragte ich ihn, ob er nach all dem Soul Searching der letzten Monate eine bessere Vorstellung davon habe, wer Tom Dumoulin sei. Er sagte, ja, das habe er.

In seinen ersten Jahren als Profi habe er nie über solche Dinge nachgedacht. Er sagte, er habe immer ein Problem mit Leuten gehabt, die auf der Suche nach sich selbst waren und sich dann ellenlang darüber ausließen. Er dachte, dass da vielleicht nichts zu finden sei. »Ist es nicht manchmal besser, nicht zu denken und die Dinge einfach zu tun«, meinte er. »Lebt man dann nicht mehr ›im Moment‹, als wenn man anfängt, darüber nachzudenken?«

Er sagte, er habe in den ersten Jahren seiner Karriere viel verdrängt, und irgendwann habe es angefangen, in ihm zu »brodeln und zu sprudeln«. Er wusste, dass das Problem, mit dem er zu kämpfen hatte, mit seinem Beruf zu tun hatte, mit der Ausübung von Leistungssport.

Seine Psychologin hatte ihm kürzlich geraten, ein bisschen »netter« zu sich selbst zu sein. Sie meinte, er sei ein Perfektionist und zu sehr auf »Kontrolle« bedacht. Er verstand sie, erklärte ihr aber, dass es im Leistungssport nicht anders ginge. »Ich könnte viele Momente aufzählen, in denen es für einen Leistungssportler nicht wünschenswert ist, nett zu sich selbst zu sein. Man kann nicht einfach sagen: Ich fühle mich beschissen, also fahre ich heute nicht Rad. Ab und zu muss man in den sauren Apfel beißen. Man kann nicht nur ein bisschen Leistungssportler sein. Es heißt, ganz oder gar nicht. Für mich war genau das das Problem mit dem Leistungssport. Dass es nie aufhört.«

Inzwischen sei das Problem noch komplizierter geworden, glaubte Dumoulin, weil er zwar das Gefühl habe, nach all den Siegen nichts mehr beweisen zu müssen, er aber dennoch merkte, dass er von »einem enormen Drang, etwas zu beweisen«, angetrieben wurde. »Um der Welt und mir selbst zu zeigen: Seht her, was ich kann!« Das brachte ihn dazu, auch in dieser Saison zu versuchen, sein Unbehagen an seinem Sport zu überwinden, denn es gab noch einiges zu gewinnen. »Zum Beispiel den Giro«, sagte er. »Ich wollte herausfinden, ob ich noch das Zeug habe, Klassementfahrer zu sein. Denn das ist für mich das Nonplusultra im Radsport, der Gesamtsieg bei einer großen Rundfahrt.«

Gleichzeitig stellte er sich die Frage, ob der Wunsch, sich zu beweisen, das harte Leben im Profisport wert sei. »Wenn ich mich nicht mehr beweisen muss«, sagte Dumoulin, »gibt es dann noch einen Grund, fünf Stunden lang mit einem beschissenen Gefühl auf dem Rad zu sitzen?«

Er sagte, er habe kürzlich einen Artikel gelesen, in dem ein Psychologe erklärte, dass in der heutigen Gesellschaft ein Boreout, ein Gefühl der Unterforderung, genauso ein Problem sei wie ein Burnout. Dumoulin erkannte sich selbst darin. »Ich bin jemand, der sich schnell langweilt«, sagte er. »Einerseits habe ich mich in den vergangenen Jahren überanstrengt, auf der anderen Seite habe ich zu wenig neue Reize gespürt, und wenn ich sie bekam, waren es negative Reize.«

Ich wollte wissen, wie er jetzt auf sein Fahrrad schaue. War er zur Ruhe gekommen und konnte er das Setup seines Rads nun so lassen, wie es war? Er antwortete, dass er sein ganzes Leben lang jemand gewesen sei, der gerne über Problemen »brütete«, und mit Fahrrädern sei ihm das immer ganz gut gelungen. Er wäre gerne weniger obsessiv dabei, aber so war es nun mal. Er glaubte, dies sei einer der Gründe, warum er so stark war. »Ein halber Zentimeter höher oder tiefer macht einen großen Unterschied in der Effizienz«, sagte er. »Wenn Fahrer sagen, dass sie nichts spüren, denke ich: Du bist einfach nicht effizient. Wahrscheinlich ist es ganz schön für sie, dass sie nichts spüren, aber dann holt man auch nicht das Maximum heraus.«

»Ich habe akzeptiert, dass ich ein sehr feinfühliger Mensch bin«, sagte er wenig später. Er tüftele halt von Zeit zu Zeit an seinem Fahrrad herum, na und? Früher konnte ihn das »zutiefst unglücklich« machen, er machte sich selbst verrückt und merkte schnell, dass er launisch war und damit viele Leute im Team negativ beeinflusste. Er wollte diesen Zweifel ablegen, aber es gelang ihm nicht, dieses Gefühl zu unterdrücken. Jetzt nahm er halt ein paar Änderungen an seinem Rad vor und damit basta.

Am nächsten Tag stürzte er auf einer Trainingsfahrt, verletzte sich erneut – diesmal am Ellbogen – und musste ins Krankenhaus gebracht werden, um die Wunden zu nähen. Sein neuer Trainer betonte später, Dumoulin habe in den Jahren bei Jumbo-Visma viel Pech gehabt. »Sieh mal«, sagte Marc Lamberts,

»Primož kam jedes Mal wieder auf die Beine und wurde belohnt, mit Olympia-Gold, mit einem Sieg bei der Vuelta, einem Klassiker. Tom nicht.«

* * *

Als die Saison zwei Monate später in den Vereinigten Arabischen Emiraten begann, wurde Dumoulin Dritter im Zeitfahren der UAE Tour. Sieben Sekunden hinter Weltmeister Filippo Ganna, aber vier Sekunden vor Pogačar. In der Gesamtwertung war er nach drei Tagen Vierter. Im Team dachte man: Er ist wieder der Alte. »Ich dachte wirklich«, sagte Zeeman, »dass er dort um das Podium kämpfen würde.«

Am Tag darauf erhielt ich eine Nachricht von Dumoulin. Das Ziel befand sich auf dem Gipfel des Jebel Jais. *Pudding in den Beinen*, schrieb Dumoulin, der als 48. ins Ziel kam. Er hatte Probleme mit dem Rücken und konnte seine Leistung nicht aufs Pedal bringen. Am Ende der Woche hatte er zehn Minuten Rückstand auf den Sieger Pogačar und wurde 41. im Schlussklassement.

Zeeman vermutete, dass der Rückschlag vielleicht auf den langen Flug von Kolumbien nach Amsterdam zurückzuführen sein könnte, von wo aus er in die Emirate weitergereist war. Zeeman hoffte nur, dass Dumoulin rechtzeitig für Strade Bianche wieder fit sein würde, und sagte, dass Dumoulin aus dem Zeitfahren Zuversicht schöpfen sollte. »Ich erwarte einen ganz anderen Tom beim Giro«, sagte Zeeman. »Von Tom wissen wir inzwischen, dass er gut ist, wenn er es will.«

Im April kehrte Dumoulin bei der Katalonien-Rundfahrt ins Peloton zurück, nachdem eine Corona-Infektion ihn gezwungen hatte, Strade Bianche und auch die anderen Vorbereitungsrennen in Italien abzusagen. Aber nach nur drei Tagen stieg Dumoulin auf der Etappe nach La Molina aus. Zeeman, der das Rennen in Katalonien betreute, schrieb mir: *Tom? Ihm war schwindlig auf der Etappe. Wurde vom Arzt untersucht und war okay. Total schlecht gefühlt nach Covid. Kommt nicht voran. Hängt mental durch.* Dumoulin schrieb mir ein paar Minuten später, dass er nicht über diese Enttäuschung sprechen wolle.

Drei Tage später unterhielt ich mich mit Zeeman über die seiner Meinung nach »abnormale und hysterische« Aufmerksamkeit, die Dumoulin von der Presse in den Niederlanden zuteilwurde. Er verstand nicht, dass er nach guten Leistungen wie zum Beispiel bei Paris–Nizza nie Fragen bekam, aber immer, wenn Dumoulin irgendwo ausstieg, hingen die Journalisten sofort in der Leitung.

»Echt bizarr«, dachte er.

Zeeman war sehr besorgt über die Auswirkungen, die diese Aufmerksamkeit auf Dumoulins Leben und Psyche hatte. Er meinte, dass die Journalisten hauptsächlich ihn und nicht den Radsport verfolgten, was bedeutete, dass viele nicht über das Wissen verfügten, um Dumoulins Lage angemessen zu beurteilen. Seiner Meinung nach war Dumoulin im internationalen Radsport überhaupt kein wichtiger Faktor mehr. »Aber ich bekomme nie Fragen über Primož, Wout oder Jonas, sondern immer nur über Tom. All diese Fragen über Tom. Das macht mich echt kirre.«

Zeeman ging nicht davon aus, dass sich daran so bald etwas ändern würde, und befürchtete, dass Dumoulin sich irgendwann die Frage stellen würde, ob er sich das alles noch antun will. »Tom kann nicht einfach mal eine beschissene Phase haben«, sagte Zeeman. »Bei Steven Kruijswijk passiert dann nichts, aber bei Tom schaut die ganze Nation zu, und es wird ein geradezu lächerliches Brimborium darum gemacht.«

Ich entgegnete, dass die ganze Aufmerksamkeit in gewisser Weise logisch sei, weil das Team ihn nun mal für viel Geld verpflichtet hatte, um mit ihm die Tour de France zu gewinnen, dass danach viel passiert sei, dass Tom aber immer noch Giro-Sieger blieb, dass er sozialer und sensibler sei als manch anderer Spitzensportler und dass er es reizvoll finde, sich mit anderen Menschen auszutauschen. »Alles, was du sagst, ist genau das, was ich meine«, sagte Zeeman. »Deswegen läuft es mit Tom so, wie es läuft, und so wird es auch enden.«

Er sah, dass Dumoulin in einen Teufelskreis geraten war. »Und wenn man unter solcher Beobachtung steht«, sagte Zeeman, »kann man nicht mehr in ausgewogener Weise am Sport arbeiten. Und ich stehe daneben. Ich sehe es und kann auch nichts daran ändern. Ich habe wirklich Angst, dass ihn das jetzt endgültig einholt.«

* * *

Beim Giro-Start Anfang Mai in der ungarischen Hauptstadt Budapest freute sich Dumoulin, dass ihn die Radsportfans als ehemaligen Giro-Sieger anfeuerten. Nach der ersten Etappe sprach er von einem »hitzigen Finale«, in dem er vermutlich etwas zu viel Zeit auf Mathieu van der Poel verloren habe, um sie am nächsten Tag auf dem kurvenreichen Zeitfahrkurs gutzumachen und das Rosa Trikot des Gesamtführenden zu übernehmen.

Als Dumoulin später als Drittschnellster ins Ziel kam, erklärte er, er sei in den Kurven »etwas zu schlampig« gewesen, aber auch »einfach nicht stark genug«. Über seine Ambitionen im Gesamtklassement konnte er wenig Brauchbares sagen. »In den Emiraten hatte ich auch ein gutes Zeitfahren«, sagte er, »und dann kam ich nicht mal in die Nähe einer guten Platzierung.«

Zwei Tage später gab es die Antwort. Am Morgen rief ich Mathieu Heijboer an. An diesem Tag ging es für das Peloton zum ersten Mal bergauf, das Ziel lag oben am Ätna, dem Vulkan auf Sizilien. Für Heijboer war es »ein spannender Tag«. Er rechnete damit, dass viel davon abhängen würde, mit welchem Gefühl Dumoulin aus dieser Etappe kam. »Wenn es sich als Enttäuschung entpuppt«, sagte Heijboer, »denke ich, wird er sich selbst betrachten und sich fragen, ob er sich das alles noch antun will.«

Am Abend erhielt ich telefonisch die Bestätigung von Dumoulin, der das Ergebnis tatsächlich als große Enttäuschung empfand. Er war neun Minuten nach dem Sieger ins Ziel gekommen. »Ich habe einfach schwere Beine«, sagte er. »Keine Kraft.« Er werde sich in den nächsten Tagen »resetten«. Als ich ihm am nächsten Tag eine Nachricht schickte, kam keine Antwort. Später erzählte er mir, dass es eine Belastung war, Sport wie unter einem Vergrößerungsglas zu betreiben. Was auch immer er tat, es wurde von den Leuten aufgebauscht. Was war denn eigentlich passiert? Nun, Tom Dumoulin fuhr eine Weile nicht so gut. Mehr nicht. Warum wurde das so an die große Glocke gehängt? Er bezeichnete die Erwartungen, die seine Karriere umgaben, als »Damoklesschwert«. »Diese Unfreiheit, die ich auf dem Rad spüre«, sagte er, »davon komme ich nicht mehr los.«

Nach dem Etappensieg seines Teamkollegen Koen Bouwman, der ihn nach Kolumbien begleitet hatte, zeigte sich Dumoulin überglücklich und nannte es »den schönsten Tag des Jahres«. Er hatte alles aus sich herausgeholt (»Ich habe mir die Seele aus dem Leib gefahren«, sagte er später), um dafür zu sorgen, dass Bouwman seine Mitausreißer im Finale besiegen konnte. Er selbst wurde an diesem Tag Vierter und sagte, es habe ihm viel mehr bedeutet, Bouwman gewinnen zu sehen, als wenn er selbst als Erster über die Ziellinie gefahren wäre. »Für meine Karriere war es egal, ob ich heute gewonnen hätte.

Das hat mir zehnmal besser gefallen. Diese Freude von Koen! Das erinnerte mich an meine Freude nach dem Giro-Sieg 2017.«

In den Tagen danach ging es für Dumoulin bergab. Ihn plagten starke Rückenschmerzen. Er hatte »schreckliche« Tage im Peloton und hoffte, sich ein wenig schonen zu können und wieder zu Kräften zu kommen. Er sagte, er habe nicht mehr die Beine von vor ein paar Jahren.

Marc Lamberts machte in diesen Tagen die Feststellung, dass es bei Tom Dumoulin physisch nicht mehr klappte, weil mental nichts mehr ging. Und umgekehrt. »Das Training schlug bei Tom nicht mehr an«, sagte Lamberts im Rückblick auf die Zusammenarbeit. »Vielleicht war er schon ziemlich kaputt, als er zu uns kam, er hatte einen Burnout. Bei uns ging es ihm fast nie gut, nur ganz gelegentlich mal, eher schubweise.« Lamberts vermutete, dass mittlerweile hormonell etwas nicht stimmte.

Vier Tage nach Bouwmans Sieg stieg Dumoulin desillusioniert aus. Auf der Heimfahrt am nächsten Tag erklärte er, dass Corona seine Belastbarkeit beeinträchtigt hatte. Sobald er anfing, härter zu trainieren, erlitt er kleinere Verletzungen und wurde nur noch müder, statt sich durch das Training zu verbessern. Sein Rücken machte ihm immer mehr zu schaffen. »Ich glaube«, sagte er, »dass Körper und Geist einfach genug davon haben.«

Er schwieg eine Weile. Er suchte nach Worten. »Behalte das noch für dich«, meinte er schließlich. »Aber ich habe nach Katalonien die Entscheidung getroffen, am Ende des Jahres mit dem Rennsport aufzuhören.«

Er erklärte, dass die Liebe zum Radsport ihn lange Zeit bei der Stange gehalten habe, aber dass ihm das abgeschottete Leben, zu dem der Radsport in den letzten Jahren geworden sei, zu viel geworden war. Früher waren es die Erfolge, die ihn angetrieben hatten, aber nun, da sie immer häufiger ausblieben, belastete ihn dieser Aspekt.

»Und gerade jetzt, wo mein Körper nicht mehr das tut, was ich mir wünsche und erhoffe, ist für mich klar: Das ist die richtige Entscheidung«, sagte er.

Ich fragte ihn, ob er das Gefühl gehabt habe, die Leute zu enttäuschen, wenn er aufs Rad gestiegen sei. »Oft, ja«, sagte er, »im Hinterkopf hatte ich immer diese Vorstellung, dass es Folgen hätte, wenn es nicht so laufen würde. Vielleicht war das eine irrationale Angst, und es hätte mir auch egal sein sollen, aber der Gedanke war nie fern. Die Angst wurde auch immer größer. Jetzt, wo ich schlecht fahre, bestätigen die Nachrichten, die ich erhalte, meine Gefühle. Kein Wunder, dass ich die Freude am Radfahren verloren habe. Es hat für eine Blockade und eine Unfreiheit gesorgt, die ich nicht mehr abschütteln kann.«

Dann fragte er, ob es in Ordnung sei, es vorerst dabei zu belassen. »Wir reden ein andermal weiter, okay?«

Zwei Monate später gab Tom Dumoulin bekannt, dass er mit sofortiger Wirkung als Radprofi aufhören würde. Er war fertig damit.

Kapitel 30
Ein Kreis um die Fahrer

In wenigen Tagen würde die Tour-Mannschaft von Jumbo-Visma nach Dänemark aufbrechen. Die meisten Mechaniker, Masseure, Köche und anderen Helfer waren bereits in Trucks, Transportern, Begleitwagen und dem Teambus unterwegs. Sie würden sich demnächst in Kopenhagen einquartieren, wo die 109. Tour de France am 1. Juli mit einem 13,2 Kilometer langen Prolog beginnen würde. Ich hatte mich erkundigt, wo wir in den ersten fünf Tagen wohnen würden: in einem sehr komfortablen Hotel in der Nähe des Flughafens, neben dem Sportboothafen Kastrup und dem Amager Strandpark. In der Ferne war die Öresund-Brücke zu sehen, über die man die schwedische Stadt Malmø erreichte.

»Die Fahrer haben wieder in den Ego-Modus umgeschaltet«, sagte Merijn Zeeman, als ich vor der Abreise mit ihm sprach. »Jetzt heißt es wieder ›ich‹, mit einem fetten Kreis darum.« Zu Mathieu Heijboer hatte er, wie jedes Jahr, gesagt: »Sie werden nicht unbedingt lustiger drauf sein!«

Diese Bemerkung war zur Tradition geworden. Sie wussten inzwischen, dass die »persönliche Entwicklung« der Fahrer nicht immer mit ihrer »körperlichen Leistungsfähigkeit« Schritt hielt, wenn die Stunde der Wahrheit kam.

»Primož?«, sagte Zeeman. »Hm, mit dem rede ich nicht. Wenn ich dem eine Nachricht schicke, kriege ich nur ein ›Daumen hoch‹ oder eine ›Faust‹ zurück. Klar, wenn ich in Kopenhagen bin, renne ich ihm wieder seine Zimmertür im Hotel ein.«

Rogličs verschlossene Art war für seine Mitmenschen manchmal ein wenig problematisch. Sie hatte dazu geführt, dass seine Vorbereitung auf die Tour nicht ganz sorgenfrei verlaufen war. Im April sagte Zeeman: »Er hat gerade seine Grenze überschritten.«

Roglič hatte im März Paris–Nizza gewonnen, aber der Stress auf der Schlussetappe habe ihn auf komische Ideen gebracht, so die Coachs. Als ich Zeeman fragte, ob er ein Beispiel nennen könne, hatte er sofort eines parat. »Plötzlich zog er sich mehr an, damit ihm ja nicht kalt wurde. Auf einmal ging er übervorsichtig in die Kurven. Er war völlig durch den Wind. Wie sich zeigte, hatte Primož einfach Angst, noch einmal am letzten Tag alles zu verlieren, und wollte unbedingt die Kontrolle bewahren, aber damit entfernte er sich sehr weit vom Hier und Jetzt, zu Lasten der Automatismen und seiner Intuition. Er dachte zu viel nach. Wie gehe ich mit Stress um? Wie gehe ich mit einem Gegner wie Pogačar um? Klassische Psychologie. Er brachte sich vollkommen aus dem Moment.«

Roglič war nach der Kopfsteinpflaster-Erkundung beim GP Denain angeschlagen im Baskenland angekommen und hatte in der Woche dort eine schwache Leistung gezeigt, da ihm auch noch eine widerspenstige Ansatzsehne der hinteren Oberschenkelmuskulatur zu schaffen machte. Aus diesem Grund konnte er auch nicht wie geplant anschließend auf der Zeitfahrstrecke rund um Rocamadour trainieren. Erst einmal musste die Sehnenreizung auskuriert werden. Damit blieb nur noch eine Möglichkeit, das vielleicht entscheidende Zeitfahren am letzten Samstag der Tour zu erkunden, nämlich kurz nach der Dauphiné, zehn Tage vor dem *Grand Départ* in Dänemark. Von Tignes aus mit dem Auto hin- und zurückzufahren, war nicht machbar, also blieb nur eine Möglichkeit: einen Hubschrauber mieten, um Roglič mitsamt Rad und Mechaniker nach Südwestfrankreich zu fliegen. Mathieu Heijboer hatte sich an einen örtlichen Radclub gewandt und um Hilfe gebeten. Einer der Vereinsmitglieder meinte, sie wären leicht an ihrem roten Auto mit Radträger auf dem Dach zu erkennen. Heijboer antwortete, sie seien auch leicht zu erkennen: »Wir kommen mit dem Hubschrauber.« Der Pilot landete auf dem Fußballplatz im Startort Lacapelle-Marival, und nach einer dreistündigen Trainingseinheit auf der Strecke, die die Fahrer dann auch am Samstag, dem 23. Juli, bei der Tour zurücklegen würden, hob der Hubschrauber wieder zum Rückflug nach Tignes ab.

»Primož hat in diesem Frühjahr seine Unbekümmertheit verloren«, so Zeeman weiter. »Er hat sich von seiner eigenen Getriebenheit mitreißen lassen.«

Zeeman erzählte, was im Training schiefgelaufen war. Roglič hatte einfach zu viel gewollt und sich zu viel abverlangt. »Wenn man ihn fragt, warum er übermäßig trainiert und diese Extreme sucht, sagt er: ›Man muss sich doch pushen, oder?‹ Klar, der Wunsch, besser zu werden, Pogačar zu schlagen, den

Rückstand zu verkürzen, hat ihn sehr weit gebracht. Sieh dir an, wie er die Tour verloren hat und ein Jahr später in Tokio Olympiasieger im Zeitfahren wurde. Aber es kann auch genau das Verhalten sein, das ihn im Rennen aus dem Tritt bringt. Die Umstände werden dann stärker als er selbst.«

»Was mir Sorgen macht«, so Zeeman, »ist der Stellenwert, den er inzwischen in Slowenien genießt. Die Frage ist: Will er Leistung bringen, weil es die Leute von ihm erwarten und er seinen Status beibehalten will? Oder bleibt es dabei: ›Ich will mich weiterentwickeln und es ist mir scheißegal, was die anderen denken‹?«

Zeeman suchte die Schuld auch bei sich selbst. Sie hatten Roglič zugestanden, den Versuch zu machen, die Kontrolle zu behalten. Sie hatten ihm zugestanden, im Jahr zuvor nicht bei der Dauphiné an den Start zu gehen. Denn wenn man nicht fährt, so argumentierte Roglič, kann man auch nicht stürzen.

Zeeman zufolge war der Trick, es so anzugehen, wie es Basketballtrainer Phil Jackson mit den Chicago Bulls getan hatte. Jackson hatte seinen Spielern in den 1990er Jahren eingehämmert, dass zwar 50.000 Zuschauer in der Halle seien, es aber nur um den Titel gehe und um nichts anderes. »Und das Einzige, worauf man als Sportler zurückgreifen kann«, so Zeeman, »sind Automatismen und Intuition. Tu einfach immer das, was du tun musst.«

Er hatte Roglič also Jacksons Buch *Sacred Hoops* geschickt?

»Nein, *Endure*.«

Ich fragte ihn, warum gerade dieses Buch, das den Untertitel *Geist, Körper und die seltsam dehnbaren Grenzen der menschlichen Leistungsfähigkeit* trägt.

»Um den beiden – ich habe es auch Jonas in die Hand gedrückt – klarzumachen, was sie tun. Dass sie Einfluss auf die Gedanken haben, die sie denken. Dass sie Einfluss auf die Grenzen haben, die sie sich setzen. Dass sie darüber nachdenken, ob sie noch weiter gehen können. Dass sie sich manchmal anstrengen müssen, um im Moment zu sein, und dass sie diese Fähigkeit entwickeln können. So wie man seinen Körper trainiert, kann man auch seinen Geist trainieren, und Bücher wie *Legacy* und *How Bad Do You Want It?* und *Endure* können ihnen helfen, zu erkennen, welche Prozesse in ihrem Kopf ablaufen. Sie können lernen, wo ihre Fallstricke liegen und was es bedeutet, im Moment zu sein.«

Zeeman glaubte, dass dies bei Roglič »angekommen« sei: die Botschaft, dass man noch besser abschneiden kann, wenn man auf seine Gefühle hört, ohne sie zu bewerten, und dass man sich darüber im Klaren sein muss, dass die eigenen Aktionen einen Gegner zum Nachdenken bringen können. Vor allem, so Zeeman, sei es wichtig, in die Arena zu gehen und dort bis zum Umfallen zu kämpfen und während dieses gesamten Prozesses niemals Opfer der eigenen Gedanken zu werden. »Bleibe im Hier und Jetzt«, sagte Zeeman mit Leidenschaft in der Stimme. »Das ist der Kurs. Das ist die Strategie, und bleibe bei dem, was du kannst. Denke weiter in Strategien. Das gilt auch für uns. Konfrontiere einen Fahrer nicht mit seiner Herzfrequenz. Wenn man eine Grand Tour bestreitet, spielt das keine Rolle mehr. Dann kann man seine körperliche Verfassung nicht mehr ändern. Man kann sich sowieso nicht mehr erholen. So ist das nun mal.«

Als Beispiel nannte er die Fahrer, die gerade den Giro bestritten hatten. Sie hätten in diesen Wochen nicht gemerkt, dass sie sich selbst »völlig fertigmachten«, so Zeeman. »Das war es, was Tom Dumoulin ständig getan hat. Er hat schon auf dem Ätna seine ganze Vorbereitung bewertet. ›Ich bin nicht mehr der Tom von früher.‹ Und darum hat er's dann auch gar nicht mehr versucht, nicht wahr?«

Nach Paris-Nizza, so Zeeman, habe auch Roglič erkannt, dass er etwas gegen diese Probleme tun müsse. Er hatte die Hilfe eines slowenischen Mentaltrainers in Anspruch genommen. Dieser hatte den Coachs von Jumbo-Visma erläutert, dass es Roglič vom Skispringen her gewohnt war, alles zu analysieren. Dort zeichneten die Trainer jeden Sprung auf Video auf, und die Athleten waren gehalten, jeden einzelnen ihrer Sprünge zu begutachten. Hier die Hand so, da das Bein so. »Und genau an der Stelle macht Primož jetzt zu viel«, sagte Zeeman, »er zermartert sich das Gehirn. Aber er muss es zulassen, darauf zu vertrauen, dass alles, was er wissen muss, schon da ist. Er muss im Hier und Jetzt bleiben, statt zu versuchen, alles zu erklären.«

Sie hatten also sozusagen dem Skispringer, der noch in ihm steckte, endgültig den Hals umgedreht?

»Ja.«

Obwohl Roglič zwei Wochen vor dem Start der Tour de France das Critérium du Dauphiné nach einem dominanten Auftritt von Jumbo-Visma (Van Aert gewann zwei Etappen, und Vingegaard und Roglič kamen auf der Schlussetappe Hand in Hand als Erster und Zweiter ins Ziel) für sich entschied, konnte jeder sehen, dass Vingegaard die schweren Etappen ein wenig leichter verdaut hatte als Roglič. Der Däne wurde Gesamtzweiter, 40 Sekunden hinter

Roglič. »Aber man kennt ja unser Programm und weiß, dass Primož zwischendurch angeschlagen war. Und man darf ein paar andere Dinge nicht vergessen. Diese Anstiege liegen Jonas einfach besser. Aber im Zeitfahren hat er eine halbe Minute auf Primož verloren, nicht wahr? Also verliert er diese halbe Minute normalerweise auch auf Pogačar.«

Zeeman sagte, dass der junge Däne sich noch in vielen Bereichen verbessern könne. Er könne noch ein bisschen besser vorausdenken, besser planen. »Jonas braucht noch viel Coaching«, sagte Zeeman. »Er muss begreifen, dass er keine Blackbox ist, sondern dass er selbst viel Einfluss hat. *Endure* zum Beispiel ist auch eine Art und Weise, ihm klarzumachen, dass nicht alles selbstverständlich ist und dass dieses Bewusstsein ihn zu einem besseren Fahrer machen wird. Erfolgreich zu sein, bedeutet nicht nur, einen Berg hochzufahren und dann mal eben mit dem Team das Gelbe Trikot zu holen. Es gehört ein bisschen mehr dazu. Es muss viel zusammen kommen, um eines Tages den letzten Schritt zu machen und die Tour de France zu gewinnen.«

Zeeman blickte auf die erste Woche der Tour voraus. Sie rechneten damit, dass Vingegaard nach der siebten Etappe mit Ziel an der Super Planche des Belles Filles – es ging noch ein bisschen höher hinaus als beim Zeitfahren bei der Tour 2020 – »im günstigsten Fall« eine Minute Rückstand in der Gesamtwertung haben würde. »Mit einer Einschränkung: Sollte es im Rennen schon eine halbe Stunde früher richtig zur Sache gehen, ist das besser für Jonas. Aber wir werden sicher nicht das Tempo verschärfen, denn wir wollen so lange wie möglich mit zwei Mann in der Gesamtwertung vorne mit dabei sein. Wir wollen, dass Pogačar auf Jonas reagieren muss und Primož dahinter lauert.«

Mit den Fahrern sprachen sie nur dosiert über Pogačar. Als ich Grischa Niermann Anfang Februar fragte, warum das so sei, antwortete er lächelnd, dass sie über Pogačar so sprachen, wie bei Harry Potter über Lord Voldemort gesprochen wird. Niermann: »Man darf den Namen nicht aussprechen.«

Niermann: »Ich werde Primož nicht viermal in der Woche fragen, ob er sich schon überlegt hat, wie er Pogi schlagen will. Dann geht er beim dritten Mal natürlich nicht mehr ans Handy. Es ist ja nicht so, dass Pogi der rosa Elefant ist, aber man muss es dosiert machen.«

Niermann wies darauf hin, dass sie sich vor allem darauf konzentrieren sollten, wie sie selbst die Tour gewinnen können, anstatt darüber nachzudenken, wie Pogačar die Tour verlieren könnte. »Pogačar sitzt nicht unangreifbar auf dem Thron«, sagte Niermann. »Vielleicht wird Jonas das Maß aller Dinge, wenn er wieder solche Fortschritte macht wie im letzten Jahr.«

Zu Beginn der Saison hatte ich Kontakt zu Vingegaard, der abgeschirmt von der Außenwelt auf Teneriffa ein Höhentraining absolvierte. Vingegaard, der am letzten Tag des Jahres 2021 positiv auf Covid getestet worden war und danach tagelang nicht auf dem Rad gesessen hatte, erzählte mir am Telefon, dass er sich auf die Saison freue. Die zehn radfreien Tage hatten ihm nur mäßig gefallen. 2022 stand für ihn viel auf dem Spiel. Er wollte zeigen, dass der zweite Platz bei der Tour im Vorjahr keine Eintagsfliege war.

Ich fragte ihn nach den Anfängen seiner Karriere und wie er jetzt, nach dem Podium in Paris, auf seine ersten beiden Jahre mit dem Team zurückblicke. Er sagte mir, er sei »superhappy« mit dem Vertrag gewesen und habe viel gelernt. »Damals war ich noch längst kein richtiger Radprofi«, sagte er. »Ich hatte noch in vielen Dingen Aufholbedarf.« Vingegaard vermutete, dass dies auch ein Grund war, warum das Team ihn verpflichtet hatte. In seiner Entwicklung war noch viel Luft nach oben.

Ich wusste von seinem Trainer Tim Heemskerk, dass dieser erst hatte lernen müssen, Vingegaard nicht alle Dinge anzureichen, um ihm zu helfen. Er habe dies auch aus Unsicherheit getan, räumte Heemskerk ein. »Merijn hat mir mal gesagt: ›Wenn du siehst, dass was schiefläuft, greif nicht sofort ein.‹ Weiterentwicklung bedeutet auch, Jonas einmal mit Vollgas gegen die Wand laufen zu lassen. So wächst man auch in die Führungsrolle hinein.«

Heemskerk sagte, Vingegaard habe sich enorm verbessert. Er kommuniziere nun klarer und führe Tagebuch darüber, wie er sich vor und nach dem Training fühlte, so dass Heemskerk einen besseren Einblick hatte und sich nicht nur auf die Zahlen des Powermeters verlassen musste. Außerdem hatte seine Nervosität nachgelassen, und er schlief in der Nacht vor wichtigen Etappen viel besser. Heemskerk: »Jonas hat sich von ›unsichtbar im Hintergrund bewegen‹ zu ›sich immer mehr in den Vordergrund wagen‹ entwickelt.«

Am Telefon klang Vingegaard gelassen und ruhig. Er wählte seine Worte sorgfältig. Er sprach über die neue Ernährungsweise und erinnerte sich, wie schwer es ihm anfangs gefallen war, sich all das, was nötig war, in den Mund zu stopfen. In den ersten beiden Jahren im Team hatte er viel zu wenig gegessen, und das rächte sich bei den Mehrtagesrennen. Erst seit kurzem hatte er das Gefühl, kein Problem mehr damit zu haben, das ganze Essen aufzunehmen.

Vingegaard erklärte, dass er als Persönlichkeit noch wachsen müsse, dass man in diesem Team »Eigenverantwortung« zeigen müsse, dass jeder für seine eigene Zukunft verantwortlich sei. »Man muss dafür sorgen, dass man Haare auf der Brust bekommt«, wie Vingegaard es formulierte. »In meinem Fall heißt das, dass man sagt, was man denkt, und fragt, wenn man etwas will.«

Er verwies auf den positiven Einfluss seiner Lebensgefährtin Trine Marie. »Sie ermutigt mich, in schwierigen Situationen durchzuhalten«, sagte er.

Vingegaard erinnerte sich, wie nervös er anfangs gewesen war und dass dies in der ersten Zeit im Team ein großes Problem für ihn war. Er hatte mit den Coachs von De Talentenacademie daran gearbeitet. »Ich habe mich selbst zu sehr unter Druck gesetzt«, sagte er, »und es fiel mir schwer, damit umzugehen. Wenn ich im Training richtig gut gefahren bin, dachte ich: Wenn ich später nicht gewinne, habe ich versagt. Was sich geändert hat? Ich gebe mein Bestes und schaue, was dabei herauskommt. Zum Glück funktioniert das ganz gut, denn immer nervös zu sein, macht keinen Spaß.«

Wenn Vingegaard an den Start der Tour in Kopenhagen in vier Monaten dachte, mit all den Fans in Dänemark, die ihn anfeuerten, dann war ihm bewusst, dass er es vor allem schaffen musste, diese Art von Druck anzunehmen. »Ich weiß jetzt, dass die Tour mit nichts zu vergleichen ist«, sagte er. »Mental ist es schwer. Aber ich freue mich darauf. Ich kann es kaum erwarten. Ich möchte zur Tour zurückkehren und versuchen, sie vielleicht zu gewinnen.«

Im Juni war Tim Heemskerk auf dem Weg zum letzten Trainingslager vor der Tour in Tignes. Als wir telefonierten, hatte er noch mehr als 300 Kilometer vor sich, bevor er zu den Fahrern stoßen würde. An diesem Tag würden sie eine Pause einlegen. Nach dem Wochenende standen noch zwei längere dreitägige Trainingsblöcke auf dem Programm, unter anderem die Erkundung des für viele unbekannten Col de Granon. In diesen letzten Tagen vor der Tour könne man noch »einiges tun«, sagte Heemskerk.

Er wies darauf hin, dass die erste Woche der Tour »flach« sei und den Klassementfahrern daher als Trainingsreiz dienen könne, um »die Schwelle« zu erhöhen, was bedeutete, das Niveau anzuheben, das man als »Steady State« bezeichnet.

Die Schwelle ist der Punkt, an dem sich Laktatbildung und -abbau noch im Gleichgewicht befinden. »Wenn du über die Schwelle hinausgehst«, erklärte Heemskerk, »fängst du an, immer mehr Laktat zu bilden, und dann beziehst du deine Energie aus der Verbrennung von Zucker. Aber dieser Vorrat ist begrenzt, und irgendwann sinkt das Leistungsniveau und das Gehirn beginnt, den Körper zu bremsen. Das Gehirn sendet das Signal aus: Geh nicht zu weit, sonst bist du in Gefahr.«

Ich musste an die Gespräche denken, die ich mit Robbert de Groot in Limburg geführt hatte, und an die Erörterungen über die Dehnbarkeit der Leistungsgrenze von Radsportlern. »Die absoluten Topfahrer«, so Heemskerk, »erreichen dort, an der Schwelle, ihre optimalen Werte. Man nennt das Ermüdungsresistenz. Und der mentale Kampf ist an diesem Punkt sehr intensiv. Ein Kampf, bei dem es darauf ankommt, wer die Hand am längsten über der Flamme halten kann. Jonas? Ich sehe, dass er gegen Ende einer Etappe sehr hohe Werte fahren kann. Er versorgt sich während des Rennens gut und hat diese hohe Ermüdungsresistenz.«

Heemskerk sagte, dass es einen kleinen Rückschlag in Vingegaards Tour-Vorbereitung gegeben habe. Er hatte Halsschmerzen, und es sah nach einer Erkältung aus. Er musste sich erst einmal erholen und fit werden. Heemskerk nannte es »einen kleinen Schritt« zurück. »Jetzt müssen wir nur noch testen, wie Jonas auf die Pause reagiert«, sagte er. Im Vergleich zum letzten Jahr sei Vingegaard in besserer Form. Heemskerk: »Es ist beruhigend zu wissen, dass wir auch mal eine Trainingseinheit auslassen können.«

Er hoffte, dass sie noch ein weiteres Zeitfahrtraining absolvieren könnten, denn auf den Aufnahmen vom Critérium du Dauphiné hatten sie gesehen, dass Vingegaards Kopf im Kampf gegen die Uhr verdreht war und er ruckartige Bewegungen auf dem Sattel machte. Nach Ansicht des Trainers waren das jedoch nur Kleinigkeiten.

»Und am letzten Tag würde ich gern ein Moraltraining machen.«

Ich fragte ihn, was er damit meinte. Es stellte sich heraus, dass es ein nicht allzu schwieriges Training war, das Vingegaard aber sehr viel Spaß machte. »Laktat-Shuttling nennt sich das. Ein 23-minütiges Training mit hoher Wattzahl und ein paar Abschnitten, in denen man die Leistung ein wenig rausnimmt. Man baut Laktat auf, lässt es abklingen und baut es dann wieder auf, wenn man erneut beschleunigt. Jonas mag das. Letztes Jahr lief es dann auch wie am Schnürchen. Seine Moral wurde dadurch gestärkt.«

Steven Kruijswijk war der erfahrenste Mann auf der Startliste für die Tour. Er hatte bei Rabobank angefangen, war Blanco und dessen Nachfolgern treu geblieben und war nun mit 35 Jahren der Elder Statesman des Teams. Er würde in Kopenhagen in seine siebte Tour starten und eine neue Aufgabe haben, nämlich für Roglič und Vingegaard zu arbeiten. Er sagte, er fühle sich vielleicht besser als je zuvor, und sah sich in einer Rolle als »Bindeglied«: als Fahrer, der die Dinge zusammenhielt und dafür sorgte, dass der Fokus immer auf dem einen großen Ziel blieb.

Ich war neugierig, was genau er sich von diesen drei Wochen erhoffte. »Das Gefühl, noch nicht zum alten Eisen zu gehören«, sagte Kruijswijk. »Und den Kick, den man bekommt, wenn man bergauffährt und sein Bestes gibt und anschließend sagen kann: Ich habe Wout, Primož oder Jonas geholfen.«

Er sagte, er erwarte sehr viel von dieser Tour, und sprach über die Stärke der Mannschaft, die Vorbereitung, die Zeit und die Energie, die die Teamleitung investiert hatte, und über ihre Ambitionen. »Ich denke, dass unsere Tour nur ein Erfolg werden kann, wenn es uns gelingt, diese Ambitionen umzusetzen«, sagte Kruijswijk. Er verwies auf die dominante Fahrweise bei der Dauphiné und erwartete, dass dies auch bei der Tour der Fall sein würde.

Besonders gefreut habe ihn die Veränderung, die er bei Vingegaard beobachtet habe, als es einen Moment gab, in dem die Truppe zusammenrücken musste und es darum ging, sich gegenseitig zu helfen. Vingegaard hatte das Wort ergriffen und angefangen, die Teamkollegen im Rennen zu ermutigen. Er erzählte später, dass er sich das von Van Aert abgeschaut habe. »Jonas' Anfeuerungen gaben uns Moral«, sagte Kruijswijk.

Ich fragte ihn, ob es bei dieser Tour Platz für Ausreden gäbe. »Ausgeschlossen«, sagte er.

»Für Ausreden ist bei uns kein Platz.«

»Es geht schon etwas besser«, sagte Vingegaard am nächsten Nachmittag von Tignes aus. Obwohl er Halsschmerzen und eine verstopfte Nase hatte, meinte er, dass seine Form »supersupergut« und er sehr zuversichtlich sei. Er und Roglič seien bestens vorbereitet. »Wir sind startklar.«

Ich erzählte ihm, dass Kruijswijk am Tag zuvor gesagt hatte, dass es keinen Platz mehr für Ausreden gäbe. »Stimmt! Wir werden nur verlieren, wenn jemand besser ist als wir.«

Sie hatten also nur mit Pech und Pogačar zu kämpfen? »Genau.«

Ich wollte wissen, wie sich die neuesten taktischen Analysen auf seine Art, Rennen zu fahren, auswirkten. Er sagte, dass die Etappen in diesem Jahr anders aussehen könnten als in der Vergangenheit, vor allem spektakulärer. Schön für die Fernsehzuschauer, ja, aber so würden sich auch ihre Erfolgsaussichten erhöhen. Ich fragte, ob es damit zugleich für die Fahrer auch mehr Chancen gab, Spaß zu haben. »Das auch«, sagte Vingegaard.

Und ein klareres Ziel? »Auch. Das macht es nicht unbedingt einfacher. Aber ein klares Ziel erhöht bei uns allen den Fokus.«

Ich fragte ihn, inwiefern er von *Endure* profitiert habe. »Es ist nicht so, dass ich mir bewusst war, etwas aus dem Buch mitgenommen zu haben. Ich habe Teile davon gelesen, und was ich aufgeschnappt habe, ist, dass man seinen Körper dazu bringen kann, weiter zu gehen, als man es selbst für möglich hält. Es ist das Gehirn, das die Grenze setzt. Letztlich geht es also darum, wie weit man sich selbst pushen kann.«

Er war nicht überrascht von dieser Erkenntnis. Er hatte immer geglaubt, dass 50 Prozent der Leistung vom »Mindset« bestimmt würden und dass es an der Spitze vielleicht sogar zu 90 Prozent ergebnisentscheidend sei. »Übrigens ist es nicht so, dass ich im Rennen darüber nachdenke«, fuhr Vingegaard fort. »Es ist eher etwas, was im Unterbewusstsein passiert, denke ich.«

Schließlich fragte ich ihn, wie er mit der Aufmerksamkeit seiner Landsleute umgehen würde, die sich in den ersten Tagen der Tour auf ihn fokussieren würde. Er erklärte, dass ein Tour-Start im eigenen Land für jeden dänischen Fahrer ein besonderes Ereignis sei. Er wusste, dass er mit seinem zweiten Platz im vergangenen Jahr etwas ausgelöst hatte. Er vermutete, dass es ähnlich wie vor zehn Jahren war, als der Giro in Herning startete und er als 15-Jähriger versuchte, von den dänischen Fahrern Autogramme zu bekommen. »Ich war echt auf der Jagd«, sagte er.

Die Autogramme hat er inzwischen nicht mehr. »Leider«, sagte er. »Es wäre schön, eins von jemand zu haben, gegen den ich jetzt antrete.«

Ob er noch wisse, welche Fahrer damals dort gefahren seien? »Auf jeden Fall Grischa.«

* * *

»Ja, alles gut«, sagte Primož Roglič. Es war der letzte Tag vor der Abreise nach Dänemark, sein PCR-Test war negativ, und er war bereit für die Tour. Er war optimistisch, was seine Chancen anging, und erzählte mir, dass man in der Vorbereitung im Training manchmal über das Limit ging.

Er hatte sich vorgenommen, nicht zu viel Energie zu verschwenden. Als ich ihn auf sein Frühjahr ansprach, in dem er sich laut Merijn Zeeman zu viel zugemutet hatte, antwortete er, dass er »Probleme« gehabt habe. Es sei »passiert« und zum Glück keine große Sache gewesen. »Wir suchen immer nach der Grenze«, sagte er, als ich fragte, wie das passieren konnte. »Und wenn man versucht, so nah wie möglich an die Grenze heranzukommen, wird man sie auch mal überschreiten.«

Über *Endure* hatte er wenig zu sagen (»ein unterhaltsames Buch«), über den neuen taktischen Ansatz äußerte er sich ganz im Sinne Johan Cruyffs (»wenn du gewinnen willst, musst du als Erster ins Ziel kommen«), und als ich ihn nach seinem Mentaltrainer fragte, sagte er, dass er nicht vorhabe, viel zu ändern: Er sei mit seiner Karriere superzufrieden und wolle sich in Details verbessern, und der Mentaltrainer sei ein Teil dieses Prozesses. Roglič war der Meinung, dass man Kleinigkeiten nicht aufblähen und nicht alles verkomplizieren sollte. »Wenn ich in Kopenhagen bin«, sagte er, »dann bin ich dort, und dann bin ich auch im Moment.«

Ich fragte ihn nach den beiden zurückliegenden Ausgaben der Tour. Haben ihn die Niederlage und der Sturz gelehrt, mehr im Moment zu sein? Und hatte er dadurch gelernt, Enttäuschungen schneller zu verdrängen? »Du bist der Schriftsteller«, sagte Roglič. »Du weißt, wie man schreibt. Ich will es nicht zu kompliziert machen und nicht zu viel reden. Alles klar? Okay? Wir sehen uns in Dänemark. Ciao.«

Kapitel 31

Alles auf eine Karte

Die Flugbegleiterin teilte uns mit, dass wir bereit für den Abflug nach Kopenhagen waren. Die Maschine war voll besetzt. Es waren auch ein paar Fahrer von Cofidis und Astana dabei, die ohne Masken an Bord gekommen waren.

Auf der anderen Seite des schmalen Gangs blickte Teamleiter Arthur van Dongen hinter seiner Maske um sich. Er schüttelte den Kopf und verstand nicht, wie es sein konnte, dass man alles tat, um die Tour de France zu fahren, und dann ein solches Risiko einging.

Die Flugbegleiterin rief einen Namen auf. Jemand fehlte auf ihrer Liste, und diese Person hatte sich auch nicht am Check-in-Schalter gemeldet. Es war Merijn Zeeman, der mit Covid zu Hause geblieben war. Es würde noch ein paar Tage dauern, bis er daran denken konnte, sich auf den Weg zu machen und zum Team zu stoßen. Deshalb hatte er mir bereits am Morgen das Dokument mit den strategischen Plänen für die Tour geschickt. Es umfasste 22 Seiten. In Kopenhagen würden sie sich vor dem Zeitfahren noch mal zusammensetzen und das Dokument in Ruhe komplett durchgehen. Zeeman würde die Sitzung per Video von zu Hause aus leiten.

Während ich in der Schlange am Flughafen Schiphol wartete, blätterte ich durch das PDF. Das war es also, was sich daraus entwickelt hatte: eine klare Darstellung mit Plänen und Ideen, die von allen Fahrern und Mitarbeitern mitgetragen wurde. Darin enthalten und sublimiert war alles, was an Studien, Feedback, Diskussionen und Erkenntnissen zusammengekommen war. Zehn Jahre Radsport, zusammengefasst auf 22 Seiten. Dies sollte der Kern sein, aus dem bei dieser Tour alles erwachsen sollte und dann hoffentlich die ersehnten Früchte tragen würde.

Auf der ersten Seite standen die »Teamziele«. *Gelb in Paris mit Roglič oder Vingegaard und Grün in Paris mit Van Aert.* Außerdem hieß es in Fettdruck:

Wir ergreifen in der ersten Woche die Initiative! Es gab Fotos von Roglič und Vingegaard, wie sie zusammen über das Kopfsteinpflaster in Denain fahren, von Van Aert an der Spitze bei Paris-Roubaix, von Vingegaard, wie er bei seinem Angriff am Mont Ventoux 2021 einen Blick zurück auf Pogačar wirft, und schließlich ein Bild von der Baskenland-Rundfahrt aus dem gleichen Jahr, auf dem Pogačar gestenreich um Unterstützung bittet, während Vingegaard in aller Ruhe an seinem Hinterrad sitzt.

Am interessantesten fand ich die Stärken-Schwächen-Analysen der Konkurrenten, wobei Tadej Pogačar den meisten Raum einnahm. Unter »Schwächen« stand, dass er in »hektischen Situationen« von seinem Team »wenig Unterstützung« erhielt und dass die Kommandos aus dem UAE-Teamwagen »langsam und unklar« erschienen. Zudem hieß es, dass er »in der Höhe« und bei Hitze anfällig war und dass er vor einer Abfahrt manchmal »unaufmerksam« war. Andererseits hieß es unter »Stärken«, dass sie sich »vor langen Attacken in Acht nehmen« müssten und dass er »auf jedem Terrain« der mit Abstand stärkste Gegner sei.

Ich blätterte weiter und las die individuellen Schwerpunkte, die für jeden der acht Fahrer gesetzt wurden. Roglič wurde darin aufgefordert, »die Arena zu betreten« und es darauf ankommen zu lassen. Die Betonung lag auf der Zusammenarbeit mit Vingegaard. »Wir glauben an dich, glaube du an dich selbst und inspiriere deine Teamkollegen. Es ist wichtig, dass du mit deinen Mannschaftskameraden und mit dem Auto kommunizierst.«

Van Aert war »der Leader in der ersten Woche«, er würde darüber bestimmen, wann sie die Initiative ergriffen. »In den kritischen Momenten bist du ein super Helfer für Primož und Jonas.«

Sie forderten Vingegaard auf, seine Teamkollegen zu motivieren und zu inspirieren. »Du hast die Bestätigung bekommen, dass du Gelb gewinnen kannst«, hieß es. »Du bist mit Primož der Anführer des Teams.«

Kruijswijk wurde bestätigt, dass er in der besten Form seit langem sei und in den Bergen ein wichtiger Helfer für Vingegaard und Roglič sein würde. »Mit deiner Erfahrung machst du das Team stärker«, war zu lesen.

Die anderen Helfer waren:

- Sepp Kuss (»Du kannst die Gruppe der Favoriten in der Schlussphase mit Antritten sprengen – warte auf Kommandos von Jonas, Primož oder aus dem Auto.«)

- Tiesj Benoot (»Du machst das Team auf jedem Terrain stärker, du kannst in den Bergen lange mit dabei bleiben und Jonas und Primož in der ersten Woche unterstützen, und mit deiner Erfahrung leistest du auf strategischem Gebiet einen großen Beitrag. Du bleibst grundsätzlich in der Nähe von Primož.«)
- Nathan Van Hooydonck (»Du bist ein fantastischer Teamplayer, entscheidend in der ersten Woche, wenn wir die Initiative ergreifen, und um Primož und Jonas zu schützen. Du wirst grundsätzlich bei Jonas bleiben.«)
- Christophe Laporte (»Du bist ein wichtiger Helfer für Wout im Sprint, beschützt Jonas und Primož in der ersten Woche und wirst in den wichtigen Momenten dabei sein, wenn wir die Initiative ergreifen.«)

Die letzten Seiten des Dokuments waren den 21 Etappen gewidmet. Die Absichten waren klar: »Wir werden vom ersten Moment an die Initiative ergreifen.«

Wie vereinbart, rief ich Zeeman an. Die wichtigste Frage für ihn war: Wie bringt man acht Individuen dazu, ein Team zu werden, in einem Sport, in dem man die Tour zwar als Team bestreitet, am Ende aber nur ein einzelner Fahrer zum Gewinner gekürt wird? Nur er bekommt den Sieg in seiner Erfolgsbilanz eingetragen, im *Palmarès* der Helfer hingegen taucht er nicht auf. Zeeman argumentierte, dass der Straßenradsport zu einem Teamsport geworden sei.

Es gebe kein Handbuch für »Teamspirit«, so Zeeman. Er habe das Gefühl, dass es vor allem um Intuition ging und dass auch der Glaube da sein musste, dass es möglich sei. Er hatte seinen Fahrern die Frage gestellt: Was bedeutet es für dich persönlich, wenn wir um Gelb und Grün fahren? »Mir ging es darum, dass Primož und Jonas sich vorab genau darüber im Klaren sind, dass sie auf die gemeinsame Karte setzen, und dass, wenn wir es als Team richtig anstellen, Pogačar sich wird entscheiden müssen: Konzentriere ich mich auf Jonas oder auf Primož? Das könnte bedeuten, dass er dir hinterhersteigt, wenn du angreifst. Und das heißt automatisch, dass dann die Chancen deines Teamkollegen steigen und er von deiner Arbeit profitieren kann. Es bedeutet also: Ich akzeptiere, dass womöglich nur einer von uns die Chance bekommt und nicht feststeht, ob ich das bin oder der andere.«

Zeeman erläuterte, wie sich diese Vision über die gesamte Saison – während des Höhentrainings und der Rennen – anhand von Videoanalysen, Resultaten und Gesprächen »sehr allmählich, sehr deutlich und sehr klar« herausgebildet habe. Das sei auch der Grund gewesen, warum die acht Fahrer, die zur Tour fuhren, in genau dieser Zusammensetzung bei der Dauphiné an den Start gegangen seien und auch gemeinsam Wochen in der Höhe in Tignes verbracht hätten. Zeeman: »Der Spirit musste reinkommen, das Gefühl, dass sie sich als Team vorbereiten. Nicht als Individuen, die denken: Ich will gut abschneiden. Nein: Als Team wollen wir gut abschneiden. Im Rennen denken wir stets: Wie können wir als Jumbo-Visma als Erste ins Ziel kommen?«

Zeeman erkannte, dass die Fahrer ihre eigenen Ambitionen für das große Ziel hintanstellen mussten. »Ich wollte ihnen unter die Haut kriechen. Ich wollte in ihre Herzen eindringen, damit sie sich inspiriert fühlen. Dass sie das Gefühl bekommen, dass sie unbedingt Teil des Ganzen sein wollen, weil es etwas Einzigartiges und Großes werden kann. Wenn man das schafft, beginnen die Fahrer, sich füreinander verantwortlich zu fühlen.«

Er fuhr fort, dass es freilich nicht damit getan sei, ständig zu betonen, dass sie ein Team seien. Die Fahrer mussten selbst erkennen, dass das Team größer war als der Einzelne. Das war es, was große Teams wie die All Blacks und die Chicago Bulls in ihren glorreichen Zeiten geschafft hatten, und Zeeman war sich sicher, dass Jumbo-Visma dies auch bei der Tour in die Praxis umsetzen würde.

Für ihn stand ein paradoxer Aspekt im Mittelpunkt des Teamprozesses: Die Fahrer mussten ihre individuellen Ambitionen vor den anderen äußern.

»Damit jeder Fahrer weiß, dass Steven Kruijswijk unbedingt eine Tour-Etappe gewinnen will, sich aber trotzdem dafür entscheidet, gemeinsam das Gelbe Trikot zu holen. Dass er seinen eigenen Ehrgeiz für das Teamziel opfert.«

Ich fragte ihn: War es deshalb so wichtig, dass die Fahrer ihre eigenen Ambitionen äußerten, weil von diesem Moment an alle voneinander wussten, welche Opfer jeder Einzelne später im Rennen brachte? Führte das dazu, dass der Fahrer, der davon profitierte, denjenigen, der dieses Opfer brachte, mehr zu schätzen wusste, und war diese Wertschätzung das, was der andere im Gegenzug bekam? Und stärkte man mit diesem positiven Kreislauf auch den Teamgeist?

»Ja, das ist in der Tat der Kern des Ganzen«, bestätigte Zeeman.

* * *

Am nächsten Tag sprang ich kurzentschlossen auf den Rücksitz des Autos. Ich hatte begriffen, dass es sinnlos war, die ganze Zeit zu grübeln und zu überlegen, wem ich wohl am besten folgen sollte. Ich beschloss, mich einfach vom Strom mittreiben zu lassen. Als ich also am Nachmittag hörte, dass Richard Plugge in zehn Minuten auf die andere Seite von Kopenhagen fahren würde, zu den ersten Dreharbeiten für die Netflix-Doku über die Tour de France 2022, fragte ich, ob ich mitkommen könne.

Das Aufnahmestudio befand sich in der Vermundsgade. Die Netflix-Leute setzten Plugge auf einen Stuhl. Er wurde gebeten, direkt in die Kamera zu blicken und nicht auf den Fragesteller, der neben ihm saß.

Netflix hatte im Februar eine Vereinbarung mit der ASO unterzeichnet, und acht Teams hatten den Kamerateams des Streamingdienstes gestattet, sich während der Tour in ihrer unmittelbaren Nähe aufzuhalten. Schon in Tignes hatte die Netflix-Crew, die Jumbo-Visma begleiten würde, Interviews mit Van Aert, Roglič und Benoot geführt. In knapp einem Jahr, vor der Tour 2023, würde Netflix das Ergebnis ausstrahlen: eine achtteilige Serie über die Frankreich-Rundfahrt mit Start in Kopenhagen.

Jasper Saeijs, der Commercial Manager von Jumbo-Visma, der uns durch Kopenhagen gelotst hatte, erklärte, dass man sich zum Mitwirken entschlossen habe, weil die Serie einen »Mehrwert« für das Team darstelle. Außerdem sei es auch kommerziell interessant, dass diese Mediengiganten zu ihnen kamen, denn das bedeute, dass sie eine A-Marke seien.

»Weil man zeigt, dass man transparent ist«, so Saeijs, »wird die Öffentlichkeit einen als authentisch wahrnehmen, und weil die Öffentlichkeit einen mag, steigt der Wert des Teams und es ist leichter, große Sponsoren zu finden. Verletzlichkeit zahlt sich aus. Sie ist authentisch, und die Öffentlichkeit fühlt sich wohl damit.« Aber das war noch nicht alles. Sowohl Netflix als auch Amazon, die ebenfalls einen Dokumentarfilm für ihre Sportdoku-Serie *All or Nothing* drehten, zahlten »eine saftige Summe« für den Zugang zum Team.

Plugge antwortete auf die Fragen von Netflix so, wie ich ihn kannte: ein wenig hemdsärmelig und ohne eine Spur von Zweifel. Auf die Frage, welche Tour de France seine Lieblings-Tour sei, sagte er: »Diese.«

Schließlich fragte man ihn, was das Niederländische an seiner Formation sei. Plugge erklärte, dass sie viele niederländische Fahrer beschäftigten – wenn auch nicht bei dieser Tour –, dass sie ihren Hauptsitz in den Niederlanden hätten und dass sie eine Vision verfolgten, die auf das Ausland gerichtet war. »Das ist typisch niederländisch«, sagte er. Außerdem bezeichnete er sein Team als »innovativ«. »Unser Ziel«, sagte Plugge, »ist es, immer besser zu werden. Auch das ist sehr niederländisch.«

Als wir wieder ins Auto stiegen, um zurück zum Hotel zu fahren, fragte ich Plugge, was aus der Gründung des unabhängigen Unternehmens geworden sei, über das wir im Jahr zuvor ausführlich gesprochen hatten. Er sagte, die Dinge würden sich entwickeln, es gehe noch um Details, und er rechne damit, dass sie bis zum 1. Januar 2023 startklar sein würden.

Ich entgegnete, dass er mir im vorigen Jahr schon dasselbe erzählt habe. »Man will nicht, dass es politisch ist«, sagte er, »aber leider ist es das nun mal, und genau deshalb muss es auf eine andere Weise gemacht werden.«

Wir kamen an den berühmten Kopenhagener Seen in der Innenstadt vorbei. Plugge sprach über Verträge, Vereinbarungen und die Egos der anderen Teambesitzer. »So wie es jetzt ist«, sagte Plugge, »ist es schlecht für alle Teams.«

Warum das so sei, fragte ich. »Weil kein einziges Team Einnahmen aus dem Radsport erhält«, sagte er. »Und weil es für die Fans Unklarheit über die Fahrer- und Teamwertung und den Kalender gibt. Die Leute kennen nur die Tour de France und sonst nichts. Die Teams bringen das meiste Geld in den Sport – über Sponsoren –, und trotzdem müssen wir mal hier und mal dort aufkreuzen, um ein Rennen zu bestreiten. Dieser Mangel an Klarheit tötet das Interesse der Sponsoren. Und so müssen die Rennveranstalter sparen. An Absperrgittern, an Sicherheitspersonal. Mit fatalen Folgen. Und darum geht gerade alles den Bach runter.«

Vielleicht half das Engagement von Netflix? Vielleicht war das ein Wendepunkt? Immerhin hatte die Serie *Drive to Survive* in der Formel 1 einiges bewirkt. »Sichtbarkeit«, so Plugge, »hilft nur, wenn man ein Fundament hat. Wenn man das nicht hat, werden wir uns in ein paar Jahren sagen: ›Weißt du noch, als Netflix kam, um diese Serie zu machen?‹« Bevor er vor dem Hotel ausstieg, sagte er: »Es steht alles auf tönernen Füßen.«

Kapitel 32

Bomben werfen

Es war Donnerstag, der 30. Juni, und wir fuhren am letzten Tour-de-France-freien Tag dieses Sommers in Kolonne auf der »23« Richtung Kalundborg. Dort, wo der Teambus mit den Fahrern und das Auto der Teamleitung an der Straße hielten, warteten zwei Kamerateams und die Motorräder der Pressefotografen der internationalen Nachrichtenagenturen AFP, AP und Reuters. Sie sollten das Team auf dieser Erkundungsfahrt begleiten und Bilder schießen, damit die Welt erfährt, was sich an diesem Nachmittag zwischen Kalundborg und der Brücke über den Großen Belt abgespielt hat, dem Ort, an dem Jumbo-Visma in zwei Tagen bei der ersten richtigen Etappe der Tour »eine Bombe werfen« wollte. Am Abend teilte der verschnupfte Zeeman seinen Fahrern per Video mit, dass die Zeit der Kompromisse vorbei sei. »Immer an der Spitze, wir ergreifen die Initiative!«

Es waren immer noch die Tage des langen Aufgalopps, der tausend Dinge, die erledigt werden mussten. Am Mittwochmorgen hatte es eine Online-Pressekonferenz mit Journalisten gegeben. Van Aert, Roglič, Laporte, Niermann und Vingegaard saßen vor Laptops und Mikrofonen. Es ging natürlich um Covid, um die langersehnte Rückkehr der Zuschauer bei der Teampräsentation, die im Tivoli stattfinden würde, und beim Auftaktzeitfahren am Freitag. Sie wurden gefragt, wie sie glaubten, Pogačar schlagen zu können (»indem wir als Team zusammenarbeiten«), und natürlich gab es auch Fragen hinsichtlich der Beziehung zwischen den beiden Kapitänen des Teams. »Wir sind gut befreundet«, sagte Vingegaard und berichtete, dass sie in Tignes gemeinsam mit ihren Partnerinnen ein Bier auf dem Balkon getrunken hätten. »Wir genießen unsere gemeinsame Zeit.«

Vingegaard erzählte von den neuen Einlegesohlen in seinen Radschuhen, die ihm einen besseren Halt gaben, so dass er weniger Probleme mit seinen Plattfüßen hatte. Und die Übungen, die er täglich absolvierte, hätten ihm geholfen, kleinere Verletzungen, wie jene an seiner Achillessehne, zu überwinden. Außerdem würde sie alle merken, dass sich das viele Zeitfahrtraining bezahlt machte. Später würde Vingegaard noch sagen, dass sie 95 Prozent von dem, was sie vor der Tour 2022 erreichen wollten, geschafft hatten.

Am Nachmittag staunten die Fahrer, als sie aus dem Teambus stiegen und mit dem Rad auf der nun abgesperrten Zeitfahrstrecke Richtung Tivoli fuhren. Im Havnepark lagen die Menschen in Strandkleidung in der Sonne. Der prächtige Vergnügungspark war voller gut gelaunter Dänen, die ihre Landsleute lautstark anfeuerten.

Am Donnerstagmorgen auf dem Weg nach Kalundborg konnte ich an den Mienen der Fahrer erkennen, dass sie sich freuten, dass es bald endlich richtig losgehen würde. Roglič, Van Aert und Vingegaard setzten sich auf ihre Zeitfahrmaschinen, die anderen fünf auf ihre normalen Rennräder, und nachdem wir Kalundborg passiert hatten – eine Stadt mit Containerhafen, einer Ölraffinerie und einigen Chemiewerken – fuhren wir vorbei an grünen Wiesen und den Stränden von Bjerge und Slagelse nach Süden. Die Zeitfahrer nahmen die Köpfe runter und traten in die Pedale, um sich von ihren Teamkollegen abzusetzen. Sie waren dabei, sich für den morgigen Tag zu »aktivieren«, was bedeutete, dass sie ihre verschiedenen internen physiologischen Systeme »aufweckten«.

Vingegaard fuhr längsseits an uns vorbei. Seine Laufräder gaben ein tiefes Dröhnen von sich. Er blickte weder auf noch zurück, hielt den Blick auf die Straße gerichtet, ohne sich von dem Staub ablenken zu lassen, der von einem Traktor aufgewirbelt wurde. Hinter ihm blitzten Straßenränder voller roter Mohnblumen an uns vorbei. Wir sahen zu, wie er über die abschüssige Straße raste und Roglič überholte, der gerade eine Verschnaufpause einlegte.

Als wenig später Roglič in ähnlicher Position an uns vorbeifuhr, rief er dem Mechaniker auf dem Rücksitz zu, dass sein Sattel vielleicht vorne ein wenig höher gestellt werden müsse. »Ein kleines bisschen. Was meinst du? Könnte aber auch der neue Zeitfahranzug sein«, rief er. »Ist noch nicht gewaschen.«

Als wir an einem Bauernhof anhielten und die Fahrer die Räder wechselten, raste ein weißer Lieferwagen vorbei. Ein Bauarbeiter lugte aus dem Seitenfenster und brüllte ein paar unverständliche Sätze. Vingegaard gluckste.

»Jonas, was hat der Typ gerufen?«, wollte Van Aert wissen.

Vingegaard: »Dreckige Schwuchteln!«

Roglič hob als Antwort den Mittelfinger. »Euch auch einen guten Morgen!«

Vom ersten Stock des Hotels aus hatten die Fahrer und Coachs einen Blick auf einen kleinen Yachthafen. Segelboote glitten vorbei. Sie saßen zu elft in einem Besprechungsraum. Die Glastüren des Raums blieben geschlossen.

Der Tontechniker des Amazon-Kamerateams, der die Sitzung aufzeichnete, ließ mich einen Kopfhörer anschließen, so dass ich verfolgen konnte, was drinnen besprochen wurde. Alle im Raum blickten auf eine Leinwand, auf die verschiedene Diagramme projiziert wurden. Zeeman, der wieder per Videolink zugeschaltet war, zeigte sich beeindruckt von den Zahlen, die bei der Streckenerkundung auf den Bordcomputern der Räder zu sehen waren. »Ihr Jungs seid mehr als bereit«, sagte er.

Das PDF-Dokument »Rennplan für die Tour de France« erschien auf der Leinwand. Bevor er sich einzeln an die Fahrer wandte, erinnerte Zeeman sie alle daran, dass die Struktur für den Tour-Sieg vorhanden sei und dass sie sich an die Grundprinzipien ihrer Rennstrategie erinnern müssten (»Wenn Jonas attackiert und Primož nicht mitgehen kann, Pogačar aber schon, dann musst du auf eine neue Chance warten, Jonas. Dann probierst du das Spiel später von Neuem.«). Sie seien mindestens gleichauf mit Pogačar. »Wir sind in der Lage, jeden abzuhängen«, sagte Zeeman. »Wir können jeden schlagen. Wenn wir zusammenhalten, können wir sie alle abschlachten.«

Als er die Fahrer einen nach dem anderen einzeln ansprach, hatte er für drei von ihnen noch Anweisungen, die ich bereits gelesen hatte. Zu Vingegaard meinte er, dass er »kurz vor dem Durchbruch« stehe, und zu Kruijswijk (»unsere Geheimwaffe«) sagte er, dass er sich in den schwersten Momenten zeigen werde und dass er »den Jungs« helfen müsse. Schließlich wandte er sich an Van Aert. »Als wir letztes Jahr nach Primož' Sturz bei der Tour am Boden lagen, warst du der Erste, der sich wieder ins Gefecht gestürzt hat. Du wirst zeigen, dass es möglich ist, das Gelbe und das Grüne Trikot zu gewinnen. Und für morgen gilt: Vollgas!«

Dann war Niermann an der Reihe, um auf die Gegner einzugehen. Die größte Gefahr drohe von UAE und Pogačar, und auch Ineos dürfe man nicht unterschätzen. Außerdem fielen die Namen Haig, Caruso und Tratnik von Bahrain,

Vlasov von Bora und O'Connor von AG2R. »Und noch was, Männer«, sagte Niermann. »Auch wenn es im ersten Moment nicht schön ist: Wenn wir morgens aus dem Fenster gucken und es ist richtiges Mistwetter, dann ist das die Chance für uns, UAE wehzutun. Dann sollten wir vor dem Fenster tanzen.«

Niermann sah sich im Raum um. Alle wussten, dass sie mit Van Aert, Benoot, Laporte und Van Hooydonck über Fahrer verfügten, die auch bei widrigen Verhältnissen hervorragend zurechtkamen. Zeeman schwieg. »Okay!«, schloss Niermann mit erhobener Stimme. »Auf morgen, Jungs! Sind wir bereit, es krachen zu lassen?«

Am nächsten Tag herrschte richtiges Mistwetter. Ausgerechnet am Tag des Zeitfahrens. Genau dann, wenn sie es nicht gebrauchen konnten.

Kapitel 33

Zeitfahren Nr. 2

Mathieu Heijboer hatte seinen Laptop auf dem Schoß. Wir saßen auf der Bank vor dem Hoteleingang. Heute war der Tag, an dem sie Tadej Pogačar schon einen mitgeben könnten. Oder sie würden sich selbst eine fangen – klar, auch das war möglich. Am späten Nachmittags würde der erste Fahrer in das Auftaktzeitfahren starten.

Heijboer erzählte, dass sie neue Zeitfahranzüge für 10.000 Euro und neue Schuhe mit sehr dünner Sohle (getestet mit Van Aert als Dummy im Eindhovener Windkanal) für 5.000 Euro angeschafft hatten. Heijboer erklärte, dass diese dünnere Sohle, die einen Unterschied von zwei bis fünf Millimetern ausmachte, es ermöglichte, Lenker und Sattel ebenfalls zwischen zwei und fünf Millimeter nach unten zu verlagern, was wiederum einen etwas geringeren Luftwiderstand bedeutete. Innovation erreichte man nicht mit Stillstand.

Er klappte den Laptop auf und zeigte den Parcours, den er am Vorabend zwischen den Spaziergängern mit dem Fahrrad abgefahren war. Wir erörterten Richtung und Geschwindigkeit des Windes. Diese konnten von den Meteorologen zwar grundsätzlich recht gut vorhergesagt werden, was aber in einer Stadt weniger nützlich war, weil hier auch die Höhe und Dichte der Bebauung Einfluss darauf nahm, wie der Wind effektiv auf die Fahrer einwirkte. Heijboer rechnete damit, dass der Wind gegen Abend von Südwest auf West drehen und auch etwas an Stärke zunehmen würde. Dies sei zum Nachteil der später startenden Fahrer, die vor allem im zweiten Teil des Zeitfahrens stärker vom Wind beeinflusst würden. Er meinte, dass am Freitag die Windstärke ein größerer Faktor sein werde als die Windrichtung. Außerdem sei die Regenwahrscheinlichkeit nach 18 Uhr deutlich höher.

Zu diesem Zeitpunkt war die Startreihenfolge bereits festgelegt worden: Roglič ging als Erster aus dem Team auf die Strecke, dann Vingegaard und

Van Aert, der vor sich Ganna und hinter sich Pogačar haben würde. Van Aert hatte sein Ziel längst ausgegeben: in Kopenhagen Gelb holen und anschließend alles auf das Grüne Trikot setzen.

Heijboer schätzte die Siegerzeit auf 14:30 Minuten. »Aber das ist nur eine Mutmaßung«, sagte er. Mit einem Grinsen klappte er den Laptop zu. »Ich muss los.«

Unter dem schwarzen Partyzelt war alles bereit. Die drei Räder, vor denen jeweils ein großer Ventilator stand. Auf einem kleinen Tisch daneben weiße Handtücher, Trinkflaschen und Energieriegel, die Sonnenbrillen der Fahrer und für die, die es wollten, ein Energydrink. Um kurz vor halb eins kamen die drei Kapitäne des Teams mit dem Auto an.

Vingegaard fummelte an den Armstützen seines Zeitfahrrads herum. Hinter der Barriere brachten ihm eine Handvoll dänischer Fans ein Ständchen: VINGEGAAA! VINGEGAAA! Genau wie im Zeitplan des Teams vorgesehen, machte er sich eine Viertelstunde nach der Einnahme der Wettkampfmahlzeit um 13:15 Uhr zu seiner Erkundung auf. Er winkte noch schnell den Fans hinter der Barriere zu und verschwand dann auf der Strecke.

Heijboer befestigte eine GoPro-Kamera an der Motorhaube und machte sich ebenfalls auf die Strecke. Die Aufnahmen würde er in der letzten Besprechung vor dem Start noch einmal zeigen. So wüssten sie auch, wo genau die Absperrgitter standen. Es hatte zu regnen angefangen.

Vingegaard begann um Punkt 16:07 Uhr mit dem Warm-up. So würde er bestens vorbereitet sein, wenn er um 16:42 Uhr von der Startrampe rollte. Auf einer Holzkiste, in der die Ventilatoren transportiert wurden, lagen acht DIN-A4-Blätter. Es handelte sich um die Dokumente mit der »Zeitfahrroutine« für die einzelnen Fahrer.

Für Roglič war vorgesehen, dass er drei bis vier Stunden vor dem Start »Reis mit Honig« aß. Er brauchte eine Kühlweste, einen Ventilator, Eisgel und Pulsbänder mit Eis, vor dem Start noch eine Koffeintablette und einen Energydrink, um das Gehirn zu aktivieren. Während der Fahrt wollte er darüber informiert werden, wie die Strecke verlief, wie seine Zeit war und ob sein Kopf in der richtigen Position war. Was er auf keinen Fall wollte, war, von seinem Sportlichen Leiter mit »Hopp-hopp-hopp!« angefeuert zu werden.

Vingegaards Liste war schlichter: Mittagessen drei bis dreieinhalb Stunden vor dem Start, etwas Wasser, ein Gel und ein bisschen Koffein. Außerdem 40 Minuten vor dem Start mit dem Aufwärmen beginnen. Das war's.

Unter dem Partyzelt surrten die Ketten über die Ritzel. Roglič wärmte seinen Körper auf, schaltete alle Energiesysteme ein, brachte seinen Herzschlag auf das richtige Tempo. So erreichte er die richtige Körpertemperatur, um all die Energie abrufen zu können, die sich in ihm aufgestaut hatte, um die inzwischen nasse Strecke so schnell wie möglich zurückzulegen. Der Zeitfahr-Olympiasieger war ein einziges Bündel an Konzentration.

Während er unterwegs war, begann es stärker zu regnen. Roglič manövrierte behutsam über den Kurs, versuchte, die bisherige Bestzeit von Mathieu van der Poel zu unterbieten, blieb aber am Ende drei Sekunden darüber. Als er zum Bus kam, ging er direkt zu Van Aert, um ihn über die Strecke zu informieren. Ich hörte ihn sagen, dass er zweimal fast gestürzt wäre. »Aber du packst das!«, sagte er zu Van Aert und klopfte ihm auf die Schulter.

Unterdessen hatte sich Vingegaard auf die Strecke gemacht und war bei der Zwischenzeit fünf Sekunden langsamer als Roglič. Als er zum Bus kam, wurde er von den Coachs umarmt. Er hatte am Ende die gleiche Zeit wie Roglič erzielt und wurde schließlich Siebter.

Als Vingegaard sich zum Ausfahren aufs Rad setzte, um sich im leichten Gang das Laktat aus den Beinen zu strampeln, stieß er einen tiefen Seufzer aus. Dann trank er in zwei Zügen eine Flasche Kirschsaft und begann von sich aus zu sprechen. »Die Zuschauer waren echt unglaublich«, sagte er mit einem breiten, entspannten Lächeln im Gesicht. Seine Augen leuchteten. »Wirklich, sie haben die ganze Zeit geschrien!«

Ich fragte ihn, ob er erleichtert sei. Das war er auf jeden Fall, zumal er auf dem rutschigen Asphalt zweimal fast gestürzt wäre, obwohl er nicht mal mit letztem Risiko gefahren war. »Konnte mich zweimal gerade so noch auf dem Rad halten«, sagte er mit einem dünnen Lächeln.

Er sei zufrieden mit der Zeit und freue sich, dass die Tour endlich begonnen habe, denn er habe das Gefühl gehabt, zu Hause bei seiner Familie nur Däumchen zu drehen. Er hatte Unruhe verspürt. Am nächsten Tag dann die Etappe entlang der Küste, über die Brücke und wahrscheinlich mit einem Sprintfinale in Nyborg. »Sie haben diese Brücke in die Strecke eingebaut, weil sie dort auf Wind hoffen, aber ich glaube nicht, dass es dazu kommen wird. Es gibt zwar offene Abschnitte, aber die sind nicht lang genug. Deshalb wird es sehr nervös werden, supernervös.«

Als alle Fahrer im Ziel waren, herrschten im Team bestenfalls gemischte Gefühle. Kruijswijk war gestürzt, blieb aber wenigstens unverletzt. Das Gleiche galt für Laporte, aber für ihn war der Sturz bitter, denn er schien auf dem Weg zum Sieg zu sein. Vingegaard und Roglič waren zwar unter den ersten acht, hatten aber acht Sekunden auf Pogačar verloren. Van Aert sah lange wie der Sieger aus, bis aus dem Nichts der Belgier Yves Lampaert seine Zeit um fünf Sekunden unterbot.

»Es hätte schlimmer kommen können«, sagte Heijboer, als ich nach seiner Einschätzung fragte. »In Anbetracht der Umstände, meine ich. Trotzdem bin ich enttäuscht. Ohne jemand einen Vorwurf zu machen. Ich bin nur sauer, dass Wout nicht gewonnen hat.«

Auf der Rückfahrt zum Hotel gestand Sepp Kuss, dass er das Team schon in Gelb gesehen hatte. »Ich muss zugeben«, sagte er, »dass ich schon den Geschmack von Champagner im Mund hatte.«

Als ich Kruijswijk im Hotel traf, lachte er über seine Rutschpartie. Er blickte schon weiter auf die Etappe nach Nyborg. Er wusste, wo die Passagen waren, an denen sie die Kontrolle über das Rennen nicht verlieren durften. »60 Kilometer vor dem Ziel«, sagte er, »ist es entscheidend, dass wir vorne mit dabei sind. Wir müssen die Augen offen halten. Primož, Jonas und Wout müssen an der Stelle gut abgeschirmt sein.«

Kapitel 34

Der Bidonplan

Die erste richtige Etappe, die Fahrt von Roskilde nach Nyborg, sollte eine schwere werden. Und weil es die erste richtige Etappe war, war die Nervosität im Peloton groß: Alle standen noch bei null, alle Fahrer hatten Chancen, und in diesem Gedränge konnte jeder Fahrfehler das Aus bedeuten. Die Fahrer saßen auf ihren Rädern und hatten den ganzen Tag Angst, in einen Massensturz verwickelt zu werden. Zeeman: »Sie denken nur: ›Hauptsache, mich trifft es nicht.‹ Jeder möchte so wenige andere Fahrer vor sich haben wie möglich, also wollen alle nach vorne, was wiederum noch mehr Stress bedeutet.«

Im Bus hatte Niermann über die Etappe gesprochen. Der Wind war nicht so stark wie erhofft, die Straßen waren schmal und der erste Teil recht heikel. Im Vorfeld der langen Brücke auf die Insel Seeland sah es so aus, als würde der Wind von vorn oder schräg von vorn kommen, und diese Kombination machte Windstaffeln fast unmöglich, aber Niermann wollte sie auf Trab halten. »Bei dem Wind weiß man nie!« Er betonte, dass sie das stärkste Team der Tour seien und dass sie vorne sein müssten, um Problemen aus dem Weg zu gehen, und wenn sie eine Gelegenheit sähen, eine Bombe zu werfen, müssten sie sie ergreifen. »Bleibt also zusammen«, sagte Niermann, »und bleibt an der Spitze. Tiesj, du bleibst bei Primož. Nathan, du bleibst bei Jonas. Christophe, du bleibst bei Wout, du übernimmst das Leadout. Stevie und Sepp, tut was ihr könnt, aber übertreibt es nicht. Ihr werdet in den Bergen noch gebraucht.«

Rund um Roskilde säumten Tausende und Abertausende von Menschen den Straßenrand. Männer mit freiem Oberkörper, Frauen in Sommerkleidern, Kinder mit Radmützen. Menschen mit Gläsern in den Händen. Es gab Bier und Sekt und belegte Brote, Schilder, Jubel und Applaus. Dänische Flaggen, wohin man auch sah.

Das Team hatte mir den Transporter mit der Nummer 51 zugewiesen, mit dem belgischen Osteopathen Bjorn Van Melkebeke am Steuer, mit dem ich wahrscheinlich einen Großteil der Tour unterwegs sein würde, oft in Begleitung von Martijn Redegeld, dem leitenden Ernährungsberater. Vor uns fuhren oft Richard Plugge und der Commercial Manager Sander Kruis, unterwegs mit wichtigen Sponsoren, Prominenten oder neuen potenziellen Geldgebern. Hin und wieder flogen sie auf den Etappen mit dem Hubschrauber über die Strecke. Die Teams konnten Plätze in den ASO-Hubschraubern reservieren, um ihren Sponsoren etwas Neues zu bieten.

Wir brachen vor den Fahrern auf und fuhren bis zu der Stelle, die Redegeld uns zugewiesen hatte. Er erstellte jeden Tag für alle Betreuer einen »Bidonplan«, damit das Team und die Fahrer genau wussten, wo die Trinkflaschen und Verpflegungsbeutel ausgegeben wurden. Sobald alle versorgt waren, gab Van Melkebeke Gas, um rechtzeitig das Ziel zu erreichen, während wir, unterstützt vom Rennradio in englischer und französischer Sprache, versuchten, den Fortgang der Etappe auf dem Handy zu verfolgen. Auf diese Weise legten wir in diesen Wochen mehr als 8.000 Kilometer zurück.

Als wir auf der leeren Brücke nach Nyborg hielten, spürten wir, dass der Wind zwar recht stark war, aber zu sehr von vorne kam, um Windstaffeln zu bilden. Van Melkebeke teilte dem Team seine Erkenntnisse mit, und wir fuhren weiter Richtung Nyborg, wo ich zu meiner Überraschung auf dem Handy sah, dass Kruijswijk kurz vor der Abzweigung zur Brücke über die Wasserverbindung zwischen Kiel und Oslo immer noch an der Spitze des Feldes fuhr.

Wenig später stand Van Aert auf dem Podium. Im Sprint musste er sich zwar Fabio Jakobsen geschlagen geben, der nach seinem Horrorsturz in Polen inzwischen wieder an die Weltspitze zurückgekehrt war, aber in der Gesamtwertung hatte er dank einer Zeitbonifikation von sechs Sekunden die Führung von Lampaert übernommen – mit einer Sekunde Vorsprung.

Während die dänischen Fans Vingegaard am Teambus zujubelten, konnte Nathan Van Hooydonck in Ruhe sein Cool Down auf der Rolle absolvieren. Er hatte während der Etappe eine Menge Nervosität verspürt, beeilte sich aber gleich hinzufügen, dass dies schließlich ja auch seine erste Tour war. »Ich hab's überlebt«, sagte er.

Besonders Kruijswijk hatte ihn beeindruckt. Dass ein Mann von solchem Format im Flachen im Wind fuhr, um seine Kapitäne zu schützen, haute ihn um. »Für mich hat sich Steven heute echt unsterblich gemacht«, sagte

Van Hooydonck. »Er hat uns den ganzen Tag aus dem Wind genommen, so dass ich auf dem letzten Kilometer noch richtig Dampf machen konnte. Echt bewundernswert von einem solchen Fahrer.«

Zeeman blickte später auf diese Etappe zurück und erzählte, dass er am Nachmittag vor dem Fernseher stand und ganz emotional wurde, als er alle seine Fahrer im Feld zusammenhocken sah. »Das hat mich echt gerührt«, sagte er.

Am nächsten Tag trank ich mit Kruijswijk einen Kaffee, bevor wir zum Start in Vejle aufbrachen. Er sagte, er habe sich auf der ersten Etappe gut gefühlt und gedacht: »Ich weiß, wie schwer es ist, die Kapitäne aus der Gefahrenzone zu halten, also werde ich meinen Teil dazu beitragen, Roglič und Vingegaard aus dem Wind zu nehmen.« Das gab ihm das schöne Gefühl, etwas tun zu können, auch wenn es ihn gefühlt 40 Prozent mehr Energie gekostet hatte.

Dadurch, dass er sich in die Arbeit an der Spitze eingeschaltet hatte, konnte das Team einen breiteren Block bilden und Roglič und Vingegaard drohte weniger Gefahr von hinten. »Ich war der letzte Mann«, sagte Kruijswijk. »Und dann weiß man: Sie müssen erst mal an mir vorbei, sie müssen sich erst mal mit mir anlegen, bevor sie an Jonas und Primož herankommen. Die beiden waren jetzt schön abgeschirmt in einer sicheren Blase, mit all unseren Fahrern um sie herum.«

Im Hotel in Middelfart trugen wir beide Masken. Kruijswijk ging kein Risiko ein. Er war, was das anging, der strengste im Team und umarmte in diesen Tagen nicht mal seine Kinder und seine Frau. Unterwegs hatte er auch ein paar Mal gedacht: Fuck, warum stehen die Fans so dicht an der Straße. Er war mit Bedacht in der Mitte des Feldes gefahren. »Die Angst vor einer Ansteckung steckt noch in mir drin, ja«, sagte er. Das Virus hatte ihn schon einmal nach dem Giro 2020 erwischt, und die Folgen spürte er bisweilen immer noch.

Ich musste einspringen. Martijn Redegeld fehlte ein Mann für seinen Bidonplan. Als wir im Transporter warteten, war ich überrascht, dass ich – jemand, der das noch nie gemacht hatte –, beim wichtigsten Rennen des Jahres darum gebeten wurde. Ein kleiner Fehler und die *Musette*, wie der Verpflegungsbeutel im Fachjargon hieß, geriet zwischen die Reifen und das ganze Feld würde zu Boden gehen. Kleiner Fehler, große Wirkung.

Ich schob den Gedanken beiseite. Als das Feld Kilometer 61 passierte, hielt ich zwei Beutel mit Verpflegung in die Höhe, damit die Fahrer sie im Vorbeifahren annehmen konnten. Das klappte ohne Probleme, und in Sønderborg wurde Van Aert erneut Zweiter, diesmal hinter Dylan Groenewegen. Van Aert hatte nun sowohl das Gelbe als auch das Grüne Trikot. Er hatte die nächste Etappe im Visier, mit Start in Dunkerque und Ziel in Calais. Übermorgen.

Am Bus stand Vingegaard und verteilte geduldig Autogramme an seine begeisterten Landsleute. Er war einer der Letzten, die schließlich in den bereitstehenden Bus stiegen, der die Fahrer zum Flughafen bringen würde. Das gesamte Peloton wurde von der Organisation nach Lille geflogen. Bevor er verschwand, fragte ich Vingegaard, ob er erleichtert sei, Dänemark für eine Weile hinter sich zu lassen. »Ja«, sagte er, »es war wie im Irrenhaus.«

Kapitel 35

Kopfsteinpflaster-Chaos

Nathan Van Hooydonck lag auf dem Massagetisch und winkte mir zu. Sein Soigneur nahm seine rechte Wade in die Hand, und Van Hooydonck senkte wieder den Kopf.

Ich setzte mich in die Ecke des Hotelzimmers, damit ich ihn besser verstehen konnte.

Van Hooydonck, ein 26-jähriger Belgier in seiner zweiten Saison beim Team, seufzte und blickte auf die beiden Etappen zurück, die sie seit der Abreise aus Dänemark bestritten hatten: Dunkerque–Calais und Lille–Arenberg. Van Hooydonck begann sofort, sich über Letztere auszulassen, die Kopfsteinpflaster-Etappe auf den Spuren von Paris–Roubaix. »Überall herrschte Chaos«, sagte er. »Wout stürzte, und ich dachte: Verdammt! Jonas mussten wir danach wieder nach vorne bringen, und dann stürzte auch noch Primož. Es war eigentlich zum Totlachen.«

Noch bevor der Teambus den Ort des Geschehens in Arenberg verlassen hatte, hatte Van Hooydonck bereits mit Merijn Zeeman telefoniert. Er wollte wissen, wie sein Coach die Etappe gesehen hatte. Wie sich zeigte, waren sie sich einig: Die Fahrer von Jumbo-Visma waren nicht richtig »im Rennen« gewesen. »Wir sind die ganze Zeit nur hinterhergefahren«, sagte Van Hooydonck auf dem Massagetisch liegend, »und haben, glaube ich, nur einen Sektor an der Spitze des Feldes erreicht. Im Fernsehen sah das auch superlahm aus, oder? Gestern hatten wir einen überragenden Tag und haben, ohne respektlos klingen zu wollen, den anderen eine Lektion in Sachen Radrennsport verpasst. Aber heute haben wir richtig Lehrgeld bezahlt. Man kann eigentlich nur drüber lachen, oder?«

Er meinte, er habe Zeeman versprochen, dass sie gleich am nächsten Tag zurückschlagen und gewinnen wollten, so wie am Vortag, als sie sich auf der

Etappe nach Calais eindrucksvoll präsentiert hatten und Van Aert den Tagessieg holte.

Am Morgen, bevor ich zum Start der Etappe nach Arenberg aufbrach, hatte ich mir eine vierminütige Zusammenfassung und Analyse der vierten Etappe angesehen, die die Moneyball Boys am Abend erstellt hatten. Je schneller die Analyse, desto besser die Reaktion. Innovation hatte es immer eilig.

Der kleine Hügel elf Kilometer vor dem Ziel bot die perfekte Gelegenheit, ein paar Sprinter abzuhängen, damit Van Aert in Calais möglichst viele Punkte für das Grüne Trikot sammeln konnte. Und je eher sie sich Grün gesichert hätten, desto eher würde Van Aert sich in den Dienst von Roglič und Vingegaard stellen können und desto größer war die Aussicht, in Paris ganz oben auf dem Podium zu stehen.

Das Video begann 13 Kilometer vor dem Ziel in Calais, und ich sah sechs Männer auf der linken Seite der Straße, die das Feld anführten: Van Hooydonck, Benoot, Van Aert, Roglič, Vingegaard und Laporte. Pogačar saß ungefähr in Reihe elf. Ein Pfeil zeigte seine Position an. Luke Rowe von Ineos drängte nach vorn, die Männer fürs Gesamtklassement im Schlepptau: Yates, Thomas und Martínez. Rowe führte sie an die Spitze, aber an ihrem Hinterrad waren nun Jumbo-Visma-Fahrer. Einer fehlte: Roglič.

Bei Kilometer 11,6 fuhr Laporte ein Loch zu, das ein Fahrer von BikeExchange gelassen hatte, wodurch auch eine Lücke zu Roglič entstand. Die Moneyball Boys hatten diesen Moment kommentiert: Vielleicht wäre es eine gute Idee, Van Aert oder Laporte in Zukunft auf so entscheidenden Streckenabschnitten als Unterstützung für Primož einzusetzen.

Hundert Meter weiter sah man, wie Roglič versuchte, voll im Wind stehend wieder heranzukommen, während Vingegaard und Yates zugleich in der Windblase geschützt waren. Benoot übernahm dann die Führungsarbeit von Van Hooydonck, während Roglič versuchte, das Rad von Vingegaard zu halten, was ihm aber nicht gelang, da Laporte eine Lücke lassen musste, wodurch Roglič zurückfiel. Unterdessen hielt Van Aert an der Spitze das Tempo hoch, Pogačar fiel sogar hinter Roglič zurück, und nur Vingegaard und Yates konnten noch folgen. Hundert Meter vor dem Gipfel schüttelte Van Aert auch Vingegaard und Yates ab. Roglič lag sechs Sekunden zurück, Pogačar neun. Was folgte, war ein beeindruckendes Solo im Gelben Trikot entlang der Nordseeküste. Van Aerts Lohn war eine Soloankunft mit erhobenen Händen, acht

Sekunden vor dem Peloton, das sich nach der Kuppe wieder zusammengefunden hatte.

Vingegaard setzte sich zum Ausfahren aufs Rad, nachdem er – hinter Absperrband in seiner Corona-Blase geschützt – der internationalen Presse Rede und Antwort gestanden hatte. »Argh, Mann«, ärgerte er sich, »das war so knapp.« Er blickte auf und sagte: »Kurz vor der Kuppe konnte ich einfach nicht mehr mitgehen, meine Beine waren voller Laktat. Am Limit, eine Frage von Zentimetern.«

Wieder blies er Luft aus, beugte sich über den Lenker und drehte seinen Kopf schräg zu mir, mit seinen blassen, staubigen, dünnen Lippen. »Wir sind stark. Wir haben es krachen lassen!«

Benoot kam dazu und strich ihm über den Rücken. »Ich bin auch froh«, sagte er, »dass wir dem Wunderkind heute ein bisschen wehtun konnten. Aber heb jetzt nicht ab. Morgen ist ein wichtiger Tag, okay?«

Als Van Aert eine halbe Stunde später zum Bus kam, fragte ich ihn, ob er noch manchmal von seiner eigenen Leistung überrascht sei. Er grinste. »Hin und wieder.« Dann umarmte er Frans Maassen.

»Unglaublich.« Mehr konnte Maassen nicht sagen. »Unglaublich, Junge.«

Es gab einen Fahrer, der eine große Chance verpasst hatte: Roglič. Als ich mich am nächsten Tag mit Mathieu Heijboer darüber unterhielt, erzählte er mir zunächst, dass die meisten Fahrer ihre »Wattrekorde« an diesem Hügel vor Calais gebrochen hätten. Van Aert und Vingegaard hatten dort ihre besten Werte erzielt, aber das Wichtigste sei, dass sie »auf den Punkt da« gewesen seien. »Außer Primož.«

Sie waren der Meinung, dass Roglič an diesem kleinen Hügel im Finale der vierten Etappe die Gelegenheit verpasst hatte, Pogačar davonzufahren. Er sei zwar seinen »zweitbesten Minutenwert überhaupt« gefahren, aber, so Heijboer, er habe sich in der letzten Kurve vor dem Anstieg abdrängen lassen. »Und als der Anstieg begann«, fuhr Heijboer fort, »hat Ineos einen Fahrer losgeschickt, und Primož war gezwungen, das Loch zuzufahren. Das passierte später noch einmal, als er hinter Laporte fuhr. Er hätte an dritter Stelle sein sollen, hinter Nathan und Tiesj. Jetzt waren andere Fahrer dazwischen. Das wäre die Gelegenheit gewesen, Pogačar abzuschütteln.« Was blieb, war das Gefühl, eine Chance verpasst zu haben.

Auf dem Parkplatz vor dem Hotel in Lille herrschte am frühen Morgen der Kopfsteinpflaster-Etappe Hochbetrieb. In der WhatsApp-Gruppe wurden laufend Nachrichten darüber ausgetauscht, welche Jumbo-Visma-Mitarbeiter an welcher Stelle der Strecke mit Reservelaufrädern stehen würden. Am Service-Truck waren die Gesichter noch angespannter als sonst.

»Das wird ab Sektor 1 ein Blutbad«, hatte Heijboer am Morgen gesagt. Er selbst stand nun an Sektor 10, und auch der Rest der eingeteilten Mitarbeiter hatte sich entlang der Strecke verteilt. Da die Teams in den Kopfsteinpflaster-Sektoren keine kompletten Zweiträder bereitstellen durften, standen sie mit Ersatzlaufrädern parat.

Heijboer erläuterte die Rollenverteilung. Van Aert, Laporte und Benoot waren als »Leibwächter« für Roglič und Vingegaard abgestellt, und Van Aerts »primäre Aufgabe« war es, die beiden Kapitäne über die *Pavés* zu geleiten.

»Und Nathan«, fuhr er fort, »wird heute auf dem Aero-Rennrad starten, das Leadout übernehmen und bis zum ersten Sektor Vollgas geben. Er wird damit etwa 40 Kilometer vor diesem Punkt beginnen.« Er sagte, dass dies einer der wichtigsten Tage für Van Hooydonck bei der Tour sein werde.

Auch im Bus war bei der Besprechung in Lille von Nervosität die Rede. Niermann erinnerte Roglič und Vingegaard daran, in den Kopfsteinpflaster-Sektoren möglichst in der Mitte zu fahren, auf der »Krone«, wie das hieß. »Und am besten an Position zwei und drei«, sagte er. »Gibt es Probleme? Dann ist zu Anfang noch das Auto hinter euch. Dahinter Tiesj oder Nathan. Sepp und Stevie bleiben hinten im Feld. Wer gibt sein Rad ab? Stevie und Sepp. Tiesj hat einen Dropper Post. Christophe hat einen Inbusschlüssel. Wout, du bleibst im Fall der Fälle bei unserem anderen Klassementfahrer.«

Anschließend gab Niermann das Hauptziel für den Tag aus: die Initiative ergreifen und Pogačar abhängen. Er bläute seinen Fahrern ein, dass es auf dieser »Schlüsseletappe« noch irrer zugehen würde als am ersten Tag in Dänemark und dass sie dafür sorgen müssten, dass ihre Kapitäne als Erste in die Sektoren gingen. »Im Idealfall sind wir in jedem Sektor mit allen Mann vorn, unter den ersten zehn. In den letzten fünf Sektoren wollen wir wirklich die Initiative ergreifen und so fahren, dass die Konkurrenz nur reagieren kann. Volle Konzentration heute, wir wollen den Unterschied machen. Ja? Und helft euch gegenseitig.«

Van Aert: »Okay! *Vamos!*«

Etwas mehr als 90 Kilometer vor dem Ziel in Arenberg bog das Feld nach rechts ab und kam an eine Verkehrsinsel. Van Aert wollte ausweichen und touchierte das Hinterrad von Kruijswijk. Der Mann in Gelb, einer der stärksten Fahrer im gesamten Peloton, der Mann, der an diesem Tag eine Schlüsselrolle spielen sollte, ausgerechnet dieser Fahrer, lag auf dem Asphalt.

»Wout hatte schon angedeutet, dass er sich nicht ganz wohl in seiner Haut fühlte«, sagte Steven Kruijswijk später am Abend. »›Boah, was für eine Hektik!‹, hatte er gerufen. Ich wollte mich gerade daranmachen, ihn wieder nach vorn zu bringen.«

Sie machten Positionen im Feld gut, fuhren aus einem Dorf heraus und kamen an eine Straßenverengung, wo sie voll in die Eisen gehen mussten. »Wout reagierte ein bisschen spät«, sagte Kruijswijk. »Sein Rad verhakte sich mit meinem, wodurch ich auch fast gestürzt wäre. Wout ist ziemlich unglücklich gelandet, aber zum Glück schnell wieder aufgestanden. Danach war es eine Weile stressig. Dann wären wir auch noch fast mit dem Teamwagen von DSM kollidiert.«

Vom Motorrad aus teilte Eurosport-Kommentator Bradley Wiggins den Zuschauern mit, dass Kruijswijk okay sei und es noch zehn Kilometer bis zum ersten Kopfsteinpflaster-Sektor waren. Radio Tour meldete, dass Van Aert und Kruijswijk sich »zwischen den Autos« befänden.

Nach einer Viertelstunde hatten Van Aert und Kruijswijk wieder Anschluss an den hinteren Teil des Feldes gefunden. Die Teamformationen jagten sich gegenseitig wie D-Züge. Das Feld war regelrecht nach Farben sortiert. Alles, um die jeweiligen Kapitäne an die Spitze zu bringen, denn dort waren sie auf dem Kopfsteinpflaster am sichersten aufgehoben.

Roglič erreichte als Dritter, unmittelbar vor Laporte, den ersten *Pavé*-Abschnitt, *Secteur 11*, wie er im Roadbook ausgewiesen wurde. Auch Pogačar war vorne mit dabei. Kurz vor dem zweiten Abschnitt (*Secteur 10*) saß der Titelverteidiger am Hinterrad von Roglič und Vingegaard. Als das Peloton Sektor 10 erreichte, war das Team Jumbo-Visma im ganzen Feld verstreut. Vingegaard an vorderster Front, aber Van Aert hockte noch am Hinterrad von Kruijswijk, der nun wahrlich kein Spezialist auf diesem Terrain war. Die Etappe verlief überhaupt nicht nach Van Aerts Geschmack. Benoot und Laporte taten, was von ihnen verlangt wurde, und setzten sich an die Spitze. Pogačar war nie weit weg. Auf Sektor 6 befanden sich noch fünf Fahrer von Jumbo-Visma in der Spitzengruppe: Benoot, Van Aert, Roglič, Vingegaard und Laporte.

36 Kilometer vor dem Ziel sah Van Hooydonck, wie Vingegaard fast von der Straße abgekommen wäre. Er konnte sein Rad gerade so eben unter Kontrolle

halten. »Jemand hatte seinen Schalthebel am Lenker touchiert, und die Kette fiel zwischen Rahmen und Ritzel«, berichtete Van Hooydonck abends auf dem Massagetisch.

Bei der Teambesprechung waren die Fahrer immer wieder darauf hingewiesen worden, bei einem Defekt sofort das Rad zu tauschen. Da Van Hooydonck in Sektor 11 mit dem gleichen Problem zu kämpfen gehabt hatte wie Vingegaard jetzt, wusste er, was zu tun war. »Stopp«, rief er dem Dänen zu. »Halt an, ich lege die Kette wieder auf.«

Doch noch bevor er sich Vingegaards Rad annehmen konnte, hat sich dieser bereits Van Hooydoncks Rad geschnappt und sich auf die Verfolgung gemacht. Das einzige Problem dabei: Der Belgier war 15 Zentimeter größer als der Däne, so dass Vingegaard kaum die Pedale erreichen konnte. Van Hooydonck nahm sich Vingegaards Rad und stieg auf, was blieb ihm auch anderes übrig. In der Zwischenzeit kamen Kruijswijk und Kuss von hinten. An der Spitze ging das Rennen in vollem Tempo weiter. Pogačar setzte sich von ihnen ab.

Kurz darauf hielt Vingegaard am Straßenrand an, stieg ab und legte das zu große Rad von Van Hooydonck in die Böschung. Im ersten Teamauto hörte Arthur van Dongen, wie Vingegaard ins Mikrofon rief: »Ich brauche ein Rad! Ich brauche ein Rad! Ich brauche ein Rad!«

Van Dongen: »Ich hielt mit unserem Wagen auf dem Seitenstreifen. Auf der linken Seite sahen wir Jonas neben Nathans Rad stehen, auf der anderen Seite sah ich Nathan auf Jonas' Kinderfahrrad sitzen. Ich rief ins Mikrofon: ›Jonas, komm her, komm her, hol dir dein Ersatzrad!‹ Dann kam Vingegaard herüber. Nathan war bis dahin schon ein paar hundert Meter mit Jonas' Rad gefahren.«

Vingegaard lief quer über die Straße und wollte mit dem Rad von Kruijswijk weiterfahren, der gerade ankam und das Chaos vor sich sah. Van Hooydonck: »Ich holte mir mein Rad zurück und sah jetzt auch Sepp und Stevie kommen.«

Als Kruijswijk sah, wie Vingegaard von seinem Rad abstieg, dachte er: Okay, was passiert da? Er sah Kuss völlig verwirrt neben Van Hooydonck stehen.

Bei der abendlichen Massage im Hotelzimmer fragte ich Kruijswijk, warum er lachen musste. »Naja«, sagte Kruijswijk, »so was geht natürlich gar nicht. Und so war das auch nicht besprochen. Mit solchen Aktionen gewinnst du absolut gar nichts, und das hat Jonas dann auch eingesehen. Ich habe also auf Jonas gewartet, mein Rad passte eher zu seiner Größe, aber dann kam auch das Teamfahrzeug an, und er schmiss mein Rad in die Wiese. Während ich gerade ohne Rad auf der anderen Seite stand … Und als ich dann über die Straße rüber zu meinem Rad laufen wollte, stürmte dann auch noch von hinten gerade der nächste Pulk von Fahrern heran. Ja, so war's … Hätte Jonas einfach gewartet, bis Nathan sein Rad repariert hätte, und wäre dann wieder aufgestiegen, hätten Wout, Sepp und ich ihn in aller Ruhe wieder ans Feld ranfahren können. Aber so musste er dreimal absteigen, und wir gerieten weit in Rückstand.«

Van Dongen: »Das waren der Stress und Jonas' Unerfahrenheit auf so einer Etappe. Er hätte warten und nicht das Rad von Nathan nehmen sollen.«

Van Hooydonck: »Das sieht natürlich ziemlich unglücklich aus. In dem Moment herrscht das reine Chaos. Ich habe schon verstanden, warum Jonas das gemacht hat, das habe ich ihm auch gesagt. Aber ein Radwechsel ist die letzte Option. Es dauert fünf Sekunden, das Rad zu richten. Das ist auf jeden Fall besser.«

Laporte und Roglič fuhren unterdessen weiter in der Spitzengruppe, in der Pogačar noch seinen Teamkollegen Brandon McNulty bei sich hatte. Dahinter folgten Benoot und Van Hooydonck an der Spitze einer Verfolgergruppe mit Vingegaard an ihrem Hinterrad. Sie wurden von Van Aert eingeholt, der sich inzwischen erholt hatte. Der Belgier schluckte schnell ein Gel herunter, griff entschlossen den Unterlenker und machte den Rücken krumm. Die Verfolgungsjagd begann.

Sieben Kilometer später touchierte ein Fahrer mit dem Pedal einen Strohballen, der daraufhin direkt vor das Vorderrad von Roglič rutschte, so dass der Slowene hart auf dem Rücken aufschlug. Man sah, wie er sich selbst die Schulter wieder einrenkte, auf sein Rad stieg, die Zähne zusammenbiss und die Verfolgung aufnahm. Van Hooydonck und Benoot wurden vom Auto der Teamleitung aus angewiesen, auf Roglič zu warten und zu versuchen, ihn wieder heranzuführen. »Tiesj und ich wussten sofort, was zu tun war«, erzählte Van Hooydonck. »Auf schnellstem Weg in Richtung Ziel, zu zweit knapp 30 Kilometer lang Tempo bolzen. Teamarbeit, um den Schaden zu begrenzen.«

Nun hieß es, das Letzte aus sich herauszuholen. 22 Kilometer vor dem Ziel hatte Pogačar 45 Sekunden Vorsprung auf Vingegaard und fast anderthalb Minuten auf Roglič.

Sieben Kilometer weiter war der Vorsprung auf eine bzw. zwei Minuten angewachsen.

Im Ziel in Arenberg, das sich kurz vor dem berühmten Wald von Arenberg befand, einem der legendärsten Kopfsteinpflaster-Sektoren bei Paris-Roubaix, hatte Vingegaard seinen Rückstand mit Hilfe von Van Aert auf 13 Sekunden verkürzt. Der angeschlagene Roglič kam am Hinterrad von Van Hooydonck ins Ziel, etwas mehr als zwei Minuten hinter Pogačar.

Die internationale Presse drängte sich um den Jumbo-Visma-Bus. Vingegaard kam um die Ecke, fuhr unter dem Absperrband hindurch, stellte sein Rad am Bus ab und schien dann ein paar Sekunden zu brauchen, um sich zu orientieren. Er sah aus, als wäre er aus einer Kohlenmine gekrochen. Staub und Schweiß rannen in Strömen seinen Körper herab. Ein paar Stunden später schlurfte er durch die Gänge des Hotels in Mons und sagte, es ginge ihm gut.

Roglič verschwand direkt im Bus, mit blutigem Hintern und einer Wunde am Bein.

Auf den Massagetischen im Hotel leckten die Fahrer ihre Wunden und besprachen die Ereignisse mit den Betreuern und Coachs, die sich bei den Fahrern erkundigten, wie es ihnen ergangen war. Laut Van Hooydonck folgten die Kopfsteinpflaster-Abschnitte etwas zu schnell aufeinander, um das Feld kontrollieren zu können, und die Tatsache, dass Van Aert keinen guten Tag erwischt hatte, tat ein Übriges.

»Letztendlich«, so Kruijswijk, »gab es wenig Anlass zur Sorge, bis Jonas sein Rad wechseln musste. Aber danach wurde es ziemlich hektisch. Das hätte nicht sein müssen, und das weiß er selbst. Er hat es ja auch zugegeben und gesagt: ›Ich bin in Panik geraten und habe da falsch reagiert.‹ Tja, was soll man noch sagen?«

Van Hooydonck meinte, dass er nicht zufrieden mit sich sei. Er fühlte sich verantwortlich für das Wohlergehen der beiden Kapitäne. »Ich bin zur Tour gekommen«, sagte er, »um Jonas und Primož auf solchen Etappen zu unterstützen. Dann ist es einfach nicht schön, wenn der eine Kapitän zwei Minuten verliert und der andere 20 Sekunden.«

Ich fragte Van Hooydonck, was im Teambus besprochen wurde, nachdem sie den Zielort Arenberg verlassen hatten. »Jonas meinte, dass es schlimmer hätte kommen können«, sagte er. »Und Primož? Er war ziemlich optimistisch. Er steckt den Kopf nicht in den Sand. Er sagte: ›Die Tour ist erst vorbei, wenn du nach Hause kommst, erst dann kannst du sie nicht mehr gewinnen.‹«

Ich war neugierig, wie Kruijswijk auf die kommenden Tage blickte. Vielleicht würden sie ihre taktischen Pläne etwas aggressiver gestalten müssen, um Zeit auf Pogačar gutzumachen, der nun 21 Sekunden vor Vingegaard lag. Roglič war auf den 46. Platz im Gesamtklassement zurückgefallen.

Kruijswijk konnte noch nicht einschätzen, wie stark Pogačar war, was aber kein Grund zur Sorge war. Sie mussten auf ihre eigene Stärke setzen. »Denn man hat heute gesehen, dass die Mannschaft sehr stark ist«, sagte er. »Wir müssen Pogačar in den Phasen, in denen wir es können, wirklich unter Druck setzen.«

Ich fragte ihn, welche Szenarien ihm vorschwebten. Er meinte, sie könnten mit Roglič eine frühe Attacke lancieren, um UAE »auszuräuchern« und sie schuften zu lassen. »Wir müssen abwarten, wie gut Pogačar ist«, sagte Kruijswijk. »Wir haben immer ein bisschen die Hoffnung, dass er in Höhen über 2.000 Metern nicht ganz so stark ist oder vielleicht mit der Hitze nicht so gut zurechtkommt. Wenn wir es nicht probieren, werden wir es nie erfahren.«

Er sagte, er freue sich auf diese Herausforderung und hoffe, dass es ihnen gelingen werde, Pogačar in eine Situation zu bringen, in der er sich zeigen müsse. Am besten zu einem Zeitpunkt, an dem Jumbo-Visma dies auch ausnutzen könnte, denn natürlich war ihnen klar, dass sie nicht bis zum letzten Anstieg des Tages warten dürften. Dann bestand die Gefahr, dass er ihnen davonfahren würde und nicht umgekehrt.

Kruijswijk machte sich noch keine großen Sorgen und hegte volles Vertrauen in Vingegaard. Der Däne sei in »exzellenter« Form, habe ein gutes Zeitfahren absolviert, mit 58 Kilo ein gutes Gewicht und sei trotz der Panikreaktion zu Beginn des Tages gut über das Kopfsteinpflaster gekommen. »Wir müssen uns für die Alpen etwas einfallen lassen, wie wir Zeit gutmachen können.«

Kapitel 36

Der Glaube an den Sieg

Die Straße vor mir war staubig und hatte die Farbe von Kreide. Als ich mich umblickte, sah ich die grüne Kulisse der Vogesen, wo das größte Trauma von Jumbo-Visma verborgen lag, die Erinnerung an die Niederlage. Ein Verlust, den sie nur auf eine Weise lindern konnten, ohne dass der Schmerz von 2020 je ganz verschwinden würde. Das Gravel-Stück vor mir führte hinauf zum Ziel an der Super Planche des Belles Filles.

Es war der erste lange Anstieg dieser Tour, einer der ersten Kategorie. Sieben Kilometer lang, eine durchschnittliche Steigung von 8,7 Prozent, mit Spitzen von mehr als 20 Prozent. Die siebte Etappe war der erste echte Test für die Klassementfahrer.

In meinen Händen hielt ich das Rad von Jonas Vingegaard. Es war das Ersatzrad für den Fall, dass Vingegaard oder Roglič auf den letzten 800 Metern vor dem Ziel Pech hatten und ein neues Rad brauchten. Wenn das Fall wäre, müsste ich dieses Rad mitten im Rennen anreichen, wenn alle eine Herzfrequenz nahe 200 hatten, die Hubschrauber direkt über uns flogen, die Motorräder nervös hupten und die Fans um mich herum vor Aufregung schrien.

Ich war gebeten worden, an dieser Stelle zu stehen, weil zwei der Betreuer nach der Verpflegungskontrolle im Verkehr steckengeblieben waren. Nun warteten Martijn Redegeld und Bjorn Van Melkebeke hinter dem Ziel mit Erfrischungen, und ich stand auf dem Seitenstreifen, wo die Fahrer im Notfall das Rad wechseln konnten. Ich hatte das Rad von Vingegaard neben das von Pogačar an die Absperrung gestellt. Der Betreuer der UAE neben mir blickte mürrisch drein.

Im Rennen schien es bislang keine Probleme für Vingegaard zu geben, und auch der angeschlagene Roglič hielt sich in der Gruppe der Favoriten. Das zeugte von beachtlichem Durchhaltevermögen. Wenige Augenblicke später zeigte die Leinwand einen Angriff von Pogačar, der von den beiden Jumbo-Visma-Kapitänen sofort pariert wurde. Die Stimme des Rennsprechers wurde immer hektischer, die Fernsehhubschrauber tauchten auf, ich schnappte mir das Rad und ehe ich mich versah, sauste der Führende der Etappe vorbei, Lennard Kämna vom Team Bora-hansgrohe, und dann folgten schnell Pogačar, Vingegaard und Roglič, die den Ausreißer unmittelbar vor dem Ziel noch einholen würden. In dieser Reihenfolge rollten die drei auch über den Zielstrich, wobei Vingegaard in der gleichen Zeit wie Etappensieger Pogačar gewertet wurde. Roglič hatte lediglich zwölf Sekunden eingebüßt. Eine reife Leistung.

Nachdem alle Topfahrer im Ziel waren, stellte sich heraus, dass Vingegaard mit 35 Sekunden Rückstand auf Pogačar nun den zweiten Platz in der Gesamtwertung belegte. Roglič hatte sich nach dem freien Fall an den Vortagen wieder um 15 Plätze verbessert und lag nun 2:45 Minuten hinter Pogačar auf Platz 14. Roglič war immer noch ein Faktor, mit dem man rechnen musste.

Als Roglič den Schlussanstieg wieder hinunterfuhr – zahlreiche Fahrer quälten sich derweil noch hinauf Richtung Ziel –, jauchzte er vor Freude. Juchchuuuu!

Später hörte ich, dass er einem Reporter erzählt hatte, dass sich jeder Pedaltritt an diesem Tag wie ein »Messerstich« in seinen Rücken angefühlt habe, und als er im Tal vom Rad stieg, sah er dabei so ungeschickt aus, dass ein Kolumnist ihn am nächsten Tag in der Zeitung als »alten Mann« bezeichnete. Als Bjorn Van Melkebeke, der Osteopath von Jumbo-Visma, am nächsten Tag davon hörte, mutmaßte er, dass Roglič absichtlich so vom Rad gestiegen war, um den Kiebitzen am Teambus Sand in die Augen zu streuen.

Als ich mit Vingegaard ein paar Tage später über diese Etappe sprach, sagte er, dass er auf diesem Gravel-Abschnitt zum ersten Mal zu glauben begann, dass er diese Tour gewinnen könnte. »Vorher«, sagte er, »dachte ich, dass Pogačar mich auf diesem Streckenstück abhängen würde, aber ich hätte dort fast gewonnen.«

Kapitel 37
Dieser Schmerz geht vorbei

Jeden Tag bereitete Bjorn Van Melkebeke in seinem Hotelzimmer seine Ausrüstung vor, und wenn alles parat war, gab der Osteopath in der WhatsApp-Gruppe von Jumbo-Visma die Nummer des Zimmers durch, in dem er an diesem Abend seinen Dienst verrichtete. Die Fahrer konnten dann bereits vom Teambus aus Bescheid geben, wenn sie das Bedürfnis hatten, ihn aufzusuchen.

Van Melkebeke war von kleiner Statur, trug eine Brille und häufig eine Mütze. Er hatte einen köstlichen Humor, der bisweilen mit bissigem Sarkasmus gewürzt war. Er war seit mehr als 20 Jahren der Osteopath des Teams.

Fast jeden Tag war ich mit ihm im Van auf der Strecke unterwegs. Meistens saß Martijn Redegeld mit seinem Laptop auf dem Rücksitz und errechnete die Ernährungspläne für den Abend und stellte den Bidonplan für die Etappe am nächsten Tag auf.

Wir fuhren jeden Morgen zum Start und steuerten nach einer Tasse Kaffee am Teambus den Kilometerpunkt an, den Redegeld in seinem Bidonplan für uns festgelegt hatte. Das war in der Regel nach etwa 60 Kilometern und fast immer an einer Stelle, an der die Straße leicht anstieg und das Peloton etwas langsamer unterwegs war, so dass die Fahrer in aller Ruhe die Trinkflaschen und Verpflegungsbeutel annehmen konnten. Bei der Streckenerkundung hatten die Teamleiter diese Positionen bereits im Veloviewer eingegeben, und nach den abendlichen Beratungen stellte Redegeld jeden Tag den genauen Bidonplan für die morgige Etappe in die WhatsApp-Gruppe ein.

Nach der Kopfsteinpflaster-Etappe beschäftigte uns im Van vor allem ein Thema: Wie ging es Roglič?

Wir hatten gerade Lausanne verlassen, wo Van Aert am Vorabend nach einem weiteren Etappensieg allen Teammitgliedern ein paar Flaschen Champagner spendiert hatte. Van Melkebeke erzählte, dass Roglič nicht nur körperliche

Beschwerden plagten, sondern dass es auch zu einem mentalen Kampf geworden sei. Roglič habe sich auf dem Behandlungstisch gefragt, ob es sich später im Jahr rächen würde, zum Beispiel bei der Vuelta im September, wenn er sich jetzt zwang, auf die Zähne zu beißen und weiterzumachen. Van Melkebeke hatte geantwortet, dass dieses Risiko nicht bestünde. »Dieser Schmerz geht vorbei. Nur wird Primož hier nicht zur Ruhe kommen, denn die Tour geht weiter.«

Auf der Fahrt durch Montreux erklärte Van Melkebeke, dass er noch ein paar Dinge abklären müsse. So könne es sein, dass sich in einem der Wirbelfortsätze ein Riss gebildet habe. Denkbar war auch, dass die Knochenhaut beschädigt worden war.

Roglič brauchte Aufmunterung. In Lille hatte Van Melkebeke von seiner Freundin ein paar kleine Flaschen guten Whisky bekommen, von dem er jeden Abend ein Gläschen trank. Weil Roglič an diesem Abend so niedergeschlagen war, hatte der Osteopath ihm eine 0,3-Liter-Flasche mitgegeben. »Magisches Zeug?«, hatte der Slowene gefragt. Aber er klang weniger kühl als sonst. »Die habe ich mir heute nicht verdient, Bjorn«, hatte er gesagt. »Ich werde sie trinken, wenn ich sie mir verdient habe.« Nachdem er gegangen war, kontrollierte Van Melkebeke, welche Flasche er Primož mitgegeben hatte. Wie sich herausstellte, war es die beste in der ganze Sammlung, ein dreißig Jahre alter Glenturret, der auf Auktionsseiten 650 Euro pro Flasche einbrachte.

Das Team hatte Roglič in den letzten Tagen geschont. Der Kapitän war stiller als sonst. Am Tag nach der Kopfsteinpflaster-Etappe, auf dem Weg nach Longwy, als Van Aert wieder und wieder attackierte und das Team versuchte, Pogačar zu zermürben und den bitteren Nachgeschmack des Vortags zu vertreiben, ging es für Roglič nur ums Überleben. Zum Glück konnte er mithalten und in den folgenden Tagen sogar einige Plätze in der Gesamtwertung gutmachen, so dass er für das Team als »Spielfigur« im Rennen blieb, um in den Alpen Druck auf UAE zu machen.

Jeder im Team wusste, dass die Sache jederzeit kippen könnte. Am Abend vor der Etappe zur Super Planche des Belles Filles klagte Roglič über starke Schmerzen im unteren Rückenbereich. Nach der Etappe sagte Van Melkebeke, dass er Roglič am liebsten ins Krankenhaus geschickt hätte. »Es ist nicht zu übersehen, dass er Schmerzen hat«, sagte der Osteopath, als wir am Genfer See vorbeifuhren. »Aber *allez*. Ich hoffe, er schafft es bis zum Ruhetag in Morzine.« Bis dahin waren es noch weitere 378 harte Rennkilometer.

Van Melkebeke hatte drei Streifen hautfarbenes Tape auf Rogličs unteren Rücken geklebt, um die Stabilität zu erhöhen. Er erklärte, dass dieses Kinesio-Tape etwas bewirke, was sich »Gate Control« nannte. Das Tape hatte in etwa dieselbe Wirkung, wie wenn man sich mit der Hand die Haut reibt, nachdem man sich den Ellbogen gestoßen hat. Das Reiben stimuliert die Hautnerven, und diese sensorischen Nerven treten am selben Kern im Rückenmark aus wie die Schmerzfasern. Da die sensorischen Nerven den Kern schneller erreichten als die Schmerzfasern, führte eine Stimulation der sensorischen Nerven dazu, dass das Schmerzempfinden bereits im Kern blockiert wurde, so dass es nicht bis zum Kopf aufsteigen konnte. »Und dein Kopf«, so Van Melkebeke, »sagt dir, ob du Schmerzen hast oder nicht.«

Später dachte ich an die Worte von Rogličs Trainer Marc Lamberts zurück und an die Gespräche, die ich mit Robbert de Groot über die Grenze und die Wahrnehmung von Schmerz geführt hatte. Im Radsport heißt es oft, dass Leiden ein elementarer Bestandteil des Sports sei, und hier konnte man das deutlich erkennen. Van Melkebeke meinte, dass diese Komponente immer wichtiger wurde. Er hatte das Gefühl, dass Blessuren mehr und mehr akzeptiert wurden und dass die Verletzungen immer schwerer wurden.

Zwei Tage zuvor hatte Martijn Redegeld einen Tweet von Michael Gogl vorgelesen, einem Fahrer aus der Mannschaft von Mathieu van der Poel, der auf der Kopfsteinpflaster-Etappe ebenfalls schwer gestürzt war. Der Österreicher musste eine Nacht auf der Intensivstation verbringen, wo man feststellte, dass er sich neben einem leichten Pneumothorax auch Frakturen von Becken, Schlüsselbein und mehreren Wirbeln zugezogen hatte. »Er schreibt hier«, so Redegeld, »dass er froh sei, dass er seine Beine noch bewegen kann.« Gogl würde den Rest des Jahres außer Gefecht sein.

Die schweren Stürze, so Van Melkebeke, rührten daher, dass das Fahrerfeld immer schneller unterwegs war und es im Peloton keinen *Patron* mehr gebe wie früher, der einfach sagte: »Okay, wenn hier so viel Kopfsteinpflaster liegt, dann halten wir uns eine Weile zurück.« »Früher dachte man: Wir haben Familie und wir werden uns hier nicht zu Tode fahren, aber heute wittert jeder eine Chance für sich.« Unterdessen holten er und Redegeld die Bidons aus den Kühlboxen und füllten die Verpflegungsbeutel mit Gels, Wasser und Durstlöschern und mit Strumpfhosen voller Eiswürfel, die sich die Fahrer um den Hals legen konnten. »Die Straßen sind anders«, fuhr Van Melkebeke fort, »es gibt mehr Kreisverkehre und Verkehrsinseln, und auch die Fahrer von heute sind anders. Früher waren sie robust und hatten mehr Muskeln. Heute sind sie viel magerer.«

Ein paar Stunden später freute ich mich zu sehen, dass Roglič mithalten konnte, als es in der Schlussphase der Etappe hinauf nach Châtel les Portes du Soleil ging. Er büßte nur drei Sekunden auf Pogačar und Vingegaard ein und war nun wieder in Schlagdistanz zur Top Ten. Arthur van Dongen sagte auf dem Weg zum Hotel in Morzine, dass sie bei den anstehenden Bergankünften am Col de Granon und einen Tag später in Alpe d'Huez zuschlagen wollten. »Pogačar isolieren«, sagte Van Dongen, »und Roglič im Gesamtklassement zurückbringen.«

Ich musste an die Worte von Van Melkebeke denken. Er hatte nach der Etappe kurz im Bus mit Roglič gesprochen, und dieser hatte zu ihm gesagt: »Ich war nicht gut zu mir selbst, Bjorn.«

Kapitel 38

Rogličs Rolle

Ich wartete in der Hotellounge auf Steven Kruijswijk, der sich wenig später in ein bequemes Sofa fläzte, eine Flasche Wasser öffnete und über die heutige Etappe sprach, bei der er selbst als 23. ins Ziel gekommen war. UAE habe doch ein recht starkes Team, und Pogačar mache den ganzen Tag den Eindruck »locker rumzugondeln«. »Er lässt keine Schwäche erkennen«, sagte Kruijswijk. »Und wenn seine Mannschaft mal nicht auf der Höhe ist, löst er es selbst.«

Was man bei Jumbo-Visma nicht verstand, war, warum Pogačars Helfer an diesem Nachmittag den Ausreißern hinterhergefahren waren, obwohl ihnen im Gesamtklassement keine Gefahr drohte. Vielleicht, so dachte Kruijswijk, hatten sie es getan, um zu zeigen, dass sie ein starkes Team hatten? Kruijswijk fragte sich, wie lange sie glaubten, das durchhalten zu können. Aber warum war eigentlich egal. UAE hatte genau das getan, was Jumbo-Visma sich erhofft hatte: vorne im Wind arbeiten.

Er sagte, dass sie selbst die Entscheidung getroffen hätten, es ruhig angehen zu lassen, obwohl Vingegaard so gut in Form war, dass sie einen Angriff des Dänen auf den letzten Kilometern für durchaus chancenreich hielten. Sie beschlossen, sich als Team zurückzuhalten, weil niemand so recht wusste, wie gut Roglič war. »Mal angenommen«, so Kruijswijk, »Jonas hätte attackiert und Primož hätte dadurch noch mehr Rückstand angesammelt, aber am Ende wäre Jonas zeitgleich mit Pogi ins Ziel gekommen, dann hätten wir eigentlich verloren. Wie es heute gelaufen ist, war daher genau das Szenario, was uns vorschwebte: UAE die Arbeit überlassen und gut durch den Tag kommen, dafür sorgen, dass wir immer am Hinterrad sitzen, und Primož auf diesem Platz im Gesamtklassement in den Ruhetag bringen.«

Kruijswijk hatte gesehen, wie Roglič am Tag zuvor auf dem Weg nach Lausanne Tiesj Benoot gebeten hatte, in seiner Nähe zu bleiben, weil er sich nicht wohlfühlte. Heute Nachmittag hatte Kruijswijk gehört, wie er sich am Schlussanstieg an seinem Hinterrad selbst anfeuerte. »Komm schon, Rogla, komm schon!«

Kruijswijk nahm dann die taktischen Besprechungen vorweg, die sie am morgigen Ruhetag führen würden, angefangen wahrscheinlich bei einem ruhigen Vormittagstraining und dann, wenn die Trainer sich ausgetauscht hatten, noch einmal am Abend, wenn den Fahrern die endgültigen Pläne präsentiert würden. »Diesen richtig schweren Moment im Rennen«, sagte Kruijswijk, »den müssen wir versuchen zu finden, den müssen wir selbst schaffen. Wir brauchen einen Plan, wie wir UAE unter Druck setzen können, denn nur mitzufahren und zu schauen, ob wir Pogi am Ende eine Minute abnehmen können, das funktioniert glaube ich nicht. Wir werden uns wirklich etwas anderes einfallen lassen müssen.«

Ich warf ein, dass Rogličs Rolle bei der nächsten echten Bewährungsprobe in den Bergen, am Mittwoch auf der Etappe über den Galibier und mit Bergankunft oben auf dem Col de Granon, sehr wichtig sein könnte. Noch lag Roglič im Klassement aussichtsreich genug, um für Pogačar eine Gefahr darzustellen. Würde man einen Tag länger warten, wäre er möglicherweise in der Gesamtwertung zu weit zurückgefallen, um noch eine Bedrohung für seinen Landsmann zu sein. »Ich denke auch, dass wir am Mittwoch etwas aus dem Hut zaubern müssen«, sagte Kruijswijk, »um zu sehen, wie Pogačar und sein Team reagieren.«

Ob Roglič für diese Rolle bereit sei, wollte ich wissen. Für Kruijswijk war genau das »die große Frage«. Wie fühlte er sich »wirklich«? »Selbst wenn Primož vier Etappen bei der Dauphiné gewinnt«, sagte Kruijswijk mit einem kleinen Lachen, »sagt er, dass er Schmerzen habe. Wie ernst ist es jetzt?« Er seufzte und sagte: »Ich kann nicht beurteilen, wie er sich wirklich fühlt, was er glaubt, tun zu können, und was er sich zutraut.«

Kruijswijk hatte noch mehr Fragen. Glaubte Roglič noch an das Gelbe Trikot? Glaubte er, noch eine besondere Aktion im Köcher zu haben? Und warum zweifelte er trotz all der Siege in den letzten Jahren noch so oft an sich selbst? »Wenn Primož in den nächsten Tagen nichts unternimmt«, sagte Kruijswijk kryptisch, »ist sowieso Jonas am Zug.«

Er verwies auf die drei Minuten Rückstand, die Roglič inzwischen hatte, und so gab es aus seiner Sicht eigentlich nur eine Option: Roglič musste Vingegaard helfen, Pogačar unter Druck zu setzen, so dass Vingegaard von der Arbeit profitieren konnte, die Pogačar leisten musste, wenn Roglič zum Angriff überging. »Und dann«, fuhr Kruijswijk fort, »wenn Primož stark genug ist und an eine solche Attacke glaubt und sie mit Hilfe des Teams durchziehen kann, dann kann er selbst auch im Gesamtklassement wieder richtig vorrücken.«

Schön und gut, entgegnete ich, aber wie dachte Roglič selbst darüber? Kruijswijk meinte, dass Roglič nicht leicht einzuschätzen sei. Im Vorfeld äußere er gern mal, dass er attackieren werde, »wenn er sich gut fühlt«. Aha, okay, dachten seine Teamkollegen dann, aber was erwartest du nun genau von uns?

Kruijswijk fragte sich, ob der Zweifel, den Roglič offensichtlich verspürte, gerechtfertigt war. Er hoffte, dass irgendwo in Rogličs Kopf noch die Überzeugung lebte, dass bei dieser Tour noch viel zu holen war, wenn er sich durchbeißen konnte. »Keiner wird ihm einen Vorwurf machen, wenn er einbricht«, sagte Kruijswijk. »Wir wissen alle, was so ein Sturz mit dem Körper anstellen kann.«

Vingegaard, so erzählte mir Kruijswijk wenig später, war gut darin, Kommandos zu geben. »Jonas sagt zum Beispiel: ›Ich möchte, dass ihr da und dort schneller fahrt, mich bis zu diesem Punkt an der Spitze haltet, und dann möchte ich an der und der Stelle attackieren.‹ Jonas kann deutlich machen, was er will, und das ist gut, denn dann weiß man, was die eigene Rolle ist. Man kann im Bus etwas absprechen, aber wenn dein Kapitän im Rennen nichts sagt und sich dann im Finale entscheidet, etwas zu probieren, denken wir häufig: Okay, wofür sind wir dann überhaupt hier? Wir können viel mehr für dich tun.«

Kruijswijk war klar, dass sie nur eins tun konnten, nämlich Roglič beizustehen und ihn durchzuschleppen. »Es wäre sehr einfach für ihn gewesen, vor zwei Tagen zu sagen: ›Ich bin gestürzt, bei dieser Tour wird das nichts mehr.‹ Aber Primož ist ein kämpferischer Typ und kann sich richtig in etwas festbeißen.«

Kapitel 39

Der Plan

Die Seitentür des Teambusses, der vor dem Mannschaftshotel in Morzine geparkt war, stand offen, und ich schob den grauen Vorhang beiseite. Auf der einen Seite saßen Grischa Niermann und Maarten Wynants, der Merijn Zeeman weiterhin ersetzte. Auf der gegenüberliegenden Seite saßen Martijn Redegeld, Frans Maassen und Arthur van Dongen. Weiter hinten im Bus telefonierte der Pressechef.

Aus einem umgedrehten grauen Abfalleimer hatten sie einen Beistelltisch gebastelt, auf dem sie einen kleinen drahtlosen Lautsprecher platziert hatten, aus dem Zeemans Stimme ertönte. Draußen tummelten sich noch immer Radsportfans, und ein paar niederländische Journalisten liefen am Bus vorbei. Ein Fotograf hielt sich bei den Mechanikern auf, die an den Rädern arbeiteten.

Die fünf Sportlichen Leiter saßen um den umgedrehten Abstelleimer herum und besprachen die Taktik für die kommenden Tage, wobei das Hauptaugenmerk auf der übernächsten Etappe über den Télégraphe und den Galibier mit Bergankunft am Col de Granon lag. Die entscheidenden Tage standen bevor. Der Stand der Dinge in der Gesamtwertung war, dass ihr größter Rivale eine halbe Minute Vorsprung auf Jonas Vingegaard hatte und drei Minuten auf Primož Roglič. Roglič plagte sich noch immer mit seinem lädierten Rücken. Er hatte an diesem Morgen nicht auf dem Rad gesessen und bis zehn Uhr geschlafen wie ein Murmeltier.

Grischa Niermann stellte fest, dass sie es sich nicht leisten könnten, weiter defensiv zu fahren, bis es Roglič besser ginge. »Wir müssen an diesen Tagen etwas versuchen«, sagte Niermann. Er bekräftigte seine Worte. »Das sind die größten Chancen für Jonas.« Es gab keine Widerrede. »Und Primož hat nichts zu verlieren.«

Niermann war wie immer am Morgen mit der Mannschaft auf dem Rad unterwegs gewesen und erzählte Zeeman nun, dass sie bereits viele denkbare Szenarien durchgesprochen hatten. Als sie im Mai im Trainingslager in der Sierra Nevada angefangen hatten, den taktischen Plan auszuarbeiten, waren sie davon ausgegangen, dass Vingegaard an diesem Tag am Galibier attackieren sollte, um Pogačar aus der Reserve zu locken – und schließlich ins Wanken zu bringen. Diese Rolle schien nun Roglič zuzufallen.

Im Bus fiel das Wort »Selbstmord«, als man sich vorstellte, wie Roglič im Alleingang am Galibier attackierte. Zeeman meinte, dass Roglič nur dann einen Vorsprung von drei Minuten auf Pogačar herausfahren könne, wenn die Kontrolle in der Verfolgergruppe komplett verloren ginge. »Ihr wisst, dass die anderen nur auf Pogačar schauen werden«, sagte er.

Doch Zeeman hatte seine Zweifel. Zuvor hatte er angemerkt, dass Pogačar seinen Landsmann Roglič niemals ziehen lassen würde. Pogačar nahm die Dinge nun mal gern selbst in die Hand.

»Ich glaube ehrlich gesagt, dass Pogi sofort nachsetzen würde, wenn Primož angreift«, sagte Zeeman. »Aber Primož sollte einfach weiter attackieren, bis sie ihn ziehen lassen.«

Van Dongen meinte, dass das Team nicht schon am ersten Anstieg des Tages das Tempo forcieren sollte, denn sonst wüsste sofort das ganze Peloton Bescheid, was sie vorhatten. Rogličs Attacke müsste ein Überraschungsangriff sein. Niermann: »So dass Pogi denkt: Mist, Mist, Mist, was soll ich machen? Ja, vielleicht geht er selbst Primož hinterher.«

Zeeman zufolge war das auf jeden Fall das ideale Szenario: Pogačar jagt den attackierenden Roglič, dahinter Vingegaard. Roglič würde immer weiter attackieren, während Vingegaard in aller Ruhe an Pogačars Hinterrad hockt, vor dem Wind geschützt, bis zu dem Moment, in dem die anderen den Mut verlieren und sich sagen: Na super, wir müssen nachher noch den Granon hoch, lasst mal gut sein. Sie würden das Tempo rausnehmen, und Roglič könnte tatsächlich drei Minuten Vorsprung herausfahren. Die vermutliche Folge: Von hinten würden Pogačars Helfer wieder aufschließen und im Tal zwischen Galibier und Granon das Loch zufahren. Sie würden Roglič einholen, aber zu einem hohen Preis, UAE hätte Kräfte eingebüßt, die sie im weiteren Verlauf der Tour nicht mehr ausspielen könnten. »Lasst mal Pogis Helfer wie Rafał Majka und Brandon McNulty vorn im Wind fahren«, sagte Zeeman. »Das erhöht nur Jonas' Chancen.«

Vingegaard hatte Zeeman schon im Mai gesagt, dass er davon überzeugt war, dass er an den längeren Anstiegen besser wäre als Pogačar. Sein Trainer Tim Heemskerk hatte errechnet, dass Vingegaard zwischen 23 und 25 Minuten mit einer Leistung von 5,6 bis 6,1 W/kg bergauf fahren konnte. Danach konnte er beschleunigen und für weitere fünf bis sechs Minuten auf 7 W/kg erhöhen. Anschließend konnte er mit einer Leistung von 6,3 bis 6,5 W/kg bis ins Ziel fahren. »Einzigartig«, sagte Zeeman später über diese Zahlen.

Ich hatte in Teamfahrzeugen gesessen und das Rennen hautnah miterlebt. Hier im Bus war es anders. Was im Auto passierte, war vor allem eine Reaktion auf die Gegebenheiten, die andere Teams geschaffen hatten. Hier im Bus war es eher so, dass wir die Gegebenheiten schufen, um später die Kontrolle über die Situation zu haben. Dies war die letzte Phase des Plans. Es war ein langer Weg gewesen: Anfangs war es nur ums Überleben des Teams gegangen, dann um seine Eigenständigkeit und fundamentale Geschäftsphilosophie, dann um Innovation in Fragen Material und Ernährung, um die Stärkung der mentalen Widerstandsfähigkeit, der Gruppendynamik und der Opferbereitschaft. Jetzt war es an der Zeit, die Realität in die Hand zu nehmen oder zumindest durch Entscheidungen auf dem Rad aktiv Einfluss zu nehmen auf die Ereignisse und Umstände.

Zeeman bestand darauf, dass sie in den Alpen »Primož' Ambitionen erfüllen« mussten, was hieß, ihm die Chance einzuräumen, anzugreifen und Gelb zu erobern, aber das müsse schon in der Art und Weise erfolgen, »die wir wollen«.

Niermann räumte ein, dass er sich nicht ganz sicher war, ob Roglič am Granon Tempo für Vingegaard machen würde, so dass dieser eine Attacke lancieren könnte, wenn Roglič wüsste, dass er anschließend erschöpft abreißen lassen müsste. »Zum Glück«, sagte Niermann, »haben wir dafür auch noch Stevie und Sepp, aber es sollte klar sein: Wir werden am Mittwoch etwas versuchen, und das könnte dann auf Kosten von Primož gehen.«

Frans Maassen fragte, ob sie schon wüssten, was Roglič von der Idee halte.

»Es kann nicht sein«, sagte Niermann, »dass Primož gleich sagt: ›Ich fühle mich noch nicht stark genug und ich denke, wir sollten es in den nächsten Tagen ruhig angehen lassen.‹«

»Ich glaube, das wird er sagen«, warf Maassen ein.

»Das glaube ich nicht«, sagte Niermann.

Maassen: »Primož muss ehrlich zu dir sein, Grischa, was seine Vorstellungen angeht.«

Niermann: »Stimmt. Aber wir müssen auch ehrlich zu ihm sein. Dass wir auch auf Jonas schauen. Wir werden unsere Taktik nicht ändern, um zu sehen, was das Beste für Primož ist.«

Van Dongen: »Wir müssen es durchziehen, Frans. Wir haben keine Zeit mehr zu verlieren.«

Niermann: »Genau.«

Maassen: »Ich glaube nicht, dass Primož das so prickelnd findet.«

Niermann: »Er weiß auch, dass es letztlich Selbstmord ist, den ganzen Tag ab dem Galibier vorne zu fahren. Andererseits hat er jetzt einfach nichts mehr zu verlieren.«

Zeeman hielt es für eine gute Idee, Roglič sich erst einmal aus eigenem Antrieb »resetten« zu lassen und dann am nächsten Tag bei der Besprechung der Etappe zum Granon »die Uhren richtig zu stellen«. Zeeman: »Also, Jungs: Wir haben unseren Plan gemacht, mit Dänemark, der Hektik, dem Kopfsteinpflaster und so weiter. Jetzt treten wir in eine neue Phase ein, mit anderen Herausforderungen, und wir denken, dass dies unser Plan sein wird. Und ich denke, Grischa, es ist deine Aufgabe, das den Jungs einzubläuen.«

Niermann: »Ist heute Morgen schon geschehen.«

Zeeman: »Okay.«

Niermann: »Ich denke, dass es besser ist, alles weitere am Mittwochmorgen oder morgen Abend mit den Jungs zu besprechen, denn morgen bei der Etappe nach Megève müssen wir es noch defensiv angehen. Meine Idee ist, Primož morgen noch eine Pause zu geben und danach mit ihm über die Etappe zum Granon zu sprechen und dann zur neuen Phase überzuleiten.«

Niermann berichtete anschließend von einem Gespräch, das er am Morgen auf dem Rad mit einem »gut gelaunten« Vingegaard geführt hatte, in dem sie die beiden Szenarien besprochen hatten. Das erste, das eine Attacke von Roglič am Galibier vorsah, und das zweite, bei dem Vingegaard am Granon die Initiative ergriff, um Pogačar abzuschütteln.

Zeeman: »Und er glaubt daran?«

Niermann: »Ja.«

Zeeman: »Wenn wir Jonas am Granon eine Chance geben wollen, muss Pogačar schon lange am Limit gefahren sein. Erst dann sollte Jonas attackieren. Und das wird funktionieren, denn wie wir letztes Jahr am Ventoux gesehen haben, ist Jonas an längeren Anstiegen in großer Höhe stärker. Aber dazu braucht Jonas im Idealfall noch Sepp. Deshalb sollten wir Sepp am Galibier nicht schon zu sehr in den Wind stellen.«

Niermann: »Das betrifft auch Stevie. Wir müssen am Galibier mit Steven Tempo machen.«

Zeeman: »Das Entscheidende ist, dass UAE Primož nicht einfach fahren lassen darf – sie sollen ihm hinterherfahren –, aber Primož muss halt irgendwo auch einen Vorsprung von anderthalb Minuten geschenkt bekommen.«

Niermann: »Das liegt leider nicht in unserer Hand.«

Zeeman: »Das ist das Risiko, das wir eingehen.«

Sie sahen sich an. War alles gesagt worden? War alles klar? »Okay«, sagte Zeeman aus dem Auto heraus, in dem er durch Belgien fuhr, »so werden wir das den Fahrern dann auch vermitteln: Wir haben neun Renntage hinter uns, haben zwei Etappen gewonnen, sind viermal Zweiter geworden, haben schon das Grüne Trikot und das Gelbe Trikot getragen – wir haben also schon eine tolle Tour – und wenn wir in den nächsten Tagen ein bisschen Spektakel bieten können, dann gewinnen wir auch noch die Herzen der Leute. Das ist es, was diesen Sport schön macht. Und der Druck liegt bei UAE, nicht bei uns.«

Niermann schloss sich Zeemans Worten an und fügte hinzu, dass er sich am Vortag im Evaluierungsgespräch mit Roglič ähnlich geäußert habe. »Ich habe Primož gesagt, dass er sich unsterblich machen könne, wenn wir am Granon etwas probieren und er schon früh in die Offensive gehen würde. ›Dann wirst du ein echtes Spektakel bieten, Primož, mit Aussicht auf Erfolg.‹«

Zeeman klang enthusiastisch und bekräftigte, dass sie es genauso machen sollten und dass es gelingen werde. »Aber«, sagte er, »wir müssen Primož wirklich einhämmern: Du wirst diese Freiheit bekommen, aber wir müssen wissen, wo du attackierst. Denn das ist Teil unserer Strategie. Das ist eine felsenfeste Absprache, die wir mit ihm treffen müssen. Damit die Anstrengungen, die er unternimmt und die ihm eine weitere Chance ermöglichen, auch Jonas und damit dem Team zugutekommen.«

* * *

Mehr als 24 Stunden später versteckte sich Jonas Vingegaard in Megève hinter dem Teambus vor den Fans, den Journalisten und der sengenden Sonne. Auf der anderen Seite befand sich eine Koniferenhecke. Ein Ventilator blies ihm

Wind ins Gesicht, um ihn beim Ausfahren zu kühlen. Er wirkte gut gelaunt, und von Müdigkeit war keine Spur mehr, trotz der mehr als dreistündigen Fahrt mit einigen kleinen Anstiegen zwischen Morzine und dem Altiport von Megève. Er hatte auf der von Magnus Cort aus einer Ausreißergruppe heraus gewonnenen Etappe (Roglič kam ebenfalls mit der Gruppe der Favoriten ins Ziel) locker an Pogačar dranbleiben können. Er hatte keine unnötige Energie verschwendet, und auch die Temperaturen hatten ihm nichts ausgemacht. »Ich habe die Hitze gar nicht gespürt«, sagte Vingegaard. »Ich habe andere Fahrer gesehen, die sich die ganze Zeit Wasser über den Kopf gegossen haben.«

Und morgen? »Ja, die nächsten beiden Tage werden superwichtig. Ich habe Bock drauf. Wir haben einen guten Plan für morgen.«

Dann war es Zeit für die Frage aller Fragen im Radrennsport. Was machten die Beine? »Ich fühle mich gut«, sagte Vingegaard. »Sehr gut sogar.«

Kapitel 40

Ein Kreuzfeuer aus Attacken

Merijn Zeeman saß auf der Hotelterrasse in Albertville und blickte auf einen großen Parkplatz, auf dem der Fuhrpark des Teams stand und die Vorbereitungen für die 151 Kilometer lange Etappe zwischen Albertville und dem Col de Granon getroffen wurden. Die Fahrer waren irgendwo drinnen im Hotel, nicht draußen in der Sonne.

Zeeman saß in einer schiefen Haltung auf dem Stuhl, die verriet, dass in ihm Unruhe herrschte. Kein Wunder. Dies war der Tag, den sie für den Angriff auserkoren hatten. Hier und heute würden sie Pogačar am elf Kilometer langen und im Schnitt 9,2 Prozent steilen Schlussanstieg überrumpeln müssen. Zeeman wusste, dass es einer dieser Tage war, an denen man im Spitzensport letztlich gemessen wurde.

Ich fragte ihn, was sie Roglič mit auf den Weg gegeben hatten, wie er die Etappe angehen solle. »Wir haben ihm gesagt, dass er auf die Anweisungen von Grischa aus dem Auto warten soll«, erzählte Zeeman. »Grischa gibt ihm durch, wie schnell er fahren soll, mit welcher Wattzahl und wie viele Minuten er dann rausfahren kann.«

Zeeman war gespannt, ob Pogačar noch das Maß aller Dinge war. »Es kann sein«, sagte Zeeman, »dass wir heute Nachmittag zu dem Schluss kommen, dass Pogačar auch an den langen Anstiegen der Bessere ist. In dieser Hinsicht könnte der heutige Tag für uns auch eine Enttäuschung werden.«

Jumbo-Visma wollte am Télégraphe, der eigentlich nur eine Art Anlauf zum Galibier war, auf »die Überraschung« setzen. Der Plan war, eine mit Fahrern von Jumbo-Visma bestückte Ausreißergruppe zu formieren, die einen Vorsprung von fünf Minuten herausfährt. »Wenn möglich sind Wout und Tiesj in dieser Gruppe«, sagte Zeeman, »denn sie sind stark in dem mehr als 30 Kilometer langen Abschnitt im Tal nach der Abfahrt vom Galibier.«

Und wenn das nicht klappt? »Wenn keiner von uns in der ersten Ausreißergruppe ist«, so Zeeman, »können wir den Plan auf Eis legen. Dann muss Jonas am Granon alles aus sich herausholen.«

Ich rief Mathieu Heijboer an. Er hatte für Niermann einige wichtige Berechnungen für heute angestellt. Am Nachmittag würde er am Fernseher sitzen und den Coachs noch einmal telefonisch Informationen zukommen lassen.

Er erklärte mir, dass er eine Einschätzung des aktuellen Leistungsvermögens der einzelnen Fahrer vorgenommen hatte, also wie viel Watt sie treten konnten, und auf dieser Basis hatte er ihre Zeiten für den Anstieg berechnet. »Und dann kann man auch ausrechnen, was der betreffende Fahrer treten muss, um sich von den anderen abzusetzen.«

Für ihn war die große Frage heute: Welche Rolle werden die anderen Teams spielen? »Wir könnten Pogačar heute isolieren, aber was wird Movistar machen? Oder Ineos?«

Er erklärte, es sei nicht realistisch zu glauben, dass »der beste Primož« gegen »den besten Pogi« gewinnen könne. Vingegaard musste versuchen, von der Position von Van Aert und Benoot im Rennen zu profitieren, und Pogačar müsste irgendwann allein ohne Helfer dastehen. »Auf diese Weise können Primož und Jonas im Laufe des Rennens relativ stärker werden im Vergleich zu Pogačar«, sagte er.

Er nannte ein Beispiel. Würde Pogačar auf den letzten 8,5 Kilometern des Galibier 20 Watt weniger treten als Roglič – also 0,3 W/kg weniger –, dann hätte Roglič am Gipfel eine Minute Vorsprung. »Demnach wäre Primož noch auf Unterstützung angewiesen«, fuhr Heijboer fort, »um den Abstand zu vergrößern. Die Frage ist also: Werden andere Teams Pogačar helfen, wenn wir angreifen? Das ist eine dieser Unbekannten. Dass Pogačar diese Wattzahlen treten kann, wissen wir, aber wird er es auch tun? Oder wird es sein Team tun? Können die Fahrer das? Das ist für uns die Millionen-Dollar-Frage.«

Heijboer hatte das Gefühl, dass UAE nach den ersten zehn Etappen »in den Seilen hing«. Auf der Etappe vor dem Ruhetag hatte Heijboer gesehen, was UAE tat, nämlich das hohe Tempo in der Verfolgung durchzuziehen, und er war überzeugt, dass Jumbo-Visma das mit Kuss und Kruijswijk besser konnte. Außerdem hatte Pogačar nach Vegard Stake Laengen nun auch noch George Bennett wegen einer Corona-Infektion verloren, und auch Rafał Majka war positiv getestet worden, durfte aber wegen eines unbedenklichen Ct-Werts weiterfahren. »Unsere Einschätzung ist«, so Heijboer, »dass Pogačar sofort reagieren wird, wenn Primož angreift, weil er ihn immer noch als Konkurrenten sieht. Roglič spielt eine Schlüsselrolle. Wir werden zunächst die Roglič-Karte ausspielen, und dann wird es sowieso ein Kampf Mann gegen Mann zwischen Jonas und Pogačar. Und das trauen wir uns mit Jonas auch zu. Ich glaube nämlich sogar, dass Jonas der bessere Kletterer ist, aber wir sollten nicht erwarten, dass er heute drei Minuten rausholt.«

Einige Stunden später eröffnete Grischa Niermann die Teambesprechung im Bus mit seiner Einschätzung, dass die Fahrer bereit für »einen großen Tag« sein sollten, dass ihre Mannschaft die stärkste im Rennen sei und dass es eine furiose Anfangsphase werden würde. »Und es ist sehr heiß«, sagte Niermann. »Am Fuße des Télégraphe sind es 30 Grad.«

Er erläuterte den endgültigen Plan. Schritt eins: Benoot und Van Aert sollten in der ersten Ausreißergruppe mitfahren, damit sie zwischen dem Galibier und dem Granon als »Relaisstation« dienen könnten. Schritt zwei: Roglič greift irgendwo am Télégraphe/Galibier an. »Jonas bleibt am Hinterrad von Pogi«, so Niermann, »und greift dann an. Jungs, killt zuerst sein Team und sorgt dafür, dass er selbst arbeiten muss! Sepp und Stevie bleiben so lange wie möglich bei Jonas. Primož? Jonas? Was denkt ihr?«

Roglič sprach von einem »guten Plan« und argumentierte, dass es umso besser sei, je später er attackierte, am besten auf den letzten acht Kilometern des Galibier. »Wenn es am steilsten ist«, sagte er.

Vingegaard war der Meinung, dass der Zeitpunkt der Attacke vom Vorsprung der ersten Gruppe abhängig sein sollte. »Je länger wir warten«, sagte Kruijswijk zu Roglič, »desto kleiner ist die Überraschung.« Van Aert stimmte zu. »Je früher wir die Sache in die Hand nehmen, desto eher wird Pogačar denken: Es ist noch ein weiter Weg, also werde ich ihm nicht alleine hinterherfahren, lasst uns ein gleichmäßiges Tempo anschlagen.«

Kruijswijk: »Jonas, sei drauf gefasst, dass Pogačar in dieser Situation womöglich verrückte Dinge anstellen wird. Bleib bei ihm, mach ihn nervös. Dann weiß er nicht weiter.«

Van Aert: »Genau das meine ich.«

Zeeman: »Primož, das musst du auch im Hinterkopf haben. Pogačar wird auf dich reagieren. Er hat echt Angst vor dir.«

Roglič: »Klar.«

Bevor die Fahrer an den Start gingen, bläute Zeeman ihnen immer wieder ein, dass heute »das andere Rennen« beginne, dass sie »im anderen Bus« über die Absichten von Jumbo-Visma sprechen würden und »Schiss« vor ihnen hätten. »Wenn es heute nicht so läuft, wie wir es uns wünschen«, sagte er, »dann vergesst nicht, dass es unser Hauptziel ist, UAE zu schwächen. Morgen steht die Etappe nach Alpe d'Huez an, danach wahrscheinlich ein paar Tage Hitzewelle und dann die Etappen in den Pyrenäen. Macht euch klar, dass sich die Tour nicht heute entscheidet. Denkt daran, dass alles, was ihr heute tut, sich auf später auswirkt. Heute muss die erste Schlacht geschlagen werden.«

Weniger als 30 Sekunden nachdem Rennleiter Christian Prudhomme die Fahne geschwenkt und das Rennen freigegeben hatte, griff Van Aert an und nahm Mathieu van der Poel mit. Um das Duo bildete sich schließlich eine 20-köpfige Ausreißergruppe, der auch Laporte angehörte. Im Peloton fuhr UAE an der Spitze, gefolgt von Ineos und Jumbo-Visma. Am Fuße des Télégraphe betrug der Vorsprung der Ausreißer acht Minuten.

Im Van waren wir auf Radio Tour angewiesen, den Rennfunk. Die Verbindung zu den internationalen Sportkanälen auf unseren Mobiltelefonen war im Grenzgebiet zwischen Frankreich und Italien unzuverlässig. Als wir durch Italien kamen, hörten wir, dass noch 68 Kilometer zu fahren waren und dass Roglič und Benoot das Tempo forcierten. Später konnten wir aus dem Knistern des Rennfunks heraushören, dass Vingegaard immer noch an Pogačars Hinterrad saß und das Peloton nur noch aus 20 Mann bestand.

Es war ein Kreuzfeuer aus Attacken, Radsport vom Allerfeinsten. Wir waren wieder in Frankreich, und der Empfang war besser. Van Aert und Laporte waren in der Ausreißergruppe, Benoot an der Spitze des verbliebenen Pelotons, mit Kruijswijk, Roglič und Vingegaard an seinem Hinterrad. Am Galibier griff Roglič zum wiederholten Male an und fuhr zu Laporte auf, der sich aus der Ausreißergruppe zurückfallen lassen hatte. Radio Tour meldete: fünf Mann vorn. Laporte, Roglič, Vingegaard, Pogačar und Thomas von Ineos. Als Vorausposten vorgeschickt: Van Aert.

Dann griff Vingegaard an, 58 Kilometer vor dem Ziel. Pogačar reagierte sofort. Thomas und Roglič mussten abreißen lassen, kamen zurück, woraufhin Roglič erneut attackierte. Pogačar reagierte. Es war jetzt ein Kopf-an-Kopf-Rennen, es ging Schlag auf Schlag, ein Radrennen, wie es Liebhaber begeisterte. Als wir zwischenzeitlich wieder den flämischen Sender empfangen konnten, hörten wir den sonst so kühlen Radsport-Analysten vor Freude krähen. »Das ist fantastisch!«

Einen Kilometer weiter griff Vingegaard erneut an, anschließend zweimal Roglič. Zwei Kilometer weiter: Wieder ging Roglič aus dem Sattel und versuchte es aufs Neue. Alle reagierten. Kruijswijk und Kuss schlossen wieder auf. Dann, 48 Kilometer vor dem Ziel, vier Kilometer vor dem Gipfel des Galibier, musste Roglič die Gruppe mit Vingegaard und Pogačar ziehen lassen. Er würde das Ziel später zusammen mit Kuss erreichen, als 20. mit einem Rückstand von mehr als elf Minuten.

Vingegaard hatte derweil noch Kruijswijk und Kuss bei sich. Van Aert befand sich vier Minuten vor ihnen und wechselte am Gipfel das Rad. Im Tal wollte er mit dem aerodynamischsten Rad fahren, das ihm zur Verfügung stand. Er wartete auf die Gruppe der Favoriten, die im Tal, 31 Kilometer vor dem Ziel, zu ihm aufschloss.

Wir hatten in der Zwischenzeit über Schleichwege das Skidorf Saint-Chaffrey am Fuße des Col de Granon erreicht. Wir beeilten uns, in eines unserer Hotelzimmer zu kommen, um das Finale im Fernsehen zu verfolgen. Wir hockten im Zimmer mit Dries, dem alten Betreuer. Wesley, der persönliche Soigneur von Van Aert, lag ebenfalls auf einem Bett.

Es waren noch 4,6 Kilometer bis zum Gipfel des Granon, als Vingegaard angriff. Hundert Meter später konnte Pogačar sein Hinterrad nicht mehr halten und ließ abreißen. »Er gibt auf!«, rief jemand. »Pogi knickt ein!«

»Grundgütiger«, murmelte ein anderer. »Schaut euch unseren Fischfiletierer an! Gib Gas, Junge!«

Vingegaard überholte Nairo Quintana, den letzten verbliebenen Fahrer der Ausreißergruppe, der später aus der Ergebnisliste der Tour 2022 gestrichen wurde, weil er das verbotene Schmerzmittel Tramadol genommen hatte. Vingegaard führte das Rennen an und sah, wie sein Vorsprung wuchs. Drei Kilometer vor dem Gipfel lag Pogačar, der sein Trikot geöffnet hatte, um sich etwas Kühlung zu verschaffen, 1:17 Minute zurück. Einen Kilometer weiter waren es bereits anderthalb Minuten.

»Gut gemacht, Junge«, rief Dries Richtung Fernseher. »Wir sind stolz auf dich!« Vingegaard gewann die Etappe schließlich mit fast drei Minuten Vorsprung auf Pogačar. Er hatte die Führung in der Gesamtwertung übernommen, mit einem Vorsprung von 2:16 Minuten.

Unten auf dem Dorfplatz herrschte bei einigen Euphorie. Rund um den Fuhrpark von Jumbo-Visma wimmelte es von Fans. Die Dänen sangen Lieder und schwenkten ihre Fahnen, und sämtliche Reporter und Fotografen wollten etwas Besonderes von den Menschen hören, die an diesem Radsporttag dabei gewesen waren. Die kleine Frida Vingegaard trug ein Radtrikot und eine Rennmütze und saß mit einer kleinen dänischen Flagge auf dem Arm ihrer Mutter Trine. Sie war ein dankbares Objekt für die Kameras.

Tim Heemskerk rief aus dem Trainingslager in Tignes an. »Was für ein Typ!«, rief er. »Dass er das jetzt schon draufhat!«

Vingegaards Trainer sagte, er habe einen halben Liter italienisches Bier getrunken, um seine Nerven im Zaum zu halten. »Wer hätte das gedacht!«, rief er. »Drei Minuten!«

Heemskerk meinte, er hätte erwartet, dass Vingegaard erst auf dem Weg nach Alpe d'Huez am nächsten Tag etwas versuchen würde. Er sei gespannt auf »die Widerstandsfähigkeit« von Pogačar und sagte, dass Vingegaard mit der Hitze, der Höhe und den langen Anstiegen einfach gut zurechtkäme. »An Anstiegen, die länger als 20 Minuten dauern, ist Jonas meiner Meinung nach der beste Kletterer der Welt. Und im vergangenen Jahr hat er im Zeitfahren überhaupt keine Zeit verloren.«

Er sagte, dies sei ein Schritt in die richtige Richtung, und er hoffte, dass sein Schützling in dieser Nacht ein bisschen Schlaf bekommen würde. »Das ist ganz schön viel für einen so jungen Sportler«, sagte Heemskerk, bevor er auflegte. »Und es ist noch nicht vorbei, nicht wahr?«

Am Bus lief Niermann lächelnd umher, aber er war auch der Organisator, der die ganze Zeit darauf achtete, dass alles in geordneten Bahnen ablief und die Fahrer nicht von Fans und Journalisten überrannt wurden. Was glaubte er, wie sich Vingegaard, der in der Vergangenheit durchaus anfällig für Nervosität gewesen war, in den nächsten Tagen schlagen werde? Niermanns Lächeln wurde noch breiter. »Das Letzte, was er heute Morgen vor dem Start sagte, war: ›Ich werde gewinnen.‹ Nun, wer das sagt, hat auch keine Angst, im Gelben Trikot zu fahren.«

Kapitel 41
Die Falle

Als ich abends beim Essen auf Steven Kruijswijk wartete, um von ihm zu erfahren, wie er diesen besonderen Radsporttag erlebt hatte, sprach ich kurz mit Merijn Zeeman, der gerade mit dem neuen Träger des Gelben Trikots Jonas Vingegaard vom Gipfel des Col de Granon zurückgekehrt war. Er erzählte mir, dass Vingegaard auf dem letzten Stück am Galibier am Hinterrad von Pogačar gesessen hatte, weil er das Gefühl hatte, dass dieser seinen Landsmann Roglič auf keinen Fall wieder herankommen lassen wollte. Pogačar drückte vorne aufs Tempo, und Vingegaard wusste, dass er davon profitieren würde. »Und das war natürlich genau der Kern von dem, was wir erreichen wollten«, sagte Zeeman. »Dass Pogačar im Wind fährt und wir uns das zunutze machen. Er war superstark, aber er hat am Galibier mit seinen Körnern um sich geschmissen. Wir hatten ihn wirklich in die Falle gelockt.«.

Zeeman, der sich kurz fassen musste, weil er noch mit den anderen Fahrern sprechen wollte, sagte nur, dass er mit dem Einsatz von Roglič sehr zufrieden sei. Und er meinte, dass Roglič doch nun das Gefühl haben musste, dass Pogačar »allergisch« auf ihn war. »Primož hat immer wieder Bomben geworfen, bis er echt nicht mehr konnte und es geschafft war. Das war große Klasse.«

Etwas später blickte auch Kruijswijk zufrieden auf den Tag zurück, an dem er mit vier Minuten Rückstand den neunten Platz belegt hatte. Er sagte, dass sie am Start noch nicht wussten, wie Roglič drauf war, und beschlossen, abzuwarten und zu schauen, was UAE machen würde, als die 20-köpfige Ausreißergruppe weggefahren war.

Als sie sich dem Anstieg zum Col de Télégraphe näherten, ließ sich Benoot zum Auto von Niermann zurückfallen und meinte, dass es Zeit sei, Roglič von der Leine zu lassen, sonst würde nichts passieren. Kruijswijk und Benoot berieten sich daraufhin mit Roglič. »Was meint ihr?«

»Versuch es, Primož, glaube daran«, sagten sie ihm. »Wenn nicht für dich selbst, dann tu es für die Mannschaft, denn es ist echt wichtig, dass wir heute was machen. Pogačar wird dich auf jeden Fall als Chef sehen.«

Wenig später griff Roglič zum ersten Mal an. Kruijswijk: »Mit drei Minuten Rückstand in der Gesamtwertung ist man immer noch gefährlich, aber wenn man zehn Minuten Rückstand hat, achtet niemand auf einen. Das war also der Moment für uns, Primož einzusetzen. Und ich glaube, Primož hat das auch gespürt.«

Kruijswijk sagte, er sei gerade am Hinterrad von Roglič gefahren, als dieser aus dem Sattel ging und beschleunigte. So konnte er noch ein kleines Loch aufgehen lassen, aber dann hieß es auch schon »alle Mann an Deck«, und es war klar, dass es wehtun würde, weil nun die anderen reagieren würden. Und als Yates und dann Pogačar genau das taten, sei der Bär los gewesen.

Kruijswijk hatte dann mit Sepp Kuss etwas hinter der Gruppe um Roglič und Vingegaard gelegen, aber die beiden kamen wieder heran, als vorne kurz das Tempo rausgenommen wurde. Zu dritt beschlossen sie, dass sie am Galibier »noch mal zuschlagen« würden. »Und zwar mit Primož«, sagte Kruijswijk. »Wir hatten inzwischen eine ordentliche Überzahl, Sepp und Jonas waren ja auch da. Also mussten wir zusehen, dass Pogačar irgendwann allein ist.« Nach ein paar Attacken, die die Helfer von UAE ausdünnten, fuhren die Jumbo-Visma-Fahrer an der Spitze der Gruppe Tempo, um dafür zu sorgen, dass Pogačar isoliert blieb.

Als Roglič schließlich abreißen lassen musste, schien dies zunächst ein Nachteil für Jumbo-Visma zu sein, aber wie sich zeigte, war genau dies die Falle, in die Pogačar tappte. Er setzte sich an die Spitze und versuchte, Roglič noch weiter zu distanzieren. Laut Zeeman war Roglič der Schlüssel zum Erfolg. »Dass er mit diesen Schmerzen im Rücken für Jonas und das Team gefahren ist, das war meiner Meinung nach das alles Entscheidende.« Etwas später fügte er hinzu: »Pogačar hatte wirklich Angst vor Primož.«

Ich erzählte Kruijswijk, dass ich kurz mit Benoot gesprochen hatte und er der Meinung war, Pogačar sei übermütig geworden. »Das denke ich auch«, sagte Kruijswijk. »Er hat dem Duell mit Primož hohe Bedeutung eingeräumt und deshalb vorne Tempo gemacht. Ich glaube, er hat sich da übernommen.«

Kruijswijk war überrascht, dass Pogačar sich dazu hatte verleiten lassen, aber er räumte ein, dass Pogačar aufgrund der entstandenen Unruhe möglicherweise eine Fehleinschätzung unterlaufen war. »Er schien alles gut unter Kontrolle zu haben. Und das hatte er auch, aber es hat ihn viel Kraft gekostet. Genau das war es, worauf Jonas aus war, der versucht hat, so viele Körner wie möglich für den Schlussanstieg aufzusparen. Und sieh dir an, wie groß die Abstände im Ziel waren. Es ging heute echt hart zur Sache.«

* * *

Eine Stunde später stand Vingegaard mit einer Flasche Champagner in der Hand zwischen den Tischen, an denen seine Teamkollegen und die übrigen Mitarbeiter von Jumbo-Visma auf das Abendessen warteten. Er ergriff das Wort und sprach von einem »besonderen Tag«, an dem er seine erste Tour-de-France-Etappe gewonnen und das Gelbe Trikot erobert hatte.

»Wir hatten einen Plan«, sagte er, »und wir haben ihn perfekt umgesetzt. Ohne eure Hilfe hätte ich das nie geschafft. Ihr Jungs wart großartig. Danke Jungs, das ist etwas ganz Besonderes für mich. Juuuuuu-heeeeee-hoooooo!«

Kapitel 42
Die Einsamkeit

Wir fuhren auf den Galibier, so etwas wie das Mekka oder auch der Vatikan für Radsportfans. Kurz unterhalb des Gipfels sollten wir Merijn Zeeman mit seiner Kühllasche voller Bidons absetzen und dann schnell weiter nach Alpe d'Huez jagen.

Ich konnte mir keine schöneren Berge als diese vorstellen. Zerklüftet, mit Felsen, grünen Wiesen und hohen Gipfeln, alles umgeben von strahlendem Blau. Alles hier hatte wunderliche Formen: die Wolken, die Hänge, die Gebirgsbäche mit ihrem klaren Eiswasser. Schon bald würde sich das Peloton mit Vingegaard im Gelben Trikot unten im Dorf auf die zwölfte Etappe begeben, die die Fahrer entlang von Felswänden und Schluchten führen würde.

Während Bjorn van Melkebeke sich vorsichtig einen Weg durch die Menge bahnte, kam Merijn Zeeman auf die Rolle zurück, die Roglič am Vortag bei Vingegaards Sieg gespielt hatte. Am Abend vor der Etappe hatten er und Niermann in Albertville ein pikantes Gespräch mit Roglič geführt. Sie hatten Roglič daran erinnert, dass sie das alles gemeinsam aufgebaut hätten, dass er das große Talent gewesen sei, auf dem das Team sein Fundament errichtet hatte. »Ich habe ihn auch auf seine eigene *Legacy* angesprochen, das Vermächtnis, das er nach bald zehn Jahren hinterlassen wird«, sagte Zeeman. »Ich habe Primož versichert, dass er eine Ikone dieser Mannschaft ist. Dass er die Personifizierung dieser Mannschaft ist. Ich habe versucht, ihn anzuspornen, ihm bewusst zu machen, welche Rolle er spielen kann und dass er stolz darauf sein kann. Wir sind Hand in Hand die beste Mannschaft der Welt geworden. Wir haben Primož viel zu verdanken, und wir haben seinen Vertrag nicht umsonst um vier Jahre verlängert.«

Genau aus diesem Grund habe er ihn gestern Abend nach der Etappe noch einmal aufgesucht. Quasi zur »Nachsorge«. Zeeman wollte seinem früheren

Kapitän vermitteln, dass das Team verstünde, dass er gemischte Gefühle hatte. Alle waren nach dem Sieg euphorisch, aber für Roglič war es anders. Für ihn war nicht nur der Tour-Sieg endgültig außer Reichweite, am Granon hatten sich auch die Kräfteverhältnisse im Team verschoben. »Deshalb bin ich zu ihm gegangen«, sagte Zeeman. »Und er hat bestätigt, was ich dachte. Ich habe daraus geschlossen, dass er es zu schätzen wusste, dass ich zu ihm gekommen bin.«

* * *

Als das Team zwei Tage später an den Tischen saß, die draußen auf dem Hotelparkplatz aufgestellt waren, weil es so heiß war und die Unterkunft in Saint-Affrique keine Klimaanlage hatte, war die Stimmung gedämpft. Roglič hatte eine Entscheidung getroffen.

Er hatte in den vergangenen Tagen ziemlich zu kämpfen gehabt, und Zeeman hatte den Eindruck, dass er nicht mehr so recht bei der Sache war. Er und Niermann hatten viele Gespräche mit Roglič geführt, um ihn bei der Stange zu halten, aber er schien über die Enttäuschung nicht hinwegzukommen. Sie hatten ihm zu vermitteln versucht, dass es auch »sein« Gelbes Trikot war, aber was auch immer sie sagten und wer auch immer es sagte, es schien bei ihm nicht wirklich anzukommen.

Roglič sei nun mal ein Siegertyp, sagte Zeeman, und das könne manchmal ein zweischneidiges Schwert sein. Einerseits war da die Freude über den Erfolg und das Gelbe Trikot der Mannschaft, andererseits die persönliche Enttäuschung. Zeeman: »Das ist natürlich auch eine Seite der Emotionen. Schau, wir engagieren uns für das Team, weil wir als Team gewinnen wollen. Wir haben keine Präferenz: Primož oder Jonas. Und wir hoffen, dass jeder mit vollem Einsatz dabei ist. Aber Primož hatte ein ambivalentes Gefühl. Stolz und Enttäuschung. Er hat monatelang trainiert und dann so ein tiefer Fall … Aber sagt diese Enttäuschung etwas über seine Rolle als Teamplayer aus? Nein.«

Zeeman hatte den Eindruck, dass Roglič sich »immer einsamer« fühlte, und das war etwas, was er als Coach unbedingt vermeiden musste. Zeeman wusste, dass es leider keine Garantie gab, dass alles, was er Roglič gesagt hatte, auch zu ihm durchgedrungen war. »Es kann gut sein«, sagte Zeeman, »dass Primož dachte: Boah, schon wieder Merijn mit seinem Gelaber. Aber er muss etwas an seiner Einstellung ändern, um für Jonas in den Pyrenäen von Wert zu sein.«

Als ich mich an einen der langen Tische setzte, sprachen alle leise miteinander. Arthur van Dongen klärte mich auf, was vor sich ging. »Wir müssen morgen mit sieben Fahrern weitermachen«, sagte er. Als ich ihn fragte, wer aussteigt, antwortete er: »Kann ja nur einer sein.«

Zeeman erhob sich und ergriff das Wort. An einem der hinteren Tische saßen acht Fahrer und aßen. Dort wurde kaum geredet. Roglič saß mit frisch gewaschenen Haaren hinter seinem Teller. Später erfuhr ich von Van Melkebeke, dass Vingegaard zu Roglič gesagt hatte: »Ohne dich würde ich jetzt nicht Gelb tragen.« Auch Zeeman gegenüber hatte Vingegaard noch einmal betont, wie wichtig Roglič am Galibier gewesen sei.

»Es ist, wie es ist«, sagte Zeeman. »Primož hat mir gesagt, dass er nicht weiterfahren kann, die Schmerzen sind zu stark. Es ist eine Enttäuschung, aber das Wichtigste ist: Für den Rest der Jungs, für uns Sportliche Leiter, für uns alle, liegt der Fokus auf unseren Fahrern. Wir sind stark.«

Als er mit dem Essen fertig war, erhob sich Roglič in seinen Badelatschen vom Tisch. Im Schein der Laterne begann er, mit den Coachs und Betreuern zu sprechen. Wenig von dem, was er sagte, war zu verstehen; es war nicht mehr als ein Murmeln. Seine letzten Sätze sprach er etwas lauter: »Vielen Dank für die harte Arbeit, die ihr alle geleistet habt.« Dann schlurfte er davon, und der unnahbare Fahrer ward nicht mehr gesehen. Er war demoralisiert.

»Er konnte nicht mehr«, sagte Zeeman später am Abend. »Er ist mental eingebrochen. Er war zutiefst davon überzeugt, dass er nichts, aber auch gar nichts mehr für die Mannschaft tun konnte. Und ich konnte nichts mehr für ihn tun.«

Nathan Van Hooydonck hatte Roglič auf der 14. Etappe bis zum Ziel in Mende begleitet. Auf der letzten Abfahrt hatte der Slowene zu Van Hooydonck gesagt, dass er »durch« sei. »Ich bin am Ende, Nathan.«

Van Hooydonck meinte, er habe noch versucht, ihm Mut zu machen. Er habe ihm gesagt, dass er »ein großer Champion« sei, dass er es am Télégraphe richtig stark gemacht habe und dass er versuchen solle, sich morgen »irgendwie durchzuwursteln« und dann am Ruhetag in Carcassonne zu verschnaufen. Mehr wusste er nicht zu sagen, erzählte mir Van Hooydonck später auf dem Massagetisch. War es überhaupt richtig, ihn weiter anzuspornen? Wenn sein

Körper ihm signalisierte, dass es nicht mehr ging? Roglič war schließlich ein Fahrer, zu dem er mit Respekt aufschaute.

Am Schlussanstieg waren sie eine Zeit lang nebeneinander gefahren. Van Hooydonck sah, dass Roglič weinend auf dem Rad saß. »Das hat mir Gänsehaut gemacht. Einen so großen Champion so zu sehen, das gefiel mir nicht.«

Am nächsten Morgen beim Frühstück waren die Fahrer immer noch nicht sehr gesprächig. Auch die übrigen Mitarbeiter schienen ruhiger zu sein als sonst.

Ich stand draußen und unterhielt mich mit Frans Maassen, als Roglič mit einer Plastiktüte mit Essen und einem Träger Wasserflaschen vorbeikam. Mit der anderen Hand schob er einen Rollkoffer vor sich her. Er sah mich an. »Ciao«, sagte er und ging zum Bordstein, wo er sich in den Schatten eines kleinen Baumes setzte. Dort wartete er auf einen befreundeten Chauffeur aus Monaco, der ihn abholen sollte.

Nach 15 Minuten kam ein Transporter mit slowenischen Kennzeichen um die Ecke. Roglič stand auf, der Mann schnappte sich seine Sachen, legte sie hinten in den Van, und Roglič stieg ein. Zwei Kamerateams liefen um sie herum. Kein Coach oder Teamkollege begleitete ihn. Augenblicke später verschwand der Wagen in den Straßen von Saint-Affrique. »Jetzt müssen wir Standfestigkeit beweisen«, sagte Maassen, »und weiter geht's.«

* * *

Ein paar Tage später sagte Zeeman, er glaube, Roglič habe sich im Kopf zu sehr in die Idee vom Tour-Sieg hineingesteigert. »Er hat wortwörtlich gesagt: ›Im Moment würde ich lieber mit dem Radfahren aufhören.‹«

Zeeman meinte, dass er es schade fände, wenn Roglič seine Karriere nur dann als vollendet ansehen würde, wenn er einmal die Tour de France gewinnen würde. »Ich habe ihm in den vergangenen Tagen gesagt, dass er längst eine große Karriere hat. Dass er 2020 nahe dran gewesen sei, er aber auch ohne einen Tour-Sieg eine tolle Karriere haben könne.«

Er musste zugeben, dass Roglič das ganze Jahr über nicht er selbst gewesen war. »Einfach sehr still«, sagte Zeeman, der das Gefühl hatte, dass Roglič in diesem Jahr verzagt gewesen sei und sich zu sehr mit Wattzahlen im Training beschäftigt hatte.

Ich erinnerte Zeeman an unser Gespräch in der Bussumer Heide. Er bestätigte, dass Roglič genau dort sei, wo er sich nach 2020 befunden hatte, aber den notwendigen nächsten Schritt noch nicht gemacht habe. »Und ich? Ich werde die Tour nie mehr so groß machen«, sagte Zeeman. »Und auch Primož muss anfangen, sich selbst den Spiegel vorzuhalten. Wenn man etwas dermaßen überhöht, dass die ganze Freude am sportlichen Erlebnis verpufft? Wenn man ein Rennen so sehr gewinnen will, dass man verkrampft? Er muss sich wirklich fragen, ob er das noch will.«

Was glaubte er, wie Vingegaard mit diesen Dingen umgehe, fragte ich ihn. Wir standen am Streckenrand und Zeeman füllte seine Kühltasche mit Trinkflaschen. »Ganz anders«, sagte Zeeman. »Jonas sagt einfach: ›Ich werde mich heute zerreißen, und wenn es nicht klappt, habe ich immer noch das Wichtigste in meinem Leben: meine Freundin und meine Tochter.‹«

Kapitel 43
Das Krankenhaus

Die Tour wurde von einer Hitzewelle heimgesucht. Auf dem Gipfel des Galibier, in über 2.500 Meter Höhe, waren es 20 Grad gewesen, und nun, auf dem Weg in die Pyrenäen, stiegen die Temperaturen stellenweise auf mehr als 40 Grad.

Wir hatten die hohen Gipfel und schwindenden Gletscher hinter uns gelassen und befanden uns nun in den trockenen Feldern des französischen Hinterlandes, wo traurige Bäume im gelben Gras standen und alles unter der Hitze seufzte. Die Luft war schwül, und die Exkremente der Haustiere lagen schon nach einer Viertelstunde ausgetrocknet auf den Gehwegen.

Es waren die Hundstage der Tour. Jeder verlor auf seine Weise ein wenig den Überblick. Keine Ahnung, wie viele Kilometer bereits zurückgelegt worden waren und wie viele noch vor uns lagen. Die Kilometer, die unter den Rädern hinwegzogen, schienen niemanden dem Ziel näher zu bringen.

Nach der Etappe Rodez–Carcassonne sagte Nathan Van Hooydonck, es sei ihm vorgekommen, als habe er fast fünf Stunden auf einer japanischen Grillplatte verbracht. Er war so gar, dass er es vorzog, erst am Ruhetag mit mir zu reden. Jetzt schon nachdenken zu müssen, wäre zu viel des Guten gewesen.

Kurz nachdem wir an diesem Morgen in Rodez losgefahren waren, erzählte mir Martijn Redegeld, dass Van Hooydonck sich gut schlage. Er wurde von Tim Heemskerk trainiert, der seinen Kollegen zufolge einer der diszipliniertesten Trainer war, die man sich vorstellen konnte. Sie passten gut zusammen. Van Hooydonck achtete sehr genau auf seine Ernährung und behielt sie auch während des Rennens im Auge. Weil er immer gut gegessen hatte, konnte er bei seiner ersten Tour sehr gut standhalten.

Merijn Zeeman, der neben Redegeld saß, sagte, dass es keinen Fahrer gebe, der sich keine Sorgen um sein Körpergewicht mache. Er wisse, dass es schwierig sei, sich an die Vorgaben zu halten, und erzählte von dem riesigen Arsenal an Argumenten, Ausflüchten und Ausreden, die vorgebracht wurden, wenn ein Fahrer vom Protokoll abgewichen war oder wenn sich herausstellte, dass unerklärliche Gewichtsabweichungen festgestellt worden waren. Der eine Fahrer konnte die Finger nicht von Süßigkeiten lassen, ein anderer hörte auf externe Experten, die persönlich konsultiert wurden, und änderte seine Ernährung aus eigenem Antrieb. Der nächste erklärte seine mysteriöse Gewichtszunahme während einer dreiwöchigen Rundfahrt damit, dass sein Stoffwechsel so optimal sei, dass er fast nichts verbrenne. Wieder einer behauptete: Meine Knochen werden schwerer. »Es gibt bei Radrennfahrern immer dieses latente Gefühl, zu dick zu sein«, sagte Zeeman. »Es gab sogar schon Fahrer, die drei Tage vor dem Start einer dreiwöchigen Rundfahrt versuchen wollten, abzunehmen.«

Ich hatte Anfang der Woche mit Redegeld über Ketone gesprochen, eine Substanz, die benutzt wird, um die körperliche Erholung zu fördern, etwas, was in diesen Tagen von besonderer Bewandtnis war. Ich hatte im Teambus Flaschen gesehen, auf denen mit Filzstift die Namen der Fahrer notiert waren. »Wir nutzen Ketone nur nach dem Rennen«, sagte Redegeld. »Aber nicht an allen Tagen und nicht immer bei allen Fahrern.«

Um festzustellen, wann ein Fahrer Ketone brauchte, schaute Redegeld auf dessen TSS, den Training Stress Score, der die auf dem Rad geleistete Anstrengung widerspiegelt. »Nach einer Alpenetappe weiß man schon vorher: Wer Ketone benutzt, braucht sie nach solchen Etappen auf jeden Fall. Aber normalerweise nehme ich direkt nach der Zielankunft eine Bewertung anhand der Powermeter-Daten vor und entscheide dann: ja oder nein.«

Redegeld erklärte, dass sie auch deshalb auf Ketone zurückgriffen, weil es Hinweise auf ein gewisses Maß an entzündungshemmender Wirkung gebe: »Der Schaden«, den man durch die Strapazen angerichtet habe, werde »ein bisschen schneller« repariert, so dass man in der dritten Woche einer großen Rundfahrt »mehr Belastung vertragen« könne. Er räumte ein, dass auch das subjektive Empfinden der Fahrer eine Rolle spiele, da noch nicht viele »harte Daten« vorliegen würden. Oft berichteten ihm Fahrer, dass sie sich am Tag danach besser erholt fühlten. »Oder sie sagen, dass sie dadurch besser schlafen konnten. Auch das sind wichtige Gründe für uns, Ketone zu verwenden.«

Wir waren nach dem Verlassen des Startorts Rodez in einem westlichen Bogen Richtung Süden gefahren, kamen auf dem Weg nach Carcassonne an Toulouse vorbei, und auf dem Thermometer am Armaturenbrett stieg die Außentemperatur stetig an. Schließlich, auf der Autobahn, wurde die magische Grenze erreicht: 40 Grad. Unterdessen war das Peloton etwas östlich von uns unterwegs. Als es sich Palleville näherte, meldete Radio Tour aufgeregt: »*Chute!*« – Sturz!

Das war eine Ansage, die immer für viel Aufregung und Schrecken sorgte. Die Nummer 13 lag auf dem Asphalt: Steven Kruijswijk. Aus Aberglauben hatte er die Nummer umgekehrt auf dem Trikot getragen, und das hatte ihn bis kurz vor Palleville vor Ungemach bewahrt, aber schließlich hatte das Pech wieder einmal gesiegt. Kruijswijk saß auf dem schmelzenden Asphalt und hielt sich die Schulter, während sich die Karawane um ihn herumschlängelte, um schnell weiter Richtung Ziel in Carcassonne zu fahren. Der Rennarzt in seinem weißen Cabrio hatte gehalten, außerdem ein gelb-schwarzes Teamfahrzeug.

Wir verfolgten die Bilder auf unseren Handys. Kruijswijk schüttelte verneinend den Kopf. Sie mussten ihn vorsichtig vom Asphalt heben, weil er höllische Schmerzen hatte. Sein Manager erzählte mir später am Abend, dass Kruijswijk über den DSM-Fahrer Martijn Tusveld gestürzt sei. Dann tauchte der Krankenwagen auf. Um 16:28 Uhr kam die Durchsage: »*Abandon numéro treize*« – Aufgabe Startnummer 13.

Weniger als sechs Kilometer später stürzten zwei weitere Fahrer. War es die Müdigkeit, die schwüle Hitze, die die Fahrer den ganzen Tag über begleitet hatte?

»*Chute! Chute de maillot jaune!*«

Jetzt lag Vingegaard auf der Straße, neben ihm Benoot. Vingegaard und Benoot, der ziemlich angeschlagen war, stiegen schnell wieder auf und wurden von Kuss, Laporte und Van Hooydonck – die sich zurückfallen lassen hatten – wieder ans Peloton herangeführt.

Van Hooydonck, der genau wie Vingegaard von Kruijswijks Sturz nichts mitbekommen hatte, sagte später, dass er nur eines im Kopf hatte, als er merkte, dass die Nervosität im Feld zunahm: Vingegaard vor Schaden zu bewahren. Ja, schade um Kruijswijk, dachte er, aber das Gelbe Trikot zu verteidigen, ist im Moment viel wichtiger. Immer ein Teamkollege vor ihm und einer hinter ihm, um Vingegaard zu schützen. Aber das war leicht gesagt, denn der Wind schien mal von links und mal von rechts zu kommen. Van Hooydonck versuchte, seinen Kapitän so gut es ging aus dem Wind zu nehmen. Doch Vingegaard schlug hinter ihm auf den Asphalt, weil ein anderer Fahrer Benoot von hinten touchierte, der daraufhin Vingegaard mit zu Boden riss. »Da kann ich nichts machen, das weiß ich auch«, sagte Van Hooydonck. »Aber trotzdem fühle ich mich schlecht dabei.«

Van Hooydonck hatte nicht einmal bemerkt, dass auch Benoot gestürzt war. Er bekam mit, wie Niermann über Funk sagte, dass sie warten müssten. Ob sein Name dabei war, hörte er nicht, aber ihm war klar: Wenn jemand warten musste, dann bestimmt er, schließlich war er als Helfer dabei.

Doch Van Hooydonck unterlief eine kleine Fehleinschätzung: Unter dem Strich wäre es besser gewesen, weiterzufahren, denn vor ihnen lag noch ein kurzer Anstieg. Kuss und Laporte waren ebenfalls bei Vingegaard, und die beiden konnten ihm auch am Anstieg folgen, wenn der Däne mit Vollgas hochfuhr. Van Hooydonck nicht. Es wäre besser gewesen, am Ende des Feldes zu warten und Vingegaard im Peloton nach vorne zu bringen, wenn er wieder herangekommen war. Nun teilte er sich mit Laporte und Kuss die Arbeit bei der Verfolgung und wurde an dem kleinen Anstieg abgehängt, was Van Aert später in den Straßen von Carcassonne womöglich den Etappensieg gekostet hat, weil keiner da war, der für ihn den Sprint anziehen konnte.

Als ich am Bus ankam, erfuhr ich, dass der Teamarzt gleich zu Kruijswijk fahren würde, der auf dem Weg ins Krankenhaus in Castres war. Ich lief zum Auto und fragte Peter Verstappen, ob ich mit ihm mitfahren könne. »Steig einfach ein«, sagte Verstappen, der versuchte, Kontakt mit dem Krankenhaus aufzunehmen.

Die erste Frage, erklärte mir Verstappen, sei in diesem Fall: Werden sie Kruijswijk in diesem Krankenhaus operieren? Nein? Dann würde man ihn nach Monaco überführen. Wenn er doch operiert werden müsste, lautete die zweite Frage: Ist es akut oder kann es warten? Nicht akut? Dann würde eine Überführung in die Niederlande organisiert. »Falls sich herausstellt, dass es sich um ein kleines Dorfkrankenhaus handelt«, sagte Verstappen, »werde ich ihn nicht vom Gemüsehändler operieren lassen.«

Das Telefon klingelte. Kruijswijks Ehefrau. Sie hatte bereits mit ihrem Mann gesprochen und konnte ein wenig mehr über die Situation erzählen. Schlüsselbein, Oberarm und Schulterblatt gebrochen, Schulter ausgekugelt. Verstappen, ein auf Sportmedizin spezialisierter Arzt aus Den Haag, rief Kollegen in den Niederlanden an. »Check auf jeden Fall auch die Funktionen seiner Hand«, riet einer von ihnen. »Wenn es viele Schäden im Bereich der Schulter gibt, kann das zu einem Problem werden.«

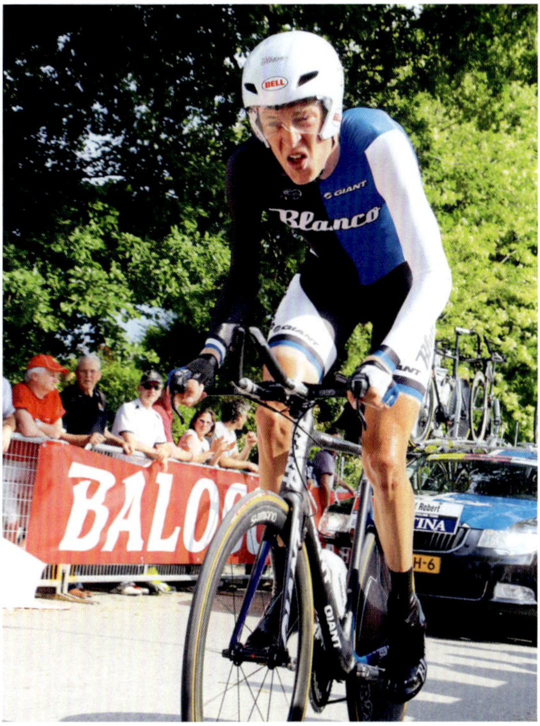

Robert Gesink auf der 8. Etappe des Giro d'Italia 2013.

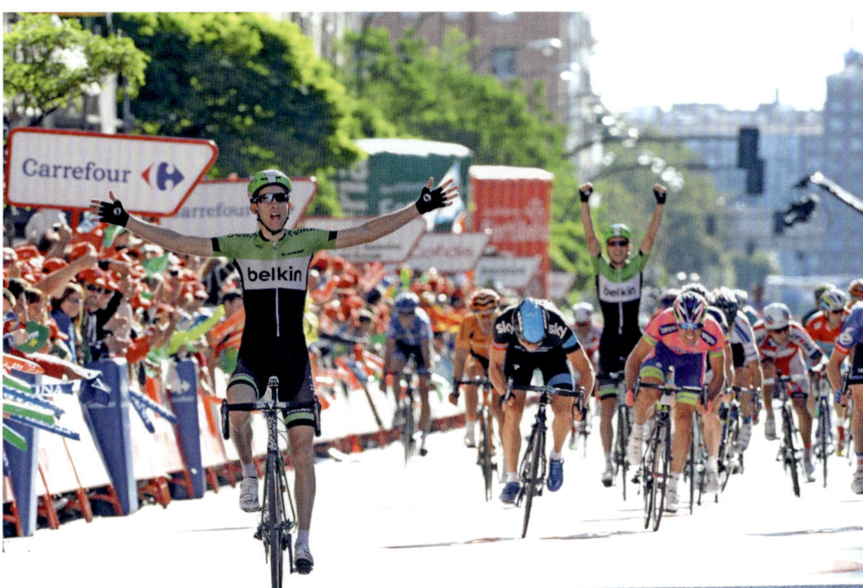

Bauke Mollema gewinnt die 17. Etappe der Vuelta a España 2013.

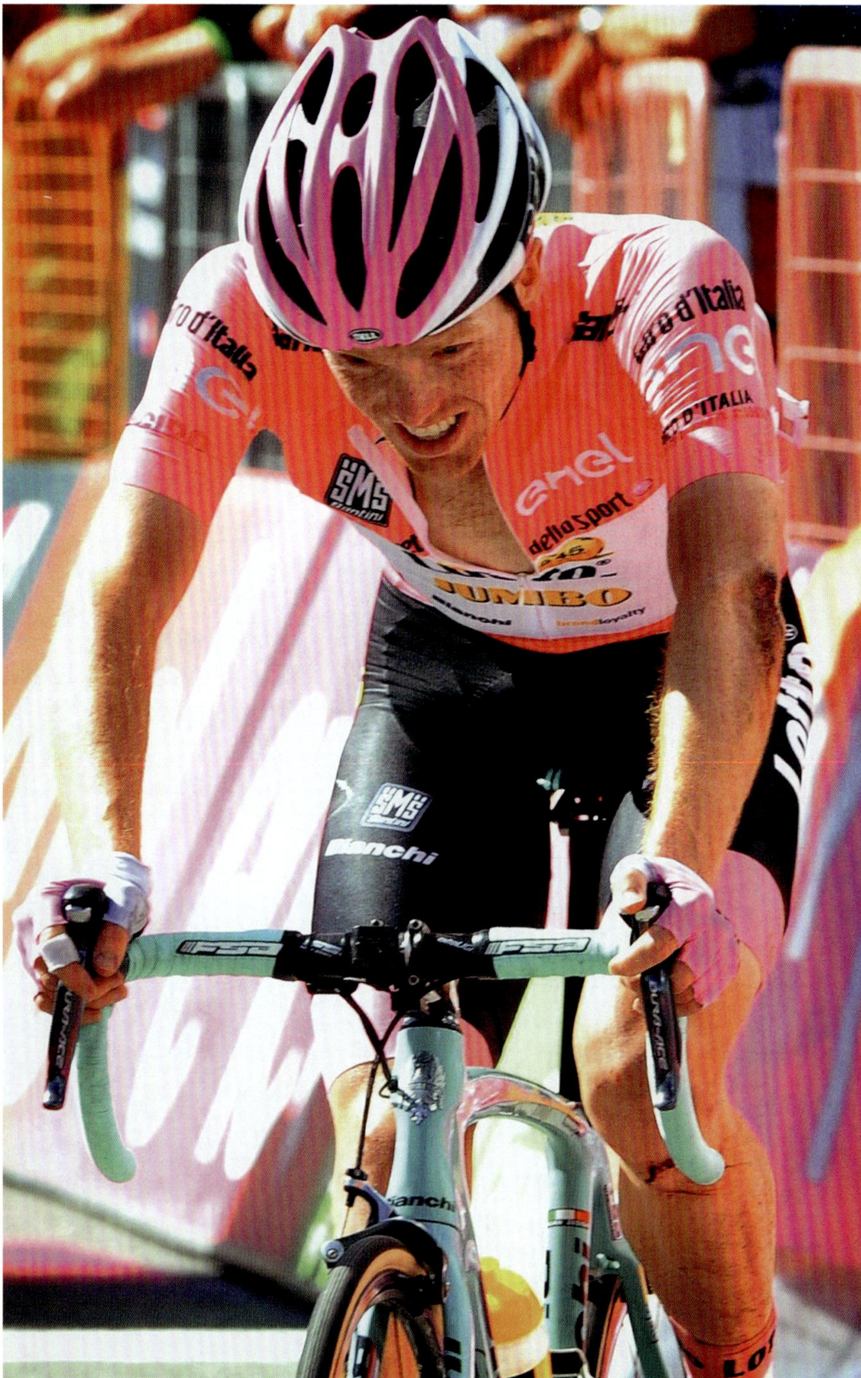

Steven Kruijswijk im Ziel nach seinem Sturz im Rosa Trikot auf der 19. Etappe des Giro d'Italia 2016. © ROTH & ROTH

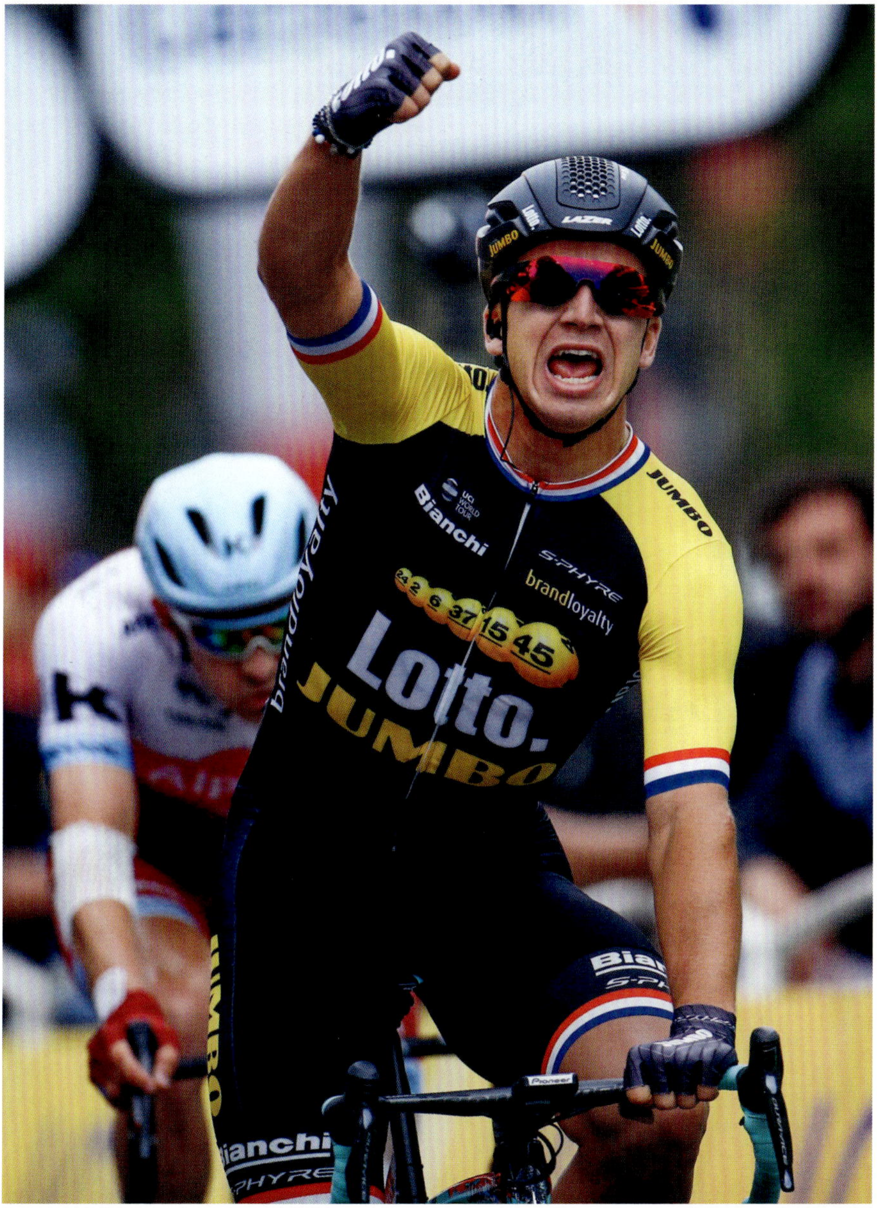

Dylan Groenewegen triumphiert bei der Tour de France 2017 auf den Champs-Élysées.

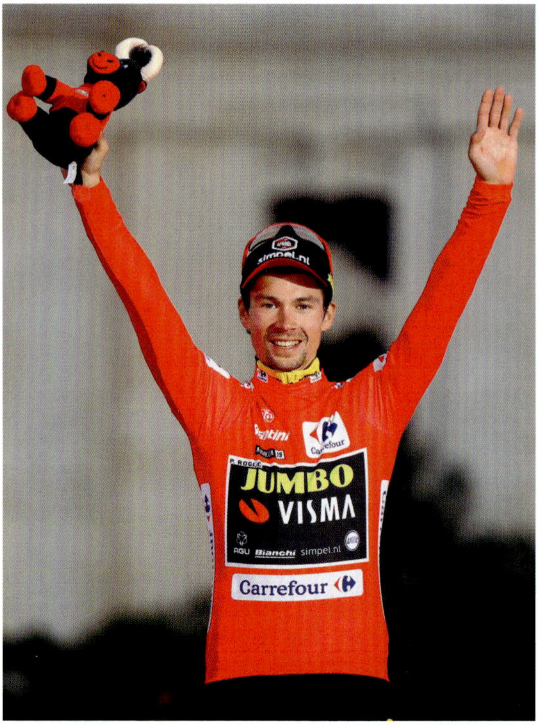

Primož Roglič gewinnt die erste Grand Tour für das Team Jumbo-Visma: die Vuelta a España 2019.

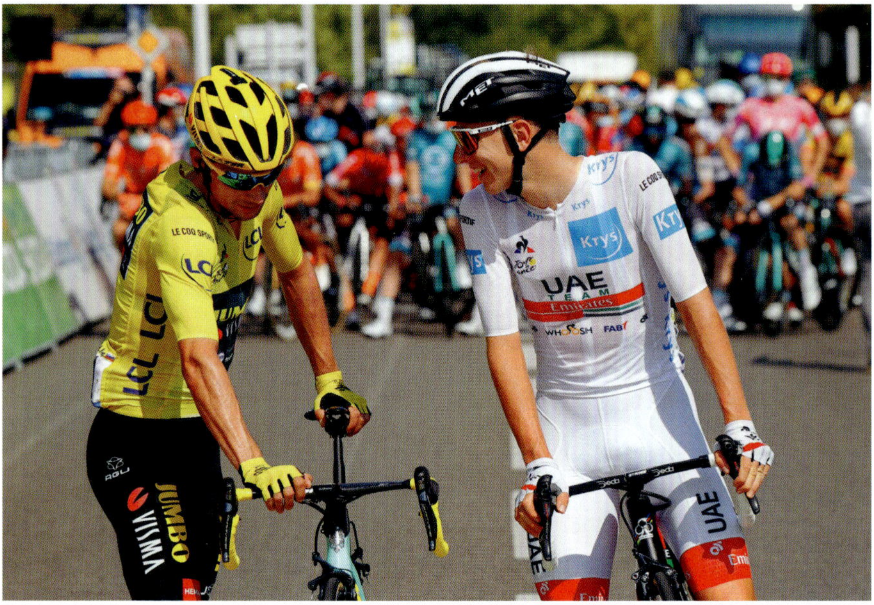

Primož Roglič und Tadej Pogačar vor dem Start der 17. Etappe der Tour de France 2020.

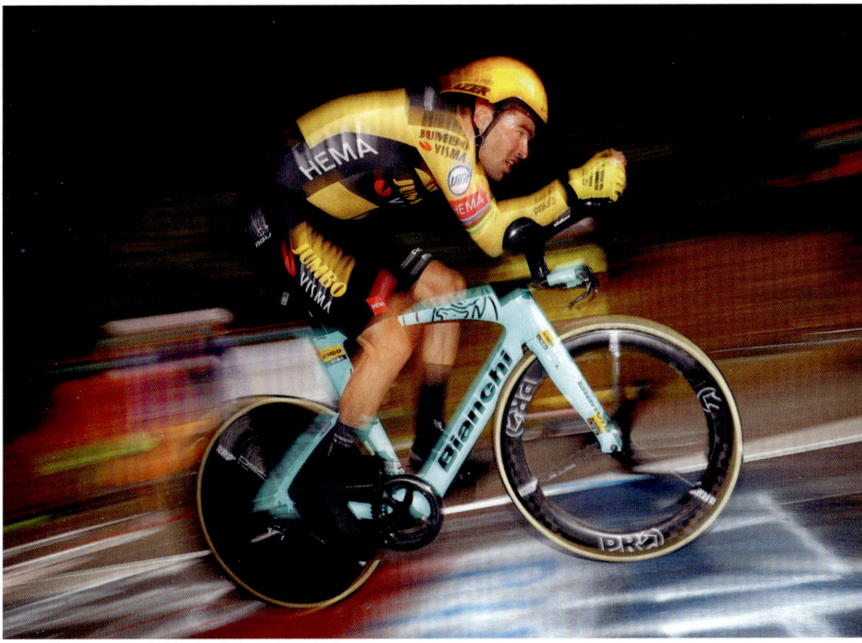

Tom Dumoulin auf der 20. Etappe der Tour de France 2020, dem Einzelzeitfahren zur Planche des Belles Filles. © ROTH & ROTH

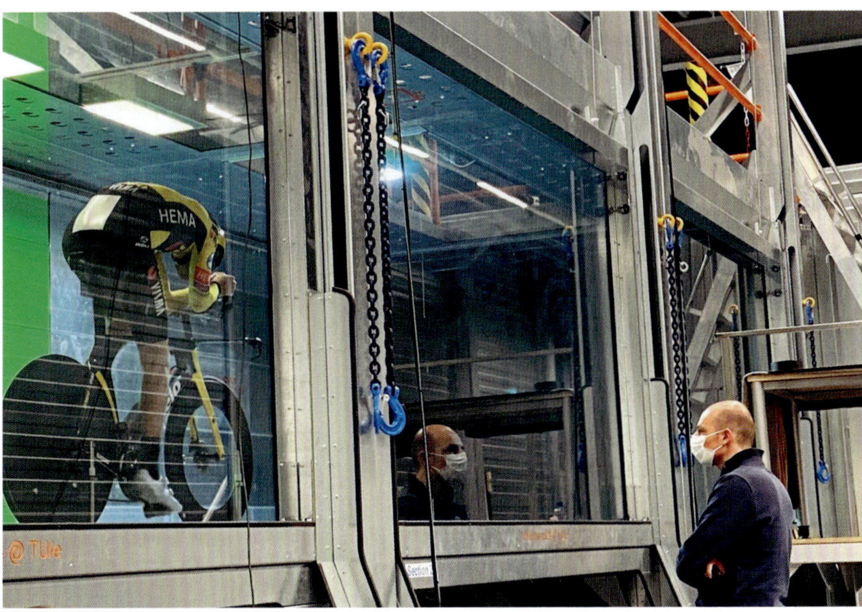

Mathieu Heijboer beobachtet Tom Dumoulin im Windkanal, Dezember 2020. © NANDO BOERS

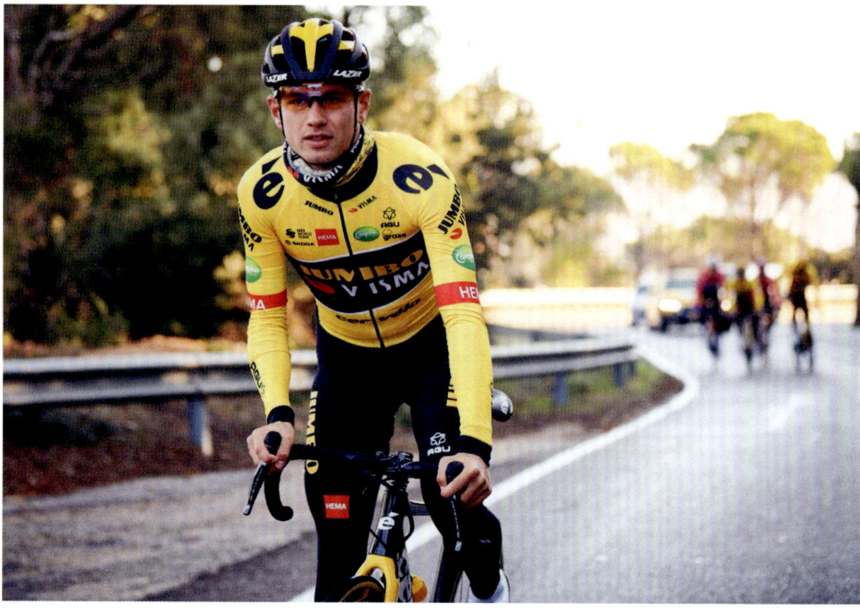

Milan Vader beim Trainingslager in Alicante, Januar 2022. © ROTH & ROTH

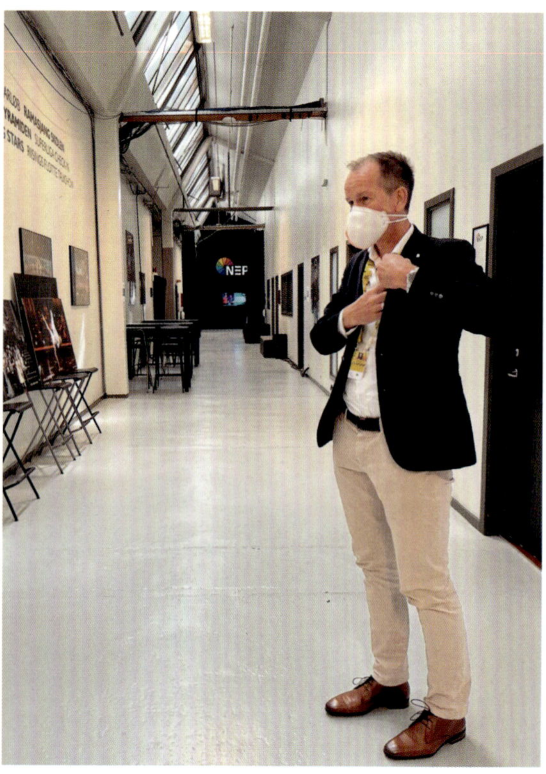

Richard Plugge in Kopenhagen, 2022. © ROTH & ROTH

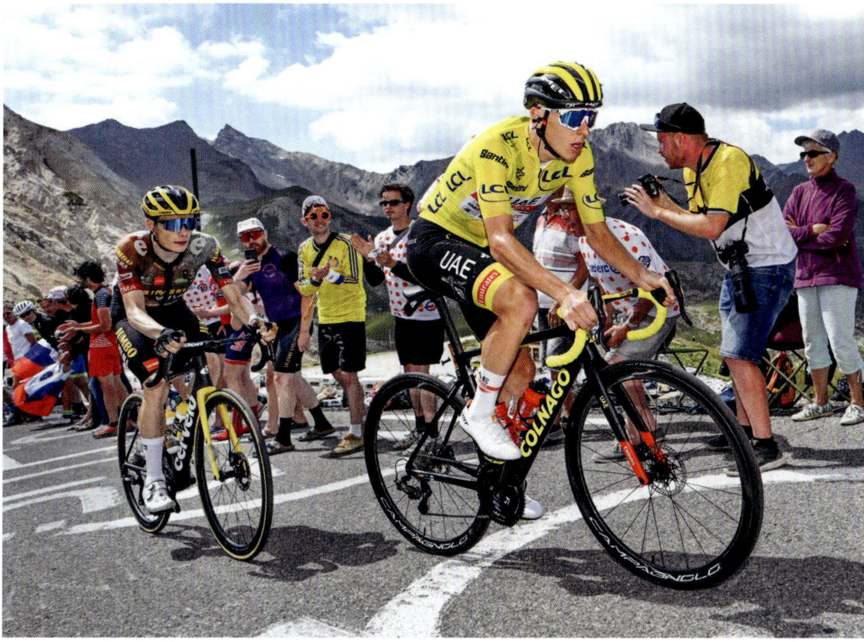

Jonas Vingegaard und Tadej Pogačar am Col de Granon auf der 11. Etappe der Tour de France 2022. © ROTH & ROTH

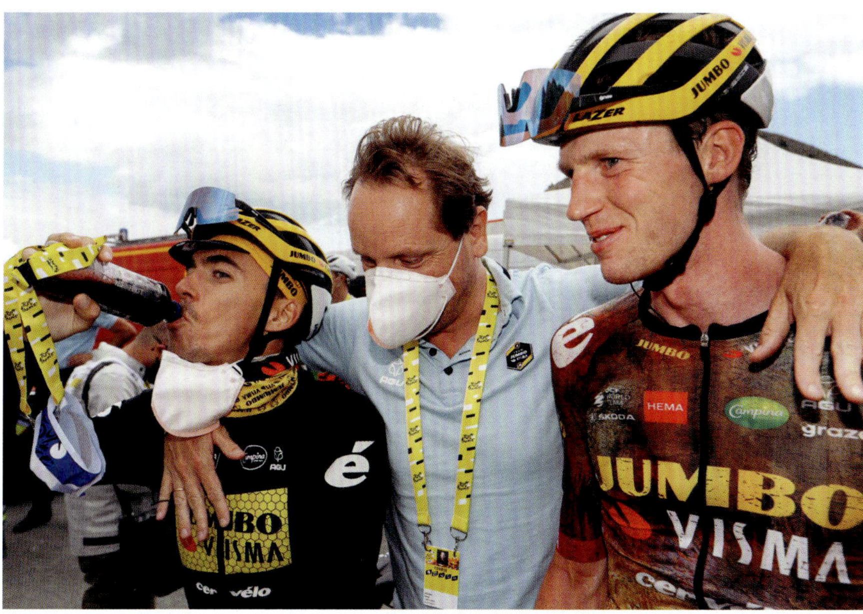

Nathan Van Hooydonck (rechts) und Christophe Laporte (links) mit Merijn Zeeman nach der 11. Etappe der Tour de France 2022. © ROTH & ROTH

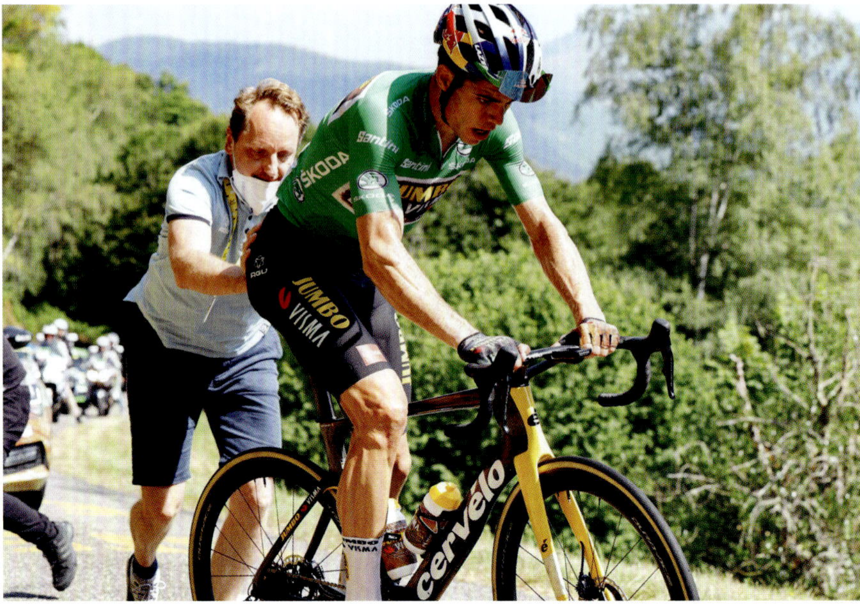

Merijn Zeeman schiebt Wout van Aert nach einem Radwechsel auf der 17. Etappe der Tour de France 2022 an. © ROTH & ROTH

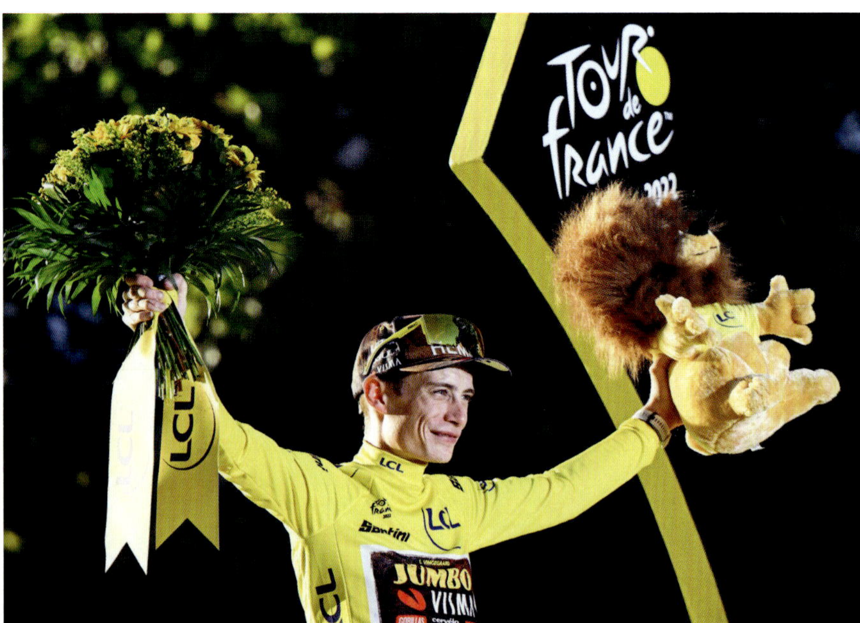

Jonas Vingegaard als Sieger der Tour de France 2022 auf dem Podium in Paris. © ROTH & ROTH

Während er an einer Ampel wartete, schickte mir Verstappen, der seit 2019 für Jumbo-Visma arbeitete, schnell einen Fachartikel, den er 2018 für *Nederlands Tijdschrift voor Geneeskunde* geschrieben hatte. In dem Beitrag mit dem Titel »Das brüchige Gelbe Trikot: der Knochenstatus von Radsportlern« las ich, dass bei Radprofis gegen Ende der Saison eine Abnahme der »Knochenmineraldichte« auftreten kann, da der Fokus auf einem niedrigen Körpergewicht liegt. Dadurch wurden die Knochen der Radprofis brüchiger. Dieses Problem trat vor allem bei starken Bergfahrern auf.

Als ich Kruijswijk einige Tage später auf diese Abnahme der Knochenmasse ansprach und fragte, ob er damit zu kämpfen habe, bestätigte er dies und sagte, er nehme Medikamente dagegen ein. Er erklärte, wenn man den ganzen Tag auf dem Rad sitze, fehle die Stimulation, die die Knochen stärke. Und in Kombination mit Ausdauersport auf hohem Niveau und einem niedrigen Fettanteil könne dies dazu führen, dass die Knochen etwas schneller brechen als bei einem normalen Menschen. Kruijswijk räumte ein, dass er sich darüber nie wirklich Sorgen gemacht habe. »Wenn man sich meine Arme und Schultern anschaut«, sagt er, »sieht man, dass ich Muskeln habe, aber sie sind dort nicht wirklich entwickelt. Ja, ich denke, das ist auch ein Grund: weniger Fett und weniger Muskeln um die Knochen herum, so dass man bei einem Sturz härter auf dem Asphalt aufschlägt.«

Das Telefon klingelte zum wiederholten Mal. Der Arzt aus dem Krankenhaus. Sie hatten einen CT-Scan von Kruijswijks Schulter gemacht und einen Chirurgen konsultiert, der eine sofortige Operation empfahl. »Das kann hier gemacht werden«, sagte der Arzt am Telefon, »oder wo immer Sie wollen.« Verstappen war erleichtert, als er hörte, dass ein Chirurg kontaktiert worden war. »Ein gutes Zeichen«, sagte der Teamarzt, der nach diesen ersten Berichten von einer monatelangen Genesung ausging.

Im Krankenhaus wurden wir von dem Mann empfangen, der uns angerufen hatte. Verstappen ging direkt mit ihm auf die Station, auf der Kruijswijk lag.

»Ich sag Bescheid, wenn du zu ihm kannst«, rief er, bevor er hinter einer großen weißen Tür verschwand.

Ich wartete auf einem Stuhl und dachte, dass dies ein grausamer Sport sei. Man radelte quer durch ein Land, vorbei an Orten, an denen man noch nie zuvor gewesen war, und wenn man Pech hatte wie Kruijswijk heute, wurde man mit seinem zerschundenen Körper in eine Klinik gebracht, wo man keine

Ahnung hatte, welche Ärzte gerade Dienst hatten und wie gut sie ihr Handwerk verstanden. Milan Vader verdankte sein Leben dem baskischen Arzt im Krankenwagen, der auf Blutgefäße spezialisiert war und wusste, was zu tun war. Aber man kann auch Pech haben.

Nach anderthalb Stunden kam Verstappen durch die große weiße Tür wieder heraus. Kruijswijk lag mittlerweile auf dem OP-Tisch. »Ist alles ein bisschen komplizierter«, sagte er. »Ich erkläre es dir gleich. Ich muss erst ein paar Dinge regeln.« Er fischte sein Handy aus der Tasche und rief den Piloten an, der das Privatflugzeug des Unternehmers und Jumbo-Visma-Aufsichtsrats Robert van der Wallen nach Castres fliegen sollte. Derweil wurde Kruijswijks Schlüsselbein gerichtet und seine schwer beschädigte Schulter wurde wieder eingerenkt.

Es handele sich um eine »komische« Kombination von Brüchen, berichtete mir Verstappen, als wir draußen auf einer Bank saßen und zusahen, wie der Abend hereinbrach. Wir aßen Chicken Nuggets aus einem nahe gelegenen Fast-Food-Restaurant. Verstappen hatte sich mit dem Traumatologen des Amsterdamer OLVG, dem Traumazentrum der Erasmus-Klinik in Rotterdam und dem Unfallchirurgen des Fußballvereins PSV Eindhoven beraten. Das einhellige Urteil: Der Oberarmkopf musste in die Schulterpfanne, sonst wäre ein Transport wegen der Gefahr größerer Schäden unmöglich.

»Weißt du, was echt krank ist?«, sagte Verstappen. »Würden sie im Fußball bei jedem Spiel jemanden mit einer solchen Verletzung vom Platz tragen, würden sie mit dem Sport sofort aufhören. Aber der Radsport macht einfach weiter.«

Eine Stunde später saß ich auf dem Rücksitz des Autos von Kruijswijks Manager, der dessen Koffer ins Krankenhaus gebracht hatte und nun nachts durch die dunklen Wälder zurück nach Carcassonne fuhr. Verstappen war in Castres zurückgeblieben, wo er über Nacht blieb, um Kruijswijk am nächsten Tag vom Krankenhaus zum Flughafen zu begleiten. Auf meinem Handy sah ich in der WhatsApp-Gruppe eine Nachricht von Merijn Zeeman: *Das wird ein harter Kampf für uns nächste Woche, aber wir werden es schaffen! Haltet die Moral hoch und zeigt allen, wer wir sind!*

* * *

Am Ruhetag in Carcassonne suchte ich das Zimmer von Van Hooydoncks Soigneur auf. Der Fahrer lag ausgestreckt auf dem Bauch, ein Handtuch um die Taille. Ich ahnte, dass es harte Tage für ihn waren, wegen der hohen Temperaturen und des Rückschlags, den das Team durch den Verlust von Roglič und Kruijswijk erlitten hatte. Ich fragte ihn, welcher Teil seiner Leidenschaft für den Radsport im Moment am lebendigsten sei. »Die Leidenschaft, gewinnen zu wollen«, sagte er ohne Zögern. »Ich möchte diese Tour wirklich mit Jonas gewinnen. Und das wollen wir alle sieben, auch wenn nur noch fünf übrig sind. Das ist es, was ich mehr als alles andere fühle.«

Er erklärte, dass er dieses Gefühl schon bei seiner Ankunft in Kopenhagen hatte – was ihm wie eine Ewigkeit her vorkam. Er erzählte von der Etappe nach Calais, die Van Aert gewonnen hatte. »Das war überragend«, sagte Van Hooydonck, »und das hatte nichts damit zu tun, dass ich dachte: Oh Mann, echt herrlich hier an der Küste von Calais. Nein, es ging nur darum, als Erster dort zu sein. Es ging nur um die Tour.«

Und was bedeuteten all die Kilometer, die er seitdem zwischen Kopenhagen und Carcassonne zurückgelegt hatte? Er sagte sich, dass er über solche Dinge am besten gar nicht nachdenken sollte. Die Länge der Etappen, die Gesamtkilometerzahl? »Man denkt mehr von Punkt zu Punkt«, sagte Van Hooydonck. »Gleich geht es sechs Kilometer mit vier Prozent bergauf, danach zehn Kilometer Abfahrt, danach 20 Kilometer flach durchs Tal. So teilt man sich die Etappe ein. Ansonsten messe ich dem keinen großen Wert bei. Man beschäftigt sich mit dem, was noch kommt, und nicht mit der Gesamtsumme. Auf der Etappe nach Mende habe ich im Peloton die Nachführarbeit gemacht. 80 Kilometer vor dem Ziel dachte ich: Jetzt sind es noch 50 Kilometer bis zum Fuß des Anstiegs, das sind eineinviertel Stunden. Okay, kann ich das Tempo, das wir jetzt fahren, noch 75 Minuten lang durchhalten? So denke ich bei der Tour.«

Am Mittag saßen die vier Sportlichen Leiter und Martijn Redegeld unter einem Sonnenschirm im Hotelgarten, in der Nähe eines Swimmingpools, in dem sich gerade einige der Mechaniker und Betreuer erfrischten. Niermann sagte, er habe sich Sorgen um Vingegaard gemacht, als dieser über Hüftschmerzen klagte, aber nach einer lockeren Runde auf dem Rad war klar, dass es halb so schlimm war. Nach der Ausfahrt habe er Niermann gesagt, dass er gute Beine hätte und Pogačar ihm nicht davonfahren würde. Am Nachmittag schlenderte Vingegaard mit seiner Freundin und der gemeinsamen Tochter Frida ganz entspannt über den Hotelflur. Das fröhliche Mädchen rannte herum wie eh und je. Einem Kamerateam gegenüber hatte Vingegaard am Morgen ebenfalls ziemlich gelassen geklungen, als er in ruhigem Ton erklärte, er rechne damit, dass Pogačar noch angreifen werde.

Niermann machte sich allerdings Sorgen um die Stärke der Mannschaft. Nicht nur waren Roglič und Kruijswijk ausgefallen, auch Benoot hatte schlimme Schürfwunden, die das Radfahren bei diesen Temperaturen enorm erschwerten. »Wir haben weniger Fahrer, um Jonas zu unterstützen, wenn er in Schwierigkeiten gerät. Da müssen wir uns etwas einfallen lassen. Meine Idee: Wir sollten versuchen, in den nächsten zwei Tagen den Status quo zu halten und dann, wenn möglich, Pogačar in Hautacam abzuhängen. Von den drei Pyrenäen-Etappen ist das diejenige, die Jonas am meisten liegen müsste.«

Anschließend sprach Zeeman einige Punkte ein, die ihm wichtig waren. Zum einen hatte er das Gefühl, dass die Stimmung nach den Rückschlägen ein wenig getrübt war. Er ermahnte seine Kollegen, dass sie gerade jetzt mit gutem Beispiel vorangehen und Souveränität ausstrahlen müssten. »Lasst bloß Kommentare stecken wie: ›Wir haben nicht genug Fahrer, wir können nur hinterherfahren.‹«

Zeeman erzählte, dass er am Morgen von einem belgischen Journalisten interviewt worden war. Er hatte das Gefühl, von einem »Totengräber« interviewt worden zu sein, der das Team bereits »aufgegeben« hatte. »Es fehlte nicht viel, und er hätte gefragt: ›Warum seid ihr überhaupt noch hier?‹ Was ich sagen will, ist: Strahlt weiterhin Zuversicht aus. Ich weiß nicht, ob die Fahrer das in den Medien überhaupt sehen oder lesen, was wir sagen, aber das ist unglaublich wichtig.«

Er betonte, dass sie genauso weitermachen sollten wie vorher, als das Team noch vollständig war. »Wir sollten Jonas nicht zu oft fragen, wie es ihm geht. Er hat heute gesagt, dass es ihm gut geht, also werden wir nicht mehr darüber reden.«

Natürlich verschließe er nicht die Augen vor der Realität, versicherte Zeeman seinen Kollegen. Sie hatten zwar weniger Männer, die vorne Tempo- oder Nachführarbeit machten konnten und sie hatten weniger PS bergauf, aber sie konnten immer noch einschätzen, was die Gegner unternehmen würden, wie sie darauf reagieren sollten und welches Mindset dazu passte. »Wir werden tun, was wir können«, sagte Zeeman. »Wir haben noch drei sehr schwere Etappen und ein Zeitfahren vor uns. Packen wir es? Fantastisch. Packen wir es nicht? Oder können wir eine Situation nicht korrigieren? Gut, dann müssen wir damit umgehen. Auch das ist Sport. Okay, morgen geht's drum.«

Als die Besprechung nach 45 Minuten zu Ende war und alle wieder auf ihre Handys schauten, sahen sie, dass sie eine Nachricht in der WhatsApp-Gruppe erhalten hatten, an die zwei Fotos von Kruijswijk angehängt waren, aufgenommen von Peter Verstappen. Eines in kurzen Hosen vor dem Flugzeug und eines im Flugzeug sitzend. Sein rechter Arm hing in einer Schlinge. Kruijswijk schrieb dem Team, dass er sehr enttäuscht sei, die Tour verlassen zu müssen. *Ich war,* fuhr er fort, *und bin immer noch zuversichtlich, dass wir den Job zu Ende bringen können!* Er schloss mit: *Helft euch gegenseitig, das Trikot nach Paris zu bringen.*

Kapitel 44
Führungsqualitäten

Allmählich wurde es spannend. Die 143 verbliebenen Fahrer der Tour – 32 waren bereits ausgeschieden – hatten den ersten Anstieg des Tages hinter sich gebracht, den Col d'Aspin, einen Pyrenäenpass, der es durchaus in sich hatte. Danach würden heute noch drei weitere kategorisierte Anstiege folgen und morgen noch einmal drei schwere Berge auf dem Weg von Lourdes nach Hautacam.

Ich saß im Transporter und blätterte im Roadbook, rechnete die Länge der letzten sechs Pässe zusammen und stellte fest, dass bei dieser Tour nach dem Aspin noch 67 Kilometer schwere Steigung zu bewältigen waren.

Ich stieg aus und sah, dass es ein paar Glückssucher gab, die mit 65 noch zu fahrenden Kilometern bis zum Ziel oben im Skiort Peyragudes versuchten, sich weiter dem Griff des Pelotons zu entziehen. Eine Minute später folgte das Feld mit Tiesj Benoot an der Spitze, der mit seinem unverkennbaren gekrümmten Rücken das Tempo machte. Dahinter fuhr Wout van Aert im Grünen Trikot, an seinem Hinterrad wiederum Sepp Kuss und Jonas Vingegaard. Ihnen folgten Geraint Thomas, Nairo Quintana, Brandon McNulty und Tadej Pogačar. Wenn es so blieb, war alles bestens. Das hatte Grischa Niermann seinen Kollegen am Ruhetag in Carcassonne gesagt.

»Das Wichtigste ist«, hatte er betont, »dass Jonas so stark bleibt, dass Pogi ihn nicht abhängen kann.«

Frans Maassen fragte daraufhin, ob »andersherum« denn nicht auch eine Option wäre: Könnte Vingegaard in den Pyrenäen den Abstand auf Pogačar nicht noch vergrößern? »Oder«, so Maassen, »sind wir vor dem Zeitfahren mit dem Vorsprung von 2:22 Minuten zufrieden, den Jonas jetzt hat?«

Niermann räumte ein, dass sie sich schon einmal vor einem Zeitfahren verrechnet hatten, aber 2:22 Minuten fand er als Vorsprung »schon recht ordentlich«. Merijn Zeeman sah es genauso. »Mit 2:22 ist es machbar«, sagte er.

Als sie sich am Vortag nach der ersten Pyrenäenetappe alle am Teambus getroffen hatten, herrschte in den Straßen von Foix ausgelassene Stimmung. Van Aert hatte vom Start weg attackiert und so das Rennen unter Kontrolle gebracht. UAE hatte außerdem einen Rückschlag hinnehmen müssen, denn mit Marc Soler war ein wichtiger Helfer für Pogačar krank, geschwächt, schlecht gelaunt und mit Zeitverlust ins Ziel gekommen (und wurde aus dem Rennen genommen). Aber die vielleicht beste Nachricht war: Niemand war zu Schaden gekommen. Sie konnten einen weiteren Tag abhaken. Noch fünf Tage überstehen.

Zeeman hatte mir am Vormittag der zweiten Pyrenäenetappe auf dem Weg zum Aspin erzählt, dass sie Vingegaard angewiesen hatten, sich nicht hinreißen zu lassen, falls Pogačar früh attackieren sollte. Sein Auftrag lautete: Lass ihn nicht fahren, roll mit ihm mit, bleib an seinem Hinterrad, lass ihn arbeiten und wenn er am Schlussanstieg einen seiner Helfer nach vorne schickt, um Tempo zu machen, und danach selbst attackiert, wäre dies das beste denkbare Szenario. Denn dann säße Vingegaard an Pogačars Hinterrad und würde selbst merken, ob er das Tempo mitgehen könnte oder ob es sogar Chancen gäbe, den Vorsprung weiter zu vergrößern.

»Das ist der Moment, auf den er warten muss«, sagte Zeeman, der sich an die Zielankunft auf dem Col de la Loze im Jahr 2020 erinnerte – die Etappe, nach der er von der Organisation von der Tour ausgeschlossen wurde. Damals habe Pogačar auch wie ein gerupftes Huhn ausgesehen, und im Team hätten sie ebenfalls gedacht, er sei »erledigt«. »Nun, ich habe diese Lektion gelernt. Besiegt ist der Kerl erst in Paris.«

Auf dem Weg zum Aspin hatte ich Zeeman auch nach der Rolle gefragt, die Wout van Aert bis dahin gespielt hatte. Van Aert hatte sich kurz zuvor beim Zwischensprint in La Barthe-de-Neste das Grüne Trikot gesichert und damit eines der beiden Hauptziele des Teams bereits erreicht. »Wout spielt mit den Gegebenheiten. Mit der Strecke, mit den Gegnern.«

Zeeman sagte, dass es für das Team sehr wichtig sei, bei Van Aert »die Balance zu finden« zwischen der individuellen Freiheit, seine eigenen Ambitionen zu verfolgen, und seinem loyalen Einsatz für das Team, so wie er ihn gestern gezeigt hatte, als er seine eigenen Chancen opferte und oben am Gipfel des letzten Anstiegs auf Vingegaard wartete, um Pogačars Angriffe in der Schlussphase des Rennens neutralisieren zu können. »Diese Balance zu finden, ist für uns jeden Tag aufs Neue eine Herausforderung. Deshalb ist es wichtig, Wout klarzumachen, dass wir auch verstehen, wie besonders es ist, dass er diesen Selbstverzicht übt. Für ihn war das zwar kein Thema, aber es ist wichtig, ihm zu zeigen, dass wir das nicht als selbstverständlich ansehen.«

Ich fragte ihn, inwieweit die Forderung von Van Aert, in den kommenden Jahren mit dem Team auch bei den Klassikern eine ähnliche Linie zu verfolgen wie in den vergangenen Jahren bei der Tour, ihren Anteil daran hatte, ihm seine jetzige Rolle schmackhaft zu machen. »Das spielt sicher mit hinein«, bestätigte Zeeman. Ich mutmaßte, dass er sie damit in gewissem Sinne sogar zwinge, besser zu werden. »Auf jeden Fall«, stimmte Zeeman zu.

Und welche Rolle genau spielte Van Aert in dem Teamprozess, von dem Sepp Kuss mir am Vortag in Foix gesagt hatte, er habe den Eindruck, dass alle Fahrer dadurch »30 Prozent besser« geworden seien? »Wout ist der natürliche Leader dieser Mannschaft«, sagte Zeeman. »Er meldet sich zu Wort, er hinterfragt die Taktik, und weil im Zuge dessen eine Diskussion entsteht, ist es am Ende der Plan von uns allen. Wenn Grischa seine Besprechung im Bus macht, wird er richtig gepusht, über alles nachzudenken. Weil Wout so scharfsinnig ist. Er ist immer vorbereitet und hat sich die vorherigen Etappen angesehen. Wir müssen ihn im Rennen kaum noch coachen. Erst gestern, im Bus vor dem Start, sagte er zu Jonas: ›Bleib in der Abfahrt an meinem Hinterrad. Wir fahren zusammen kontrolliert runter. Wenn er will, geben wir Pogačar ruhig zehn Sekunden. Aber im Flachen gebe ich Vollgas, er hat Körner gelassen, und das ist gut für dich.‹ Und dann denkt sich Jonas natürlich: Super, wenn Hulk Hogan vor mir fährt, kann mir nichts passieren. Am Schlussanstieg meldete sich Wout per Funk, als er oben am Gipfel stand und wartete, und rief: ›Jonas! Ich bin bereit, Jonas! Ich bin bereit, Jonas!‹«

Als ich Zeeman bat, die Führungsqualitäten von Van Aert zu beschreiben, sagte er, dass er »sensibel« für neuen Input sei: Es sei ihm wichtig, dass man ihm ständig weiteres Wissen darbot, da er immer damit beschäftigt sei, »besser zu werden«. Zeeman: »Auch was das Coaching angeht. Er verlangt von seinen Kollegen Professionalität. Wout akzeptiert keine Fahrer neben sich, die nicht das Maximum aus sich herausholen wollen. Er akzeptiert es einfach nicht, wenn er merkt, dass jemand die Strecke nicht gut kennt. Dann hat man echt ein Problem mit Wout.«

Hatte Lance Armstrong also recht, als er Van Aert kürzlich in seinem Podcast als den besten Fahrer der Welt bezeichnete? »So etwas habe ich auch schon mal gesagt, aber wenn Jonas die Tour gewinnt, ist er der beste Fahrer der Welt, zumindest was die Tour betrifft.«

Dann wies er darauf hin, dass Van Aert noch immer nicht die Flandern-Rundfahrt oder Paris-Roubaix gewonnen habe. »Wir haben noch viel zu tun. Jetzt sind wir voll auf Gelb aus, aber nächstes Jahr sind Flandern und Roubaix superwichtige Hauptziele.«

Ein paar Stunden später waren wir in Peyragudes, am Gipfel des Schlussanstiegs. Die Spitze des Feldes hatte noch 50 Kilometer vor sich, und der dänische UAE-Helfer Mikkel Bjerg fuhr so schnell an der Spitze, dass Adam Yates, der Sechste der Gesamtwertung, das Tempo nicht mehr mitgehen konnte und abreißen lassen musste. Als Bjerg sich 25 Kilometer weiter aus der Gruppe verabschiedete, waren sie in der Gruppe der Favoriten nur noch zu sechst: Vingegaard, Kuss, Thomas, Quintana, McNulty und Pogačar. Die beiden Letztgenannten hielten sich bis in die Schlussphase der Etappe an Vingegaards Seite. McNulty musste 500 Meter vor dem Ziel kapitulieren, woraufhin Vingegaard attackierte. Pogačar konterte und war auf dem Zielstrich knapp vorne.

Im Bus sagte Niermann, dass er aufgrund der starken Fahrweise von UAE das Gefühl gehabt habe, dass Pogačar eigentlich früher hätte angreifen wollen, ihm aber am Ende offenbar schlicht die Kraft dazu gefehlt habe. Er rechne damit, dass UAE dies auch auf der letzten Bergetappe versuchen werde. »Aber das Wichtigste ist«, sagte Niermann, »dass Hautacam, der Schlussanstieg, Jonas sehr liegt.«

In aller Eile fuhren wir den Berg hinunter, zurück nach Pau, wo wir die Nacht verbringen würden. Der Mechaniker spielte Frans Maassen ein Interview vor, das Vingegaard kurz nach der Zieleinfahrt gegeben hatte. »Ich war nie am Limit.« Maassen drehte sich zu mir um und sagte: »Das sind gute Nachrichten, denn was ich heute gesehen habe, fand ich etwas beunruhigend. Was Bjerg veranstaltet hat, hat mich schon ein bisschen nervös gemacht. Dich nicht? Die ganzen Tage vorher ist der Kerl am Berg nicht zu sehen und an diesem Anstieg schüttelt er bis auf 15 Mann alle ab.«

Wenig später, als wir auf der Autobahn in Richtung Pau fuhren, sagte Maassen: »Das ist die Chance unseres Lebens. So etwas erleben wir vielleicht nie wieder.«

Kapitel 45
Der entscheidende Moment

Die Gipfel der Pyrenäen waren in dunstigen Nebel gehüllt, als wir in Kolonne nach Lourdes einfuhren. Dies würde der womöglich entscheidende Tag werden. Auf der 143 Kilometer langen Strecke der Etappe lagen die letzten drei Berge dieser Tour: der Aubisque, der unbekannte Spandelles und Hautacam.

Bei der Teambesprechung im Bus ging Niermann auf die Schwere der Anstiege ein und betonte, wie wichtig es sei, wieder einen Fahrer in der frühen Ausreißergruppe zu haben. »Die ersten 3,5 Kilometer nach dem Start führen ein wenig bergauf«, sagte Niermann. »Also Wout, Nathan, Chris, Tiesj: Seid bereit, mitzuspringen.« Niermann und Zeeman wandten sich dann an Vingegaard und erklärten, dass es Chancen gäbe, Pogačar abzuhängen. »Du bist der beste Kletterer«, sagte Niermann. »Nicht ein halbes Prozent besser oder so, nein, einfach der Beste der Tour.«

»Und Jonas«, sagte Zeeman, »deine Schwelle ist auch höher als die von Pogačar. Du kannst ihn also ruhig ein bisschen testen. Wenn du einmal antrittst, wird er mitgehen, aber wenn du es wie letztes Jahr am Ventoux machst ... Denk daran: *Go, go, go*, nicht locker lassen. Denn wenn du an deinem Limit bist, bewegt er sich über seinem.«

Vingegaard: »Alles klar.«

Wir wurden von Martijn Redegeld in Hautacam abgesetzt. Der Osteopath und ich waren die letzten beiden Personen vor dem Ziel, die an diesem Anstieg mit gekühlten Getränken bereitstanden. Wir suchten Schutz vor der Sonne unter einem Baum und warteten auf die Fahrer. Wir hatte kaum eine Möglichkeit, das Rennen zu verfolgen, weil das Mobilfunknetz überlastet war. Es gab keine Fernsehbilder und auch kein Radio, denn niemand hatte mehr ein Transistorgerät dabei. Sieben Kilometer unterhalb des Gipfels stehend, schickten wir altmodische SMS an Bekannte, die in den Niederlanden vor dem Fernseher saßen, um zu erfahren, was im Rennen passierte. Wir erfuhren, dass Van Aert an der Spitze fuhr, Pogačar einen Angriff nach dem anderen startete, Vingegaard auf der Abfahrt vom Col de Spandelles beinahe gestürzt wäre und dann später auf Pogačar wartete, als dieser mit dem Rad weggerutscht war.

Wir hörten die Hubschrauber kommen, sahen die Motorräder und die Autos der Rennleitung vorbeifahren, und dann war es Zeit für die Fahrer: Van Aert und Dani Martínez zuerst, eine halbe Minute später folgten Kuss, Vingegaard und Pogačar.

Was danach am Anstieg nach Hautacam geschah, konnte ich nicht sehen. Zeeman erzählte mir am Abend, dass sie bei der Taktik von ihren Leistungswerten ausgegangen waren. Heijboer und Heemskerk hätten ausgerechnet, wo Pogačars anaerobe Schwelle ungefähr liegen sollte und wozu Vingegaard fähig war. Demzufolge sollte er vor allem am Schlussanstieg nicht zu spät angreifen, um zu verhindern, dass Pogačar aus seinem »anaeroben Reservoir« schöpfen und ihn oben am Ziel absprinten könnte.

Sie hatten eine Idee, wie sie Pogačar aus der Reserve locken und seine Schwächen ausnutzen könnten. Ihre Strategie sah vor, Vingegaard zu jeder Zeit mit Teamkollegen zu umgeben, um ihn aus dem Wind zu nehmen. Der Plan war Zeeman zufolge aufgegangen, weil man die ganze Zeit voll auf der Höhe des Geschehens gewesen sei, allen voran Van Aert und Benoot, die von Anfang an geschickt attackiert hatten. Dass es daran Kritik gegeben hatte, scherte Zeeman wenig.

»Allen Widrigkeiten zum Trotz«, so Zeeman, »haben wir Strategien erkennen lassen, die aufgegangen sind: Pogačar hat immer wieder angegriffen, wir haben Tiesj sich zum richtigen Zeitpunkt zurückfallen lassen, wir haben Pogačar vorne an der Spitze fahren lassen, während Jonas nur an seinem Hinterrad blieb. Dadurch haben wir ihn an sein Limit gebracht, erst mit dem Tempo von Tiesj, dann mit dem von Sepp und dann haben wir Wout zurückgerufen, er musste noch einmal voll ans Limit gehen, und dann war Pogačar gebrochen. Er ist am Spandelles in die Falle getappt. Es zwingt ihn ja niemand, an der Spitze zu fahren, oder? All diese Angriffe, die er unternommen hat ... Er hat genau das gemacht, was wir uns erhofft hatten.«

Lange hatten Zeeman und Niermann mit einem Knoten im Magen im Auto gesessen. Hatten sie wirklich nichts übersehen? Sie hatten Vingegaard angewiesen, nur so schnell fahren, dass er das Gefühl hatte, eine Tempoverschärfung wäre jederzeit noch möglich sei. Aber was, wenn sie sich geirrt hatten und Pogačar ihm auf den letzten fünf Kilometern bis zum Ziel in Hautacam doch noch davonfahren würde? »Du hast die Pläne ja auch gesehen«, sagte Zeeman. »Und man kann so einen guten Plan und so eine Philosophie haben wie wir, aber ich habe auch schon zu Grischa gesagt: ›Garantien, dass es klappt, gibt es keine, auch für uns nicht.‹«

Was dachte er, als Vingegaard auf Pogačar wartete, nachdem der UAE-Kapitän auf der Abfahrt vom Spandelles weggerutscht und im Straßengraben gelandet war? Zeeman erzählte, dass jeder im Peloton wusste, dass die Abfahrt wegen des losen Schotters gefährlich war, und daher hielt er es für denkbar, dass Pogačar und Vingegaard sich abgesprochen hatten: Wir fahren hier langsam runter und dann fechten wir es am Schlussanstieg nach Hautacam aus. »Aber Pogačar hat sich wie ein Verrückter in die Abfahrt gestürzt, und Jonas hat sich dann fast langgemacht, weil seine Kette durchgerutscht ist. Und als Pogačar das sah, sprintete er von ihm weg. Weil Jonas ein besserer Abfahrer ist, schaffte er es wieder an sein Hinterrad.«

Als Pogačar wenig später selbst zu Fall kam, war Zeemans erste Reaktion: Fahr weiter! Wir warten nicht! Doch Vingegaard entschied sich anders und teilte über Funk mit, dass er warten würde. »Das hat sich auch taktisch als besser erwiesen«, sagte Zeeman, »denn danach fuhren sie ruhiger, und Pogačar ist weiter mit durch die Führung gefahren, was uns relativ stärker gemacht hat. Jonas hat also einen fantastischen Job gemacht.«

Fünf Kilometer vor dem Gipfel schlossen Pogačar, Vingegaard und Kuss zu Van Aert und Martínez auf. Zwei Minuten später musste Pogačar abreißen lassen, und Van Aert nahm Vingegaard zwei weitere Minuten ins Schlepptau, dann fuhr Vingegaard solo zum Etappensieg. Sein Vorsprung auf Pogačar, der Zweiter wurde, betrug 1:04 Minute. Mit dem Sieg übernahm er auch das gepunktete Trikot des besten Bergfahrers der Tour, und er hatte in der Gesamtwertung nun einen sicheren Vorsprung von 3:26 Minuten auf Pogačar. Nun gab es nur noch die Etappe nach Cahors und das Zeitfahren in Rocamadour, wo Gefahr drohte.

Auf dem Rückweg nach Pau saß ich hinter Frans Maassen im Wagen der Teamleitung. Auf dem Boden lagen zerdrückte Dosen und Verpackungen von Energieriegeln. Neben mir auf der Rückbank standen drei Ersatzlaufräder, die sich gegenseitig im Gleichgewicht hielten, und auf der Rückseite des Sitzes war mit Klebeband eine Liste mit den Startnummern der UAE-Fahrer und der anderen Fahrer in den Top Ten befestigt. Auf dem Werkzeugkasten lag ein Zettel mit der französischen Übersetzung der Nummern der eigenen Fahrer: *onze* (11), *douze* (12), *treize* (13) und so weiter. Es war immer die Aufgabe des Mechanikers, die Nummern aufzuschreiben, die in rasendem Tempo über Radio Tour durchgegeben wurden, und sie an den Teamchef weiterzugeben, der ebenfalls sein Bestes tat, aus den Meldungen schlau zu werden. Dass im Jahr 2022 immer noch Französisch die Kommunikationssprache im Rennfunk war, war geradezu lächerlich. Für 80 Prozent der Sportlichen Leiter im Radrennsport war Englisch die Sprache, in der sie in ihren Teams kommunizierten.

Als ich Maassen fragte, was seiner Meinung nach heute der entscheidende Moment gewesen sei, antwortete er, dass dieser für ihn bereits in Lourdes im Bus stattgefunden habe. Der Plan, den sie verfolgen wollten, sei absolut klar gewesen, erzählte Maassen, und Vingegaard hatte noch mal wiederholt, was er nach der Zielankunft in Peyragudes im Fernsehen gesagt hatte: Er sei nie am Limit gefahren. »Das gab mir eine unglaubliche Moral«, sagte Maassen. »Man spürte heute Morgen im Bus, dass auch die Gruppe das Gefühl hatte, dass alles in Ordnung war. Und als Wout heute vom Start weg attackiert hat, gab uns das noch mal einen Schub. Und dann hat Bjerg auch noch abreißen lassen, und Pogačar hatte nur noch McNulty bei sich.«

Maassen erzählte von Kuss, der mit Vingegaard am Hinterrad zu Van Aert auffuhr, wobei Pogačar schon viel Kraft investieren musste. Dann sei Van Aert zu Atem gekommen und mit seinem nächsten Antritt habe er Pogačars Widerstand gebrochen. »Und dann haben Jonas' Beine den Rest erledigt«, sagte Maassen und sprach von einer »genialen Teamleistung«.

Ich fragte ihn, ob er emotional auch so mitgenommen gewesen war, als er oben in Hautacam ankam. Ich hatte bereits vernommen, dass Zeeman dort »echt am Ende« war. »Merijn und ich mussten beide schlucken. Was für ein Ritt, oder? Aber, hey! Wir sind noch nicht da!«

Kurz nach unserer Ankunft im Hotel in Pau, wo sich alle überschwänglich beglückwünschten, sich auf die Schulter klopften und gegenseitig hochhoben oder ganz altmodisch umarmten und alle es mit den Corona-Regeln nicht so genau nahmen, sah ich Sepp Kuss im Hotelgarten auf einer Massageliege liegen. Da die Sonne noch herrlich schien, hatte sein Soigneur die Liege nach draußen geschleppt, damit Kuss die Wärme auf seinem Rücken genießen konnte, während der Masseur versuchte, die Müdigkeit in seinen Muskeln zu lindern. Kuss hob die Hand, in der er eine Flasche alkoholfreies Leffe Blond hielt.

Er hatte einen guten Tag gehabt, sagte er und erzählte, dass er versucht habe, die ganze Zeit bei Vingegaard zu bleiben, und dass Benoot ihm sehr geholfen habe, indem er ihn am Fuß des Schlussanstiegs zu Vingegaard zurückbrachte. »Dort konnte ich dann noch mal Gas geben«, meinte Kuss und berichtete von der Unterhaltung, die er danach mit Vingegaard geführt hatte. »Jonas meinte: ›Ich muss zu Wout.‹ Als ich ihn bei Wout abgeliefert hatte, sagte ich: ›Jungs, ich bin durch.‹ Jonas entgegnete: ›Okay. Wir sehen uns oben.‹ Und dann gab er Gas.«

Um Viertel nach zehn kam Vingegaard an die Tische, die im Hotelgarten standen, wo das Personal sein Bestes getan hatte, um eine stimmungsvolle Atmosphäre zu schaffen. Rund um das Partyzelt, neben dem die Köche von Jumbo-Visma ein Barbecue und Salate zubereitet hatten, waren Lichter aufgehängt worden. Vingegaard stand barfuß in seinen Birkenstock-Sandalen am Tisch und konnte nur seufzen, dass es ein schöner Tag gewesen sei. »Jungs«, sagte er dann, »ich liebe euch, und es ist etwas Besonderes, mit euch hier zu sein.« Dann sagte er, dass sie noch nicht in Paris seien und dass in den nächsten Tagen Konzentration gefragt sein werde. »Vielen, vielen Dank. Ich bin stolz auf euch alle.«

Kapitel 46

Guter Tonus

Am nächsten Morgen sprach mich Jonas Vingegaard auf dem Parkplatz an. Vor dem Hotel bereiteten sich alle Teammitglieder auf die Abfahrt zum Startort der Etappe nach Cahors vor, wo Christophe Laporte am Nachmittag gewinnen würde. Vingegaard hatte seinen Rucksack über die Schulter gehängt und hielt seine Schuhe in der Hand. Er trug jetzt schwarze Socken in seinen Sandalen.

»Du wolltest noch mit mir reden, oder?«, sagte er und klang ein bisschen verlegen. »Tut mir leid, dass es gestern nicht geklappt hat. Wäre heute Abend auch okay?«

Unterdessen schrieb er ein paar Autogramme auf die Zeitung, die ihn als Etappensieger in Hautacam zeigte. Die Titelseite wollte der Hotelbesitzer einrahmen und neben einer signierten Seite mit dem Bild von Primož Roglič im Empfangsbereich aufhängen. Wir vereinbarten, dass ich ihn anrufen würde, wenn wir in Rocamadour waren. Wir würden uns bei seiner Massage in Ruhe unterhalten können.

Mehr als zehn Stunden später und 280 Kilometer weiter nördlich ließ sich Jonas Vingegaard auf der Liege seines Soigneurs nieder. In Fernsehen lief Tennis, und Phil Collins tönte aus dem Lautsprecher. Der Masseur gab Öl auf seine Hände und begann, den rechten Oberschenkel des Führenden der Tour de France zu kneten. Die Hände des Masseurs wanderten vom Oberschenkel über die Wade zu den Knöcheln bis zum Fuß und wieder zurück. Der magere Fahrer verschränkte die Hände hinter dem Kopf.

»Wie sind seine Muskeln?«, fragte ich den Soigneur. »Der Tonus ist gut«, sagte er. »Das spürt man nach all den Jahren.« Vingegaard lächelte und nickte. Als ob er dachte: Das ist schön, dass du so denkst, aber ich weiß selbst, wie ich mich fühle. Und er fühlte sich gut. »Nicht zu weich«, sagte der Masseur. »Die Spannung ist gut, gut für ein Zeitfahren.«

Danach herrschte im Zimmer rege Betriebsamkeit. Martijn Redegeld schaute herein, um zu sehen, ob alles in Ordnung war, anschließend kam Grischa Niermann und ging die Logistik für die Erkundung der Zeitfahrstrecke am nächsten Tag durch. Nichts deutete auf größere Probleme hin. Auch der Arzt kam, um den Fahrer durchzuchecken. Vingegaard verriet Peter Verstappen, dass Pogačar ihm bereits gestern zu seinem Sieg gratuliert habe, er aber erst mal Paris erreichen wolle, bevor er ans Feiern denke. »Ich glaube, dass ich gewinnen kann«, sagte er. »Aber zuerst muss ich dort ankommen.«

Nachdem alle gegangen waren, widmete sich Vingegaard wieder dem Tennismatch im Fernsehen. Ich konnte mich nicht erinnern, jemals einen so entspannten Athleten gesehen zu haben, unmittelbar bevor er die Chance hatte, den größten Wettbewerb seines Sports zu gewinnen. Vingegaard lächelte, beantwortete alle Fragen freundlich und dachte nach, bevor er etwas sagte. In der Zwischenzeit kneteten die Hände des Masseurs weiter seine Beinmuskeln, und Vingegaard sagte, er wisse nicht, was ihn nach seiner Rückkehr nach Dänemark erwarte. »Ich bin niemand, der gerne im Rampenlicht steht«, meinte er.

Wir sprachen über die Ereignisse auf der letzten Bergetappe, wo er es als »guten Sportsgeist« empfand, nach dessen Sturz auf Pogačar zu warten. Er stimmte auch zu, dass es ein Zeichen von Stärke gewesen sei, und sagte, dass Pogačar ihm danach mit einem schnellen Händedruck für seine Aktion gedankt habe.

Er erzählte über das Wiedersehen mit seinen Teamkollegen gestern beim Barbecue, wie er jeden einzelnen umarmt habe, über die Wärme, die er für sie empfand, und die Worte, die er gesprochen hatte. »Sie sind meine Freunde«, sagte er. »Sie sind alle bis an ihre Reserven gegangen, damit ich gewinnen kann. Natürlich ist es ihr Job, das ist mir klar, aber ich weiß zu schätzen, dass sie das für mich tun. Und sie dann in diesem Moment wiederzusehen – mit ihnen zusammen am Tisch zu sitzen –, das war für mich etwas Besonderes, das mit ihnen zu teilen.«

Ich fragte ihn, ob er von seiner eigenen Leistung in den vergangenen Wochen überrascht war. Er sagte, er habe gewusst, dass er das Niveau habe, um ganz vorne mitzufahren, aber dass er jetzt, einen Tag vor dem Zeitfahren, mit einem Vorsprung von dreieinhalb Minuten in Gelb fuhr, das habe er nicht kommen sehen.

Vingegaard fuhr fort, dass bei dieser Tour jeden Tag »superhart« Rennen gefahren wurde und dass er alles aus sich herausholen habe müssen, aber zu wissen, dass es um den Sieg ging, habe ihn dazu gebracht, »weiter zu gehen«. »Ich konnte das Quäntchen extra geben«, sagte er.

Ich erzählte ihm, wie ich die Etappe zum Granon erlebt hatte, zusammen mit seinem Osteopathen, der in seinem Transporter durch Italien fuhr, mit schlechtem Empfang, und dann die Schlussphase im Hotelzimmer mit den Soigneurs. »Man muss sich die Etappe echt noch mal ansehen«, sagte er und lachte. »Und ich denke im Nachhinein wieder: Das war wirklich ein Meisterstück, das wir da abgeliefert haben.«

Er lobte die »Teamarbeit« und den »Teamgeist«. »Wir hatten einen Plan«, sagte er. »Zwei Mann in der Ausreißergruppe. Das hat geklappt. Dann haben wir entschieden, dass Primož früh angreift, und auf diese Weise so viel Druck auf Pogačar ausgeübt, dass er schließlich eingeknickt ist.«

Wie hatte es sich im Sattel angefühlt, all diese Angriffe zu fahren? Ein Grinsen breitete sich auf seinem hageren Gesicht aus: »Das war echt überragend. Richtig Radrennen! So wie es sein muss. So wie Jungs es mögen, wenn du verstehst, was ich meine.«

Er hoffte, dieses besondere Gefühl, das an diesem Tag in der Mannschaft geherrscht habe, in den kommenden Jahren noch öfters initiieren zu können. »Ich will Spaß haben«, sagte er, nun auf dem Bauch liegend. »Gewinnen ist echt *nice*, und diesmal war ich derjenige, der gewonnen hat, aber ich hätte an dem Tag auch Spaß gehabt, wenn ich nicht gewonnen hätte.« Er hielt einen Moment inne und sagte dann: »Aber es macht natürlich mehr Spaß, wenn man selbst gewinnt.«

Dann blickte er auf die Jahre mit dem Team zurück: Er erkenne zwar immer noch den Fahrer wieder, der er 2020 gewesen war, aber seitdem sei »viel passiert«. Er erinnerte sich daran, dass er damals in der Nacht vor einer wichtigen Bergetappe in Polen wegen einer »die Kehle abschnürenden Anspannung« keinen Bissen herunterbekommen hatte. Der Mann, der jetzt hier liege, sagte er, das sei »ein ganz anderer Typ«.

Seine beiden Coachs hatten mir schon oft von der Bedeutung seiner Partnerin und seiner inzwischen fast zweijährigen Tochter Frida erzählt und von der beruhigenden Wirkung, die Trine auf ihn hatte. Nun erzählte er mir, wie sie sich im Oktober 2017 kennengelernt hatten. Er war Neoprofi bei ColoQuick, und sie, zehn Jahre älter als er, war die Marketingleiterin. Sie gingen ein paar

Mal miteinander aus und hielten ihre Beziehung geheim, bis er Mitte 2018 bei Jumbo-Visma unterschrieb. Als ich ihn nach dem Einfluss »seiner Frau« fragte, korrigierte er mich. »Noch ist sie meine Freundin«, sagte er.

Sie seien ja übermorgen in Paris, sagte ich aus Spaß.

»Ich sollte sie auf dem Podium fragen, ob sie mich heiraten will! Das wäre doch was, oder?« Er erklärte, dass Trine ihn auf eine Weise erden könne, die er nicht mit wenigen einfachen Worten beschreiben konnte. Sie sorge dafür, dass er nicht abhob. »Wenn ich zu ihr sage: ›Ich werde dieses Rennen gewinnen‹, sagt sie: ›Beruhige dich, du musst etwas erst tun, bevor du darüber redest.‹ Es ist in Ordnung zu sagen: Ich will gewinnen, aber es dann auch zu tun, ist schwer, denn es kann so viel schiefgehen. Deshalb: *Take it easy*. Verstehst du?«

Vingegaard verstand, dass man eine Chance hatte, aber keine Gewissheit. Er war gut, keine Frage. Aber ein anderer könnte stärker sein, er könnte stürzen und sich verletzen. »Was auch immer. Und dann gewinne ich nicht.«

Und dieser Gedanke machte ihn gelassener? »Ja.«

Gab es wichtige Lektionen, die er in dieser Saison gelernt und in Frankreich in die Praxis umgesetzt hatte und die einen Teil des Erfolgs ausmachten? Das erwies sich als schwierige Frage. Dass er ruhiger geworden war, mache viel aus, meinte Vingegaard. So konnte er beispielsweise aus der Baskenland-Rundfahrt, für die er wegen einer gereizten Achillessehne nur wenig trainieren konnte – weshalb er in Birkenstocks und drolligen Wanderschuhen herumlief –, bei der er aber trotzdem in einem sehr starken Teilnehmerfeld Sechster wurde, Zuversicht schöpfen. »Ich glaube«, sagte er, »ich wurde Stück für Stück immer zuversichtlicher. Das ganze Jahr über habe ich daran geglaubt, dass ich bei der Tour um den Sieg mitfahren kann. Im Team haben sie das auch geglaubt, aber außerhalb davon? Eher nicht.«

Der Masseur war fertig, und Vingegaard setzte sich wieder aufrecht hin, rutschte von der Liege und zog sich wieder die Trainingskleidung des Teams an. »Und morgen?«, fragte ich. »Ich will Gelb behalten«, sagte er. »Das Zeitfahren zu gewinnen, ist nicht das Wichtigste. Das Wichtigste ist, auf dem Rad zu bleiben und eine gute Zeit zu fahren.«

Kapitel 47

Zu Tränen gerührt

Sie waren wieder zurück am Anfang. Sie gingen in Gelb in das abschließende Zeitfahren. Seit dem Tiefpunkt an der Planche des Belles Filles hatten viele erkannt, dass es wichtigere Dinge im Leben gibt und auch in der Niederlage Schönheit steckte. Jetzt, in Lacapelle-Marival, dem Ort, in dem das letzte Zeitfahren dieser Tour de France starten würde, versuchten sie, nicht wieder zu früh zu jubeln. Jedes Mal, wenn jemand ein wenig zu sehr in Resultaten statt in Prozessen dachte – wie es im Teamjargon hieß –, war jemand zur Stelle, um ihn zu korrigieren.

Gegen Mittag war alles rund um den Teambus bereit für die fünf Fahrer, die an den Start gehen würden. Nathan Van Hooydonck hatte sich am Abend zuvor aus traurigen privaten Gründen auf den Heimweg gemacht.

Rund um den Bus war alles vorbereitet: die Räder unter dem Partyzelt, die Ventilatoren, die Kühlboxen mit Essen und Getränken aller Art und natürlich die Zettel mit den Wünschen der Fahrer, unter anderem dass Vingegaard keine Anfeuerungen wollte und sich mit Renninformationen begnügte, zum Beispiel wann eine Kurve kam und wie die Zwischenzeiten waren.

Mathieu Heijboer hatte bereits am Samstag zuvor den Zeitplan für die einzelnen Fahrer erstellt und war »der Dreh- und Angelpunkt zwischen Fahrern, Betreuern und Coachs«. Ich versuchte heute, ihn lieber nicht bei seinen Vorbereitungen zu stören.

Heijboer hatte mir bereits erzählt, dass er Vingegaard geraten habe, einen Plan zu machen und sich dann daran zu halten. Wenn also vereinbart war, keine Zwischenzeiten durchzugeben, sollten sie es auch so machen, aber: »Wenn du als Coach irgendwann mitbekommst, dass es eng wird, musst du das Jonas natürlich sagen.«

Ein paar Stunden bevor Vingegaard um Punkt 17 Uhr als letzter Fahrer des Tages auf die Strecke gehen sollte, saß ich neben Martijn Redegeld auf einer Kühlbox. Wir beobachteten, wie Mechaniker die letzten Einstellungen an den Zeitfahrrädern vornahmen. Einer von ihnen erklärte geduldig dem Eurosport-Experten und mehrfachen Tour-Sieger Alberto Contador, was das Besondere an diesen Maschinen war. Ein Kamerateam ging um das Rad herum.

Wir unterhielten uns über Redegelds Spezialgebiet, die Ernährung, und darüber, wie man Radrennfahrer auf ein Zeitfahren vorbereitet. Ich fragte ihn nach der Praxis, sich mit zuckerhaltigen Getränken den Mund zu spülen, wie es Van Aert vor einem Zeitfahren immer tat. Redegeld erklärte mir, dass »die Sensoren im Gaumen« durch den Zucker aktiviert werden und dem Gehirn mitteilen, dass Zucker auf dem Weg ist, und so dafür sorgen, dass die Zellen ihre letzte verbliebene Energie abrufen können. Dass der Fahrer das süße Getränk wieder ausspuckte, wusste der Körper nicht.

Redegeld sagte, es gebe Fahrer, die vor dem Start Koffein zu sich nahmen. Nicht nur, um die Konzentration zu steigern, sondern auch weil Koffein die Schmerzgrenze erhöhe und das »Schmerzempfinden« verringere. Redegeld wollte nicht sagen, wie viel Zeit zwischen der Einnahme und dem Start lag.

»Wout trinkt außerdem vorher Rote-Bete-Saft, wegen des Nitrats. Das sorgt für eine bessere Sauerstoffaufnahme in den Muskeln.«

Ich dachte an die Gespräche, die ich vor Jahren mit Zeeman bei der Tour de Romandie über die Ernährungsumstellung in den Tagen vor wichtigen Bergetappen geführt hatte. Diese erfolgte unter der Maßgabe, dass der betreffende Fahrer durch eine »ballaststoffarme« Kost weniger Flüssigkeit in seinem Körper speicherte und somit leichter ins Rennen ging. Wann hatte die ernährungsspezifische Vorbereitung auf die wichtige Etappe nach Hautacam für Vingegaard begonnen? »In dem Ort, wo Primož mir gesagt hat, dass er am nächsten Tag nicht mehr starten würde«, sagte Redegeld.

»In Saint-Affrique?«, entgegnete ich.

»Du sagst es«, lachte Redegeld. »Es war auf jeden Fall eine ballaststoffarme Ernährung. Keine Nudeln und kein Gemüse mehr und weniger Brot.«

Der Speiseplan wurde eintöniger, aber das Ergebnis konnte sich sehen lassen, erzählte mir Redegeld. »Jonas hat gut ein Kilo verloren.« Er schnappte sich sein Handy und suchte online nach einem Porträtfoto, das die Mannschaft im Januar im Trainingslager gemacht hatte. Der Unterschied nach sechs Monaten Radrennen war fast schockierend, musste ich zugeben.

Als ich fragte, wie viel Kilo Vingegaard in Hautacam auf die Waage gebracht hatte, stellte sich heraus, dass er knapp über 57 Kilo gewogen hatte, und wenn man bedachte, dass er in der Schlussphase dieses Anstiegs eine Leistung von 375 Watt getreten hatte, lag die magische Zahl bei 6,5 Watt pro Kilogramm. »Ein Kilo weniger Körpergewicht«, so Redegeld, »ergibt umgerechnet 0,1 W/kg. Und das bringt Kilometer für Kilometer einen kleinen Zeitgewinn.«

Um halb fünf stand ich an der Ziellinie in Rocamadour. Einer nach dem anderen kamen die Fahrer die Schlusssteigung hoch, alle mehr oder weniger erschöpft. Einige ließen es locker angehen, andere kämpften um eine gute Etappenplatzierung oder versuchten, in der Gesamtwertung den einen oder anderen Platz gutzumachen, was zum Beispiel Aleksandr Vlasov gelang, der auf Platz fünf im Klassement vorfuhr.

Als Pogačar nicht an Van Aerts Zeit herankam, gab es nur noch einen Mann, der ihm den Sieg noch streitig machen konnte, und das war Vingegaard, der wie ein Besessener zu fahren schien und sich fast selbst aus der Tour warf, als er in einer Kurve so viel Risiko einging, dass er nur knapp eine Kollision mit einer Felswand verhinderte. Aber er hielt sein Rad auf der Straße. Im Bus hatte er zu den Trainern gesagt: »Heute nicht, Pogi. Heute wird Pogačar nicht gewinnen.«

Als er sich dem Ziel näherte, kam das zum Tragen, worum er Niermann vorher gebeten hatte: »Wenn es sich zwischen mir und Wout entscheidet und ich *safe* bin und es ruhig angehen lassen kann, weil Pogačar keine Gefahr mehr ist, dann musst du mir das sagen.« Genau das tat Niermann, worauf Vingegaard zum Schluss nicht mehr die letzten Kräfte mobilisierte und Van Aert gewann.

Weil ich mich ein Stück weiter hinter die Ziellinie begeben hatte, um mit eigenen Augen zu sehen, wie Vingegaard nach dem Abbremsen seiner Zeitfahrmaschine darauf reagieren würde, dass er nun praktisch als Tour-Sieger feststand, bekam ich nicht mit, dass Van Aert den Hot Seat des Führenden verlassen und an die Strecke gelaufen war, um seinen Kollegen anzufeuern. Er war zu Tränen gerührt über die Geste des Dänen, ihm den Sieg im Zeitfahren zu überlassen.

Vingegaard fuhr vorbei, den Blick hinter seinem futuristischen verspiegelten Helm verborgen. Er ließ sich in Richtung der Kameraleute, Fotografen und anderen Medienvertreter ausrollen, die neben seiner Freundin standen. Sie fielen sich in die Arme, ihre Gesichter verzehrt vor Emotionen.

Der Fahrer mit der Startnummer 18 hatte die Tour de France gewonnen, und vor der Kamera des niederländischen Fernsehsenders NOS stammelte Merijn Zeeman: »Bizarr, bizarr, bizarr.« Er schüttelte den Kopf und konnte es kaum fassen. »Wir haben die Tour gewonnen«, sagte er in das Mikrofon, das man ihm hinhielt. »Wir haben es geschafft, juchhu!«

Mathieu Heijboer beobachtete die Szene mit feuchten Augen. »Das war's dann«, sagte er mit brüchiger Stimme. Er schluckte.

»Ich kann in Rente gehen!«, rief Frans Maassen. Auch ihm standen Tränen in den Augen.

Wenig später löste sich der Mob auf. Wir mussten noch nach Paris fahren, die Champs-Élysées lagen 531 Kilometer nördlich von uns. Der Sieger musste aufs Podium und zur Pressekonferenz, die Journalisten mussten ihre Berichte abschicken, und die Mitarbeiter von Jumbo-Visma gingen einer nach dem anderen zurück zum Camper, der irgendwo weiter hinten stand. Es wurden Anrufe in die Heimat getätigt. Keiner konnte es schon so richtig fassen.

Am Bus hörte man das Zirpen der Grillen und das Zischen von geöffneten Bierdosen. Es wurde angestoßen und gelacht. Im Camper aßen Benoot, Kuss und Laporte ihre Recovery-Mahlzeiten, die sie ausnahmsweise mit einem Bier herunterspülten. Draußen saßen die Coachs auf Campingstühlen.

Kurz bevor alle mit dem Aufräumen begannen, schoss ein anderer Fahrer auf dem Rad vorbei, auf dem Weg zu seinem Teambus. Er lächelte und rief: »Gratuliere, Jungs!«

Es war Tadej Pogačar.

Kapitel 48

Krokette

Nacheinander bogen die Transporter, der Service-Truck, die Begleitwagen und schließlich der Teambus von Jumbo-Visma auf den Parkplatz des Hotels an der Autobahn in Limoges-Nord. Der Küchen-Truck war schon da, und Richard Plugge, der als einer der ersten eingetroffen war, um sich um organisatorische Dinge zu kümmern – zum Beispiel galt es, Vingegaard und Van Aert für den Schlusstag ein gelbes und ein grünes Rennrad zu besorgen –, hockte vor einem großen Bluetooth-Lautsprecher und fummelte an den Reglern. Sein Handy war mit dem Gerät verbunden, und nichts hielt ihn davon ab, die Lautstärke bis zum Anschlag aufzudrehen und Metallica-Klassiker mitzugrölen. *»Obey! Your! Master!«*

Er schien in seiner eigenen Welt zu sein. Manchmal lehnte er sich zwischen den Kühltruhen und Kisten auf seinem Stuhl zurück, um ein paar Nachrichten zu beantworten, dann stand er wieder auf, wenn er jemanden sah, den er umarmen wollte. Dann brüllte er vor Freude und hob die betreffende Person in die Luft. Danach vertilgte er eine ganze Dose Chips – *hot & spicy*. Er war sichtlich zufrieden mit sich und der Welt. Es war ein langer Weg gewesen von 2013 nach Limoges-Nord.

Zeit zum Nachdenken oder Ausruhen, um auf die vergangenen Jahre zurückzublicken, gönnte sich Plugge in diesem Moment nicht. Es gab Dinge zu regeln. Zum Beispiel, wer später etwas sagen würde, wenn die Fahrer da waren. Und außerdem würde er am Abend noch nach Paris weiterfahren, wo am nächsten Tag allerlei Gäste, darunter auch der niederländische Fußball-Nationaltrainer Louis van Gaal und seine Frau Truus, eintreffen würden, um zunächst den Sieg auf den Champs-Élysées zu feiern und dann bis in den späten Abend hinein im prächtigen Garten der niederländischen Botschaft zu essen und zu trinken. Dort waren festlich gedeckte Tische aufgestellt worden, Köche würden sich um ein umfangreiches Barbecue kümmern, und an einer Bar warteten edle Weine darauf, eingeschenkt zu werden.

Als Jonas Vingegaard und Wout van Aert am Abend nebeneinander standen und eine kleine Ansprache an den Rest des Teams richteten, war es auf dem Parkplatz bereits dunkel. Im Bus hatten sie auf dem Weg nach Limoges-Nord bereits »ein paar Bierchen geknackt«, wie Van Aert es nannte, und später verriet er mir, dass er in diesem Moment schon »komplett durch« war. Die in Teamfarben gekleideten Mitarbeiter hatten sich im Halbkreis um die beiden Fahrer aufgestellt. Hinter ihnen raste der abendliche Verkehr von und nach Limoges vorbei. Der Sieger der Tour de France würde heute Nacht in einem Ibis-Hotel schlafen.

Vor den beiden Männern, die den Löwenanteil des Preisgeldes von mehr als 770.000 Euro eingefahren hatten, standen zwei graue Terrassentische aus dem Speisesaal des Hotels bereit. Auf einem dieser Tische stand eine Schale, in der Flaschen mit Champagner auf Eis lagen. Neben der Schale lag ein halb gegessenes Brötchen, aus dem bereits die Frikandel herausgefischt worden war. Die mobile Fritteuse blubberte vor sich hin, alle waren hungrig. Vingegaard – frisch geduscht und mit gekämmten Haaren – aß eine Krokette und beobachtete die Szene, deren Auslöser er war. Er sagte nicht viel, nickte nur gelegentlich.

Nachdem die Playlist mit Classic Rock ausgestellt worden war, begann Vingegaard mit seiner Rede. Er hielt sein Glas elegant am Stiel. Van Aert stand neben ihm. Vingegaard klang müde. Er bedankte sich bei der Mannschaft und sagte, dass sie das alles niemals ohne das gesamte Team hätten erreichen können und dass sie Pech und Widrigkeiten wie echte Champions überwunden hätten. »Wir haben es geschafft«, sagte er, während seine Stimme etwas an Volumen und Kraft gewann. »Sechs Etappen gewonnen …« Jubel brach unter den Zuhörern aus. Juuuuuu-heeeeee-hoooooo. Vingegaard musste einen Moment innehalten. »Und dazu das Gelbe Trikot, das Grüne Trikot und das Bergtrikot. Unglaublich. Danke an alle und Prost.« Wieder folgte anhaltender Jubel.

Als auch diese Gläser geleert waren und in voller Lautstärke niederländischsprachige Hits ertönten, brach Zeeman in Gelächter aus, sobald er Maassen wieder Pogačars Namen aussprechen hörte. »Das muss auf jeden Fall in dein Buch«, rief Zeeman. »Wie Frans das ausspricht: Potjekar. Großartig, kann ich mir stundenlang anhören. Hey Frans! Potjekar!«

Am nächsten Morgen kam Wout van Aert herunter, um sich in die Lobby zu setzen. Er sagte, er sei vom Zeitfahren, von den Emotionen und der Anspannung so fertig, dass bei ihm nichts mehr ginge. Er konnte sich nicht vorstellen, sich für einen Sprint am frühen Abend auf den Champs-Élysées in Paris zu motivieren. Er hatte außerdem das Gefühl, krank zu werden.

In den vergangenen Wochen hatten wir nicht viel miteinander gesprochen. Er wurde ständig von Kamerateams und Siegerehrungen in Beschlag genommen. Er ließ sich auf eine kleine rote Bank an der Rezeption plumpsen, wo zahlreiche Gäste nach dem Frühstück mit Auschecken beschäftigt waren.

Wir kamen auf das gestrige Zeitfahren zu sprechen. Er sagte, die Aktion von Vingegaard habe ihn überrascht, aber irgendwie habe er auch gehofft, dass Vingegaard ihm den Sieg gönnen würde, nach all der Arbeit, die er in den Pyrenäen für seinen Kapitän geleistet hatte. Er sah sich selbst als Gewinnertyp und gab zu, dass ihn das Zurückstecken durchaus zu frustrieren begonnen habe. Ehrlich gesagt habe er innerlich geflucht, als er dachte, Vingegaard würde ihm auch noch den Zeitfahrsieg wegschnappen. »Ich habe mich da selbst verrückt gemacht«, sagte Van Aert über die letzten Minuten im Ziel in Rocamadour. Er gab zu, dass die Geste von Vingegaard ihn bewegt habe. »Hat mich echt berührt«, sagte er.

Ich hatte gelesen, dass Van Aert auf der abschließenden Pressekonferenz in Rocamadour ziemlich pikiert reagiert hatte, als er gefragt wurde, ob er all diese Leistungen auf ehrliche Weise erbracht habe, und ich fragte ihn, warum er sich so darüber aufgeregt habe. Er sagte, er sei von der Frage überrascht worden, die für ihn »aus heiterem Himmel« gekommen sei und für die es seiner Meinung nach keinen Anlass gegeben habe. Er verstand schon, dass es eine »Vorgeschichte« gebe. »Aber«, sagte Van Aert, »das ist für mich keine Rechtfertigung, denn wir hatten mit dieser ganzen Dopinggeschichte nichts zu tun. Wenn die Leute mir so eine Frage stellen, ist das aus meiner Sicht schon eine Unterstellung. Ich kann für meinen Teil sagen, dass ich hart trainiere, aber was beweist das? Ich kann die Frage eigentlich gar nicht beantworten. Jemand, der dopt, wird ja wohl kaum sagen: ›Ja, es stimmt, ich gestehe.‹ Er wird der Frage ausweichen. Dass diese Frage in den Köpfen mancher Journalisten noch lebendig ist, ist ihr gutes Recht, aber dann sollten sie ihr nachgehen, statt sie direkt zu stellen. Ich habe genervt reagiert, und dadurch hat es mehr Aufmerksamkeit bekommen, als es verdient hat. Das war nicht besonders schlau.«

Später erzählte er mir, dass er diese Etappen genossen habe, das Spiel mit dem Peloton in den Pyrenäen und auch die Art und Weise, wie sie das Feld vor dem Sprint in den Straßen von Cahors düpiert hatten und Laporte die Etappe gewann und damit die Franzosen glücklich gemacht habe. »Ich bin überglücklich, dass wir als Team gewonnen haben«, sagte er. »Diese Etappe nach Hautacam, so zu fahren, das ist ein Glücksfall. Und wenn Christophe in Cahors so ins Ziel kommt, ja, dann freue ich mich genauso sehr wie über einen eigenen Sieg.«

Er erinnerte sich an die Etappe zum Col de Granon, an den Tag, an dem sie ihren Plan umsetzten und Pogačar vom ersten Platz verdrängten. Van Aert wollte sich nicht »zu viele Federn an den eigenen Hut stecken«, aber er wusste, dass er der beste Fahrer war, um dort früh anzugreifen. »Da eh jeder wusste, dass wir große Pläne hatten, war es besser, die Konkurrenz gleich mal zu beschäftigen, bevor überhaupt irgendetwas passiert war.«

Als Leader sei es wichtig, Rücksicht auf die Fahrer zu nehmen, die für einen arbeiten, und er könne sich in die Domestiken hineinversetzen, weil er selbst diese Arbeit für Vingegaard und Roglič getan habe und noch tue. Dabei gehe es nicht um ein Geschenk hinterher oder einen Anteil am Preisgeld. Es gehe darum, zu zeigen, dass man dankbar war.

Ich fragte ihn, ob er sich auf Vingegaard beziehe, der beim Abendessen nach dem Sieg in Hautacam alle umarmt und ihnen gesagt hatte, sie seien für ihn »Freunde«. Van Aert musste lächeln. »Jonas macht das fast jeden Tag, aber mir ist das auch wichtig. Menschliche Aufmerksamkeit. Zu zeigen, dass man das nicht als selbstverständlich ansieht. Man sagt hinterher in der Presse nicht: ›Ich habe es geschafft.‹ Nein, man sagt: ›Ich konnte es schaffen, weil die Jungs an der Spitze gefahren sind.‹ Diese Haltung muss man ausstrahlen.«

»Jonas«, fuhr Van Aert fort, »hat auf dem Weg nach Hautacam zu mir gesagt: ›Fahr am letzten Anstieg so schnell wie möglich, dann kann ich in der Schlussphase attackieren.‹ Primož hat gerne die Freiheit, auf sein Gefühl zu hören, ob es der richtige Moment ist, um zu attackieren oder noch zu warten. Aber dadurch bleibt uns nur abzuwarten, ob er am Ende tatsächlich attackieren wird, ja oder nein, das bleibt alles vage. Aber wenn man ein so starkes Team hat wie wir, dann muss man diese Stärke auch nutzen.«

Wir schauten auf die Uhr am Empfang. Wir hatten nur noch wenige Minuten, bevor wir in Kolonne nach Paris aufbrechen würden. Bevor er aufstand, sagte er: »Jetzt scheint es so, als ob man alles erklären könnte. So, als ob alles, was passiert ist, zu 100 Prozent durchgeplant war. Das war es nicht, aber reiner Zufall war es auch nicht.«

Kapitel 49

Paris

Wir fuhren nach Paris, die letzten paar hundert Kilometer dieser Tour.

»Erinnerst du dich noch an die Mütze?«, fragte Bjorn Van Melkebeke. »In Morzine?«

Mir dämmerte etwas.

»Ich hatte doch immer diese gelbe Mütze dabei«, sagte er. »Von der Werbekarawane, weißt du nicht mehr? Die haben sie mir vor die Füße geworfen, und ich habe sie aufgehoben und als Glücksbringer betrachtet.«

Van Melkebeke erzählte von seinem Vater, der superstolz gewesen war, dass sein Sohn angefangen hatte, für das Radsportteam von Rabobank zu arbeiten, aber in seinem Beisein kaum je ein Wort darüber verloren hatte. »Doch im Dorf da wusste jeder Bescheid. Da hat er darüber gesprochen.«

Er schwieg einen Moment lang. »Diese Mütze«, sagte er, »die lege ich morgen auf das Grab meines Vaters, wenn ich nach Hause komme. Er war ganz vernarrt in Radsport.«

Ein paar Stunden später parkten wir den Transporter auf dem Place de la Concorde, neben den Vans und Bussen der anderen Teams. Die Fahrer waren bereits auf der Etappe unterwegs, und wir waren wie immer vor dem Renntross zum Ziel gefahren. Wir überquerten die Seine in der Nähe des Grabes von Napoleon, passierten den Louvre und wenig später stieg ich zum letzten Mal aus dem Jumbo-Visma-Transporter aus.

Ich schlenderte an den Teams vorbei und suchte mir einen guten Platz entlang der Strecke, um später das Finish zu beobachten. Als ich am Ziel eintraf, sah ich Steven Kruijswijk auf der Tribüne gegenüber sitzen. Ich hatte, glaube ich, nicht mal die nötige Akkreditierung, aber als die Fahrer eingetroffen waren, Jasper Philipsen als Etappensieger und Dylan Groenewegen als Zweiter, machte ich mir den Trubel zunutze und ging zu Kruijswijk. Er trug seinen verletzten Arm immer noch in einer Schlinge und war vorsichtig, wenn man ihm nahe kam. In Amsterdam hatte die zweite Untersuchung ergeben, dass seine Schulter nicht zertrümmert war, sondern »nur« eine »größere Fraktur« vorlag. Das war Glück im Unglück. Aber es würde noch Wochen dauern, bis er wieder auf sein Fahrrad steigen konnte.

Trotzdem strahlte er unter seiner großen Baseballkappe von einem Ohr zum anderen. Er sagte, er habe gezweifelt, ob er die Situation in Paris »aushalten« könne, aber als Merijn Zeeman ihm gesagt habe, er solle sich das wie ein Champions-League-Finale vorstellen, bei dem man ausgewechselt wurde, aber auf dem Platz gestanden habe, sei Kruijswijk klar geworden, dass er in Paris dabei sein müsste.

Er sagte, er freue sich für Vingegaard »und für alle anderen«, aber er habe auch Enttäuschung verspürt, als das Feld vor seinen Augen die letzten Kilometer der Tour ohne ihn zurücklegte. Er sei den Tränen sehr nahe gewesen.

Ich fragte ihn, ob das nun der schönste und der schlimmste Moment seiner Karriere in einem war. »So kann man es auch sehen«, sagte er und verabschiedete sich.

Unterdessen fielen die Fahrer ihren Angehörigen in die Arme und hoben ihre Kinder hoch. Tiesj Benoot wurde von einem Kamerateam befragt. Währenddessen suchte ich nach Van Aert, konnte ihn aber nirgends finden. Nachdem Benoot das Interview beendet hatte, ging ich zu ihm. Wir standen unter dem Zielbogen. An seiner Rennhose klebte noch das Salz von der Anstrengung. Er lächelte über beide Backen, als ich ihn fragte, ob er mir sagen könne, warum Van Aert nicht um den Sieg mitgesprintet sei. »Er wollte nicht«, sagte Benoot. »Er wollte, dass wir zu fünft über die Linie fahren.«

Dann hielt er einen Moment inne, sah sich um und sagte dann: »Weil man nie weiß, ob man so etwas noch einmal erleben wird.«

Kapitel 50

Eine wunderbare Reise

Drei Tage nach seinem Sieg bei der Tour stand Jonas Vingegaard auf einem Balkon in Kopenhagen und winkte Zigtausenden von begeisterten Dänen zu, die sich in einer riesigen Menge auf dem Platz unter ihm drängten. Als ich einen Monat später mit ihm sprach, sagte er nur: »Unglaublich, es war schwarz vor Menschen.«.

Er erzählte mir, dass sich die Dinge in seinem Leben danach zum Glück schnell wieder normalisiert hätten. Vor allem in dem Dorf, in dem er mit seiner Familie lebte. Ein paar Autogramme, manchmal ein Foto, aber mehr nicht. »Und nur, wenn Touristen kamen«, sagte er. »Die haben dann geklingelt. Das ist vielleicht drei Mal passiert.«

Er sagte, er habe seit seinem Sieg jeden Tag an die Tour gedacht. Wenn er aufwachte, habe er gedacht: Ist das ein Traum? Jeden Tag kamen ihm andere Erinnerungen in den Sinn, das Podium in Paris, die beiden großen Bergetappen, Erlebnisse im Teambus.

Als ich ihn fragte, ob er einschätzen könne, wie es im nächsten Jahr bei seiner Rückkehr zur Tour de France sein würde, als Titelverteidiger mit der Startnummer 1, sagte er, dass es vielleicht ein bisschen mehr Druck geben würde. »Nicht seitens des Teams«, sagte er. »Ich stand dieses Jahr schon unter großem Druck. Trotzdem habe ich daran geglaubt, dass wir es schaffen können. Und das Team hat daran geglaubt, genauso wie die Leute in Dänemark. Aber in der Radsportwelt haben nicht viele gedacht, dass ich eine Chance haben würde.«

Er meinte, es stehe ihm nicht zu, darüber ein Urteil zu fällen. »Das zu beurteilen überlasse ich anderen.«

* * *

Für Merijn Zeeman gab es nach der Tour ein Ereignis, das er bedauerte, und eines, von dem er wusste: Das würde nie wieder passieren. Das erste betraf Primož Roglič und das zweite Tom Dumoulin.

Er sagte, er wisse jetzt, worauf es ankomme: Wenn sie jemals wieder mit einem Fahrer an einen Punkt kämen, wie es bei Dumoulin der Fall gewesen sei, würden sie sich sofort von ihm trennen. Er habe Wilco Kelderman, der nach zwei Saisons beim deutschen Team Bora-hansgrohe zu Jumbo-Visma zurückkehrte, bei den Vertragsverhandlungen sehr deutlich gemacht, dass man jederzeit über alles sprechen könne – genauso wie man auch mit Van Aert, Vingegaard und Roglič laufend spreche –, aber es gebe eine Grenze: wenn ein Fahrer anfing, Bedingungen zu stellen.

»Das ist Jumbo-Visma«, sagte Zeeman, »dies ist, was wir tun, und dies ist unser Programm.« Eine Reihe von Schlüsselfragen seien in Zukunft »nicht verhandelbar«.

Ernährung? »Jeder, der sagt: ›Das ist nichts für mich‹, kann gehen.«

Höhentraining? »Unser Programm wird befolgt.«

Aerodynamik? »Du kannst gerne sagen: Früher habe ich das so und so gemacht oder in der und der Weise auf dem Sattel gesessen. Aber auch in dieser Frage gilt: Glaub uns einfach, wir haben alles gesehen und gehört, und bei den Jungs, die nicht mitgezogen haben, ist es nicht gut ausgegangen. Wir können uns lange darüber unterhalten, aber wenn du nicht daran glaubst, brauchst du für uns nicht fahren. Und das sprechen wir von vornherein ganz klar an. Das ist für mich eine rote Linie geworden, die wir nicht überschreiten. Wenn du bei uns unterschreibst, dann wirst du das auch so machen.«

Für Zeeman war es »schmerzhaft« zu sehen, wie Fahrer, die meinten, sie kämen ohne die Expertise der Trainer aus und würden es allein hinkriegen, abgehängt wurden, während ihre Teamkollegen besser und besser wurden. »Keiner kümmerte sich am Ende mehr um Tom. Er wollte das alles nicht. Aber das ist einfach nicht mehr zeitgemäß.«

Über Primož Roglič, der auch bei der Vuelta schwer gestürzt und verletzt ausgestiegen war, sagte Zeeman, er habe es »schwierig« gefunden, ihn während der Tour vom Team wegdriften zu sehen. Dass Roglič nicht wie Steven Kruijswijk nach Paris gekommen war, ließ Zeeman nicht unberührt. »Wir hätten Primož gerne dabei gehabt«, sagte Zeeman auf dem Weg zu den Evaluierungstagen des Teams.

Bei sieben der acht Fahrer ihres Tour-Aufgebots habe er gesehen, dass sie sich »voll und ganz für das Team begeistern und engagieren«, dass sie den Mehrwert des Teams sehen und »zutiefst spüren«, wie sie einen Beitrag zum Team leisten und zugleich als Individuen gefragt sind. Doch Roglič war das nicht wirklich gelungen.

»Besonders stolz bin ich darauf«, sagte Zeeman, »dass wir bei dieser Tour in meinen Augen etwas geschafft haben, was noch nie ein Team geschafft hat. Nämlich, dass sich einzelne Fahrer voll und ganz dem Teamziel verschrieben haben und dann erlebt haben: Wir gewinnen das Gelbe und das Grüne Trikot. Das hat zu einem Auftreten im Rennen geführt, das ich noch bei keiner anderen Mannschaft gesehen habe – und ich denke, das wird anerkannt.«

Er erinnerte sich an die Gespräche mit Roglič, in denen er ihm erklärt hatte, dass er »ein noch größerer Champion« wäre, wenn er den Leuten später erzählen könne, dass er eigentlich unbedingt selbst gewinnen wollte, aber dann das Team an erste Stelle gestellt habe und nicht sich selbst. »Primož ist im tiefsten Inneren ein absoluter Siegertyp und er will gewinnen, wo immer er an den Start geht, aber diesmal hat er sich für Jonas geopfert, während er vor zwei Jahren am letzten Tag das Gelbe Trikot verloren hat – und das ist enorm traumatisch für ihn gewesen. Deshalb rechne ich es ihm sehr, sehr hoch an, dass er das an diesem Tag getan hat.«

Zeeman sagte, die gemeinsame Hingabe für den Tour-Sieg sei für ihn das »Nonplusultra« gewesen. Seit er *Sacred Hoops* von Phil Jackson gelesen hatte, sei es sein Ideal gewesen, den Fahrern klarzumachen, dass man als Mensch noch mehr Wert schaffe und noch kompletter werde, wenn es einem gelang, voll und ganz Teil des Teams zu sein. Laut Zeeman war man also ein noch größerer Champion, wenn man sich für jemand anderen engagieren konnte. »Damit zeigt man: Ich glaube, dass unsere Verbundenheit wichtiger ist als der individuelle Lohn. Und dass der anderen Person daraufhin bewusst wird: Mein Teamkollege hätte selbst gewinnen können, aber er hat sich anders entschieden.«

Der Jubel von Van Aert im Ziel in Rocamadour, als Vingegaard die Ziellinie überquerte und die Tour gewann, aber gleichzeitig den Etappensieg seinem Teamkollegen überlassen hatte, berührte Zeeman. Vor allem die Tatsache, dass Vingegaard es von sich aus getan hatte. »Und das hat auch Wout zutiefst berührt«, sagte Zeeman. »Das Teamgefühl: Dies ist, was wir sind. So war es auch bei Wout. Ihm ging es nicht darum: Ich kann gewinnen. Nein, wir sind als Team hier, um zu gewinnen. Jeder hat seinen Beitrag geleistet, und alle waren gleich viel wert. Das war der Spirit.«

Er wies auf die strategischen Prinzipien hin, die sie 2022 entwickelt hatten, dass sie sich gegenseitig vertrauten und seiner Meinung nach nun eine gut geölte Maschine waren, die ein Radrennen an sich reißen konnte, indem sie als eine Einheit agierten, und dass sie in der Lage waren, Antworten auf Situationen zu finden, die sich im Rennen ergaben. »Die Tour war die Bestätigung«, sagte Zeeman. »Die Fahrer durften Individuen sein, die für das Team mitdenken und so als Ganzes erfolgreich sein konnten. Das war wirklich eine wunderbare Reise.«

* * *

Ende August erfuhr Milan Vader, dass er sein Comeback bei der Kroatien-Rundfahrt an der Seite von Jonas Vingegaard geben dürfte. Als ich ihn anrief, erzählte er mir, dass er schon nach dem Aufwachen im Krankenhaus gedacht hatte: Ende des Jahres wieder ins Renngeschehen zurückkehren, das sollte doch möglich sein.

Er hatte den Giro verfolgt und gesehen, wie sein junger Teamkollege Gijs Leemreize zweimal Etappenzweiter wurde. Er war im Baskenland Seite an Seite mit Leemreize gefahren und hatte nicht das Gefühl, dass Leemreize etwas konnte, was er nicht konnte. »Das war mein Signal«, sagte Vader. »Der Straßenradsport gefiel mir besser, als ich gedacht hatte, und wenn ich weiter an meiner Entwicklung arbeite, sollte es möglich sein, in relativ naher Zukunft eine Grand Tour zu bestreiten.« Er dachte dabei an die Vuelta Ende 2023.

Er sagte, das Team habe in ihm einen Rundfahrer gesehen, und als er selbst darüber nachdachte, was ihm aus dem Baskenland in Erinnerung geblieben war, lautete sein Fazit: gar nicht übel. »Ich muss zugeben«, sagte er, »als ich Jonas bei der Tour im Gelben Trikot sah, dachte ich: Das will ich auch. Ich finde, man muss es zumindest versuchen. Wenn es nicht klappt, dann klappt es eben nicht, aber man hat es wenigstens versucht.«

Ende September kehrte Milan Vader bei der Kroatien-Rundfahrt ins Peloton zurück. Nach sechs Etappen wurde er 70. der Gesamtwertung. Es war das erste mehrtägige Rennen als Radprofi, das er beenden konnte.

* * *

Eine Woche vor Weihnachten lief Richard Plugge durch den Flughafen von Alicante. Jumbo-Visma befand sich im ersten Trainingslager zur Vorbereitung auf die Saison 2023. Das Team hatte Sant Feliu de Guíxols gegen das mehr als 500 Kilometer weiter südlich an der spanischen Küste gelegene Dénia getauscht. Ich fragte Plugge, ob es seit dem Ende der Tour irgendwelche wichtigen Entwicklungen gegeben habe.

Er teilte mir mit, dass der 1. Januar als Termin für den Start von New Co nicht gehalten werde könne. Er rechnete nun damit, dass es im ersten Quartal 2023 so weit sei.

Beim *One Cycling Project* seien zahlreiche Teams an Bord, und auch der internationale Radsportverband UCI sei mit von der Partie. Plugge ging nicht davon aus, dass ihnen seitens der Rennveranstalter irgendwelche Steine in den Weg gelegt würden. Aber er meinte, dass Rom und Paris auch nicht an einem Tag erbaut worden waren, und dass einige Parteien schon jetzt wissen wollten, wie Rom und Paris aussehen würden, wenn sie fertig wären. »Die Details müssen noch geklärt werden«, sagte Plugge. »Ich weiß auch noch nicht, wie der Rennkalender im Jahr 2026 aussehen wird.«

Er erklärte, dass die Teams von der UCI vor kurzem eine WorldTour-Lizenz für drei Jahre erhalten hätten und eine komplette Umgestaltung erst nach diesem Zeitraum möglich sei. »Aber wenn es um die Punkteverteilung, die Rangliste oder die Sicherheit geht, könnten diese Änderungen bereits jetzt eingeführt werden.«

Eine dreiköpfige Gruppe war beauftragt worden, die Sicherheitsprobleme zu identifizieren und eine Organisation mit dem Namen SAROC (Safe Road Cycling) zu gründen. Dies sollte eine Organisation sein, in der alle »Interessengruppen« zusammenarbeiten. Es gebe zwei Hauptsäulen, so Plugge. Erstens der Prozess und die Organisation, also die Zäune, die Absperrgitter, das ganze »Straßenmobiliar«, und zweitens sollte die Aufmerksamkeit auf die Verbesserung des Verhaltens aller gelegt werden, um Unfälle von vornherein verhindern zu können. Plugge wies darauf hin, dass es wichtig sei, mit den gegenseitigen Schuldzuweisungen aufzuhören und in Zukunft die Energie darauf zu verwenden, zusammenzuarbeiten.

Die UCI hatte Plugge zufolge bereits eine gute Vorstellung davon, welche Verbesserungen vorgenommen werden müssten, wenn man sich die Strecken ansah. Die Kunst bestehe nun darin, so schnell wie möglich zu ermitteln, wie man bei den Rennen mit der Streckengestaltung das Verhalten der Fahrer, der Sportlichen Leiter, der Rennleitung und der Motoradfahrer von Polizei und Presse im Sinne einer höheren Sicherheit beeinflussen könnte.

Und wie sah es mit der Finanzierung der Pläne aus? Plugge sagte, dass der Business-Plan vorankomme, aber es seien noch einige Schritte zu erledigen: Auf welche Weise würden die Teams investieren? War ein externer Investor nötig? Könnten sich die Rennveranstalter beteiligen? Welches Interesse gab es seitens der Medien?

Es gehe also darum, dass nun ernsthaft in den Radsport investiert wird, fragte ich.

»Ja«, sagte Plugge. »Das stimmt. Und das wird auch Zeit.«

Nachwort

Es ging sogar noch beeindruckender. 2023, in dem Jahr, in dem *Der Plan* in den Niederlanden und Dänemark erschien, gewann Jumbo-Visma in einer Saison alle drei großen Landesrundfahrten: den Giro, die Tour und die Vuelta, eine beispiellose Leistung.

Die großen Radsportteams vor ihnen, seien es Molteni (Merckx), TI-Raleigh (Zoetemelk), Renault (Hinault, Fignon), US Postal (Armstrong) oder Sky (Wiggins, Froome, Thomas, Bernal) haben es nie so weit gebracht.

Im Mai 2023 überholte Primož Roglič am Schlusstag des Giro d'Italia trotz technischer Mängel an seinem Fahrrad seinen Konkurrenten Geraint Thomas vom Team Ineos im abschließenden Zeitfahren.

Bei der Tour de France pulverisierte Jonas Vingegaard alles und jeden – auch Tadej Pogačar – schließlich in einem entfesselten Einzelzeitfahren, wie man es auf diesem Niveau nur selten zuvor erlebt hatte.

Im August gab es einen Makel: Im Urin von Michel Heßmann, einem Mitglied der Giro-Formation, wurden Spuren eines verbotenen harntreibenden Mittels gefunden. Der junge deutsche Fahrer wurde am 16. August suspendiert und er bleibt dies bis zum Abschluss der Ermittlungen weiterhin. Im Januar 2024 beschloss die deutsche Staatsanwaltschaft, das Strafverfahren einzustellen, und der Fahrer und das Team warten nun auf das Urteil der NADA, der deutschen Anti-Doping-Agentur.

Im September überraschte Sepp Kuss bei der Spanien-Rundfahrt auch sein eigenes Team. Als der Amerikaner seine Führung in der Gesamtwertung über längere Zeit verteidigen konnte, wollten die meisten Teamkollegen, dass er, der treue Helfer, der bei allen bisherigen Grand-Tour-Siegen von Jumbo-Visma mitgeholfen hatte, die Rundfahrt gewinnt. Und obwohl jeder sehen konnte, dass Vingegaard auch bei der Vuelta der Stärkste war, und jeder Roglič anmerken konnte, dass es ihm insgeheim schwerfiel, sich damit abzufinden, gönnte sein Team Kuss den Gesamtsieg. Jumbo-Visma belegte in Madrid die Plätze eins, zwei und drei und nahm damit das gesamte Podium in Beschlag.

Konnte es noch besser werden? Ja, denn im Oktober gewann Milan Vader, der Mann, der nach einem schweren Sturz bei der Baskenland-Rundfahrt im April 2022 dem Tode nah auf einer Wiese gelegen hatte und später aus dem Koma erwacht war, die Tour of Guangxi in China.

Wie kann man das ein Jahr später als Team überhaupt noch toppen? Wie kann man sich noch steigern, wenn man bereits das beste Team der Welt ist und nach Meinung einiger sogar das beste Radsportteam, das es je gegeben hat?

Es ginge durchaus.

Und wie?

Zunächst einmal, indem man einen der beiden großen Frühjahrsklassiker gewinnt: die Flandern-Rundfahrt oder Paris–Roubaix. Denn die fehlen noch in der Erfolgsliste des Teams. Mit Wout van Aert, Matteo Jorgenson und Dylan van Baarle haben sie auf jeden Fall die Fahrer dafür. Und schließlich gibt es noch ein weiteres großes Eintagesrennen, das noch nie von einem Profi von Jumbo-Visma (bzw. vom Team Visma | Lease a Bike, wie es nun heißt) gewonnen wurde: die Straßenweltmeisterschaft.

Die zwölfte Saison des Teams, das 2013 als Blanco Pro Cycling begann, wird in jeder Hinsicht eine besondere sein. Nicht nur, weil ihr großer »Beschleuniger« Primož Roglič, der die Spitzensport-Mentalität entscheidend vorangetrieben hat, das Team verlassen hat und künftig für die deutsche Formation Bora-hansgrohe fahren wird, sondern auch weil 2024 das Jahr sein wird, in dem Robert Gesink, der dem Team nach dem Rabobank-Fiasko Ende 2012 treu blieb und all die Jahre treu geblieben ist, am Ende der Saison seine Karriere beendet.

Für das Team, das seinen langjährigen Sponsor Jumbo verloren und den Einstieg von Lease a Bike erlebt hat, wird 2024 vor allem eine Saison sein, in der es sich an die neuen Gegebenheiten anpassen muss und in der es Innovationen braucht, um den Konkurrenten weiterhin einen Schritt voraus zu sein. Konkurrenten, von denen man im Team weiß, dass sie *Der Plan* auch gelesen haben.

Und Tom Dumoulin? Der reiste im Sommer 2023 durch Europa, erholt und befreit von den Fesseln des Profilebens, an Orte, die ihn interessierten, um dort auf seine Erfahrungen im Peloton zurückzublicken. Es war eine läuternde Reise, die eine Menge Wissenswertes zutage gefördert hat, das im Sommer 2024 in Buchform erscheinen soll.

Amsterdam,
Februar 2024

Der Autor

Nando Boers, Jahrgang 1970, ist Schriftsteller, Journalist und ausgewiesener Radsport- und Formel-1-Kenner. Er arbeitet unter anderem für »Studio Sport« und »Andere Tijden Sport«, zwei der meistgesehenen Sportsendungen im niederländischen Fernsehen, und ist regelmäßiger Autor der literarischen Radsport-Zeitschrift »De Muur«. In den vergangenen Jahren hat er mehrere erfolgreiche Romane verfasst und zudem zahllose viel beachtete Sportlerporträts veröffentlicht, darunter die Interviewsammlung »Ik ben renner«.

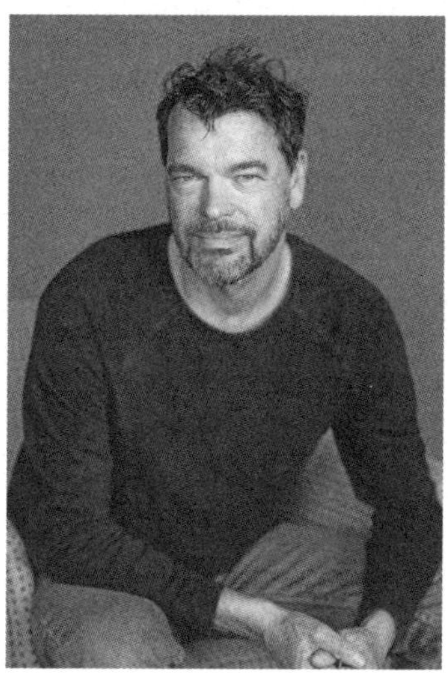

Portraitfoto © Dirk-Jan van Dijk

Covadonga Verlag

Die Lust am schnellen Radfahren. Abenteuer auf zwei schmalen Reifen. Die Faszination und die Geschichte(n) großer Rennen, legendärer Anstiege und bildschöner Rennräder. Die wundersame Welt des Profiradsports. Die Geheimnisse bekannter Rennfahrer und das Geheimnis erfolgreichen Trainings. Das sind die Themen, auf die der Covadonga Verlag bereits seit seiner Gründung vor knapp 20 Jahren sein Augenmerk legt.

Zu den Autorinnen und Autoren zählen unter anderem Nando Boers, Daniel Dencik, Thomas Dekker, Wilfried de Jong, Paul Fournel, Renate Franz, Joe Friel, Phil Gaimon, Fabio Genovesi, Hannah Grant, Birgit Hasselbusch, Jan Heine, Philipp Köster, Albert Londres, Dan Martin, Guillaume Martin, Benjo Maso, David Millar, Tim Moore, Michael Ostermann, Harry Pearson, Matt Rendell, Geraint Thomas, Lidewey van Noord, Jonathan Vaughters, die Velominati, Dave Walker und Gianluca Zaghi. Radfahrer von Welt- und Kreisklasse, die dem Radsport eine literarische Stimme verleihen. Ausnahmeerscheinungen im Peloton. Radprofis, die anecken. Preisgekrönte Schriftsteller mit einem Faible für Radsport und Rennräder. Legendäre Reporter und große Humoristen. Die originellsten Chronisten der Jedermann-Szene. Internationale Koryphäen in Sachen Training, Fahrradtechnik und -restaurierung …

Sie alle schreiben für Covadonga. Meist über den Radsport, manchmal auch über seine nahen Verwandten.